Die Internationale Besteuerung von Wertpapier-Investmentfonds

Europäische Hochschulschriften

Publications Universitaires Européennes
European University Studies

Reihe II
Rechtswissenschaft

Série II Series II
Droit
Law

Bd./Vol. 3354

PETER LANG
Frankfurt am Main · Berlin · Bern · Bruxelles · New York · Oxford · Wien

Oliver Kronat

Die Internationale Besteuerung von Wertpapier-Investmentfonds

Der Widerspruch von Transparenzgrundsatz und Abkommenszugang

PETER LANG
Europäischer Verlag der Wissenschaften

Die Deutsche Bibliothek - CIP-Einheitsaufnahme

Kronat, Oliver :

Die internationale Besteuerung von Wertpapier-Investmentfonds : der Widerspruch von Transparenzgrundsatz und Abkommenszugang / Oliver Kronat. - Frankfurt am Main ; Berlin ; Bern ; Bruxelles ; New York ; Oxford ; Wien : Lang, 2002
(Europäische Hochschulschriften : Reihe 2, Rechtswissenschaft ; Bd. 3354)
Zugl.: Osnabrück, Univ., Diss., 2001
ISBN 3-631-38944-2

D 700
ISSN 0531-7312
ISBN 3-631-38944-2

www.peterlang.de

Meinen Eltern

Vorwort

Die dieser Veröffentlichung zu Grunde liegende Arbeit wurde im Wintersemester 2001 von der juristischen Fakultät der Universität Osnabrück als Dissertation angenommen. Das Manuskript wurde im Januar 2001 fertig gestellt.

Besonderen Dank schulde ich Herrn Prof. Dr. Jörg-Manfred Mössner, der die Arbeit betreute und durch seine hervoragende Unterstützung eine zügige Fertigstellung förderte. Ich habe ihm zahlreiche Anregungen und auch die Möglichkeit, die Arbeit im Rahmen des IFA Poster Programms auf dem IFA Kongress 2000 in München vorzustellen, zu verdanken.

Weiterer Dank gilt Prof. Dr. Alexander Hemmelrath für die rasche Erstellung des Zweitgutachtens. Im Übrigen möchte ich Herrn Dr. Ernst-August Schnieder für seine zahlreichen Anregungen vor Allem in der Anfangsphase danken.

Erwähnen möchte ich an dieser Stelle auch die freundliche Unterstützung durch Frau Fingerle, Bibliothek des Bundesfinanzhofs in München, Herrn Ekkehart Reimer, der mir so einige Türen öffnete, sowie meiner Sekretärin Eva Ploch, die mich bei der Formatierung und Ausfertigung der Dissertation unterstützte.

Frankfurt am Main, im Oktober 2001

Oliver Kronat

INHALTSVERZEICHNIS

1. Einleitung

In den letzten Jahren ist eine wesentliche Zunahme des Fondsinvestments in Deutschland und den anderen kontinentaleuropäischen Staaten zu verzeichnen. Diese Entwicklung ist wohl noch nicht abgeschlossen. Experten erwarten auch in den nächsten Jahren einen erheblichen Anstieg.[1] Ein bedeutender Teil der Zuwächse entfällt dabei auf grenzüberschreitende Investitionen, sei es seitens eines inländischen Fonds oder aber auch seitens des Investors selbst, der in ausländische Fonds investieren will.[2] Die zunehmende Bedeutung des Investmentsparens ist hauptsächlich auf die Abkehr des Anlegers von der traditionellen, aber in den letzten Jahren auf Grund der niedrigen Zinsen ertragsarmen, Spareinlage und auf das Bedürfnis, sich an der Wertschöpfung der Kapitalmärkte zu beteiligen, zurückzuführen.

Fondsinvestment ist die Zusammenlegung der Mittel einer Vielzahl von Anlegern zu einer einheitlichen Vermögensmasse, die auf eine Vielzahl von Anlagegegenstände verteilt wird.[3] Die Eigenart liegt darin, dass eine Vielzahl von Anlegern gemeinsam in eine Vielzahl von Anlagegegenstände investiert. Die Mittel eines Anlegers werden damit auf eine Vielzahl von Anlagegegenstände verteilt. Es entsteht damit eine eigene, von der Direktanlage zu unterscheidende Kapitalanlage. Sie erlaubt es, bereits kleine Beträge diversifiziert zu investieren.

Die Geschichte des Investmentwesens in Deutschland zeigt, dass ein funktionierendes Besteuerungssystem ein wichtiger Faktor für das Gedeihen der Investmentidee ist.[4] Während auf nationaler Ebene die steuerlichen Hindernisse alsbald ausgeräumt wurden, ist die Besteuerung grenzüberschreitender Aktivitäten in den Abkommen nur vereinzelt und rudimentär geregelt.[5] Ein Nährboden für Unsicherheiten besteht bis heute weiterhin.

1.1. Funktionen und wirtschaftliche Bedeutung der Investmentfonds

Das Investmentsparen erfüllt verschiedene Funktionen innerhalb einer Volkswirtschaft und auch im internationalen Zusammenhang. Investmentfonds sind von immer größerer wirtschaftlicher Bedeutung. Funktion und wirtschaftliche Bedeutung untermauern die Notwendigkeit eines funktionierenden Steuersystems auf nationaler, aber auch auf internationaler Ebene.

---

[1] OECD - Bericht, Taxation of Cross-Border Portfolio Investment, Seite 8.

[2] OECD - Bericht, Taxation of Cross-Border Portfolio Investment, Seite 8.

[3] Zum Begriff, siehe Laux / Päsler, Wertpapier-Investmentfonds, Seite 10.

[4] Der erste deutsche Investmentfonds, der "Zickertsche Kapitalverein" von 1923 (ab 1928 "Deutscher Kapitalverein") musste als nichtrechtsfähiger Verein und später als Genossenschaft geführt werden, um eine Mehrfachbesteuerung der Kapitalerträge zu vermeiden, Baur, Investmentgesetze, vor § 1 KAGG, Rz 1, Kohlhaussen, Geleitwort, in: Bölter / Linner / Otto, Handbuch, Seite VII.

[5] Vgl. Art. 10 Abs. 4 DBA - USA, Art. 25 b Abs. 4 DBA - Frankreich.

1.1.1. Funktionen der Investmentfonds

1.1.1.1. Sozialpolitische Funktion

Sozialpolitisch wünschenswert ist eine Beteiligung der Bevölkerung am Produktivkapital.[6] Funktionierende Kapitalmärkte sind ein wichtiger Schritt, um das Vertrauen der Kapitalanleger zu gewinnen. Allerdings ist Vertrauen alleine nicht ausreichend, um Kleinanleger an die Kapitalmärkte heranzuführen. Diese benötigen vielmehr eine Anlageform, die das der Kapitalanlage immanente Risiko mindert und damit einen Ausgleich für den dieser Anlegergruppe eigenen Mangel an Kenntnis, Zeit und der für eine Risikostreuung sinnvollen Menge an Kapital schafft. Investmentfonds ermöglichen durch Zusammenlegung kleiner Beträge vieler Sparer eine breite Risikostreuung, die das Investment für den Kleinanleger risikoloser machen.[7] Hinzu kommt, dass professionelle Fondsmanager ihr Know-How dem Anleger zur Verfügung stellen und seine Interessen gegenüber den Unternehmen wirkungsvoll vertreten.[8] Die Faktoren Risikostreuung, professionelle Vermögensverwaltung und wirksame Interessensvertretung tragen dazu bei, weiten Bevölkerungskreisen die Beteiligung an den Kapitalmärkten zu erleichtern.

Die deutsche Wirtschaftspolitik erwog zunächst, die rein innerbetriebliche Vermögensbildung, d.h. die Beteiligung der Arbeitnehmer am Unternehmen des Arbeitgebers, zu fördern.[9] Da jedoch nicht alle Arbeitgeber in der Lage sind, eigene Beteiligungspapiere auszugeben, wurde diese Idee zu Gunsten des allgemeinen Investmentsparens zurückgestellt. [10] Letztere erweist sich auch als flexibler und risikogeringer, wenngleich auch die Mitarbeitermotivation nicht gefördert wird.

---

[6] Vgl. Laux / Päsler, Wertpapier-Investmentfonds, Seite 13, Schäcker, Investmentsparen, Seite 33.

[7] So bereits die Definition des Geschäftszwecks des 1868 gegründeten Investmentfonds "Foreign und Colonial Trust": "Das Ziel der Gesellschaft ist es, den kleinen Sparern dieselben Vorteile zu verschaffen wie den Vermögenden, indem das Risiko durch Streuung der Kapitalanlage auf eine Vielzahl verschiedener Aktien vermindert wird.", "to provide the investor of moderate means the same advantage as large capitalists in dimishing risk in foreign and colonial stocks by spreading the investment over a number of stocks", Economist 1868, Seite 346 f., zitiert nach Baur, Investmentgesetze, Einl I, Rz 1 Seite 3, zu der Entwicklung der Investmentfonds in Deutschland, siehe Baur, Investmentgesetze, vor § 1 KAGG, RN 1 ff., Seite 171.

[8] Nach § 10 Abs. 1 Satz 3 KAGG ist die Kapitalanlagegesellschaft verpflichtet, Stimmrechte auf Hauptversammlungen selbst für die Anleger auszuüben. Eine Übertragung dieser Befugnis auf Dritte ist nur im Einzelfall möglich. Wesentlicher Gedanke des Investmentsparens ist damit die gebündelte Geltendmachung der Stimmrechte, vgl. auch den Bericht des Abgeordneten Neuburger, BT - Drucksache 2 / 1585 (2973 neu), zitiert nach Beckmann / Scholtz, Investmenthandbuch, Materialien A.

[9] Laux / Päsler, Wertpapier-Investmentfonds, Seite 14.

[10] Laux / Päsler, Wertpapier-Investmentfonds, Seite 14.

1.1.1.2. Altersvorsorge

Die Altersvorsorge beruht in Deutschland im Wesentlichen auf drei Säulen:[11] der gesetzlichen Rentenversicherung, den betrieblichen Pensionskassen und der privaten Altersvorsorge. Die Unsicherheiten hinsichtlich des Generationenvertrags führen dazu, dass die dritte Säule stetig an Bedeutung gewinnt. Die Investmentbeteiligung kann genutzt werden, um Vermögen über die Jahre der Erwerbstätigkeit anzusparen und dieses im Rahmen eines Auszahlungsplanes[12] dem Investor im Pensionsalter zur Verfügung zu stellen.[13] Der Vorteil im Vergleich zu einer verrenteten Lebensversicherung besteht darin, dass das Vermögen auch den Erben erhalten bleibt. [14] Aber auch die betriebliche Altersvorsorge wird zunehmend über Investmentfonds realisiert.[15] Das Investmentsparen erfüllt damit eine wichtige Funktion in der materiellen Absicherung des Individuums und schafft Unabhängigkeit von Staat und Politik.[16]

1.1.1.3. Finanz- und Kapitalmarktpolitische Funktion

Das massive Auftreten von Investmentfonds als institutionelle Investoren erfüllt eine Reihe von Funktionen auf den Kapitalmärkten. Eine der wichtigsten ist die Transformationsfunktion. Investmentfonds transformieren Mittel, die der Anleger kurz- oder mittelfristig zur Verfügung stellen will, in den Unternehmen langfristig zur Verfügung stehendes Kapital. Will der Anleger seine Investition zurückerhalten, dann bleibt das Engagement eines Publikumsfonds in den Aktien des Unternehmens unberührt. Langfristiges Kapital, häufig nicht ausreichend vorhanden, wird gebildet.[17]

Da das Investmentsparen traditionell auch solche Geldgeber anzieht, die ansonsten ihre Gelder in Sparanlagen und Bausparverträgen investieren, bewirken Investmentfonds, dass zusätzliche Mittel den Kapitalmärkten direkt zur Verfügung gestellt werden.[18] Die Intermediärfunktion der Banken, die im Rahmen des traditionellen Kreditgeschäfts Spar- und Giroeinlagen zu großen Geldsummen bündeln und diese den Unternehmen zur Verfügung stellen, ist zu Gunsten einer Finanzierung über die Kapitalmärkte rückläufig. Der Kapitalmarkt ist im Vergleich eine effizientere und für die Unternehmen günstigere Möglichkeit der Geldbeschaffung. Die Kontrollfunktion, die im Falle eines Kredits von den Banken ausgeübt wurde, wird von dem Fondsmanagement wahrgenommen.

---

[11] Hauck, The Equity Market in Germany, Seite 556.

[12] Vgl. die Regelungen des KAGG zum Altersvorsorge-Sondervermögen, §§ 37 h ff.

[13] Laux / Päsler, Wertpapier-Investmentfonds, Seite 16.

[14] Laux / Päsler, Wertpapier-Investmentfonds, Seite 16.

[15] Täske, FS Flick, Seite, 589.

[16] Vgl. Linhardt, Investmentgeschichte, Seite 7.

[17] Laux / Päsler, Wertpapier-Investmentfonds, Seite 16, IFA-Yearbook 1997, Seite 68.

[18] Schäcker, Investmentsparen, Seite 33.

Investmentfonds üben eine kapitalmarktstabilisierende Funktion aus, indem sie sich im Gegensatz zum einzelnen Anleger nicht prozyklisch verhalten.[19] Als antizyklische Marktteilnehmer sind sie ein willkommenes Gegengewicht zu den prozyklisch handelnden Direktanlegern.

1.1.2. Wirtschaftliche Bedeutung

Die deutsche und europäische Investmentbranche kann eine boomartige Entwicklung in den 1990'er Jahren verzeichnen. Dies zeigt sich an der stetig steigenden Anzahl der aufgelegten Fonds als auch am wachsenden Fondsvermögen.[20] Erwartet wird ein weiteres Ansteigen.[21] Trotz des weiteren Anstiegs wird die Spitzenreiterposition der U.S.A. weder bezüglich des gesamten Investmentvermögens noch bezüglich des pro-Kopf-Investments gefährdet. Innerhalb Europas nimmt Deutschland darin gemeinsam mit Griechenland und Portugal einen der hinteren Ränge ein. So hatte 1998 ein Franzose im Durchschnitt ca. einen 3,5 - fachen, ein Italiener mehr als einen 2 -fachen Betrag als ein Deutscher in Investmentfonds investiert.

1.2. Auswirkung der Internationalisierung der Kapitalmärkte auf das Investmentsparen

Die Investmentanlage in ausländischen Anlagegegenständen ist keine Erfindung der heutigen Zeit, sondern mit dem Ursprung des Investmentsparens eng verbunden. Während die ersten Investmentfonds in Belgien und der Schweiz gegründet wurden,[22] gelten die schottischen Fonds um 1860 als die eigentlichen Vorläufer des heutigen Investmentwesens. Schottische Kaufleute lieferten damals Kriegsmaterial in die USA (Sezessionskrieg) und legten die aus diesen Geschäften stammenden Erträge dort oder in den Nachbarländern des Kontinents an.[23] Da sie sich selber nicht um die Verwaltung des so entstandenen Vermögens kümmern konnten, gründeten sie gemeinsam Investmentfonds, die das Management der Anlage in ihren Namen übernahmen. Die Wiege des Investmentwesens war also bereits länderübergreifend.

Die Vorteile, die damals bereits zur Auflage von Fonds führten, sind auch heute noch ein wesentlicher Faktor für passive Auslandsinvestitionen. Will ein Investor im Ausland investieren, dann fehlt ihm in der Regel die Kenntnis der ausländischen Märkte und Gesetze. Außerdem verfügt kaum ein Privatinvestor über die nötige Zeit, die Marktentwicklung in regelmäßigen Abständen zu verfolgen. Die Verwendung eines Investmentfonds kann diese Schwierigkeiten überwinden.[24]

---

[19] Laux / Päsler, Wertpapier-Investmentfonds, Seite 21.

[20] Täske, FS Flick, Seite 587.

[21] Täske, FS Flick, Seite 587.

[22] Laux / Päsler, Wertpapier-Investmentfonds, Seite 22.

[23] Linhardt, Investmentgeschichte, Seite 4.

[24] Laux / Päsler, Wertpapier-Investmentfonds, Seite 21.

Grenzüberschreitendes Fondsinvestment stieg in den vergangenen Jahren in den europäischen Ländern stark an. So investierten italienische und belgische Investmentfonds im Jahre 1995 über 50 % ihres Vermögens im Ausland.[25] Die Quote in Deutschland und Frankreich lag immerhin bei jeweils 34 %. Der Vorteil der Möglichkeit grenzüberschreitenden Investments liegt darin, dass der Anleger so die Wertschöpfung in einzelnen Ländern ausnutzen kann. Außerdem entsteht eine Konkurrenz einzelner Staaten um Kapital, die zu einer Überprüfung ungünstiger, das Investment behindernder Regelungen führen kann.

1.3. Behinderung des grenzüberschreitenden Fondsinvestments durch internationale steuerliche Regelungen

Die nationale Besteuerung von Investmentfonds wurde Anfang der zweiten Hälfte dieses Jahrhunderts in vielen Ländern bereits steuergünstig geregelt und so eine Mehrfachbesteuerung der Investmenterträge verhindert.[26] Der IFA - Kongress des Jahres 1962 befasste sich bereits ausführlich mit der nationalen Besteuerung der Investmentfonds.[27] Die Mehrfachbesteuerung wird häufig dadurch verhindert, dass auf die Besteuerung der Investmenteinnahmen auf Ebene des Investmentfonds verzichtet wird. Weitgehende Gleichbehandlung von Investmenterträgen und Direktinvestment wird damit erreicht. Dies entspricht dem Transparenzgrundsatz, den der Kongress von 1962 forderte.

Die Besteuerung internationalen Fondsinvestments ist hingegen in vielerlei Hinsicht ungeklärt, bzw. unbefriedigend gelöst. Sie war Gegenstand zweier weiterer IFA - Kongresse in den Jahren 1971[28] und 1997[29] sowie eines OECD - Berichts des Jahres 1999.[30] Das Interesse an einer freien Entwicklung der internationalen Kapitalmärkte steht oft im Widerspruch zu fiskalischen Interessen der betroffenen Staaten[31] und dem Bedürfnis, einen ausreichenden Schutz der inländischen Anleger zu gewährleisten.[32] Andererseits ist ausländisches Kapital in den meisten Staaten willkommen, weswegen häufig besondere Regelungen zu Gunsten ausländischer Investoren erlassen werden.[33]

---

[25] OECD - Bericht, Taxation of Cross-Border Portfolio Investment, Seite 8.

[26] Das KAGG wurde 1954 erlassen, der Investment Company Act mit kapitalmarktrechtlichen Regelungen 1940, die steuerlichen Regelungen im Internal Revenue Code bereits 1937.

[27] Siehe Renk, Generalbericht IFA - Kongress 1962, Seite X ff.

[28] Siehe Ammon, Generalbericht IFA - Kongress 1971, Seite I / 1 ff.

[29] Siehe Ed / Bongaarts, Generalbericht IFA - Kongress 1997.

[30] OECD - Bericht, Taxation of Cross-Border Portfolio Investment.

[31] Siehe die PFIC-Rules (Passive Foreign investment company Rules) in den USA.

[32] Siehe die restriktiven SEC - Rules betreffend des Vertriebs ausländischer Fondsanteile in den USA.

[33] Siehe die "Safe Harbour Rules" für ausländische Investoren in den USA, Section 864 IRC, dazu unten Kapitel 5.2.3.1. PFIC, SEC und Safe Harbour Rules bewirken, dass das ausländische Investmentfonds kaum ihre Anteile in den U.S.A. anbieten, aber durchaus in den U.S.A. investieren.

Die Unstimmigkeiten in der internationalen Behandlung von Investmenterträgen haben ihre Ursache sowohl im nationalen Steuerrecht als auch im Abkommensrecht. Oft ist es das Verhältnis beider Rechtskreise zueinander, das Komplikationen hervorruft. Die unterschiedliche Ausgestaltung von Investmentfonds im nationalen Recht führt häufig zu besonderen Schwierigkeiten in deren Beurteilung im Ausland. Außerdem ist gerade der Transparenzgrundsatz, der eine günstige Besteuerung des nationalen Investments gewährleistet, für grenzüberschreitende Aktivitäten der Fonds ein Hindernis. Die fehlende Besteuerung der Investmentfonds erweckt das Misstrauen der Steuerbehörden des Quellenstaates, die eine Quellensteuerreduktion nur dann gewähren wollen, wenn die ausreichende Besteuerung der Fondserträge im Sitzland des Fonds und / oder dem Wohnsitzland des Investors gewährleistet ist.

Der OECD - Bericht 1999[34] hat die Schwierigkeiten der Investmentfonds bei grenzüberschreitenden Sachverhalten ausgewertet und aufgezeigt. Sie lassen sich in vier Problemkreise zusammenfassen:

Abkommenszugang der Investmentfonds: Investiert ein Investmentfonds in ausländische Aktien, dann steht nach den Doppelbesteuerungsabkommen dem Quellenstaat ein begrenztes Steuerrecht an den Dividenden des Fonds zu. Der Wohnsitzstaat wird die ausländische Quellensteuer anrechnen oder auf eine Besteuerung verzichten. Verfahrenstechnisch kann die Quellensteuerbegrenzung auf zwei Wegen erreicht werden:[35] Der Quellenstaat kann zunächst den vollen Quellensteuerbetrag einbehalten und die Differenz zu dem reduzierten Abkommenssatz in einem besonderen Rückerstattungsverfahren erstatten.[36] Alternativ dazu kann er sogleich nur den reduzierten Abkommenssatz verlangen.[37] Der Steuerpflichtige muss in beiden Fällen nachweisen, dass er die Abkommensvorteile in Anspruch nehmen kann.

Unabhängig von der verfahrensrechtlichen Ausgestaltung der Quellensteuerreduktion ist fraglich, ob der Investmentfonds im eigenen Namen die Reduktion verlangen kann, oder ob dies der Anleger selbst tun muss. Die zweite Lösung wäre für den Anleger mit einem erheblichen Aufwand verbunden, der die von dem Abkommen gewährten Vorteile schmälern und damit grenzüberschreitendes Fondsinvestment benachteiligen würde.

Anrechnungsberechtigung: Die meisten Staaten verhindern eine Doppelbesteuerung von Dividenden dadurch, dass die Quellensteuer im Sitzstaat angerechnet werden kann. Auch hier stellt sich die Frage, wer die Anrechnung der Quellensteuer verlangen kann. Es kann zu dem Ergebnis kommen, dass der Invest-

---

[34] Vgl. OECD - Bericht, Taxation of Cross-Border Portfolio Investment, Seite 45.

[35] Dazu Vogel, DBA, Art. 10 - 12, Rz. 32 ff.

[36] So in Deutschland, §§ 50 d Abs. 1 Satz 2 und 3 Absatz 2, 45 EStG, 37 Abs. 2 AO, dazu Heinicke, in: Schmidt, EStG, § 50 d, Rn 4, Riegler, DB 1992, Seite 1585, Salzmann / Geibel, RIW 1994, Seite 1033, Grams, BB 1997, Seite 70.

[37] So in den U.S.A., Vogel, DBA, vor Art. 10 - 12, Rz. 33a.

mentfonds selbst die Quellensteuerreduktion verlangen muss, der Investor aber anrechnungsberechtigt ist.[38]

Benachteiligung ausländischer Investmentfonds: Der Anleger steht vor der Entscheidung, ob er in einen ausländischen oder einen inländischen Investmentfonds investieren soll. Seine Entscheidungsfreiheit wird jedoch häufig dadurch beeinträchtigt, dass der Vertrieb ausländischer Fondsanteile durch Reglementierungen seines Wohnsitzstaates behindert wird.[39]

Drei-Länder-Fall: Denkbar ist auch, dass ein Investor in einen ausländischen Investmentfonds investiert, der wiederum in einem dritten Staat investiert. Dabei ist die Frage der Abkommensberechtigung des Fonds von besonderer Bedeutung. Wird dieser nicht als abkommensberechtigt anerkannt, dann richtet sich die Behandlung der Investmenterträge nach dem Abkommen zwischen Quellen- und Wohnsitzstaat und nicht nach dem zwischen Quellen- und Sitzstaat des Fonds. Zusätzlich kann es dadurch zu Schwierigkeiten kommen, dass die Anrechnung der jeweiligen Quellensteuer gefährdet ist.

1.4. Untersuchungsumfang dieser Arbeit

Diese Arbeit kann nicht alle Probleme behandeln, die der OECD-Bericht angesprochen hat. Sie beschränkt sich vielmehr auf die folgenden Punkte:

Im Mittelpunkt dieser Abhandlung steht der erste Fall, das Investment inländischer Investmentfonds im Ausland. Es handelt sich dabei um einen Zwei - Länder - Fall. Investor und Investmentfonds sind in demselben Staat ansässig. Schwerpunkt der Betrachtung ist der Abkommenszugang des Investmentfonds (s.u. Kapitel 0). Besondere Schwierigkeiten ergeben sich hierbei aus der Tatsache, dass Investmentfonds in den verschiedenen Staaten mannigfaltige Arten von Strukturen sowohl privat- als auch steuerrechtlicher Art aufweisen. Deshalb werden kurz die verschiedenen Systeme aufgezeigt. Genauer wird dann auf die Lösungen in Deutschland und den USA eingegangen (s.u. Kapitel 2). Steuerlich gesehen sind Investmentfonds in diesen Staaten mehr oder weniger transparent. Diese Transparenz ermöglicht auf nationaler Ebene eine günstige Besteuerung, erschwert aber auf Abkommensebene den Zugang zu den Vorteilen der Doppelbesteuerungsabkommen. Der anscheinend existierende Widerspruch zwischen Transparenz und Abkommenszugang soll besonders beleuchtet werden.

Eine Abwandlung von 1. ist der Fall, in dem ein inländischer Investmentfonds im Ausland investiert, aber einen Teil seines Fondsmanagements in den Quellenstaat

---

[38] Wird zum Beispiel ein deutsches Sondervermögen als abkommensberechtigt in einem Quellenstaat anerkannt, dann kann es die Quellensteuerreduktion in eigenem Namen verlangen und die erhaltenen Beträge im Rahmen der Ausschüttung an die Anleger weiterleiten. Nach § 40 Abs. 4 KAGG findet die Anrechnung der Quellensteuer allerdings erst bei Veranlagung des Anlegers statt.

[39] Dies geschieht z.B. in den U.S.A., während die Bundesrepublik sich um eine Gleichbehandlung inländischer und ausländischer Investmentfonds bemüht.

verlagert. Dieses Verhalten könnte eine umfangreichere Besteuerung im Quellenstaat rechtfertigen. Eine besondere Dreieckssituation kann sich ergeben, wenn das ausgelagerte Fondsmanagement auch Werte aus Drittstaaten verwaltet (Kapitel 5.2.4).

Besondere Schwierigkeiten ergeben sich aber auch in einer anderen Dreieckskonstellation. Sollten Investmentfonds, Investor und das Beteiligungsobjekt jeweils in drei verschiedenen Staaten ansässig sein, dann fließen die Investmenterträge über zwei verschiedene Grenzen und sowohl der Quellenstaat als auch der Ansässigkeitsstaat des Investmentfonds können Quellensteuern verlangen. Das OECD - MA sieht bei der Besteuerung von Zinsen und Dividenden das Anrechnungsverfahren vor. Dieses führt aber zu einem Verlust des Anrechnungsguthabens des Quellenstaates (Kapitel).

Nachdem der Status-Quo der internationalen Besteuerung der Investmentfonds untersucht wurde, soll eine Regelung vorgeschlagen werden, die den Abkommenszugang für Investmentfonds sichert und gleichzeitig eine ausreichende Besteuerung der Fondserträge gewährleistet (s.u. Kapitel 6.1.). Die International Fiscal Association hat auf ihrem 51. Kongress in New Delhi bereits im Jahre 1997 einen Vorschlag unterbreitet, der das Problem des Abkommenszugangs der Investmentfonds unter Berücksichtigung des treaty shoppings zu lösen versucht. Dieser Vorschlag hat bisher noch keinen Eingang in die Doppelbesteuerungsabkommen gefunden. Die Ausarbeitung des Vorschlags wird sich an den Erkenntnissen des Kongresses orientieren.

Die Abhandlung beschränkt sich auf Wertpapier - Investmentfonds und berücksichtigt keine Investmentvehikel, die in Immobilien und andere Anlagegegenstände investieren. Auch Finanzmarktinnovationen bleiben unberücksichtigt.

Berücksichtigt werden nur solche Funds, die einem großen Anlegerpublikum zur Verfügung stehen, so genannte Publikumsfonds oder Mutual Funds. Investmentvehikel, die nur einer ausgesuchten Anlegerschaft zur Verfügung stehen, wie Spezialfonds oder Hedgefonds werden nur am Rande erwähnt. Im Detail besprochen wird daher die Behandlung deutscher Wertpapier-Sondervermögen nach dem Gesetz über Kapitalanlagegesellschaften (KAGG)[40] sowie U.S.-amerikanische Regulated Investment Companies, die sowohl als corporation aber auch als business trust vorkommen, und einfache Trusts, die als starre Investmentfonds Verwendung finden. Damit werden Investmentfonds des Gesellschafts-, Vertrags- und des Trusttyps und zwei grundlegend verschiedene Besteuerungssysteme, das des KAGG und das des Internal Revenue Code (IRC) behandelt.

Diese Arbeit betrachtet v.a. U.S.-amerikanische und deutsche Fonds und deren Behandlung in dem jeweils anderen Staat. Daneben wird die Behandlung deutscher Investmentfonds in Großbritannien, Frankreich und der Schweiz angesprochen.

---

[40] Neubekanntmachung des Gesetzes über Kapitalanlagegesellschaften auf Grund von Art. 6 b des Gesetzes vom 16.7. 1998, BGBl. I 1998, Seite 1842.

Das OECD - MA ist der Ausgangspunkt der Betrachtung. Aus den oben genannten Gründen kommt aber dem DBA - USA besondere Bedeutung zu. Daneben werden die deutschen Abkommen mit Frankreich, Großbritannien und der Schweiz herangezogen.

Die Abhandlung berührt schließlich nur am Rande die Besteuerung des Vertriebs ausländischer Fondsanteile. Dieser fällt in Deutschland unter das AuslInvestmentG und in den U.S.A. sind die Passive Foreign Investment Company Rules zu beachten.

2. Die nationale Besteuerung von Investmentfonds und der Grundsatz der Transparenz

Das Verständnis der privatrechtlichen Gestaltung als auch der nationalen Besteuerung in den einzelnen Staaten ist grundlegend für die Beurteilung des Abkommenszugangs. Die einzelnen Voraussetzungen des Abkommenszugangs: Personeneigenschaft, Ansässigkeit, Nutzungsberechtigung und eventuell in den Abkommen vorhandene spezielle Regelungen zur Einschränkung der Abkommensvorteile sind zwar abkommensrechtliche Regelungen. Sie beurteilen den Abkommenszugang jedoch nach der Konstruktion des Investmentfonds, die ihm das nationale Zivil- und Steuerrecht gibt. Diese Regeln sollen hier kurz dargestellt werden.

2.1. Übersicht über die verschiedenen privatrechtlichen Formen von Investmentfonds und deren innerstaatliche Besteuerung

2.1.1. Die unterschiedlichen privatrechtlichen Formen von Investmentfonds

Trotz aller Unterschiede lassen sich Investmentfonds, die als Publikumsfonds ein weit gestreutes Anlegerpublikum ansprechen, privatrechtlich in drei Typen einteilen: den Gesellschaftstyp, den Vertragstyp und den Trusttyp.[41] Daneben werden auch Personengesellschaften verwendet, zumeist aber nur als Spezialfonds für institutionelle Anleger (so genannte Hedgefonds in den USA)[42] oder als geschlossene Immobilienfonds in Deutschland.

Bei der Gesellschaftslösung[43] gründen die Anteilseigner eine Körperschaft, zumeist in der Form einer Aktiengesellschaft, und erhalten die entsprechenden Mitgliedschaftsrechte, zumeist die eines Aktionärs. Der Investmentfonds hat damit eine eigenständige Rechtspersönlichkeit als juristische Person. Die Anlagegegenstände werden dieser Person zugerechnet. Sie werden im eigenen Namen und für Rechnung des Investmentfonds angeschafft, gehalten und veräußert. Auch wenn der Investmentfonds selbst eine Kapitalgesellschaft ist und damit auch über geschäftsführende Organe verfügt, wird das Fondsmanagement häufig auf eine management company übertragen.

Bei der Vertragslösung[44] schließen die Anleger einen Vertrag mit einer Kapitalanlagegesellschaft (Investmentgesellschaft), die den Fonds auflegt. Inhalt des Vertrages ist die Verpflichtung der Investmentgesellschaft, dass eingezahlte Kapital und die angeschafften Vermögensgegenstände als Sondervermögen (so in Deutschland) getrennt von dem Vermögen der Gesellschaft zu verwalten. Dieses Sondervermögen ist der eigentliche Investmentfonds. Es ist privatrechtlich gesehen nicht rechtsfähig.[45] Es entsteht eine Vermögensmasse, die keinen "eigenen", von den In-

---

[41] Baur, Investmentgesetze, Einl. I, Rz 70 ff.

[42] Dazu später, s.u. Kapitel 2.3.4.2.

[43] Dazu v. Caemmerer, JZ 1958, Seite 54.

[44] Baur, Investmentgesetze, vor § 1 KAGG, Rn 72, Seite 38.

[45] Täske, Nationalbericht Deutschland IFA - Kongress 1997, Seite 455.

vestoren oder der Kapitalanlagegesellschaft zu unterscheidenden Rechtsträger hat.[46] Diese Vermögensmasse verfügt auch nicht über eigene Organe. Das Fondsmanagement wird von der Kapitalanlagegesellschaft wahrgenommen.[47] Im Vergleich zur Gesellschaftslösung ist die Anzahl der beteiligten Vermögensmassen gleich, es fehlt aber an einem Rechtsträger.

Die Trustlösung[48] ist stark vom common law geprägt und daher auch in den Ländern des angelsächsischen Rechtskreises üblich.[49] An der Trustlösung sind insgesamt vier Personen beteiligt. Eine Verwaltungsgesellschaft (management company) und eine Treuhandgesellschaft (trustee corporation) gründen per Treuhandvertrag einen trust. Der trust ist eine Vermögensmasse. Er kann eigene Rechtspersönlichkeit haben, verfügt aber nicht über eigene Organe. Diese "leiht" er sich vielmehr von der Verwaltungsgesellschaft, die den trust nach außen vertritt und die Geschäftsführung übernimmt. Die Treuhandgesellschaft verwahrt die Vermögensgegenstände, die sich gebündelt in dem Trustvermögen befinden, im Interesse der Anleger. Jene stehen sowohl im Eigentum der Treuhandgesellschaft (legal ownership) als auch im Eigentum der Anteilseigner (beneficial ownership).[50] Die Trustlösung entspricht in vielerlei Hinsicht der Vertragslösung, da auch hier eine Vermögensmasse gebildet wird, die von "außen" verwaltet wird.[51] Grundlage des trusts ist ebenfalls ein Vertrag.[52] Vielfach wird die Trustlösung daher auch als Untergruppierung der Vertragslösung bezeichnet.[53]

---

[46] Ebner-von Eschenbach, Die Rechte des Anteilinhabers nach dem KAGG, Seite 10.

[47] Vgl. die Mustervertragsbedingungen für Wertpapierfonds, § 3 Nr. 1 Satz 1, zitiert nach Baur, Investmentgesetze, Anhang 2.1., Seite 1743.

[48] Baur, Investmentgesetze, vor § 1 KAGG, Rn 74, Seite 38, auf die Konstruktion und Besteuerung von trusts in den U.S.A. wird später näher eingegangen werden, s.u. Kapitel 2.3.4.3.

[49] Im deutschen Erbschaftssteuerrecht ist der trust legaldefiniert und zwar in § 3 Abs. 2 Nr. 1 ErbStG als "Vermögensmasse ausländischen Rechts, deren Zweck auf die Bindung von Vermögen gerichtet ist", zu der neuen Regelung und v.a. zu der Frage der Steuersubjekteigenschaft für das Erbschaftssteuerrecht: Klein, IStR 1999, Seite 377 f.

[50] Eine Aufspaltung des Eigentums auf mehrere Personen ist dem geltenden deutschen Recht unbekannt, dennoch spricht man auch hier von der Trennung wirtschaftlichen und rechtlichen Eigentums im Zusammenhang mit der uneigennützigen (fremdnützigen) Verwaltungstreuhand. Der Treuhänder ist dabei Eigentümer im Sinne des Zivilrechts. Da er aber im Innenverhältnis den Treugebern gegenüber gebunden ist, spricht man von "Treuhandeigentum". Die Treugeber sind wirtschaftliche Eigentümer, was im Steuerrecht von entscheidender Bedeutung ist (§ 39 Abs. 2 Nr. 2 Satz 2 AO), Baur / Stürner, Sachenrecht, § 38 II, Rn 34, Seite 22.

[51] So bereits Roth, Treuhandmodell, Seite 110 ff.

[52] Ebner-von Eschenbach, Die Rechte des Anteilinhabers nach dem KAGG, Seite 12.

[53] Baur, Investmentgesetze, Einl I, Rz. 70, Seite 37.

2.1.2. Übersicht über die Modelle der Verhinderung einer Mehrfachbesteuerung auf nationaler Ebene

Zahlreiche OECD - Staaten haben bereits sehr frühzeitig besondere Regelungen zur Besteuerung des Investmentsparens eingeführt. Im Mittelpunkt der Überlegungen stand dabei die Verhinderung einer Mehrfachbesteuerung der Investmenterträge.[54] Diese kann dadurch entstehen, dass der Investmentfonds neben der ausschüttenden Gesellschaft und dem Anleger eine dritte Einheit darstellt, die besteuert werden kann. In den Ländern, die wie Deutschland über ein Anrechnungssystem verfügen und Dividendeneinkünfte im Ergebnis nur einmal besteuern, droht durch die Verwendung eines Investmentfonds dann die Doppelbesteuerung der Investmenterträge. In Ländern, die Dividenden doppelt besteuern (z.B. U.S.A.), droht eine Dreifachbesteuerung.

Um diese negativen Folgen zu vermeiden, wurden verschiedene Systeme entwickelt, die die Gemeinsamkeit aufweisen, dass sie speziell und ausschließlich für Investmentfonds gelten und daher gewissermaßen außerhalb des allgemeinen Steuerrechts stehen.[55]

Die IFA befasste sich auf ihrem 16. Kongress in Athen 1962 das erste Mal mit den fiskalischen Problemen der Investmentfonds. Damals waren noch vergleichsweise wenige Doppelbesteuerungsabkommen geschlossen worden.[56] Die Hauptforderung des Kongresses war damals, die steuerliche Gleichstellung des Investmentsparers mit dem Direktinvestor herbeizuführen.[57] (Darüber hinaus wurde sogar angeregt, das Investmentsparen aus volkswirtschaftlichen und sozialpolitischen Erwägungen der Direktinvestition nicht nur gleichzustellen, sondern es sogar zu bevorzugen.)[58] Die Forderung richtet sich an die einzelnen Länder, diese Gleichstellung im nationalen Recht umzusetzen.[59] Die Bundesrepublik Deutschland hatte zu diesem Zeitpunkt bereits das KAGG erlassen und damit dieser Forderung genügt. Die Forderung mündete in einem Resolutionsentwurf, der unter anderem dafür eintritt,

---

[54] Der erste deutsche Investmentfonds konnte diese nur umgehen, da er als nichteingetragener Verein und später als Genossenschaft geführt wurde, s.o. Fußnote 4.

[55] In Deutschland ist dies durch den Standort der Regelungen in einem Sondergesetz, dem KAGG, besonders deutlich.

[56] Vgl. die Aufzählung der deutschen DBA bei Lehmann, Nationalbericht Deutschland IFA - Kongress 1962, Seite 10:

Frankreich, Indien, Luxemburg, Niederlande, Norwegen, Österreich, Pakistan, Schweden, Schweiz, Vereinigte Arabische Emirate (Ägyptische Provinz);

[57] Renk, Generalbericht IFA - Kongress 1962, Seite XLI.

[58] Renk, Generalbericht IFA - Kongress 1962, Seite XLII:

„5. Es sind noch vermehrte Bestrebungen darauf zu richten, das Investmentsparen wegen seiner volkswirtschaftlichen Bedeutung zu fördern- wie dies in einzelnen Ländern bereits der Fall ist- und den Anteilsinhaber aus sozialpolitischen Gründen nicht nur dem Direktanleger steuerlich gleichzustellen, sondern sogar zu privilegieren."

[59] Renk, Generalbericht IFA - Kongress 1962, Seite XLI.

dass Investmentfonds ungeachtet ihrer Rechtsform nicht als Steuersubjekt betrachtet werden und keiner Einkommens- oder Vermögenssteuer unterliegen sollten.[60]

Der Kongress sprach sich damit für die Umsetzung des Transparenzgrundsatzes aus. Was der Transparenzgrundsatz ist, lässt sich am besten in drei Stufen erklären. Er ist zunächst eine Zielvorstellung. Gefordert wird die steuerliche Gleichbehandlung des Investmentsparers mit einem Direktinvestor. Aus der Zwischenschaltung des Investmentfonds sollen dem Anleger keine steuerlichen Nachteile entstehen.[61] Es soll keine höhere, aber auch keine niedrigere Steuerlast eintreten.[62]

Diese Zielvorstellung wird in zwei weiteren Schritten umgesetzt. Die Gleichstellung soll dadurch erreicht werden, dass der Fonds selbst keiner Steuerlast unterliegt. Im Gegensatz dazu stehen Lösungen, die die Mehrfachbesteuerung durch einen Verzicht der Besteuerung des Investors erreichen.[63] Es ergeben sich nun mehrere Varianten: Der Investmentfonds ist entweder kein Steuersubjekt oder er wird von der Steuer befreit oder er kann die Ausschüttungen an seine Anteilseigner von seiner Bemessungsgrundlage abziehen. Dem reinen Transparenzgrundsatz, so wie ihn der IFA - Kongress von 1962 fordert, entspricht es, dass der Fonds bereits kein Steuersubjekt ist.[64] Folge ist, dass dem Anleger die Einnahmen aus dem Investmentfonds anteilig zugerechnet werden.

In dem Generalbericht zum IFA - Kongress 1997 in New Delhi wird die Umsetzung dieser Forderung analysiert und festgestellt, dass sich fünf Besteuerungssysteme für Investmentfonds durchgesetzt haben:[65]

2.1.2.1. Investmentfonds ist keine Rechtsperson

Eine Möglichkeit, die Mehrfachsteuerung zu verhindern, ist dem Investmentfonds keine Rechtspersönlichkeit im Steuerrecht zuzuerkennen.

Diese Möglichkeit wurde in Belgien für Investmentfonds (FCPV = fonds commun de placement à nombre variable de parts (open ended) und FCPF = fonds commun de placement à nombre fixé de parts (closed ended)) geschaffen, die den Investmentgesellschaften mit Rechtspersönlichkeit gegenüberstehen.[66] Die belgischen

---

[60] Renk, Generalbericht IFA - Kongress 1962, Seite XLII: „Der Investmenttrust als solcher, soll ungeachtet seiner Rechtsform (Gesellschaftstypus oder Vertragstypus), nicht als Steuersubjekt betrachtet werden und sollte daher weder der Einkommens- noch der Vermögenssteuer unterliegen."

[61] Baur, Investmentgesetze, vor § 37 a KAGG, Rn 22.

[62] Scheuerle, DStZ 1995, Seite 646 ff. (646).

[63] S.u. Kapitel 2.1.2.5 und 2.1.2.6.

[64] Renk, Generalbericht IFA - Kongress 1962, Seite XLII.

[65] Ed / Bongaarts, Generalbericht IFA - Kongress 1997, Seite 127.

[66] Balloon, Nationalbericht Belgien 51. IFA - Kongress 1997, Seite 283.

Investmentfonds[67] sind sowohl zivil- als auch steuerrechtlich nicht rechtsfähig.[68] Die Vermögensgegenstände werden direkt den Anlegern zugerechnet. Diese haften nicht persönlich.[69] Einkünfte des Investmentfonds wechseln nicht die Einkunftsart, wenn sie an die Anleger ausgeschüttet werden.[70] Gleiches gilt für die schweizerischen Anlagefonds (AF).[71]

Eine Mehrfachbesteuerung kann nicht entstehen, da der Investmentfonds kein Steuersubjekt ist.[72] Damit wird der Transparenzgrundsatz am konsequentesten umgesetzt. Der Forderung des IFA- Kongresses 1962 wird entsprochen. Da die Vermögensgegenstände sowohl zivil- als auch steuerrechtlich den Anlegern direkt zugerechnet werden, wird die Existenz des Investmentfonds steuerrechtlich negiert. Auch die Tatsache, dass die Einkünfte des Investmentfonds ihre Qualifikation bei Ausschüttung an den Anteilseigner bewahren, ist eine konsequente und vollkommene Umsetzung des Transparenzgrundsatzes.

2.1.2.2. Investmentfonds ist Steuersubjekt aber steuerbefreit

Diese Lösung wurde in der Bundesrepublik umgesetzt. Anders als bei der oben genannten Lösung ist der Investmentfonds hier im Steuerrecht, nicht aber im Privatrecht eine Rechtsperson.[73] Die Anlagegegenstände werden zivilrechtlich den Anlegern, steuerrechtlich dem Investmentfonds zugeordnet.[74] Die Verhinderung der Mehrfachbelastung wird dadurch erreicht, dass der Investmentfonds (teilweise)[75] steuerbefreit wird.[76] Er ist damit im Steuerrecht ein steuerbefreites Steuersubjekt, ähnlich einer wohltätigen Organisation. Eine eingehende Darstellung erfolgt in Kapitel 2.2..

Der Transparenzgrundsatz wird hier nur zum Teil verwirklicht. Die Steuersubjekteigenschaft und die teilweise Steuerpflicht widerspricht dem Transparenzgrundsatz. Andererseits wird die Gleichbehandlung mit einem Direktinvestor erreicht. Dem Transparenzprinzip wird dem Grundgedanken nach entsprochen. Die Verhinderung der Mehrfachbelastung erfolgt durch einen Eingriff in die Besteue-

---

67 Das belgische Recht verwendet den Ausruck Investmentfonds im Gegensatz zu Invesmentgesellschaft als Einheit, der keine Rechtspersönlichkeit zukommt. Im Gegensatz dazu wird in dieser Arbeit der Begriff Investmentfonds als Überbegriff für alle Fonds verwendet, unabhängig davon, ob ihnen im Privat- oder Steuerrecht Rechtspersönlichkeit zuerkannt wird oder nicht.

68 Balloon, Nationalbericht Belgien IFA - Kongress 1997, Seiten 283, 284, 298.

69 Debarre, Taxation of Mutual Invesment Funds, Seite 15.

70 Debarre, Taxation of Mutual Invesment Funds, Seite 53.

71 Scherer / Burgy, Nationalbericht Schweiz IFA - Kongress 1997, Seite 803.

72 Balloon, Nationalbericht Belgien IFA - Kongress 1997, Seite 300.

73 § 6 Abs. 1 KAGG, § 38 Abs. 1 Satz 1 KAGG.

74 § 6 Abs. 1 KAGG, § 38 Abs. 1 Satz 1 KAGG.

75 Nach dem Entwurf der Bundesregierung sollen Sondervermögen vollkommen von der Ertragsbesteuerung befreit werden, siehe unten 2.2.4.1.

76 § 38 Abs. 1 Satz 2 KAGG.

rung auf der Ebene des Investmentfonds. Allerdings bleibt das Sondervermögen ein Steuersubjekt. (s.u. Kapitel 2.2).

2.1.2.3. Investmentfonds ist ein steuerpflichtiges Steuersubjekt, die Bemessungsgrundlage wird aber vermindert

Eine dritte Möglichkeit bietet sich v.a. für Investmentfonds des Gesellschaftstyps an. Diese sind ja im Privatrecht bereits eine Rechtsperson und werden dann, zumindest wenn das Steuerrecht der Einordnung des Privatrechts folgt,[77] auch dort als solche behandelt. Der Investmentfonds ist Steuersubjekt und auch nicht von der Steuer befreit. Die Vermeidung der Mehrfachbelastung erfolgt durch eine Kürzung der Bemessungsgrundlage. In den U.S.A. können die Ausschüttungen des Investmentfonds dessen Bemessungsgrundlage mindern, so dass er im Ergebnis keiner Steuerlast unterliegen muss. Eine genauere Darstellung dieser Lösung erfolgt in Kapitel 2.3..

Diese Möglichkeit entspricht dem Transparenzgrundsatz jedenfalls in dem Grundgedanken, dass die Einschaltung eines Investmentfonds keine negativen steuerlichen Auswirkungen haben darf. Allerdings ist der Investmentfonds bei dieser Lösung Steuersubjekt und auch steuerpflichtig. Auch hier wurde der Transparenzgrundsatz somit nicht vollkommen umgesetzt.

2.1.2.4. Investmentfonds ist steuerpflichtiges Steuersubjekt, unterliegt aber einem verminderten Steuersatz

Eine vierte Möglichkeit besteht darin, dem Investmentfonds Rechtspersönlichkeit zuzuerkennen, ihn steuerpflichtig zu belassen und auch die Bemessungsgrundlage nicht zu verändern. Um eine Entlastung des Investmentsparens zu erreichen, wird der Investmentfonds einfach einem speziellen, niedrigeren Steuersatz unterworfen. Diese Möglichkeit wurde z.B. in Italien umgesetzt.[78]

2.1.2.5. Investmentfonds wird voll besteuert, der Ertrag ist aber beim Anleger steuerfrei

Während die bisher dargestellten Lösungen die Mehrfachbesteuerung dadurch verhindern, dass die Besteuerung des Investmentfonds verhindert wird, lässt ein weiterer Ansatz diese unberührt und setzt bei der Besteuerung des Anteilseigners an. Demnach ist der Ertrag auf Ebene des Investmentfonds voll steuerbar, beim Anleger allerdings steuerfrei. Diese Lösung wurde zum Beispiel in Irland umgesetzt.[79] Der Transparenzgrundsatz ist hierbei nicht verwirklicht.

---

[77] Die Anknüpfung des Steuerrechts an die zivil- und gesellschaftsrechtliche Gestaltung hat sich in Deutschland bereits frühzeitig durchgesetzt, RFH, RStBl. 44, Seite 396, BFH, BStBl. III 56, Seite 95, ist allerdings in den U.S.A. stark durchbrochen.

[78] Ludovici, Nationalbericht Italien IFA - Kongress 1997, Seite 543.

[79] Wall, Taxation of Mutual Invesment Funds, Seite 49.

2.1.2.6. Investmentfonds und Anleger werden voll besteuert, allerdings werden die vom Fonds gezahlten Steuern dem Anleger auf seine Steuerschuld angerechnet

Eine weitere Möglichkeit ist die, Investmentfonds und Anleger voll zu besteuern, dem Anleger allerdings die Möglichkeit zu geben, die vom Investmentfonds gezahlten Steuern auf seine Steuerschuld anzurechnen. Dieses Verfahren entspricht dem Anrechnungsverfahren der Körperschaftsteuer in Deutschland. Umgesetzt wurde dieses Verfahren z.B. in England.[80]

2.1.2.7. Vereinbarkeit mit dem Grundsatz der Transparenz

Nach diesem Überblick steht fest, dass die Investmentfonds der Gruppe 1 den Transparenzgrundsatz vollkommen umsetzen, während jene der Gruppen 5 und 6 diesen keinesfalls verwirklichen, sondern nur dem Grundgedanken, der Verhinderung der Mehrfachbesteuerung, folgen. Die Investmentfonds der Gruppe 2 und 3 folgen dem Transparenzgrundsatz nur zum Teil. Diese Lösungen werden in Hinblick auf die Tatsache, dass Investmentfonds der Abkommenszugang mit dem Argument der Transparenz verwehrt wird, in den folgenden Abschnitten anhand der Beispielländer U.S.A. und Deutschland näher betrachtet.

2.2. Die Behandlung inländischer Investmentfonds im nationalen deutschen Privat- und Steuerrecht und das Transparenzprinzip

2.2.1. Spezialgesetzliche Regelung im KAGG und im Auslandsinvestment-Gesetz

Inländische Investmentfonds (mit Sitz oder Hauptverwaltung im Inland, § 1 Abs. 3 Satz 2 KAGG) unterliegen dem Gesetz über Kapitalanlagegesellschaften.[81] Die Regelungen umfassen sowohl bürgerlich-rechtliche,[82] aufsichtsrechtliche[83] als auch innerstaatliche steuerliche Vorschriften.[84] So weit Regelungen des KAGG eingreifen, verdrängen sie die allgemeinen Vorschriften. Sie sind leges speciales.[85] Da das KAGG vor allem dem Schutz der Anleger dient, [86] handelt es sich zum Großteil um zwingende Vorschriften, die nicht abbedungen werden können.

Normzweck des KAGG ist es, Kleinanleger in den Genuss der Vorteile einer professionellen Vermögensverwaltung zu bringen, die ansonsten nur institutionellen Anlegern und vermögenden Privatleuten offen stehen. Im Einklang mit diesem

---

[80] Hurley, Nationalbericht England 51. IFA - Kongress 1997, Seite 819 ff (827).

[81] Zur Entwicklung des KAGG und dessen Änderungen, vgl. Baur, Investmentgesetze, vor § 1 KAGG, Rn 16 ff., Seite 176, Rn 64, Seite 192.

[82] Z.B. §§ 6,9,10 und 11 KAGG.

[83] Z.B. §§ 7, 8 bis 25 KAGG.

[84] §§ 37 n - 50 d KAGG.

[85] Baur, Investmentgesetze, vor § 1 KAGG, Rn 63.

[86] Baur, Investmentgesetze, vor § 1 KAGG, Rn 63.

Normzweck stehen jene Vorschriften des KAGG, die den Anleger vor Missbräuchen schützen sollen[87] und damit den Investmentfonds bestimmte Verhaltensweisen aufbürden. So sind die Anlagegegenstände und die Risikostreuung dieser untereinander genau festgelegt (für Wertpapier-Fonds in §§ 8 bis 8m). Außerdem treffen die Kapitalanlagegesellschaft Prospekt- und Berichtspflichten (§§ 19, 20, 24a KAGG). Auch die Aufsicht durch das Bundesaufsichtsamt für das Kreditwesen soll dem Schutz der Anleger dienen, indem dieses die Einhaltung der gesetzlichen Vorschriften überprüft.[88]

Die Behandlung ausländischer Investmentfonds ist im Gesetz über den Vertrieb ausländischer Investmentanteile und über die Besteuerung der Erträge aus ausländischen Investmentanteilen ("Auslandinvestment-Gesetz", "AuslInvestmG")[89] geregelt.[90] Es regelt den Vertrieb ausländischer Investmentanteile in der Bundesrepublik Deutschland[91] und enthält zusätzliche Vorschriften über die Besteuerung ausländischer Investmentgesellschaften im Inland sowie die Besteuerung derer Ausschüttungen beim in Deutschland Steuerpflichtigen.

Die privatrechtlichen Vorschriften skizzieren die Verhaltenspflichten von ausländischen Investmentfonds, die ihre Anteile, die nicht an einer deutschen Börse oder einem geregelten Markt zugelassen sind,[92] im Inland vertreiben wollen. Die Einhaltung dieser Pflichten wird vom Bundesaufsichtsamt für das Kreditwesen überwacht.[93] Um eine Kontrolle zu ermöglichen, muss die ausländische Investmentgesellschaft ihre Absicht, Anteile vertreiben zu wollen, anzeigen. Normzweck des Gesetzes ist damit der Schutz des Anlegers vor Missbrauch und die Förderung des Wertpapiersparens.[94]

Die steuerrechtlichen Vorschriften sollen die Gleichbehandlung ausländischer und inländischer Investmenterträge gewährleisten.[95]

2.2.2. Definition der Kapitalanlagegesellschaft nach § 1 Abs. 1 KAGG

Das KAGG verwendet einheitlich als Anknüpfungspunkt für seinen Anwendungsbereich den Begriff "Kapitalanlagegesellschaft" und nicht etwa den Begriff "Investmentgesellschaft". Dies mag daran liegen, dass der Begriff Investmentgesellschaft zumeist für Investmentfonds verwandt wird, bei denen die Vermö-

---

[87] Laux / Päsler, Wertpapier-Investmentfonds, Seite 10.

[88] § 2 KAGG.

[89] BGBl. I. 1998, Seite 2820.

[90] Zur Entwicklung des AuslInvestmG, siehe Baur, Investmentgesetze, vor § 1 AuslInvestmG, Rn 1 ff., Seite 1405.

[91] Zur Diskussion des Gesetzgebers über die Erstreckung des KAGG auf ausländische Investmentfonds Baur, Investmentgesetze, vor § 1 AuslInvestmG, Rn 25, Seite 1416.

[92] Vgl. § 1 Abs. 2 AuslinvestmG.

[93] §§ 14 und 2 AuslInvestmG.

[94] Baur, Investmentgesetze, vor § 1 AuslInvestmG, Rn 23, Seite 1416.

[95] Baur, Investmentgesetze, vor § 1 AuslInvestmG, Rn 23, Seite 1416.

gensgegenstände einer eigenständigen Gesellschaft zugeordnet werden (Gesellschaftstyp).[96] Fällt eine Unternehmung unter den Begriff der Kapitalanlagegesellschaft, dann unterliegt sie der im KAGG vorgesehenen Aufsicht durch die Behörden, genießt aber auch den firmenrechtlichen Schutz des § 7 KAGG und die steuerlichen Vergünstigungen.[97]

Die Kapitalanlagegesellschaft selbst ist nicht der Investmentfonds. Sie ist die Verwaltungsgesellschaft, die das Sondervermögen als Investmentfonds auflegt. Die steuerlichen Vorschriften des KAGG beziehen sich ausschließlich auf die Besteuerung des Sondervermögens. Sie greifen ein, wenn die das Sondervermögen auflegende Unternehmung unter den Begriff der Kapitalanlagegesellschaft fällt.

Die einzelnen Merkmale eine Kapitalanlagegesellschaft sind:[98]

2.2.2.1. Geschäftsbereich

Der Geschäftsbereich des Kreditinstituts muss auf die nachfolgend genannten Tätigkeiten ausgerichtet sein. Das Gesetz verwendet hier bewusst den Begriff "Geschäftsbereich" anstatt des im Handelsrecht geläufigeren Begriffs "Gegenstand des Unternehmens". Dies ist ein Hinweis darauf, dass es für die Qualifizierung eines Kreditinstituts als Kapitalanlagegesellschaft nicht auf den in der Satzung festgelegten Zweck, sondern vielmehr auf die tatsächlich ausgeübte Tätigkeit ankommt.[99] Damit ist jedes Kreditinstitut, das tatsächlich die aufgeführten Tätigkeiten ausführt, Kapitalanlagegesellschaft. Die Festlegungen in der Satzung sind unbedeutend.

2.2.2.2. Anlage in eigenem Namen und für gemeinschaftliche Rechnung der Anleger

Die Kapitalanlagegesellschaft handelt im eigenen Namen und für Rechnung der Anleger.[100] Sie ist damit Treuhänder gegenüber den Anteilseignern.[101] Aus den Ge-

---

[96] Baur, Investmentgesetze, § 1 KAGG, Rn 7, Seite 201.

[97] Baur, Investmentgesetze, § 1 KAGG, Rn 4.

[98] Umstritten ist, ob die einzelnen Begriffsmerkmale untereinander gleichwertig sind oder ob einzelne Merkmale eine größere Bedeutung als andere haben und ob trotz Fehlens des einen oder anderen Merkmales, dennoch eine Kapitalanlagegesellschaft vorliegt, Außerdem ist umstritten, ob eine Gesellschaft durch bewusstes Umgehen eines Merkmals sich dem Anwendungsbereich entziehen kann, siehe dazu Baur, Investmentgesetze, § 1 KAGG, Rn 4, Seite 200.

[99] Baur, Investmentgesetze, § 1 KAGG, Rn 12, Seite 203, Beckmann, in: Beckmann / Scholtz, Investmenthandbuch, § 1 KAGG, Rn 2.

[100] Zu dem Streitpunkt, ob das KAGG auch auf Kreditinstitute anzuwenden ist, die nicht in eigenem, sondern in fremden Namen handeln, vgl. Baur, Investmentgesetze, § 1 KAGG, Rn 14, Seite 204, von Caemmerer, JZ 1958, Seite 54, Canaris, Bankvertragsrecht, Rn. 2350.

[101] Baur, Investmentgesetze, § 1 KAGG, Rn 13, Seite 204.

schäften der Kapitalanlagegesellschaft werden zum Schutz der Anleger diese nicht direkt verpflichtet.[102]

2.2.2.3. Grundsatz der Risikomischung

Dem Grundsatz der Risikomischung kommt zentrale Bedeutung zu.[103] Er ist nicht nur Begriffsmerkmal der Kapitalanlagegesellschaft, sondern auch eine genau festgelegte Anforderung an die Diversifizierung des Portefeuilles.[104] Er erfüllt damit eine Doppelfunktion. Einerseits umschreibt er als Begriffsmerkmal den Anwendungsbereich des KAGG. Andererseits dient er in seiner Ausgestaltung in Wertgrenzen als gesetzliche Anforderung der Zusammensetzung des Portefeuilles.

Während die Wertgrenzen im KAGG genau festgelegt sind, also eine genaue Vorgabe für die Ausgestaltung des Portefeuilles vorhanden ist, fehlt es an einer Definition des Merkmals "Risikomischung", so dass unklar ist, bei welchem Diversifizierungsgrad von einer Kapitalanlagegesellschaft gesprochen werden kann. Ein Rückgriff auf die Wertgrenzen verbietet sich.[105] Diese definieren lediglich, wie eine Kapitalanlagegesellschaft zu investieren hat, nicht aber wann das KAGG auf ein Kreditinstitut anwendbar ist. Ansonsten käme es zu dem widersinnigen Ergebnis, dass ein Kreditinstitut, das die Wertgrenzen unterschreitet, nicht mehr unter das KAGG fallen würde. Damit wären dann auch die dort festgelegten Wertgrenzen für dieses Kreditinstitut nicht mehr anwendbar.

Daher ist die Definition des Grundsatzes der Risikomischung nicht gleichlaufend mit den Wertgrenzen.[106] Eine Definition des Grundsatzes der Risikomischung für den Anwendungsbereich des KAGG und die Qualifizierung eines Kreditinstituts als Kapitalanlagegesellschaft kann sich allerdings an den Wertgrenzen orientieren.[107] Ein Kreditinstitut, das die Wertgrenzen einhält, wird immer auch das Begriffsmerkmal der Risikomischung erfüllen. Die Wertgrenzen können damit für die Eröffnung des Anwendungsbereichs des KAGG als eine Art "auf-jeden-Fall-Grenze" herangezogen werden. Ist diese erreicht, dann ist der Grundsatz der Risikomischung für den Anwendungsbereich auf jeden Fall erfüllt. Andererseits wird ein Kreditinstitut diese Wertgrenzen unterschreiten können und dennoch als Kapitalanlagegesellschaft in den Bereich des KAGG fallen.

---

[102] Beckmann, in: Beckmann / Scholtz, Investmenthandbuch, § 1 KAGG, Rz 7.

[103] Vgl. Baur, Investmentgesetze, § 1 KAGG, Rn 15, Seite 204. Zur Bedeutung des Begriffs der Risikomischung im internationalen Vergleich und zur Bedeutung des Grundsatzes für eine internationale Definition des Begriffs "Investmentfonds" siehe: Ed / Bongaarts, Generalbericht IFA - Kongress 1997, Seite 122, s.u. 6.3.4.2.3.

[104] Für Wertpapier-Sondervermögen siehe §§ 8-8f KAGG.

[105] Täske, Nationalbericht Deutschland IFA - Kongress 1997, Seite 453, Baur, Investmentgesetze, § 1 KAGG, Rn 18, Seite 206.

[106] Beckmann, in: Beckmann / Scholtz, Investmenthandbuch § 1 KAGG, Rn 11.

[107] So auch Täske, Nationalbericht Deutschland IFA - Kongress 1997, Seite 453.

Eine brauchbare Definition lässt sich aus der Funktion des Merkmals Risikomischung für den Anwendungsbereich des KAGG ableiten. Als Begriffsmerkmal dient der Grundsatz der Risikomischung der Abgrenzung von Kapitalanlagegesellschaften zu Holdinggesellschaften.[108] Letzere haben vor allem die Ausübung mitgliedschaftlicher Rechte an den Beteiligungsunternehmen zur Aufgabe. Kapitalanlagegesellschaften streben eine rein kapitalistische, passive Beteiligung an und wollen nicht die Geschäftsführung des Unternehmens beeinflussen.[109] Nur letzere sollen auch unter den Anwendungsbereich des KAGG fallen. Daher erfüllt ein Kreditinstitut das Begriffsmerkmal Risikomischung bereits dann, wenn es die Wertgrenzen unterschreitet aber unter Beachtung eines gewissen Maßes an Risikostreuung rein kapitalistische Beteiligungen aufnimmt. Davon wird in der Regel auszugehen sein, wenn die Beteiligung nicht 5 % des Grundkapitals der Gesellschaft überschreitet. Erst bei Überschreiten dieser Grenze können gewisse mitgliedschaftliche Rechte ausgeübt werden, z.B. die Einberufung einer Hauptversammlung, § 122 Abs. 1 Aktiengesetz (AKtG).[110] Jede Beteiligung, die diese Grenze unterschreitet, wird damit in der Regel als rein kapitalistische anzusehen sein.

Abschließend gesagt, ist dem Grundsatz der Risikomischung dann genügt, wenn ein Kreditinstitut die maßgebenden Wertgrenzen erfüllt oder diese unterschreitet aber sein Kapital auf mehrere Anlagegegenstände verteilt und die Beteiligung nicht der Ausübung mitgliedschaftlicher Rechte, sondern der Kapitalanlage dient.

2.2.2.4. Anlage in zugelassenen Vermögensgegenständen

Das Kapital muss in denen vom Gesetz vorgeschriebenen Vermögensgegenständen angelegt werden. Nach § 1 Abs. 1 KAGG ist zur Zeit die Anlage in Geldmarkt-, Wertpapier-, Beteiligungs-, Investmentfondsanteil-, Grundstücks-, Gemischten Wertpapier-, und Grundstücks- oder Altersorsorge-Sondervermögen möglich.[111] Für Wertpapier-Sondervermögen bestimmt § 8 Abs. 1 KAGG die Zusammensetzung des Portefeuilles.

---

108 Baur, Investmentgesetze, § 1 KAGG, Rn 15, Seite 204.

109 Beachte aber § 10 Abs. 1 Satz 2 : die Kapitalanlagegesellschaft soll gerade die Stimmrechte für die Anleger wahrnehmen.

110 Vom 06. 09. 1965, BGBl. III 1965, 4121 - 1.

111 Sollte ein Kreditinstitut in andere Vermögensgegenstände investieren, dann können sich zwei verschiedene Rechtsfolgen ergeben: möglich ist, dass das Kreditinstitut gar nicht unter das KAGG fällt, möglich ist aber auch, dass es zwar eine Kapitalanlagegesellschaft ist, aber einfach gegen die Vorschriften des KAGG verstoßen hat. Die Problematik ist ähnlich wie die des Verhältnisses der Wertgrenzen zu der Definition der Risikomischung. Auch hier wird man auf das tatsächliche Verhalten des Kreditinstitutes abstellen müssen. Hat es sich gar nicht zum Ziel gesetzt, in die im KAGG vorgesehenen Vermögensgegenstände zu investieren, dann liegt keine Kapitalanlagegesellschaft vor. Hat es hingegen sich dies schon zum Ziel gesetzt und hält das Kreditinstitut dennoch auch andere Vermögensgegenstände in seinem Portefeuille, dann ist es Kapitalanlagegesellschaft und verstößt gegen das KAGG, was nach § 68 KAGG den Tatbestand einer Ordnungswidrigkeit erfüllen kann, vgl. zum Ganzen: Baur, Investmentgesetze, § 1 KAGG, Rn 21, Seite 207.

2.2.2.5. Bildung eines Sondervermögens

Eine Kapitalanlagegesellschaft bildet mit dem Kapital der Anleger und den daraus angeschafften Vermögensgegenständen ein Sondervermögen, das getrennt vom Vermögen der Kapitalanlagegesellschaft gehalten wird, §§ 1 Abs. 1, 6 KAGG.[112] Dieses Sondervermögen ist der eigentliche Investmentfonds. Die Trennung der Vermögensmassen ist ein wesentliches Merkmal der Kapitalanlagegesellschaften. Wird sie nicht vorgenommen, dann handelt es sich nicht um eine Kapitalanlagegesellschaft im Sinne des KAGG.[113]

2.2.2.6. Verbriefung der Rechte der Anteilseigner

Die Rechte der Anteilseigner gegenüber der Kapitalanlagegesellschaft werden verbrieft. Die Anteilscheine sind Wertpapiere eigener Art.[114] Auch hierbei handelt es sich um ein wesentliches Merkmal einer Kapitalanlagegesellschaft.[115]

2.2.2.7. Kreditinstitut

Das KAGG enthält keine eigene Definition des Begriffs Kreditinstitut, so dass auf die Definition in § 1 Abs. 1 des Kreditwesengesetzes (KWG)[116] zurückgegriffen werden muss.[117] Demnach sind Kreditinstitute "Unternehmen, die Bankgeschäfte gewerbsmäßig oder in einem Umfang betreiben, der einen in kaufmännischer Weise eingerichteten Geschäftsbetrieb erfordert." Was Bankgeschäfte sind, klärt die Aufzählung in § 1 Abs. 1 Satz 2 KWG. Dort findet sich auch ein Verweis auf die in § 1 Abs. 1 KAGG genannten Geschäfte, die hier als Investmentgeschäft bezeichnet werden (§ 1 Abs. 1 Satz 2 Nr. 6 KWG). Das KWG verweist insofern in das KAGG zurück. Daraus folgt, dass ein Unternehmen, das die weiteren Voraussetzungen der Definition des § 1 Abs. 1 KAGG erfüllt und die dort genannten Tätigkeiten gewerbsmäßig oder in kaufmännischen Umfange betreibt, ein Kreditinstitut ist. Für die Definition der Kapitalanlagegesellschaft bringt die Anforderung

---

[112] Zur Eigentumslage an dem Sondervermögens, s.u. 2.2.3.2.

[113] Baur, Investmentgesetze, § 1, Rn 24, Seite 208, Canaris, Bankvertragsrecht, Rn 2349.

[114] Vgl. zu dem Streit, ob es sich um ein konstitutives oder nichtkonstitutives Wertpapier handelt: Klenk, Die rechtliche Behandlung des Investmentanteils, Seite 18 ff., Schäcker, Investmentsparen, Seiten 57 und 79, Canaris, Bankvertragsrecht, Rn 2378, Hueck / Canaris, Wertpapierrecht, § 26 II (nichtkonstitutives Wertpapier), Ebner-von Eschenbach, Die Rechte des Anteilinhabers nach dem KAGG, Seiten 82 und 102, Schuler, NJW 1957, Seite 1057 (rechtsbegründendes Wertpapier), vgl. auch von Caemmerer, JZ 1958, Seite 48, Canaris, Bankvertragsrecht, Rn 2372.

[115] Zu dem Streit, ob auf die Verbriefung verzichtet werden kann, bzw. bei mangelnder Verbriefung eine analoge Anwendung der Vorschriften des KAGG in Betracht kommt: von Caemmerer, JZ 1958, Seite 44 f., Hoffmann-Riem, BB 1972, Seite 245, Canaris, Bankvertragsrecht, Rn 2351.

[116] Vom 10. Juli 1961, zuletzt geändert am 25.03. 1988.

[117] Vergleiche hierzu: Bähre / Schneider, KWG, § 1 Nr. 2, Sazgunn / Wohlschieß, KWG, § 1, Rn 1.

"Kreditinstitut" damit nur das Erfordernis, dass die bisher beschriebene Tätigkeit gewerbsmäßig oder in kaufmännischer Weise ausgeführt wird.

2.2.2.8. Abgrenzung zum Begriff des AuslInvestmG

Das AuslandsinvestmG verwendet nicht den Begriff "Kapitalanlagegesellschaft", sondern stellt auf "ausländischen Recht unterstehende Vermögen" und "ausländische Investmentanteile" ab. Damit wird eine Parallele zum KAGG vermieden. Es wird der Tatsache Rechnung getragen, dass ausländische Kapitalanlagegesellschaften unterschiedlich rechtlich gestaltet sind und eine Anknüpfung an das deutsche Recht oder der Versuch einer Umschreibung der Vielfalt ausländischer Gestaltungsvarianten die Gefahr birgt, dass einzelne Investmentgesellschaften von einer Definition nicht erfasst werden.[118] Dies hätte zur Folge, dass sie nicht unter das AuslInvestmG und damit auch nicht unter die Kontrolle des Bundesaufsichtsamtes für das Kreditwesen fallen. Ein geringerer Anlegerschutz wäre die Folge.

Um Anlegerschutz aber auch für die Anleger ausländischer Investmentfonds zu gewährleisten, geht das AuslInvestmG von einer wirtschaftlichen Betrachtungsweise aus[119] und erfasst Investmentgesellschaften unabhängig ihrer rechtlichen Ausgestaltung.[120]

Damit werden vom AuslInvestmG alle Investmentfonds erfasst, unabhängig ihrer Rechtsform, der Verbriefung ihrer Anteile oder ihrer Ausgestaltung als offene oder geschlossene Fonds. Allein entscheidend ist, dass sie dem Grundsatz der Risikomischung entsprechen.[121]

2.2.3. Die gesellschaftsrechtlichen Eigenschaften des Investmentfonds

2.2.3.1. Vertragslösung, Gesellschaftslösung oder Trust

Für die rechtliche Ausgestaltung eines Investmentfonds kommen drei Gestaltungsformen in Betracht: die Vertragslösung, die Gesellschaftslösung und die Trustlösung (s.o. 2.1.1). Der deutsche Gesetzgeber hat sich bei Erlass des KAGG für die Vertragslösung entschieden.[122] Die Gesellschaftslösung ist damit zwar nicht unmöglich geworden.[123] Da es bei ihr aber nicht zu der Bildung eines Sonder-

---

[118] Baur, Investmentgesetze, § 1 AuslInvestmG, Rn 26, 27, 28, Seiten 1432, 1433, vgl. auch zur Rechtslage in Österreich: Aigner / Bitzyk, SWI 1997, Seite 503.

[119] Baur, Investmentgesetze, § 1 AuslInvestmG, Rn 26,27, Seiten 1432, 1433.

[120] Vgl. Begründung zum Regierungsentwurf eines Gesetzes über den Vertrieb ausländischer Investmentanteile, über die Besteuerung ihrer Erträge sowie zur Ergänzung des Gesetzes über Kapitalanlagegesellschaften, Bundestag Drucksache V/3494, Seite 14 f., Seite 17.

[121] Begründung ebenda.

[122] Siehe dazu den Bericht des Abgeordneten Neuburger, BT - Drucksache 2 / 1585 (2973 neu), zitiert nach Beckmann / Scholtz, Investmenthandbuch, Materialien A, BT-Drucksache II / 2973 (neu).

[123] Vgl. Klenk, Die rechtliche Behandlung des Investmentanteils , Seite 3, Anm. 10.

vermögens kommt, unterliegt sie nicht den Regelungen des KAGG und damit vor allem nicht dem firmenrechtlichen Schutz nach § 7 KAGG und den steuerrechtlichen Vorschriften.[124]

2.2.3.2. Miteigentümer - und Treuhandlösung

Bei Anwendung der Vertragslösung ist weiterhin zwischen Investmentfonds zu unterscheiden, bei denen die Anleger Eigentümer der im Sondervermögen vorhandenen Vermögensgegenstände sind (Miteigentümerlösung) und solchen, bei denen die Kapitalanlagegesellschaft formell Eigentümer der Vermögensgegenstände ist und diese treuhänderisch für die Anleger verwaltet (Treuhandlösung).[125] Wirtschaftlich betrachtet ist das Sondervermögen allerdings immer den Anlegern zuzurechnen.[126]

Bei der Gesellschaftslösung ist die Eigentumslage eindeutig. Die Vermögensgegenstände werden dem Investmentfonds zugerechnet. Die Anleger sind als Gesellschafter des Fonds nur mittelbar an diesen beteiligt. Anders verhält es sich bei der Trustlösung, deren Eigenart es ist, dass die Anteilseigner (beneficiaries) und die Treuhandgesellschaft (trustee) Eigentümer sind. Bei einem trust kommt es zu einer dem deutschen Zivilrecht unbekannten Aufteilung der Eigentümerstellung auf zwei Personen (s.o., Fußnote 50) in formelles Eigentum (legal ownership), das dem trustee zusteht, und dem Nutzungseigentum (beneficial ownership), das den Anlegern zusteht. Nach der Treuhandlösung des KAGG wird die Kapitalanlagegesellschaft Eigentümerin, die Anleger sind Treugeber. Diese Aufteilung entspricht der Aufteilung zwischen legal und beneficial ownership bei einem trust.[127]

Das KAGG gibt der Kapitalanlagegesellschaft Wahlfreiheit, sich vertraglich für die Miteigentümer- oder die Treuhandlösung zu entscheiden.[128] Die meisten unter das KAGG fallenden Kapitalanlagegesellschaften haben sich für die Miteigentümerlösung entschieden.[129]

Die Kapitalanlagegesellschaft muss, auch wenn sie nicht wie bei der Treuhandlösung Eigentümer der das Sondervermögen bildenden Vermögensgegenstände ist, über die Vermögensgegenstände verfügen können, um die notwendigen Umschichtungen vornehmen zu können. Dies geschieht durch eine gesetzlich angeordnete rechtsgeschäftliche Verfügungsbefugnis.[130] Ist die Kapitalanlagegesellschaft hingegen bereits Eigentümerin des Sondervermögens, dann ergibt sich die Verfügungsbefugnis bereits aus der Eigentümerstellung.[131] Da § 9 KAGG dem

---

[124] Klenk, Die rechtliche Behandlung des Investmentanteils, ebenda Seite 3 Anm. 10.

[125] Vgl. Ebner-von Eschenbach, Die Rechte des Anteileigners nach dem KAGG, Seite 16.

[126] Ebner-von Eschenbach, Die Rechte des Anteileigners nach dem KAGG, Seite 75.

[127] Vgl. Roth, Treuhandmodell, Seite 149.

[128] § 6 Abs. 1 Satz 2 KAGG;

[129] Baur, Investmentgesetze, § 6 KAGG, Rn 8.

[130] § 9 Abs. 1 Satz 1 KAGG.

[131] § 903 BGB.

Wortlaut nach auf beide Lösungen zugeschnitten ist, muss er in diesem Fall als gesetzliche Ausgestaltung des Treuhandvertrags angesehen werden.[132]

Die Verwendung der Konstruktionen Treuhand und Miteigentum kombiniert mit der Verfügungsbefugnis der Kapitalanlagegesellschaft ist der Versuch des Gesetzgebers, die Rechtsverhältnisse des Investmentfonds in die überkommenen Kategorien des deutschen Sachenrechts zu fassen. Dabei besteht die Schwierigkeit, dass Entscheidungsbefugnis und Nutzungsziehung auf zwei Person verteilt werden: Die Kapitalanlagegesellschaft trifft die Entscheidung über die Zusammensetzung des Portefeuilles. Der Anleger zieht aber den Nutzen aus der Kapitalanlage. Diese Aufteilung der Befugnisse an ein und demselben Vermögensgegenstand hat *Roth* dazu veranlasst, eine Abkehr von dem absoluten und ungeteilten Eigentumsbegriff des deutschen Bürgerlichen Rechts anzunehmen.[133]

Aber auch das absolute Eigentum kann erheblichen Beschränkungen unterliegen. Die Verfügungsbefugnis kann eingeschränkt werden, z.B. im Falle einer Zwangsverwaltung oder Testamentsvollstreckung, ohne dass die Vorstellungen vom ungeteilten Eigentumsbegriff dadurch beeinträchtigt werden. Auch kann der Eigentümer an dem Vermögensgegenstand einen Nießbrauch bestellen, so dass weit gehende Nutzungsrechte an dem Gegenstand auf den Nießbrauchnehmer übergehen. Auch dies ist mit dem ungeteilten Eigentumsbegriff vereinbar. Eigenart des ungeteilten Eigentumsbegriffs ist es, dass die beschränkt dinglichen Rechte eine starke Rechtsposition schaffen, diese aber nicht Eigentum genannt werden. Folglich gibt die Eigentumslage häufig nicht die wahre Befugnisaufteilung wieder. Damit lässt sich die Aufteilung der Befugnisse im Investmentverhältnis mit den Grundsätzen des deutschen Eigentumsbegriffs vereinbaren.

2.2.3.3. Offene und Geschlossene Fonds (Open-End- und Closed - End - Prinzip)

Ein Investmentfonds gilt dann als geschlossen,[134] wenn die einmal ausgegebenen Anteile nicht mehr zurückgegeben werden können. Die Anzahl der Fondsanteile bleibt immer gleich. Man spricht von fester Kapitalisierung.[135] Will ein Anleger Fondsanteile erwerben oder veräußern, dann muss er dies an einer Börse oder an

---

[132] Beckmann, in: Beckmann / Scholtz, Investmenthandbuch, § 9, Rn 1.

[133] Roth, Treuhandmodell. Seiten 145 ff.

[134] Geschlossene Investmentfonds sind u.a. (vgl. Baur, Investmentgesetze, Einl. I, Rn 76, Seite 39):

Frankreich:	Sociétés d'Invertissement,
GB:	Investment-Trusts,
Luxemburg:	Sociétés d'invertissement à capital fixe (SICAF),
Niederlande:	Beleggingsmaatschapij,
Spanien:	Sociedad de Inversión Mobilaria de capital fijo
USA:	Unit Investment Trusts (starre Unit Trusts umgehendies durch Auflageneuer Units), s.u. Fußnote 138.

[135] Baur, Investmentgesetze, Einl I, Rn 75, Seite 39.

einem ähnlichen Markt tun. Die Situation des Anlegers ist somit vergleichbar mit der eines Aktionärs.

Kapitalgesellschaften verfügen in der Regel über ein festes Stammkapital. Obwohl demnach eigentlich Investmentfonds des Gesellschaftstyps zwingend closed - ended sein müssten,[136] ermöglicht z.B. das U.S.-amerikanische Aktienrecht den Investmentfonds des Gesellschaftstyps, eigene Anteile zurückzunehmen, so dass auch diese open-ended sein können.[137]

Offene Investmentfonds[138] haben eine variable Kapitalausstattung und sind verpflichtet, die Anteile auf Verlangen des Anlegers jederzeit zurückzukaufen.[139] Dabei wird der Rückkaufpreis im Vorhinein auf den net-asset-value festgelegt. Dies ist der Preis, der dem Anteil am Nettovermögen entspricht.[140] Das Fondsvermögen

---

[136] Kümpel, Kapitalmarktrecht, Rn 10.32, Seite 941.

[137] Im Gegensatz dazu kennt das deutsche Aktienrecht kein variables Kapital, § 71 AktG, so dass der deutsche Gesetzgeber sich zwischen Gesellschaftslösung mit festen Kapital und Vertragslösung mit variablen Kapital entscheiden musste, Bericht des Abgeordneten Neuberger, a.a.O., Seite 2, Beckmann, in: Beckmann / Scholtz, Investmenthandbuch § 6 KAGG, Rz 2, zu den Gründen dieser Regelung: Lutter, in: Kölner Aktiengesetzkommentar, § 71, Rn 5 ff., zur Kritik an dieser Regelung: v. Rosen / Helm, AG 1996, 434.

[138] Offene Investment-Fonds sind u.a. (Baur, Investmentgesetze, Einl I, Rn 80, Seite 40):

Deutschland:	Sondervermögen von Kapitalanlagesellschaften nach dem KAGG,
Österreich:	Kapitalanlagefonds, Investmentfonds nach InvFG 1993,
Schweiz:	Effektenfonds, Immobilienfonds nach AFG,
Belgien:	Fonds de Placement de droit belge à nombre variable de Parts (FP), Beleggingsvennootschap met Veranderlijk Kapital (Bevek)
Dänemark:	Investeringforening,
Frankreich:	SICAV, Fonds commun de placement,
GB und Irland:	Unit Trusts,
Italien:	FCIM, SICAV,
Luxemburg:	SICAV, Fonds Commun de placement,
Niederlanden:	Beleggingsmaatschapij (mit Einschränkungen),
Spanien:	Sociedades des Inversión Mobilaria de capital variable (SIMCAV), Fondos de Inversión Mobilaria (FIM), Fondosde Inversión en Activos del Mercado Monetario (FIAMM),
USA:	Mutual funds als Corporations oder trust können jeweils als offene oder geschlossene Fonds vorkommen.

[139] Baur, Investmentgesetze, Einl I, Rn 80, Seite 40.

[140] Baur, Investmentgesetze, Einl I, Rn 80, Seite 40.

(Sondervermögen) ist somit keine statische Größe, sondern verändert sich bei jedem Kauf oder Verkauf von Anteilsscheinen.[141]

Der deutsche Gesetzgeber hat sich für das open-ended - Prinzip entschieden.[142] Kapitalanlagegesellschaften sind verpflichtet, auf Verlangen des Anteilseigners den Anteilschein zurückzunehmen.[143] Nur in außergewöhnlichen Umständen ist die Kapitalanlagegesellschaft berechtigt, die Rücknahme auszusetzen.[144]

Mit der Wahl des open-ended-Prinzips wollte der Gesetzgeber die Anleger begünstigen. Diese müssen nicht versuchen, ihre Anteile über eine Börse oder einen ähnlichen Markt zu veräußern, sondern können diese jederzeit an die Kapitalanlagegesellschaft zurückgeben. Die Anteile werden dadurch "mobiler."[145] Der Verkauf über eine Börse oder einen ähnlichen Markt hätte auch die Folge, dass der Verkaufspreis sich nicht nach dem wahren Wert des Anteils an dem Sondervermögen, sondern nach dem Kurswert des Marktes richten müsste.[146] Der Anleger hätte damit ein doppeltes Kursrisiko zu tragen.[147] Der Wert seines Anteils wird zum einen durch den Wert der Vermögensgegenstände bestimmt. Bei einem geschlossenen Investmentfonds wird er im Weiteren nach dem Wert des Anteils an sich bestimmt. Wertbildende Faktoren können dabei die Zusammensetzung des Portefeuilles und die Performance des Fondsmanagements sein. Darin bestünde nach deutscher Vorstellung ein Widerspruch zum dem grundlegenden Zweck des Investmentgeschäfts, das dem Kleinanleger ja gerade eine risikoarme Anlagemöglichkeit bieten möchte.[148]

2.2.4. Die ertragssteuerliche Behandlung

Investmenterträge können auf drei Ebenen besteuert werden: bei der die Dividenden ausschüttenden Gesellschaft, auf der Ebene des Investmentfonds (des Sondervermögens) und schließlich beim Anleger.

Außerhalb dieser drei Ebenen steht die Besteuerung der Kapitalanlagegesellschaft. Sie erzielt Einnahmen aus Verwaltungskosten und Ausgabezuschlägen, die von den Investmenteinnahmen des Sondervermögens zu trennen sind. Das KAGG enthält keine steuerlichen Vorschriften für die Behandlung der Kapitalanlagegesellschaft (die Vorschriften der §§ 38 ff KAGG gelten nur für das Sondervermögen), bestimmt aber in § 1 Abs. 3 Satz 1, dass Kapitalanlagegesellschaften nur in der

---

[141] Kümpel, Kapitalmarktrecht, Rn 10.31, Seite 941.

[142] und damit aus deutscher Sicht auch zwingend gegen den Gesellschaftstyp, Beckmann, in: Beckmann / Scholtz, Investmenthandbuch § 6 KAGG, Rz 2.

[143] § 11 Abs. 2 Satz 1 KAGG.

[144] § 11 Abs. 2 Satz 2 KAGG.

[145] Kümpel, Kapitalmarktrecht, Rn 10.33., Seite 943.

[146] Kümpel, Kapitalmarktrecht, ebenda, Seite 943.

[147] Kümpel spricht von einer "Kumulierung des Kursrisikos", Kapitalmarktrecht, ebenda, Seite 943.

[148] Kümpel, Kapitalmarktrecht, Rn 10.33, Seite 942.

Rechtsform einer Aktiengesellschaft oder einer Gesellschaft mit begrenzter Haftung betrieben werden dürfen und ordnet damit indirekt deren Körperschaftssteuerpflicht an. Auf die Besteuerung der Kapitalanlagegesellschaft soll nicht weiter eingegangen werden. Im folgenden soll nur die Besteuerung der Investmenteinnahmen betrachtet werden.[149]

2.2.4.1. Jüngste Gesetzesänderungen (Steuerentlastungsgesetz und Steuersenkungsgesetz)

Die Besteuerung der Investmenteinkünfte wurde durch Gesetze und Gesetzesvorhaben in letzter Zeit wesentlich betroffen:

Das Steuerentlastungsgesetz vom 24. 03. 1999[150] führte erstmals die Steuerbarkeit von Veräußerungsgewinnen aus Termingeschäften des Investmentfonds ein. Außerdem wurde erstmals auch der Dividendenanteil der Kapitalertragsteuer unterworfen.

Aber es ist v.a. die Unternehmenssteuerreform,[151] die wesentliche Änderungen vorsieht. Der Referentenentwurf (URefSenkG) sah zunächst vor, Sondervermögen der Körperschaftsteuer zu unterwerfen, ohne den Anlegern eine Anrechnungsmöglichkeit zu gewähren. Die Definitivbelastung der Investmenterträge mit Körperschaftsteuer wäre das Ende des Transparenzprinzips gewesen. Sie hat sich nicht durchgesetzt. Im Gesetz zur Senkung der Steuersätze und zur Reform der Unternehmensbesteuerung ("Steuersenkungsgesetz", "StSenkG")[152] wird das Transparenzprinzip beibehalten. Die Änderungen betreffen den Übergang vom Vollanrechnungs- zum Halbeinkünfteverfahren:[153] das Sondervermögen enthält keine Vergütung für die von der ausschüttenden Körperschaft einbehaltenen Körperschaftssteuer. Diese verbleibt als Definitivbelastung auf den Investmenterträgen. Im Gegenzug entfällt die Ausgleichsteuerpflicht des Sondervermögens. Unverändert bleibt die Behandlung der Kapitalertragsteuer. Auf der Einnahmenseite des Sondervermögens wird die von der ausschüttenden Körperschaft einbehaltene Kapitalertragsteuer dem Sondervermögen weiterhin erstattet, bzw. von einem Abzug wird Abstand genommen. Dafür unterliegen die Ausschüttungen nach wie vor der Kapitalertragsteuer, die das Sondervermögen für die Anleger einbehält. Der in den Ausschüttungen enthaltene Dividendenanteil muss von dem Anleger nur zur Hälfte versteuert werden. Die andere Hälfte ist steuerbefreit (Halbeinkünfteverfahren).

---

[149] Die Besteuerung der Kapitalanlagegesellschaft ist für diese Abhandlung von untergeordneter Bedeutung. Wenn im Folgenden von der Besteuerung des Investmentfonds gesprochen wird, dann ist damit die des Sondervermögens gemeint.

[150] BGBl. I 1999, Seite 402.

[151] Allgemein zum Überblick siehe Rödder, DStR 2000, Seite 353 ff.

[152] Steuersenkungsgesetz.

[153] Bundesregierung, Entwurf zum Steuersenkungsgesetz, Zu Artikel 11 (KAGG), Seite 200.

Dies gilt jetzt für den Teil der Ausschüttungen, der aus inländischen und ausländischen Dividenden gespeist wird.[154]

2.2.4.2. Der Transparenzgrundsatz in Deutschland

Die steuerlichen Vorschriften des KAGG werden häufig als Ausfluss des Transparenzgrundsatzes bezeichnet.[155] Weder das Gesetz noch die Gesetzesmaterialien zum KAGG 1957[156] oder die Literatur der damaligen Zeit[157] erwähnen diesen Begriff. Man kann davon ausgehen, dass er damals nicht geläufig war. Der Gesetzgeber ging von der Zielvorstellung aus, das Investmentsparen solle steuerlich nicht mehrfach belastet werden und wollte die Mehrfachbelastung durch Steuerfreiheit auf Ebene des Investmentfonds verhindern.[158] Transparenz im Sinne der völligen Negierung des Investmentfonds und der Zurechnung der Anlagegegenstände zum Anleger war hingegen keine Leitlinie.

Alleine aus verfahrensrechtlichen Gründen ist die volle Transparenz nicht gewollt. Ihr entspräche es, die Anlagegegenstände den Anlegern zuzurechnen. Da an einem Sondervermögen mehrere, bei Publikumsfonds zumeist sogar eine unüberschaubare Personenmenge, beteiligt sind, lägen die Voraussetzungen der einheitlichen und gesonderten Gewinnfeststellung nach §§ 179 Abs. 1, Abs. 2 Satz 2, 180 Abs. 1 Nr. 2 lit. a AO vor.[159] Die Unüberschaubarkeit und der ständige Wechsel in der Anlegerschaft machen dieses Verfahren aber denkbar ungeeignet für die Besteuerung von Investmenterträgen.

---

[154] Art. 10, Nr. 8 Steuersenkungsgesetz, Seite 62, § 40 Abs. 2 KAGG n.F., siehe den eindeutigen Wortlaut. Der Entwurf der Bundesregierung sah hingegen vor, das Halbeinkünfteverfahren nur für den inländischen Dividendenanteil anzuwenden, Bundesregierung, Entwurf eines Steuersenkungsgesetzes, Art. 11 (KAGG), Nr. 8 § 40 Abs. 2 KAGG: aus der Verweisung auf § 38 b Abs. 5 KAGG und § 43 Abs. 1 EStG ergibt sich, dass nur inländische Dividenden einbezogen werden sollten. Siehe dazu die Kritik des BVI, Stellungnahme vom 20.03. 2000, Seite 3, Fall 1. Der Gesetzgeber hat erfreulicherweise den Vorschlag des BVI umgesetzt. Damit wird der Transparenzgrundsatz verwirklicht.

[155] Siehe nur Scholtz, in: Beckmann / Scholtz, Investmenthandbuch, vor § 37a, Rn 4, Baur, Investmentgesetze, vor § 37 a KAGG, Rn 22.

[156] Vgl. den Bericht des Abgeordneten Neuburger , BT - Drucksache 2 / 1585 (2973 neu), zitiert nach Beckmann / Scholtz, Investmenthandbuch, Materialien A.

[157] Vgl. v. Caemmerer, JZ 1958, 49, Steinberg, DB 1957, Seite 196, Steinberg, BB, 1957, Seite 356.

[158] V. Caemmerer, JZ 1958, Seite 49.

[159] Baur, Investmentgesetze, vor § 37 a KAGG, Rn 22, Seite 1081, Steinberg, DB 1957, Seiten 196 und 197, Scholtz, in: Beckmann / Scholtz, Investmenthandbuch 425 vor § 37a KAGG, Rn 5, Seite 24. Ist § 180 Abs. 1 Nr. 2 lit. a AO erfüllt, dann erfolgt die Gewinnfeststellung einheitlich und gesondert, Tipke / Kruse, AO, § 180, Rz 10. Die Voraussetzungen sind erfüllt, denn mehrere Anleger erzielen einkommensteuerpflichtige Einnahmen und sie tun dies gemeinsam, da sie untereinander eine Gemeinschaft nach § 741 BGB bilden und eine Gemeinschaft das Merkmal "gemeinsam" erfüllt, Tipke / Kruse, AO, § 180, Rz 15, vgl. auch Rz 32 zu Investment Clubs.

Folgerichtig wird das Transparenzprinzip nicht als allgemeines, über den Gesetzeswortlaut hinausgehendes Prinzip angesehen, sondern es gilt nur insoweit, als der Gesetzgeber es ausdrücklich in den gesetzlichen Vorschriften umgesetzt hat. Dies hat zur Folge, dass Gesetzeslücken nicht durch den Transparenzgrundsatz gefüllt werden können.[160] Der Transparenzgrundsatz ist nicht analogiefähig.

2.2.4.3. Steuersubjekteigenschaft des Sondervermögens

Privatrechtlich gesehen ist das Sondervermögen nicht rechtsfähig. Seine Anlagegegenstände werden vielmehr entweder der Kapitalanlagegesellschaft (Treuhandlösung) oder den Anteilseignern (Miteigentümerlösung) zugeordnet. Nach § 39 Abs. 1 der Abgabenordnung folgt das Steuerrecht grundsätzlich der Zuordnung des Privatrechts.[161] Im Falle der Miteigentümerlösung wäre das Sondervermögen den Anlegern zuzurechnen, denn diese sind dessen Eigentümer.[162] Im Falle der Treuhandlösung ist zwar die Kapitalanlagegesellschaft Eigentümerin des Sondervermögens. Nach § 39 Abs. 2 Nr. 1 Satz 2 AO wäre das Sondervermögen aber dem Treugeber, also den Anlegern, zuzurechnen. Das Steuerrecht folgt in dem zweiten Fall also nicht der Zuordnung des Privatrechts.[163] Unabhängig von der Wahl zwischen Miteigentümer- oder Treuhandlösung wäre das Sondervermögen daher wirtschaftlich den Anlegern zuzurechnen.[164]

Das Gesetz ordnet jedoch ausdrücklich eine andere Lösung an. Nach § 38 Abs. 1 Satz 1 KAGG gilt das Sondervermögen als Zweckvermögen[165] im Sinne von § 1 Abs. 1 Nr. 5 KStG und wird somit rechtsfähig für das Ertragssteuerrecht.[166] Damit werden ihm auch die im Sondervermögen gehaltenen Anlagegegenstände zugerechnet.

Die ausdrückliche Anordnung der Steuerrechtsfähigkeit war notwendig. Das Sondervermögen wäre ansonsten nicht als Zweckvermögen im Sinne von § 1 Abs. 1

---

[160] Scholtz, in: Beckmann / Scholtz ebenda, BFH, BStBl. II, 1980, Seite 453, BFH, BStBl. II 1992, Seite 786, Häuselmann, BB 1992, Seite 312 (316), Sorgenfrei, IStR 1994, Seite 465 (467).

[161] Tipke / Kruse, AO, § 39, Rz 3.

[162] § 39 Abs. 2 Nr. 1 AO.

[163] Das Privatrecht ist im Verhältnis zum Steuerrecht zwar vorherig (präzedent), nicht aber vorrangig (prävalent). Das Steuerrecht darf also von der Zuordnung des Privatrechts abweichen, vgl. Tipke, Steuerrechtsordnung, Band I, Seiten 90 - 93.

[164] Ebner-von Eschenbach, Die Rechte des Anteileigners nach dem KAGG, Seite 75.

[165] Im Privatrecht kann ein Zweckvermögen nicht rechtsfähig sein. Im Steuerrecht kann es dennoch als Steuersubjekt anerkannt werden, Hermann / Heuer / Raupach, § 1 KStG, Rz 48.

[166] Im Privatrecht versteht man unter dem Begriff "Rechtsfähigkeit" die Eigenschaft, Träger von Rechten und Pflichten zu sein, im Steuerrecht versteht man darunter die Eigenschaft, Träger steuerlicher Rechte und Pflichten zu sein. Anders als im Privatrecht ist die Steuerrechtsfähigkeit für das Steuerrecht aber nicht einheitlich geregelt, sondern in den einzelnen Steuergesetzen für die jeweilige Steuerart besonders bestimmt, vgl. Handwörterbuch des Steuerrechts "Rechtsfähigkeit".

Nr. 5 KStG anzusehen. Ein Zweckvermögen muss organisatorisch abgegrenzt, wirtschaftlich selbstständig sein[167] und einem bestimmten Zweck dienen.[168] Das Erfordernis der wirtschaftlichen Selbstständigkeit setzt wiederum voraus, dass das Zweckvermögen aus dem Vermögen des Widmenden wirtschaftlich ausgeschieden ist.[169] Bei einem KAGG-Sondervermögen sind die Anleger Eigentümer (bei der Miteigentümerlösung) bzw. Treugeber (bei der Treuhandlösung). Die in dem Sondervermögen vorhandenen Anlagegegenstände werden ihnen damit juristisch oder wirtschaftlich zugerechnet. Das Sondervermögen ist daher nicht wirtschaftlich selbstständig. Es ist damit ein fiktives Zweckvermögen kraft gesetzlicher Anordnung.[170] Diese Fiktion gilt für Körperschaftssteuer, Gewerbesteuer und den Solidaritätszuschlag, nicht aber für andere Steuerarten, wie z.B. die Grunderwerbssteuer oder die Umsatzsteuer. [171]

Die Steuersubjekteigenschaft zieht Rechte und Pflichten nach. Das Sondervermögen ist Steuerpflichtiger im Sinne von § 33 AO und unterliegt Mitwirkungs- (§ 90 AO), Anzeige- (§ 137 AO), Aufzeichnungs- (§ 140 AO) und Erklärungspflichten (§ 38 Abs. 1 Satz 5 KAGG).[172]

Die Anordnung der Steuerrechtsfähigkeit und die daraus folgende Zuordnung der Anlagegegenstände bricht mit dem Transparenzgrundsatz in seiner reinen Form, denn dieser fordert die Zuordnung der Anlagegegenstände und der daraus fließenden Einnahmen direkt zum Anleger.

2.2.4.4. Steuerbefreiung

Folge der Steuersubjekteigenschaft ist gewöhnlich die Steuerpflicht. Diese Folge vermeidet aber wiederum eine ausdrückliche gesetzliche Anordnung, § 38 Abs. 1 Satz 2 KAGG, die das Sondervermögen von der Körperschafts- und Gewerbesteuerpflicht befreit.[173]

Nach bisherigem Recht gilt die Steuerbefreiung vorbehaltlich der Ausgleichssteuerpflicht nach § 38 a KAGG, d.h. das Sondervermögen ist auf der Ausgangs-

---

[167] Das Erfordernis der wirtschaftlichen Selbstständigkeit ist ein Mindesterfordernis für das Zugeständnis der Steuerrechtsfähigkeit im Ertragssteuerrecht, während für das Privatrecht alleine die rechtliche Selbstständigkeit ausreicht.

[168] Freericks, in: Blümich, EStG, KStG, GewStG, § 1 KStG, Rn 72, Herrmann / Heuer / Raupach, § 1 KStG, Rn 48.

[169] Baur, Investmentgesetze, § 38 KAGG, Rn 4, Seite 1144.

[170] Baur, Investmentgesetze, § 38 KAGG, Rn 8, Seite 1145.

[171] Baur, Investmentgesetze, § 38 KAGG, Rn 8, Seite 1145.

[172] Baur, Investmentgesetze, § 38 KAGG, Rz 12.

[173] Eine Steuerbefreiung schafft eine gesetzliche Ausnahme von dem Grundsatz der Steuerpflicht, die durch die Zuerkennung der Steuerrechtsfähigkeit zunächst entstanden ist. Sie erfolgt aus den verschiedensten Zweckerfordernissen, v.a. aus sozialen und wirtschaftspolitischen, Handwörterbuch des Steuerrechts, "Steuerbefreiung". Hier erfolgt sie, um eine Mehrfachbesteuerung der Investmenterträge zu vermeiden.

seite für den Dividendenanteil körperschaftssteuerpflichtig. Dieser Vorbehalt wird durch das Steuersenkungsgesetz aufgehoben,[174] da die Ausgleichssteuer wegfällt. Damit wird das Sondervermögen ein von den Erwerbssteuern befreites Steuersubjekt.

Die Steuerbefreiung gilt nicht für Steuerabzugsbeträge, denn nach § 2 Nr. 2 KStG bleibt der Steuerabzug für Vermögensmassen (dazu gehören auch die Zweckvermögen), die nicht unbeschränkt steuerpflichtig sind, für inländische Einkünfte erhalten. Die Anordnung in § 38 Abs. 1 Satz 2 KAGG hat zur Folge, dass das Sondervermögen nicht unbeschränkt steuerpflichtig ist. Damit unterliegt das Sondervermögen auf der Eingangsseite grundsätzlich der Kapitalertragsteuer nach § 43 EStG,[175] die die ausschüttende Körperschaft gemäß § 44 Abs. 1 Satz 3 EStG für Rechnung des Sondervermögens einbehalten und an die Finanzbehörden abzuführen hat. Das Sondervermögen ist aber Schuldnerin der Steuer und ist damit Steuerpflichtiger im Sinne von § 33 Abs. 1 AO.[176]

2.2.4.5. Eingangsseite

Um die Besteuerung der Investmenterträge übersichtlicher darzustellen, kann man die steuerlichen Folgen, die sich bei Bezug der Einnahmen durch das Sondervermögen, von denen unterscheiden, die sich bei Ausschüttung aus diesem ergeben. Man spricht auch von Eingangs- und Ausgangsseite.

2.2.4.5.1. Vergütung der anrechenbaren Körperschaftsteuer

Bezieht das Sondervermögen eine Dividende einer inländischen Körperschaft, dann ist diese mit der Körperschaftsteuer belastet (bisher 30 %, nach dem Gesetzesvorhaben nur noch 25 %).[177] Die Steuerbefreiung des Sondervermögens nach § 38 Abs. 1 Satz 2 KAGG hat hier keine Auswirkungen. Die Körperschaftsteuer ist nämlich keine Steuer des Sondervermögens, sondern eine der ausschüttenden Körperschaft und wird damit von der Steuerbefreiung nicht erfasst.

2.2.4.5.1.1. Bisherige Rechtslage

Dennoch wird das Sondervermögen nach dem bisher geltenden Recht gemäß § 38 Abs. 1 KAGG im Ergebnis durch die fremde Körperschaftsteuer nicht belastet. Diese wird der Depotbank vergütet.[178] Dies gilt obwohl das Sondervermögen als

---

[174] Steuersenkungsgesetz, Artikel 10 (KAGG) Nr. 2 lit. a, Seite 60.

[175] Baur, Investmentgesetze, § 38 KAGG, Rn 31, Seite 1153.

[176] Zum Begriff des Steuerpflichtigen vgl. Rüsken, in: Klein, AO, § 33 Nr. 3 lit. a, Seite 161.

[177] Steuersenkungsgesetz, Artikel 3 (KStG), Nr. 11, Seite 44: der vierte Teil des KStG und damit auch der bisherige § 27 KStG, der die Herabsetzung der Körperschaftsteuer bei Ausschüttung vorsah, fallen weg, es gilt einheitlich der Steuersatz von 25 % auf einbehaltene und ausgeschüttete Gewinne.

[178] Vergütet wird nur die inländische anrechenbare Körperschaftsteuer (vgl. den Wortlaut von § 38 Abs. 2 Satz 1, dazu Baur, Investmentgesetze, § 38 KAGG, Rn 22). Welche Körper-

von der Körperschaftsteuer befreites Subjekt, § 51 KStG, nicht am Anrechnungsverfahren teilnehmen kann und damit ohne die Anordnung des § 38 Abs. 2 KAGG die fremde Körperschaftsteuer zu einer Definitivbelastung erwachsen würde. Die Folge wäre eine Ungleichbehandlung mit dem unbeschränkt steuerpflichtigen Direktanleger, der an dem Anrechnungsverfahren teilnehmen kann. Diese Ungleichheit widerspricht dem Transparenzgrundsatz. Es gibt zwei mögliche Wege, diese Ungleichbehandlung zu beseitigen.[179] Denkbar ist, den Anteilseignern oder aber dem Sondervermögen eine Erstattung zu gewähren. Der Gesetzgeber hat sich entschieden, die Erstattung der inländischen, auf den Dividendenanteil entfallenden Körperschaftsteuer dem Sondervermögen zukommen zu lassen.[180]

---

schaftsteuer anrechenbar ist, entscheidet sich nach §§ 36 Abs. 2 Satz 2 Nr. 3 Satz 1 (Nicht vergütbar sind Einnahmen, die aus Ausschüttungen stammen, auf die Eigenkapital nach § 30 Abs. 2 Nr. 1 KStG als verwendet gilt, § 36 Abs. 2 Nr. 3 Satz 1 EStG. Dabei handelt es sich um Eigenkapital, das der ausschüttenden Aktiengesellschaft aus einer ausländischen Beteiligung zugeflossen ist. Es liegt eine Vier-Personen-Konstellation vor: Eine ausländische Gesellschaft schüttet an eine deutsche Körperschaft aus, die wiederum an das Sondervermögen weiterleitet. Das Sondervermögen wiederum leitet an die Anleger weiter. Die Einnahmen aus der ausländischen Beteiligung muss die Aktiengesellschaft nach § 30 Abs. 2 Nr. 1, Abs. 1 Nr. 3 und 8b Abs. 1 KStG nicht versteuern. Wird aus diesem EK 01 ausgeschüttet, dann ist gemäß § 40 Abs. 1 Nr. 1 KStG auch nicht die Ausschüttungsbelastung des § 27 Abs. 1 KStG herzustellen. Das Sondervermögen erhält damit eine nicht mit KSt belastete Ausschüttung und kann damit auch nicht eine Vergütung verlangen) und 20 Abs. 1 Nr. 1 oder 2 EStG (zu den Voraussetzungen, Heinicke, in: Schmidt, EStG, § 36, Rn 25 ff).

Danach müssen auf Seiten des Anlegers Einnahmen im Sinne von § 20 Abs. 1 Nr. 1 und 2 EStG, also Dividenden, Ausbeuten und sonstige Bezüge aus Aktien sowie Bezüge auf Grund einer Kapitalherabsetzung oder Auflösung der Gesellschaft gegeben sein. 3/7 dieser Einnahmen sind anrechenbar (vgl. § 36 Abs. 2 Nr. 3 EStG).

Die Vergütung setzt weiterhin einen Antrag der Depotbank voraus, § 38 Abs. 2 Satz 1 KAGG. Die Vergütung erfolgt dann durch das Bundesamt für Finanzen an die Depotbank, § 36b Abs. 3 EStG. Für das Vergütungsverfahren verweist das KAGG auf die Vorschriften des EStG, § 38 Abs. 2 Satz 2 KAGG. Vor allem §§ 36 b und 36 c EStG werden damit relevant. Anstelle der Nichtveranlagungsbescheinigung des § 36 b Abs. 2 EStG tritt eine Bescheinigung nach § 38 Abs. 2 Satz 3 KAGG. Diese Bescheinigung bestätigt, dass ein Zweckvermögen vorliegt. Daneben tritt die Bescheinigung nach § 36 Abs. 2 Nr. 3 Satz 4 lit. b EStG, §§ 44, 45 KStG. Darin wird betätigt, welche Einnahmen dem Sondervermögen zugeflossen sind und welcher Betrag als Körperschaftsteuer angeführt wurde.

[179] Baur, Investmentgesetze, § 38 KAGG, Rn 16, Seite 1148.

[180] Zu den Gründen, siehe Baur, Investmentgesetze, § 38 KAGG, Rn 17, Seite 1148.

2.2.4.5.1.2. Steuersenkungsgesetz

Das Steuersenkungsgesetz schafft mit dem Vollanrechnungsverfahren konsequenterweise auch die Vergütung an die Depotbank ab.[181] Für die Ausschüttung an die Anleger steht dem Sondervermögen nunmehr nur der um die Ausschüttungsbelastung verminderte Betrag zur Verfügung. Die Gleichbehandlung mit einem Direktinvestor bleibt aber erhalten, denn dieser kann in Zukunft die einbehaltene Körperschaftsteuer ebenfalls nicht auf seine Steuerschuld anrechnen.

2.2.4.5.2. Erstattung der Kapitalertragsteuer an die Depotbank

Da die Steuerbefreiung in § 38 Abs. 1 Satz 2 KAGG nicht für Steuerabzugsbeträge gilt,[182] sind die Einnahmen des Sondervermögens auch mit Kapitalertragsteuer belastet, so weit sie nach § 43 EStG dieser unterliegen. Im Gegensatz zur Ausschüttungsbelastung handelt es sich hierbei nicht um eine Steuer der ausschüttenden Aktiengesellschaft, sondern um die Körperschaftsteuer des Sondervermögens,[183] die der Schuldner der Kapitalerträge für Rechnung des Sondervermögens vornimmt.[184]

Die Belastung der Erträge des Sondervermögens verhindert aber § 38 Abs. 2 (vormals Abs. 3) KAGG durch Abstandnahme[185] vom Steuerabzug oder Erstattung.[186] Die Abstandnahme vom Steuerabzug hat Vorrang vor der Erstattung.[187] Sie findet[188] v.a. für Zinsen[189] statt.[190] Für andere Erträge, v.a. Dividenden, wird die Kapi-

---

181 Steuersenkungsgesetz, Artikel 10 (KAGG), Nr. 2 lit. b.

182 S.o. 2.2.4.4.

183 Vgl. Heinicke, in: Schmidt, EStG, § 43, Rn 1.

184 Der Schuldner ist damit steuerentrichtungspflichtig, da er eine fremde Steuerschuld begleichen muss, Tipke / Kruse, AO, § 33, Rz 5 und § 43, Rz 2. Steuerschuldner ist jedoch das Sondervermögen, da die Steuer für seine Rechnung erbracht wird, Tipke / Kruse, AO, § 33, Rz 3.

185 Voraussetzung für die Abstandnahme ist, dass eine Bescheinigung vorgelegt wird, die nachweist, dass die Erträge einem steuerbefreiten Sondervermögen zufließen (Freistellungsbescheinigung).

186 Voraussetzung für die Erstattung ist, dass für Kapitalerträge des Sondervermögens inländische Kapitalertragsteuer von der ausschüttenden Körperschaft oder dem Kreditinstitut einbehalten und abgeführt wurde, § 38 Abs. 3 Satz 1 KAGG. Das Sondervermögen muss eine Freistellungsbescheinigung (Nachweis über die Existenz des Sondervermögens) und eine Kapitalertragssteuerbescheinigung (Nachweis der gezahlten Kapitalertragssteuer) vorlegen (Scholtz, in: Beckmann / Scholtz, Investmenthandbuch, § 38 KAGG, Rn 60 ff).

187 Baur, Investmentgesetze, § 38, Rn 43.

188 Nach § 38 Abs. 3 Satz 1 2. Hs. KAGG iVm. §§ 44a Abs. 4, 43 Abs. 1 Satz 1 Nr. 4, 7, 8 und Satz 2, 20 Abs. 1 Nr. 7, 20 Abs. 2 Satz 1 Nr. 2 lit. b, und Nr. 3, 4, 20 Abs. 2 Satz 1 Nr. 1 EStG.

189 Beachte aber die Einschränkung nach § 43 Abs. 1 Nr. 7 EStG: nur für Zinsen inländischer Kreditinstitute oder für in Schuldbücher eingetragene Kredite.

190 und für gewisse Kapitaleinkünfte (Einnahmen aus Beteiligung als stiller Gesellschafter, aus partiarischen Darlehen, Zinsen aus Sparanteilen aus Lebensversicherungen, Erträgen aus

talertragsteuer erstattet.[191] Damit bleiben die Erträge des Sondervermögens auf der Eingangsseite im Ergebnis unbelastet von Quellensteuerabzugsbeträgen.

2.2.4.6. Die Ausgangsseite

2.2.4.6.1. Herstellen der Ausschüttungsbelastung, Ausgleichssteuer

2.2.4.6.1.1. Bisherige Rechtslage

Das Sondervermögen ist nach § 38 Abs. 1 Satz 2 KAGG "vorbehaltlich des § 38a" von Körperschafts- und Gewerbesteuer befreit. § 38a KAGG ordnet an, dass das Sondervermögen für ausgeschüttete und thesaurierte Beträge die Ausschüttungsbelastung herzustellen hat. Es wird damit einer gewöhnlichen ausschüttenden Körperschaft gleichgestellt, die nach § 27 KStG ebenfalls zur Herstellung der Ausschüttungsbelastung verpflichtet ist. Es handelt sich hierbei um eine Steuer des Sondervermögens. Dieses wird damit steuerpflichtig.[192] Die Steuerpflicht besteht aber nur für den so genannten Dividendenanteil,[193] also den Anteil der Ausschüttung, der auf Dividendeneinnahmen inländischer Körperschaften beruht,[194] nicht aber für Ausschüttungen nicht in Deutschland unbeschränkt steuerpflichtiger Körperschaften.[195] Darin besteht ein wesentlicher Unterschied zu der Besteuerung einer "normalen" Körperschaft. Diese ist gemäß dem Welteinkommensprinzip mit allen ihren Einnahmen, inländischen wie ausländischen, steuer-

---

sonstigen Kapitalforderungen, Einnahmen aus Veräußerungen von Dividendenscheinen, usw.) aus Gründen der Verwaltungsvereinfachung, Lindberg, in: Blümich, EStG, § 44a, Rn 3, wenn die Einnahmen voraussichtlich den Sparer-Freibetrag nicht überschreiten oder das gesamte Einkommen unter dem Grundfreibetrag bleibt, so dass eine Veranlagung zur Einkommensteuer nicht in Betracht kommt.

[191] Anders offenbar Bölter / Linner / Otto, Handbuch, Seite 9.

[192] Baur, Investmentgesetze, § 38a KAGG, Rn 4, Scholtz, Festschrift Döllerer, S. 561.

[193] Baur, Investmentgesetze, § 38a KAGG, Rn 5, Seite 1160.

[194] Nach §§ 38a Abs. 1 Satz 1, 39a Abs. 1 Nr. 1, 38 Abs. 2 KAGG wird Körperschaftsteuer grundsätzlich nur für den Teil der Ausschüttungen oder thesaurierten Beträge geschuldet, der zuvor auf der Eingangsseite des Sondervermögens zur Vergütung der Körperschaftsteuer berechtigte (Dividendenanteil). Dies entspricht zugleich dem Betrag, für den der Anleger später Anrechnung verlangen kann. Ein völliger Gleichlauf tritt aber nicht ein. Die Bemessungsgrundlage für die Ausschüttungsbelastung wird nämlich um die Kosten des Sondervermögens gemindert, so dass die Steuerschuld im Ergebnis geringer ausfällt (Scholtz, in: Beckmann / Scholtz, Investmenthandbuch § 38 a KAGG, Rn 2, zu den Kosten siehe Bölter / Linner / Otto, Handbuch, Seite 22).
Zu dem Dividendenanteil, für den die Ausgleichssteuer erhoben wird, zählt nach §§ 38a Abs. 1 39a Abs. 1 Nr. 2 KAGG auch der anteilige Ertragsausgleich (zum Ertragsausgleich Baur, Investmentgesetze, § 39a KAGG, Rn 16, Seite 1243).

[195] Baur, Investmentgesetze, § 38a KAGG, Rn 5, Seite 1160.

pflichtig.[196] Eine Ausnahme gilt nach § 8b KStG nur für Schachteldividenden und für Durchschüttungen.[197]

Während auf der Eingangsseite das Sondervermögen durch die Körperschaftssteuervergütung steuerfrei bleibt, wird die Belastung jetzt auf der Ausgangsseite hergestellt. Im Ergebnis wird damit der Dividendenanteil des Anlegers im ähnlichem Maße belastet wie im Falle einer Direktinvestition.[198] Eine völlige Gleichbelastung ergibt sich aber nicht, da die Kosten des Sondervermögens die Bemessungsgrundlage vermindern und somit eine geringere Steuerschuld als bei der Direktinvestition entsteht.[199] Mit der Billigung der Tatsache, dass bei dem Sondervermögen Kosten anfallen können, wird das Sondervermögen nicht als transparent angesehen, sondern als existent. Der Transparenzgrundsatz ist damit durchbrochen.

Zweck der Regelung des § 38a ist, die missbräuchliche Zwischenschaltung eines Sondervermögens zu vermeiden.[200] Nicht steuerpflichtige Körperschaften sind nicht zur Anrechnung der Körperschaftsteuer befugt, § 51 KStG. Sie müssen daher die Ausschüttungsbelastung als endgültig hinnehmen. Durch die Zwischenschaltung eines Sondervermögens könnten sie dies aber umgehen. Das Sondervermögen würde dann die Körperschaftsteuer vergütet erhalten und könnte ohne die Regelung des § 38 a KAGG diese unbelastet an die nicht steuerpflichtige Körperschaft weiterleiten. Dies verhindert die Ausgleichssteuerpflicht.

Die Ausschüttungsbelastung entsteht nach § 27 KStG in Höhe von 30% des Brutto-Dividendenanteils einschließlich vergüteter Körperschaftsteuer und erstatteter Kapitalertragssteuer.[201] Während der unbeschränkt steuerpflichtige Anleger die Ausgleichssteuer auf seine Steuerschuld anrechnen kann, führt sie bei einem nur beschränkt Steuerpflichtigen zu einer endgültigen Belastung.[202]

---

[196] Rengers, in: Blümich, KStG, § 1 KStG, Rz 194.
[197] Vgl. dazu Menck, in: Blümich, KStG, § 8b KStG, Rz 1.
[198] Baur, Investmentgesetze, § 38a KAGG, Rn 4.
[199] Scholtz, Geldmarkt-Sondervermögen, 425 vor § 37 , Rn 11 lit. b, Seite 26.
[200] Baur, Investmentgesetze, § 38a KAGG, Rn 7, Seite 1160.
[201] Baur, Investmentgesetze, § 38 a KAGG, Rz. 5.
[202] § 36 Abs. 3 Nr. 3 EStG, Bölter / Linner / Otto, Handbuch, Seite 22.

2.2.4.6.1.2. Steuersenkungsgesetz

Gemäß dem Steuersenkungsgesetz entfällt die Ausgleichssteuer ersatzlos.[203] Das Sondervermögen unterliegt damit nur noch mit der Kapitalertragssteuer, die auf der Eingangsseite einbehalten wird, der Körperschaftssteuer. Die Investmenterträge werden endgültig mit der Ausschüttungsbelastung der ausschüttenden Körperschaft belastet. Der Anleger steht damit einem Direktanleger nach Abschaffung des Anrechnungsverfahrens gleich, der eine Dividende dieser ausschüttenden Körperschaft erhält.

Unbeschränkt und beschränkt steuerpflichtiger Investor werden gleich behandelt. Nach der bisherigen Rechtslage erhielt der unbeschränkt steuerpflichtige Anleger den Investmentertrag frei von Belastung mit Körperschaftssteuer, für den beschränkt Steuerpflichtige entfaltete die Ausgleichssteuer eine Definitivbelastung. Dieser Unterschied wird nun beseitigt.

Das Streichen der Ausgleichssteuer macht das Sondervermögen "transparenter" als es vorher war, denn es unterliegt jetzt nur noch auf der Eingangsseite mit den kapitalertragsteuerpflichtigen Einnahmen einer eigenen Steuer, die aber wieder erstattet wird.

2.2.4.6.2. Abführen der Kapitalertragsteuer

Nach § 38 b KAGG unterliegen die Ausschüttungen (Abs. 1) und die thesaurierten Erträge (Abs. 2) grundsätzlich auch der Kapitalertragsteuer. Vor Erlass des Steuerentlastungsgesetzes 1999 / 2000 / 2002 vom 24. 03. 1999[204] wurde die Kapitalertragsteuer im Wesentlichen nur für den Zinsanteil in Höhe von 30 % erhoben. Ausgeschlossen hingegen war der Dividendenanteil und der auf Veräußerungsgewinnen beruhende Anteil einer Ausschüttung.[205] Die Ausnahme des Dividendenanteils bevorzugte den Investmentsparer, der damit gegenüber dem Direktinvestor einen Liquiditäts- und Zinsvorteil hatte. Er musste den Dividendenanteil erst im Rahmen seiner Veranlagung versteuern.

Das Steuerentlastungsgesetz hat diese Ungleichbehandlung beseitigt und eine Kapitalertragsteuer in Höhe von 25 % auf den Dividendenanteil eingeführt, § 39 Abs. 2 KAGG n.F.. Ursprünglich sollte die Kapitalertragsteuer auch auf Veräußerungsgewinne erstreckt werden.[206] Dies stieß auf den Widerstand der Fondsindustrie. Das Gesetzesvorhaben wurde so geändert, dass jetzt nur Veräußerungsgewinne aus

---

[203] Steuersenkungsgesetz, Artikel 10 (KAGG), Nr. 3, Seite 60.

[204] BGBl. I 1999, Seite 402.

[205] Vgl. zur alten Rechtslage: Baur, Investmentgesetze, § 38 a KAGG, Rn 39, Seite 1181.

[206] Vgl. Finanzausschuss des Bundestages, Dritter Bericht zum Gesetzentwurf 14 / 23, Entwurf eines Steuerentlastungsgesetzes 1999 / 2000 / 2002, BT-Drucksache 14 / 443, Artikel 11.

Termingeschäften einer Kapitalertragsteuer in Höhe von 30 % unterliegen.[207] Das Steuersenkungsgesetz senkt den Steuersatz für den Dividendenanteil auf 20 %.[208]

Nach § 38 b Abs. 1 Satz 1 Nr. 1 - 4 jeweils 2. Hs. KAGG unterliegen der Kapitalertragsteuer auch die auf die oben beschriebenen Erträge entfallenden Ertragsausgleiche.[209] Der Ertragsausgleich soll vermeiden, dass Ausschüttungen auf Grund der Ausgabe neuer Anteile variieren.[210] Auch ein Anleger, der erst im Laufe des Geschäftsjahres des Sondervermögens Anteile erwirbt, erhält die volle Ausschüttung. Im Gegenzug muss er aber eine Ertragsausgleichsabgabe zahlen, die aber zumeist nicht besonders von dem Ausgabepreis hervorgehoben wird. [211] Entsprechende Teile des durch die Neuausgabe in das Sondervermögen fließende Mittel werden den Erträgniskonten zugeführt. Der Neu-Anleger erhält dann bei der nächsten Ausschüttung den vollen Betrag, obwohl er eigentlich nur zeitanteilig an dem Sondervermögen beteiligt war. Er muss dennoch die gesamte Ausschüttung versteuern.

Die Besteuerung des Ertragsausgleichs ist insofern eine Durchbrechung des Transparenzgrundsatzes als bei der Direktanlage solche nicht anfallen und auch nicht besteuert werden.[212] Die Ausgleichsbeträge sind keine Gegenleistung aus der Überlassung von Kapital. Der Anleger erhält vielmehr einen von ihm selbst bezahlten Betrag erstattet. Dieser Tatbestand fällt aber nicht unter die Einkunftsart des § 20 EStG, der nur Einnahmen aus der Überlassung von Kapital besteuert.[213]

2.2.4.7. Die Besteuerung der Anteilseigner

2.2.4.7.1. Qualifikation der Einkünfte

Welcher Einkunftsart im Sinne von § 2 EStG die Ausschüttungen aus dem Sondervermögen zuzurechnen sind, bestimmt sich für den unbeschränkt steuerpflichtigen Anleger nach § 39 Abs. 1 Satz 1 KAGG. Hält er die Anteilscheine im Privatvermögen, dann erzielt er Einnahmen aus Kapitalvermögen. Dies gilt auch für solche Ausschüttungen, die aus Einnahmen des Sondervermögens stammen, die nicht zu den Einnahmen aus Kapitalvermögen zu zählen sind. Hält er die Anteile in einem Betriebsvermögen, dann hat er die Einnahmen nach §§ 15, 18 EStG als Betriebseinnahmen zu versteuern.

---

207 § 38 b Abs. 1 Nr. 4 KAGG n.F.

208 Steuersenkungsgesetz, Artikel 10 (KAGG), Nr. 4, § 38 b Absatz 5, Seite 61.

209 Nach § 15 Abs. 3 lit. i KAGG müssen die Vertragsbedingungen Angaben darüber enthalten, ob ein Ertragsausgleich vorgenommen wird oder nicht.

210 Baur, Investmentgesetze, vor § 37 a KAGG, Rn 19.

211 Heinicke, in: Schmidt, EStG, § 20, Rn 112.

212 Scholtz, in: Beckmann / Scholtz, Investmenthandbuch, 425 vor § 37 a KAGG, Rn 17.

213 Heinicke, in: Schmidt, EStG, § 20, Rn 3.

Die Umqualifizierung der Einkünfte ist eine Durchbrechung des Transparenzgrundsatzes.[214] Indem die Einkünfte des Anlegers unabhängig von der Quelle qualifiziert werden, ist das Sondervermögen nicht transparent. Es bestimmt die Einkunftsart des Anlegers. Der Privatanleger bezieht daher unabhängig von der Quelle der Einnahmen auf der Eingangsseite des Sondervermögens Einkünfte aus Kapitalvermögen, maW. entscheidend für die Einkünftequalifikation ist alleine die Tatsache seiner Beteiligung an dem Investmentfonds. Woher dieser die Einnahmen bezieht, ist nicht von Bedeutung. Der Investmentfonds selbst ist die Quelle. Damit ist er nicht transparent. Werden die Einnahmen, wie es der Transparenzgrundsatz fordert, direkt dem Anleger zugerechnet, dann besteht zwischen ihm und dem Ursprung der Investmenterträge eine unmittelbare Rechtsbeziehung, die die Art der Einkünfte prägt.

Viele deutsche Abkommen übernehmen die Umqualifizierung der Einnahmen des Sondervermögens in Einkünfte aus Kapitalvermögen in das Abkommensrecht. So ordnet Art. 10 Abs. 4 Satz 1 DBA - USA an, dass Einkünfte aus einem Sondervermögen wie Dividendeneinnahmen zu behandeln sind. Damit wird auch hier der Transparenzgrundsatz durchbrochen.[215]

2.2.4.7.2. Veräußerungsgewinne des Sondervermögens

Die Unterscheidung ob die Anteile im Betriebs- und Privatvermögen gehalten werden, ist weiterhin wichtig für die Frage der Steuerbarkeit von Veräußerungsgewinnen des Sondervermögens. Nach § 40 Abs. 1 KAGG bleiben Ausschüttungen, die aus Veräußerungsgewinnen des Sondervermögens gespeist werden, steuerfrei, wenn die Investmentanteile im Privatvermögen gehalten werden und es sich nicht um Veräußerungsgewinne aus Termingeschäften handelt. Dies gilt unabhängig von einer Spekulationsfrist.[216] Werden die Anteile hingegen in einem Betriebsvermögen gehalten, dann sind sie steuerlich verstrickt und der Vermögenszuwachs des Sondervermögens unterliegt auf Ebene des Anlegers der Besteuerung. Da für die Privatanleger § 23 EStG im Ergebnis nur für Termingeschäfte angewendet werden kann, sind sie gegenüber Direktinvestoren insoweit privilegiert. Dies entspricht nicht dem Grundsatz der Transparenz.

So weit Veräußerungsgewinne von im Privatvermögen gehaltenen Anteilen steuerpflichtig sind, unterliegen sie dem Halbeinkünfteverfahren.[217]

---

[214] So auch Sorgenfrei, IStR 1994, Seite 467, Baur, Investmentgesetze, vor 37 a KAGG, Rn 34, Scholtz, in: Beckmann / Scholtz, Investmenthandbuch, 425, vor § 37a KAGG, Rn 12.

[215] Wassermeyer, in: Debatin / Wassermeyer, DBA, Art. 10, Rz 118, auch zu der Frage, ob Investmenterträge auch dann als Dividenden zu behandeln sind, wenn das DBA keine besondere Vorschrift zu dieser Frage enthält.

[216] Baur, Investmentgesetze, vor § 37a KAGG, Rn 25, Seite 1083.

[217] Steuersenkungsgesetz, Art. 10 (KAGG), Nr. 8, Seite 62, § 40 Abs. 1 KAGG. Der Entwurf der Bundesregierung sah dies noch nicht vor, Entwurf der Bundesregierung zu einem Steuersenkungsgesetz, Art. 11 (KAGG), Nr. 8, Seite 118, § 40 Abs. 1 KAGG.

2.2.4.7.3. Zwischengewinnbesteuerung

Eine Besonderheit der Besteuerung des Fondsinvestors ist die Zwischengewinnbesteuerung nach § 39 Abs. 1a KAGG.[218] Sie soll verhindern, dass Investmentfondsanteile außerhalb der Spekulationsfrist aber vor Fälligkeit der Ausschüttungen aus dem Fonds verkauft werden und so die Besteuerung der in dem Ausschüttungsbetrag enthaltenen Zinsen vermieden wird.[219] Dies wird dadurch erreicht, dass das in dem Anteilswert enthaltene Entgelt für diese Ausschüttungen (der Zwischengewinn) besteuert wird. Zu beachten ist aber, dass die Zwischengewinnbesteuerung für Dividendeneinnahmen des Sondervermögens nicht gilt. Sie gilt für Zinsen und für Veräußerungsgewinne aus Termingeschäften.[220]

Mit der Einführung der Zwischengewinnbesteuerung ist eine weitere Durchbrechung des Transparenzgrundsatzes weggefallen,[221] zumindest so weit der Zinsanteil und der Anteil aus Veräußerungsgewinnen von Termingeschäften betroffen ist.[222] Vor Einführung der Zwischengewinnbesteuerung konnte der Anleger seinen Fondsanteil außerhalb der Spekulationsfrist und vor Ausschüttung des Ertrages zu einem um die im Sondervermögen enthaltenen Erträge erhöhten Preis veräußern, ohne dass dies ein steuerbarer Vorgang gewesen wäre.[223] Dem Direktinvestor hingegen wären die Erträge aus seiner Direktanlage bereits zugeflossen. Er war insoweit gegenüber dem Investmentfondsanleger benachteiligt. Die Einführung der Zwischengewinnbesteuerung hat diese Ungleichbehandlung insoweit aufgehoben.[224]

---

[218] Zur Kritik an der Zwischengewinnbesteuerung: Scheuerle, DStZ 1995, Seite 646 ff. (Seite 648).

[219] Scheuerle, DB 1994, Seite 502 (505), Sarazin, DStZ 1994, Seite 289 (292), Rosenbaum, DStZ 1994, Seite 97 (104), Philipowski, DStR 1994, Seite 1594.

[220] § 39 Abs. 1 KAGG n.F.

[221] Baur, Investmentgesetze, vor § 37 a KAGG, Rn 43.

[222] Zur Kritik daran: Scheuerle, DStZ 1995, Seite 646 ff. (Seite 648).

[223] Die Situation ist vergleichbar mit der des so genannten Dividenden-Strippings, s.u. 2.2.4.7.9.

[224] Baur, Investmentgesetze, vor § 37 a KAGG Rn 95.

2.2.4.7.4. Die Anrechnung der Ausgleichssteuer / das Halbeinkünfteverfahren

Nach bisheriger Rechtslage kann der unbeschränkt steuerpflichtige Anleger auf seine Steuerschuld die vom Sondervermögen abgeführte Ausgleichssteuer anrechnen oder Vergütung verlangen, § 39 a Abs. 1 KAGG. Steuern ausländischer Körperschaften im Ausland können nicht angerechnet werden. Gemäß den Grundsätzen des Anrechungsverfahrens sind beschränkt steuerpflichtige Anteilseigner von der Anrechnung ausgeschlossen.[225]

Das Steuersenkungsgesetz schafft die Ausgleichssteuer ab. Eine Anrechnung entfällt damit.[226] Unbeschränkt und beschränkt steuerpflichtige Anteilseigner werden damit in gleichem Maße mit der Ausschüttungsbelastung der ausschüttenden Körperschaft belegt.

Ein Ausgleich für diese Mehrbelastung soll das so genannte Halbeinkünfteverfahren bringen.[227] Demnach ist nur noch die Hälfte des um die Körperschaftssteuer geminderten Betrags der Ausschüttung steuerpflichtiges Einkommen des Anlegers. Die andere Hälfte ist dagegen steuerfrei, §§ 3 Nr. 40 EStG, 39 Abs. 1 Satz 2, 40 Abs. 2 KAGG (jeweils in der Fassung des Steuersenkungsgesetzes).

Der Entwurf der Bundesregierung wollte das Halbeinkünfteverfahren nur auf den inländischen Dividendenanteil erstrecken.[228] Der *Bundesverband deutscher Investment - Gesellschaften (BVI)* kritisierte diese Tatsache und forderte den Gesetzgeber zur Nachbesserung auf. Der Gesetzgeber folgte dieser Anregung. Nun wird auch der ausländische Dividendenanteil in das Halbeinkünfteverfahren einbezogen.[229] Dies ist zu begrüßen, da dadurch dem Transparenzgrundsatz entsprochen wird. Denn auch der Direktinvestor kann seine ausländische Dividende in das Halbeinkünfteverfahren einbeziehen.

2.2.4.7.5. Die Anrechnung der Kapitalertragsteuer

Hinsichtlich der einbehaltenen Kapitalertragsteuer kann der unbeschränkt steuerpflichtige Anleger Anrechnung auf seine Steuerschuld oder aber im Rahmen von § 39 b KAGG Erstattung verlangen.[230] Der beschränkt Steuerpflichtige ist von der Anrechnung ausgeschlossen, § 39 b Abs. 1 KAGG.

---

[225] Baur, Investmentgesetze, § 39 a KAGG, Rz 8, Heinicke, in: Schmidt, EStG, § 36, Rz 27.

[226] Steuersenkungsgesetz, Artikel 10 (KAGG), Nr. 6, Seite 62.

[227] Steuersenkungsgesetz, Artikel 10 (KAGG), Nr. 8. Seite 62, § 40 Abs. 2 KAGG, und Artikel 1 (EStG), Nr. 2, Seite 2, der neue § 3 Nr. 40 lit. d EStG.

[228] s.o. Fußnote 154.

[229] s.o. Fußnote 154.

[230] Zur Erstattung vgl.: Scholtz, FR 1989, Seite 192 (196).

2.2.4.7.6. § 40 Abs. 3 und 4: Erstreckung der DBA-Privilegien auf den Anleger

Bezieht ein deutscher Steuerpflichtiger Dividendeneinnahmen aus ausländischen Quellen, dann teilen sich der Quellenstaat und die Bundesrepublik Deutschland das Besteuerungsrecht an diesen Einnahmen (vgl. Art. 10 OECD-MA). Um eine Doppelbesteuerung zu vermeiden, verzichtet die Bundesrepublik entweder auf ihr Besteuerungsrecht oder rechnet die ausländische Quellensteuer an (vgl. Art 23 A und B OECD-MA).

Da einem Sondervermögen diese Einnahmen auf Grund seiner Eigenschaft als fiktives Zweckvermögen selbst zugerechnet werden, müsste es sich selbst auf die Abkommensvorteile berufen. Da die Ausgleichssteuer aber nur für den inländischen Dividendenanteil anfällt und nach den Plänen der Bundesregierung nun ganz wegfallen soll,[231] kommt eine Anrechnung auf eine Steuer des Investmentfonds nicht in Betracht. Um die Abkommensvorteile dem Investmentsparen dennoch zu gewähren, sehen §§ 40 Abs. 3 und 4 KAGG vor, dass der Anleger Verzicht oder Anrechnung auf seine Steuerschuld verlangen kann.

Ohne diese Regelungen wäre der Investor dazu nicht in der Lage. Die Ausschüttungen aus dem Sondervermögen unterliegen keinem Abkommen, da sie einen reinen Inlandsfall darstellen. Aus demselben Hindernis scheitert auch die Anwendung der §§ 34 c Abs. 1 EStG.

Im Hinblick auf die geschaffene Gleichbehandlung von Investmentsparen und Direktinvestment werden §§ 40 Abs. 3 und 4 KAGG daher als Ausprägung des Transparenzgrundsatzes angesehen. [232] Dies ist richtig. Allerdings zeigt die Regelung auch, dass Sondervermögen nicht vollkommen transparent sind. Bei einem transparenten Fonds sind die Einnahmen nicht dem Sondervermögen, sondern dem Anleger unmittelbar zuzurechnen. Die Abkommen wären dann unmittelbar anwendbar. Erst die Zurechnung der Einnahmen zu dem Sondervermögen schaffen die Notwendigkeit für die Regelung der §§ 40 Abs. 3 und 4 KAGG.

Die Transparenz wird allerdings in einem gewissen Maße in Satz 3 der Vorschrift durchbrochen.[233] Diese Vorschrift behandelt den Höchstbetrag der anzurechnenden Steuer. Dieser wird normalerweise nach § 68 a EstDV für jede einzelne Steuer eines ausländischen Staates getrennt berechnet. Aus Vereinfachungsgründen[234] ordnet § 40 Abs. 4 Satz 3 KAGG an, dass im Falle der Zwischenschaltung eines Sondervermögens der Höchstbetrag für alle ausländischen Steuern eines Sondervermögens gemeinsam berechnet wird.

---

[231] S.o. 2.2.4.6.1.

[232] Baur, Investmentgesetze, v. § 37 a KAGG, Rn 30.

[233] Baur, Investmentgesetze, vor § 37 a KAGG, Rn 40, Scholtz, in: Beckmann / Scholtz, Investmenthandbuch 425 vor § 37a KAGG, Rn 16, Sorgenfrei, IStR 1994, Seite 468.

[234] So Baur, Investmentgesetze, vor § 37 a KAGG, Rn 40, Seite 1086.

2.2.4.7.7. Maßgebender Besteuerungszeitpunkt

Die Zwischenschaltung des Sondervermögens führt zu Verschiebungen des Besteuerungszeitpunktes im Vergleich zu einer Direktinvestition:[235]

2.2.4.7.7.1. Ausschüttungen aus dem Sondervermögen

Werden die Anteile an einem Sondervermögen im Privatvermögen gehalten, dann erzielt der Anleger Einkünfte aus Kapitalvermögen, § 20 EStG, § 39 Abs. 1 KAGG. Da es sich dabei um Überschusseinkünfte handelt, § 2 Abs. 2 Nr. 2 EStG, richtet sich der Besteuerungszeitpunkt nach dem monetären Zuflussprinzip des § 11 Abs. 1 EstG. Eine Einnahme wird danach in dem Moment besteuert, in dem der Anleger die wirtschaftliche Verfügungsmacht über die Ausschüttung erhält.[236] Die Vertragsbedingungen der Kapitalanlagegesellschaft sehen zumeist vor, dass die Ausschüttungen in einer fest bestimmten Frist nach Ablauf des Wirtschaftsjahres des Sondervermögens durch die Depotbank vorgenommen wird.[237] Die wirtschaftliche Verfügungsmacht hat der Anleger in der Regel mit Ablauf des Wirtschaftsjahres des Sondervermögens noch nicht, auch wenn ihm dann nach den Vertragsbedingungen ein Anspruch auf Ausschüttung zusteht, denn der Anleger kann in diesem Moment noch nicht über den Betrag verfügen. Die Investmenterträge fließen dem Anleger erst bei Gutschrift auf seinem Konto zu. Dies ist in der Regel zu einem Zeitpunkt in dem Jahr nach der Ausschüttung der Aktiengesellschaft.

Werden die Investmentanteile hingegen im Betriebsvermögen eines bilanzierenden Steuerpflichtigen gehalten, dann gilt nicht das monetäre Zuflussprinzip, sondern die Bilanzvorschriften.[238] Danach erhöht bereits der Anspruch gegen das Sondervermögen das Betriebsvermögen. Dieser Anspruch entsteht mit Abschluss des Wirtschaftsjahres des Sondervermögens. Eines Ausschüttungsbeschlusses soll es nicht bedürfen, so weit die Vertragsbedingungen diesen nicht ausdrücklich vorsehen.[239] Endet das Wirtschaftsjahr des Sondervermögens vor dem Wirtschaftsjahr des Anlegers, dann kommt es somit zu keiner Zeitverschiebung.

---

[235] Baur, Investmentgesetze, vor § 37 a KAGG, Rn 33, 37 und 38, Scholtz, in: Beckmann / Scholtz, Investmenthandbuch, 425 vor § 37 a KAGG, Rn 14 und 15, Sorgenfrei, IStR 1994, Seite 467.

[236] Vgl. Heinicke, in: Schmidt, EStG, § 11, Rn 12.

[237] BFH, BStBl. II 1995, Seite 54 ff.

[238] Heinicke, in: Schmidt, EStG, § 20, Rn 30.

[239] BFH, BStBl. II 1995, Seite 54 ff., a.A.: Neu, BB 1995, Seite 399 ff. (401) und Häuselmann, BB 1992, Seite 312 ff. (319): der Anspruch entsteht erst mit Gewinnverwendungsbeschluss, zuvor handelt es sich lediglich um eine Anwartschaft, die noch kein Vermögensgegenstand ist und daher nicht aktiviert werden kann.

2.2.4.7.7.2. Thesaurierte Erträge

Thesaurierte Gewinne werden in § 39 Abs. 1 Satz 2 KAGG ausdrücklich behandelt. Diese Vorschrift ist lex specialis zu § 11 Abs. 1 EStG. Sie bestimmt, dass thesaurierte Gewinne bei dem Anleger in dem Veranlagungszeitraum der Vereinnahmung der Einnahme durch das Sondervermögen besteuert werden. Damit kommt es bei thesaurierten Gewinnen zu einem Gleichlauf mit der Direktanlage, solange für das Sondervermögen nicht ein abweichendes Wirtschaftsjahr gilt. [240] Ein Direktanleger hat dieselben Erträge dann zu versteuern, wenn sie ihm gutgeschrieben werden.[241] Die Besteuerungszeitpunkte sind damit identisch und der Transparenzgrundsatz verwirklicht.

2.2.4.7.7.3. Körperschaftsteuer und Kapitalertragsteuer

Eine zeitliche Verschiebung kann sich auch bei der Vergütung der Körperschaftsteuer und der Ausgleichssteuer ergeben.[242] Das Sondervermögen erhält die von der ausschüttenden Körperschaft einbehaltene und abgeführte Körperschaftsteuer vergütet, § 38 Abs. 2 Satz 1 KAGG, und muss nach § 38 a Abs. 1 Satz 1 KAGG die Ausschüttungsbelastung bei der eigenen Ausschüttung an die Anleger herstellen. Liegt nun die Ausschüttung des Sondervermögens in einem anderen Veranlagungszeitraum wie die ursprüngliche Ausschüttung, dann kommt es zu einer zeitlichen Verschiebung. Das Gleiche gilt auch für die Kapitalertragsteuer. Fällt die Ausgleichssteuer gemäß dem Vorhaben der Bundesregierung weg, dann fließt die Körperschaftsteuer dem Fiskus einheitlich bei Ausschüttung durch die ausschüttende Körperschaft zu. Direktinvestment und Fondsinvestment werden damit insofern gleich behandelt.

2.2.4.7.8. Gewinne aus der Veräußerung von Investmentfondsanteilen

Veräußert ein Privatanleger innerhalb der Spekulationsfrist seine Investmentfondsanteile, dann muss er den daraus stammenden Überschuss nach § 23 EStG versteuern. Werden die Fondsanteile in einem Betriebsvermögen gehalten, dann ist ein Veräußerungsgewinn ebenfalls steuerbar.

Nach dem Entwurf des Bundesregierung zu einem Steuerentlastungsgesetz sollen Veräußerungsgewinne des Privatanleger bei einer Direktinvestition dem Halbeinkünfteverfahren unterliegen.[243] Veräußerungsgewinne in einem Betriebsvermögen sollen nach dem neuen § 8b KStG steuerfrei bleiben.[244] Diese Privilegien sollen

---

[240] Baur, Investmentgesetze, vor § 37 a KAGG, Rn 26, Seite 1083.

[241] § 11 Abs. 1 EStG, Heinicke, in: Schmidt, EStG, § 11, Rn 30.

[242] Baur, Investmentgesetze, vor § 37 a KAGG, Rn 38, Seite 1086, Scholtz, in: Beckmann / Scholtz, Investmenthandbuch, 425 vor § 37 a KAGG, Rn 15.

[243] Bundesregierung, Entwurf eines Steuerentlastungsgesetzes, Art. 1 (EStG), Nr. 2 lit. i, Seite 7.

[244] Bundesregierung, Entwurf eines Steuerentlastungsgesetzes, Art. 3 (KStG), Nr. 5, Seiten 99 und 100.

nicht auf die Veräußerung von Fondsanteilen ausgeweitet werden, vgl. §§ 40 Abs. 2, 38 b Abs. 5 KAGG (jeweils geplante Fassung).[245] Darin liegt eine Durchbrechung des Transparenzgrundsatzes zum Nachteil der Fondsinvestoren, der die Kritik des *Bundesverbandes deutscher Investment - Gesellschaften (BVI)* auf sich gezogen hat. Der Gesetzgeber hat diesem Einwand nicht stattgegeben. § 40 a Abs. 2 KAGG (in der Fassung des Steuersenkungsgesetzes) stellt klar, dass das Halbeinkünfteverfahren für Veräußerungsgewinne aus Investmentfondsanteilen keine Anwendung findet.[246]

2.2.4.7.9. Dividenden-Stripping

Sondervermögen werden in dem noch geltenden § 50c Abs. 1 EStG einem nichtanrechnungsberchtigten Anteilseigner insoweit gleichgestellt, als ein Dritter von diesen Anteile einer unbeschränkt steuerpflichtigen Kapitalgesellschaft erwirbt. Die Vorschrift des § 50 c EstG will das so genannte Dividenden-Stripping[247] einschränken:[248]

Ein nicht anrechnungsberechtigter Anteilseigner einer deutschen Kapitalgesellschaft veräußert kurz vor Dividendenausschüttung seine Anteile an einen anrechnungsberechtigten Anteilseigner. Die Dividende wird nun ausbezahlt. Die Kapitalgesellschaft hat die Ausschüttungsbelastung herzustellen (und auch die KapESt abzuführen) mit der Folge, dass der neue Anteilseigner nur die Netto- Dividende erhält. Unter den Voraussetzungen der §§ 36 Abs. 2 Nr. 3, 36 a EStG kann er nun aber die von der Körperschaft gezahlte Steuer auf seine Steuerlast anrechnen. Der alte Eigner hingegen hätte dies nicht gekonnt, da die Anrechnungs- und Vergütungsvoraussetzungen bei ihm nicht vorliegen,[249] § 36 Abs. 2 Satz 4 lit. f EStG, und die Ausschüttungsbelastung bei ihm endgültig ist. Im Hinblick auf das Körperschaftssteuerguthaben wird der neue Anteilseigner bereit sein, einen um dieses erhöhten Kaufpreis zu bezahlen. Wirtschaftlich betrachtet erhält er dann den Marktwert des Anteils, inclusive der noch ausstehende Dividendenzahlung als auch das Körperschaftssteuerguthaben. Der Veräußerer kann damit die Ausschüttungsbelastung umgehen.

Nach der Ausschüttung der Dividenden verlieren die Anteile an Wert. Der neue Anteilseigner könnte diesen Wertverlust über Teilwertabschreibung , § 6 Abs. 1 Nr. 2 EStG, bzw. Geltendmachen eines Veräußerungs- oder Entnahmeverlustes steuerlich wirksam nutzen.

Dies verhindert nun § 50 c EStG. Liegen die Voraussetzungen (Gewinnminderung beruhend auf Gewinnausschüttungen, Sperrbetrag nicht überschritten, bei Erwerb

---

[245] Bundesregierung, Entwurf eines Steuerentlastungsgesetzes, Art. 11 (KAGG), Nr. 8, Seite 119.

[246] Steuersenkungsgesetz, Art. 10 (KAGG), Nr. 9, Seite 63, § 40 a Abs. 2 KAGG.

[247] Kritisch zur Verfassungsmäßigkeit dieser Vorschrift: Eckert, DB 1995, Seite 62.

[248] Dazu: Weber-Grellet, in: Schmidt, EStG, § 50 c, Rn 1 ff.

[249] Heinicke, in: Schmidt, EStG, § 36, Rn 27.

der Anteile über die Börse Voraussetzungen nach Abs. 10) vor, dann verhindert § 50 c Abs. 1 EStG, dass der neue Anleger die Gewinnminderungen geltend machen kann. Damit soll dem Dividenden-Stripping der Boden entzogen werden.[250]

Nach § 50 c Abs. 1 EStG gehören auch Sondervermögen zu den Veräußerern, die die Folge des § 50 c EStG auslösen.[251] Die Folge ist, dass ein Sondervermögen zwar nicht unmittelbar von der Folge dieser Vorschrift betroffen ist, aber mittelbar insofern beeinträchtigt wird, als der Verkauf von Wertpapieren des Sondervermögens für Käufer innerhalb der Sperrfrist des § 50 Abs. 1 EstG uninteressant wird und damit der Handlungsspielraum des Sondervermögens eingeschränkt wird. Wie *Baur* zu recht[252] anmerkt, gilt dies obwohl das Sondervermögen in das Anrechnungsverfahren einbezogen ist und die anrechenbare Körperschaftsteuer nach Maßgabe des § 38 Abs. 2 KAGG vergütet erhält. Das Sondervermögen hat damit nicht wie ein Nichtanrechnungsberechtigter das Bedürfnis, die Wertpapiere vor dem Ausschüttungstermin zu verkaufen, um eine endgültige Ausschüttungsbelastung zu vermeiden. Natürlich ist es auch für das Sondervermögen grundsätzlich sinnvoller, vor dem Ausschüttungstermin die Wertpapiere zu veräußern, da Veräußerungsgewinne für den Privatanleger weitgehendst steuerbefreit sind. Dies ist aber eine Folge von § 40 Abs. 1 KAGG.

Vor Erlass des § 50 c Abs. 11 EStG war der Transparenzgrundsatz insofern durchbrochen, als der Investmentfonds in seiner Veräußerungsfreiheit mehr eingeschränkt war, als ein unbeschränkt steuerpflichtiger privater Direktanleger, der den Beschränkungen des § 50 c EStG nicht unterlag. Durch die Einführung des § 50 c Abs. 11 EStG ist diese Durchbrechung aber aufgehoben worden, da nun auch der private Direktanleger diesen Beschränkungen unterliegt, so weit die Veräußerung bei ihm nicht steuerbar ist.[253]

Nach dem Steuersenkungsgesetz soll § 50 c EStG in Zukunft entfallen,[254] da eine Einmalbesteuerung nun durch das Halbeinkünfteverfahren sichergestellt wird.[255] Damit wird jegliche Ungleichbehandlung in Bezug auf das Dividenden-Stripping wegfallen.

---

250 Weber-Grellet, in: Schmidt, EStG, § 50 c, Rn 1.

251 Diese Tatsache kritisiert Baur, Investmentgesetze, vor § 37 a KAGG, Rn 45.

252 Baur, Investmentgesetze, vor § 37 a KAGG, Rn 45, Seite 1088.

253 Ist der Veräußerungsgewinn bei dem Veräußerer steuerbar, dann greift § 50 c wegen Absatz 11 Satz 2 EStG nicht ein.

254 Steuersenkungsgesetz, Artikel 1 (EStG), Nr. 36, Seite 30.

255 Vgl. Begründung der Bundesregierung, Entwurf eines Steuerentlastungsgesetzes, zu Artikel 1, Nr. 28 (§ 50c), Seite 174.

2.2.4.7.10. Bilanzierung eines Anteilscheins

Nach § 18 KAGG werden die Ansprüche der Anteilseigner gegen die Kapitalanlagegesellschaft verbrieft. Der Anteilschein ist ein Wertpapier sui generis.[256] Auch für die Rechnungslegung werden die Anteilscheine als Wertpapiere behandelt.[257] Nicht etwa werden die einzelnen, im Sondervermögen befindlichen Wertpapiere den Anlegern anteilig zugerechnet.[258] Dies ergibt sich bereits aus § 6 Abs. 1 KAGG, der die Bildung des Sondervermögens anordnet.

Die Durchbrechung des Transparenzgrundsatzes [259] liegt nun darin, dass auch bilanziell die Wertpapiere des Sondervermögens nicht unmittelbar den Anlegern zugerechnet werden. Dies ergibt sich zwingend aus der Zwischenschaltung des Sondervermögens. Das Sondervermögen wird damit als steuerlich relevant behandelt.

2.2.4.7.11. Änderung anrechenbarer Steuern, § 41 Abs. 3 KAGG

Die Kapitalanlagegesellschaft ist verpflichtet, den Anleger im Zuge jeder Ausschüttung über deren Zusammensetzung aus Zinsen-, Veräußerungs- oder Dividendenertrag als auch den Anteil, der zur Anrechnung oder Vergütung der Körperschaftsteuer oder Kapitalertragsteuer berechtigt, zu informieren, § 41 Abs. 1 KAGG. Diese Informationen benötigt der Anleger für seine Steuererklärung.[260]

Sollte sich nach der Bekanntmachung der Betrag einer anrechenbaren Steuer ändern oder wurde dieser von der Kapitalanlagegesellschaft falsch bekannt gemacht, dann ist die Kapitalanlagegesellschaft verpflichtet, die zwischen dem bekannt gegebenen und den materiell richtigen Betrag bestehende Differenz auszugleichen. Aus Gründen der Praktikabilität erfolgt keine Berichtigungsveranlagung nach Maßgabe von § 68 c EStDV.[261]

Die Ausgleichspflicht besteht auch dann, wenn inzwischen der Eigentümer der Anteilscheine gewechselt hat.[262] Dies kann die Folge haben, dass einem Anleger Steuervorteile ungerechtfertigt verbleiben.[263] Darin liegt eine Durchbrechung des Transparenzgrundsatzes.[264]

---

[256] S.o., Fußnote 114.

[257] Häuselmann, BB 1992, Seite 315: mit weiteren Nachweisen.

[258] Häuselmann, BB 1992, Seite 315: mit weiteren Nachweisen.

[259] Sorgenfrei, IStR 1994, Seite 468.

[260] Baur, Investmentgesetze, § 41 KAGG, Rn 41.

[261] Baur, Investmentgesetze, § 41 KAGG, Rn 23.

[262] Baur, Investmentgesetze, vor § 37 a KAGG, Rn 41, Scholtz, Geldmarkt-Sondervermögen, 425 vor § 37 a, Rn 16, lit. k, Seite 28.

[263] Baur, Investmentgesetze, vor § 37 a KAGG, Rn 41, Scholtz, Geldmarkt-Sondervermögen, 425 vor § 37 a, Rn 16, lit. k, Seite 28.

[264] Baur, Investmentgesetze, vor § 37 a KAGG, Rn 41, Scholtz, Geldmarkt-Sondervermögen, 425 vor § 37 a, Rn 16, lit. k, Seite 28.

2.2.4.8. Schematische Zusammenfassung und Beispielsfall

2.2.4.8.1. Schematische Zusammenfassung (geltendes Recht)

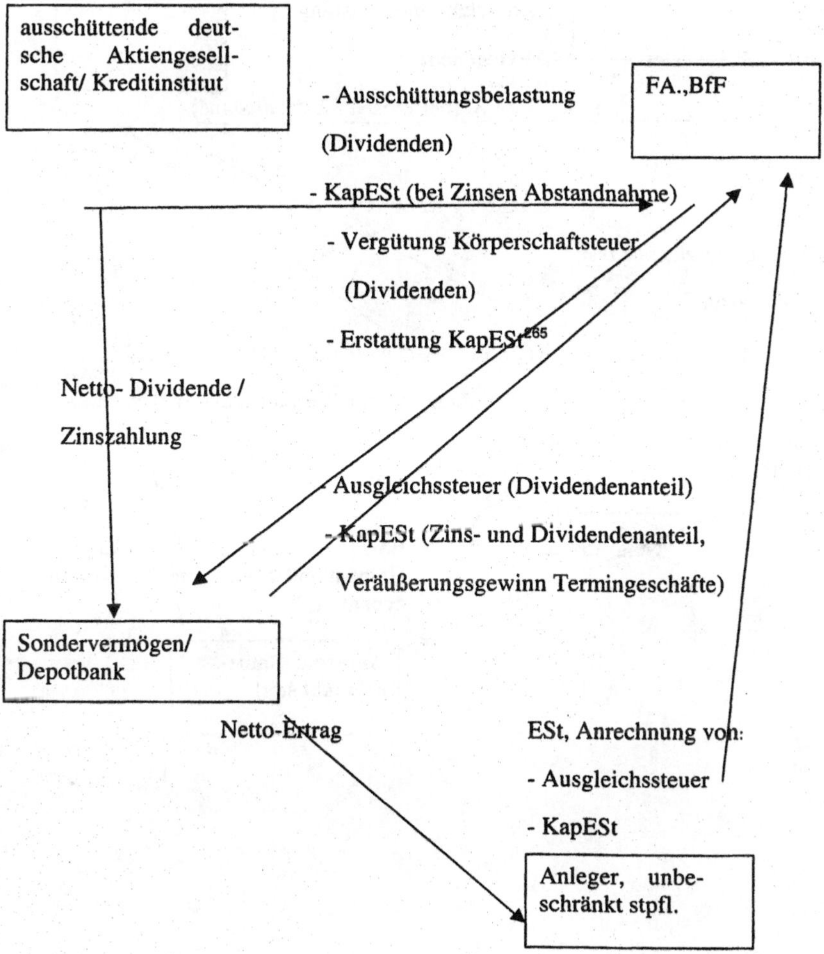

[265] So weit keine Abstandnahme erfolgt.

2.2.4.8.2. Schematische Zusammenfassung: Steuersenkungsgesetz

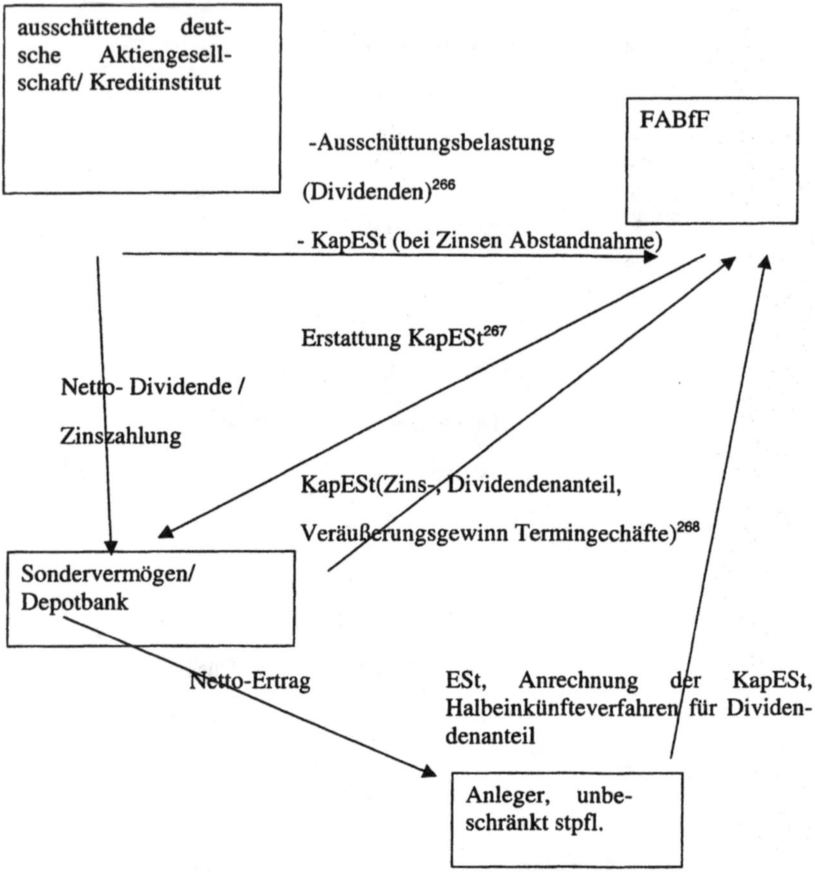

---

[266] In Höhe von 25 %, entfaltet Definitivwirkung.

[267] So weit keine Abstandnahme.

[268] Es gilt dann das Halbeinkünfteverfahren.

2.2.4.8.3. Übersicht: Besteuerung des Dividenden-, Zinsanteils und eines Veräußerungsgewinns des Sondervermögens anhand eines Beispiels (geltendes Recht)

Ein deutscher Investmentfonds nimmt in einem Geschäftsjahr jeweils eine Million DM aus Dividenden, Zinsen und Veräußerungsgewinnen, die nicht aus Termingeschäften stammen, ein. Der Anleger hält einen Anteil von einem Prozent an dem Sondervermögen. Alle Einnahmen und Veräußerungsgewinne werden ausgeschüttet.

1.) Ebene der ausschüttenden Körperschaften und der Kreditinstitute

a) die ausschüttenden inländischen Körperschaften

aa) Brutto-Dividenden		1.000.000,-
bb) Ausschüttungsbelastung (30%)[269]	-	300.000,-
cc) KapESt (25%)[270]	-	175.000,-
		-------------
dd) Netto-Dividenden		525.000,-

b) die zinszahlenden inländischen Kreditinstitute

aa) Brutto- Zinsbetrag		1.000.000,-
bb) KapESt[271]		-
		-------------
cc) Netto-Zinsbetrag		1.000.000,-

2.) Ebene des Sondervermögens

a) Eingangsseite

aa) Dividendenanteil:	+	525.000,-
bb) Zinsanteil:	+	1.000.000,-
cc) Vergütung Körperschaftsteuer	+	300.000,-

269 § 27 Abs. 1 KStG.

270 Bemessungsgrundlage für die KapESt ist der Bruttoertrag ohne Körperschaftssteuer, § 43a Abs. 2 EStG, vgl. Heinicke, in: Schmidt, EStG, § 43 a, Rz 11, hier also: 700.000,- * 25 % = 175.000,-.

271 Abstandnahme geht vor Erstattung !

dd) Erstattung KapESt		
aaa) Dividendenanteil:	+	175.000,-
bbb) Zinsanteil:		-
ee) Veräußerungsgewinn:	+	1.000.000,-
f) Eingangsseite gesamt:		3.000.000,-
b) Ausgangsseite		
aa) Ausgleichssteuer für den Dividendenanteil (30 %)[272]	-	300.000,-
bb) Einbehalt der KapESt		
aaa) für den Zinsanteil (30 %)[273]	-	300.000,-
bbb) Dividendenanteil (25 %)[274]	-	175.000,-
		-------------
ccc) KapESt gesamt		475.000,-
cc) Auszahlung[275]		2.225.000,-

272 Kosten des Sondervermögens, die von der Bemessungsgrundlage der Ausgleichssteuer abgezogen werden können, werden hier der Übersichtlichkeit wegen nicht berücksichtigt.

273 Die Kapitalertragsteuer für den Zinsanteil wird in Depotfällen in Höhe von 30 %, bei Nicht-Depotfällen in Höhe von 35 % erhoben, § 38 Abs. 1 Satz 2 KAGG iVm. §§ 43 Abs. 1 Nr. 7, 43 a Abs. 1 Nr. 4, vgl. dazu Bölter / Linner / Otto, Seite 21, hier wird von einem Depotfall ausgegangen.

274 § 39 Abs. 2 KAGG n.F.: BMG s.o. Fußnote 270: = 175.000,-.

275 3.000.000,- - 775.000,- = 2.225.000,-.

3.) Ebene des Anlegers

a) Ausschüttung aus dem Sondervermögen

aa) Dividendenanteil:	+	5.250,-[276]
bb) Zinsanteil:	+	7.000,-[277]
cc) anteiliger Veräußerungsgewinn:	+	10.000,-
		--------------
dd) gesamt		22.500,-

b) veranlagte Einkommensteuer (Steuersatz: Annahme 50 %)

aa) Bemessungsgrundlage		20.000,-[278]
bb) Steuersatz (50%)	-	10.000,-
cc) Anrechnungsguthaben Ausgleichssteuer[279]	+	3.000,-
dd) Anrechnungsguthaben KapESt[280]	+	4.750,-
		------------
ee) Steuerlast	-	2.250,-
c) Netto-Ertrag		20.000,-
d) Steuereinnahme Fiskus		10.000,-

---

[276] = 1 % von 525.000,-.

[277] = 1 % von 700.000,-.

[278] Bemessungsgrundlage ist der Brutto-Dividenden und Zinsanteil, während der Veräußerungsgewinn steuerfrei bleibt.

[279] 1 % von 300.000,-.

[280] 1 % von 475.000,-.

2.2.4.8.4. Übersicht: Besteuerung des Dividenden-, Zinsanteils und eines Veräußerungsgewinns des Sondervermögens anhand desselben Beispiels (Steuersenkungsgesetz)

1.) Ebene der ausschüttenden Körperschaften und der Kreditinstitute

a) die ausschüttenden inländischen Körperschaften

aa) Brutto-Dividenden		1.000.000,-
bb) Ausschüttungsbelastung (25%)[281]	-	250.000,-
cc) KapESt (20%)[282]	-	150.000,-
		--------------
dd) Netto-Dividenden		600.000,-

b) die zinszahlenden inländischen Kreditinstitute

aa) Brutto- Zinsbetrag	1.000.000,-
bb) KapESt[283]	-
	---------------
cc) Netto-Zinsbetrag	1.000.000,-

[281] § 23 Abs. 1 KStG geplante Fassung nach: Steuersenkungsgesetz, Artikel 3 (KStG), Nr. 8, Seite 43.

[282] Der Steuersatz für die Kapitalertragsteuer auf Dividenden wird auf 20 % gesenkt, Steuersenkungsgesetz, Artikel 1 (EStG), Seite 16, Bemessungsgrundlage für die KapESt ist der Bruttoertrag ohne Körperschaftssteuer, § 43a Abs. 2 EStG, vgl. Heinicke, in: Schmidt, EStG, § 43 a, Rz 11, hier also: 750.000,- * 20 % = 150.000,-.

[283] Abstandnahme geht vor Erstattung !

2.) Ebene des Sondervermögens

a) Eingangsseite

aa) Dividendenanteil:	+	600.000,-
bb) Zinsanteil:	+	1.000.000,-
cc) Erstattung KapESt		
Dividendenanteil:	+	150.000,-
dd) Veräußerungsgewinn:	+	1.000.000,-
		---------------
ee) Eingangsseite gesamt:		2.750.000,-

b) Ausgangsseite

aa) Einbehalt der KapESt

aaa) für den Zinsanteil (30 %)[284]	-	300.000,-
bbb) Dividendenanteil (20 %)[285]	-	150.000,-
		--------------
ccc) gesamt		450.000,-
cc) Auszahlung		2.300.000,-

[284] Die Kapitalertragsteuer für den Zinsanteil wird in Depotfällen in Höhe von 30 %, bei Nicht-Depotfällen in Höhe von 35 % erhoben, § 38 Abs. 1 Satz 2 KAGG iVm. §§ 43 Abs. 1 Nr. 7, 43 a Abs. 1 Nr. 4, vgl. dazu Bölter / Linner / Otto, Seite 21, hier wird von einem Depotfall ausgegangen.

[285] Bundesregierung, Entwurf eines Steuerentlastungsgesetzes, Artikel 11 (KAGG), Nr. 4, § 38 b Abs. 5, Seite 118.

3.) Ebene des Anlegers

a) Ausschüttung aus dem Sondervermögen

aa) Dividendenanteil:	+	6.000,-[286]
bb) Zinsanteil:	+	7.000,-[287]
cc) anteiliger Veräußerungsgewinn:	+	10.000,-
		---------------
dd) gesamt		23.000,-

b) veranlagte Einkommensteuer (Steuersatz: Annahme 50 %)

aa) Bemessungsgrundlage

aaa) Dividendenanteil (Halbeinkünfteverfahren):		3.750,-[288]
bbb) Zinsanteil	+	10.000,-

		13.750,-
bb) Steuer		6.875,-
cc) Anrechnungsguthaben KapESt[289]		4.500,-
dd) Steuerlast		2.375,-
c) Netto-Ertrag		20.625,-
d) Steuereinnahme Fiskus		9.375,-

---

[286] = 1 % von 600.000,-.
[287] = 1 % von 700.000,-.
[288] = 50 % von 7.500,-, dem Netto- Dividendenanteil.
[289] 1 % von 475.000,-.

2.2.5. Zusammenfassung: deutsche Investmentfonds und der Grundsatz der Transparenz

Deutsche Investmentfonds, die dem KAGG unterliegen, sind im Steuerrecht, nicht aber im Zivilrecht rechtsfähig. Der das deutsche Steuerrecht beherrschende Grundsatz, dass die Besteuerung der gesellschaftsrechtlichen Konstruktion folgt, ist damit durchbrochen.

Zivilrechtlich betrachtet werden die Anlagegegenstände im Falle der Miteigentümerlösung den Anlegern als Eigentümern zugerechnet. Im Falle der Treuhandlösung ist die Kapitalanlagegesellschaft Eigentümerin. Die Anleger sind dann Treugeber. Wirtschaftlich betrachtet sind die Anleger aber in beiden Fällen Eigentümer der Anlagegegenstände. Sie ziehen auch den Nutzen aus diesen. Die Kapitalanlagegesellschaft entscheidet allerdings über die Zusammensetzung des Portefeuilles. Die Eigentumsbefugnisse werden daher zwischen der Kapitalanlagegesellschaft und den Anlegern aufgespaltet. Diese Aufteilung ist zwar ungewöhnlich, aber mit dem Eigentumsbegriff des deutschen Sachenrechts vereinbar.

Die ausdrückliche Anordnung der Steuersubjekteigenschaft hat zur Folge, dass die Vermögensgegenstände und die daraus fließenden Einnahmen steuerlich gesehen dem Investmentfonds gehören. Dies ist ein Bruch mit dem Grundsatz der Transparenz, demnach die Anlagegegenstände und die Einnahmen den Anlegern zuzurechnen sind, und ist nur auf Grund der ausdrücklichen gesetzlichen Anordnung der Steuerrechtsfähigkeit möglich. Es widerspricht der zivilrechtlichen Betrachtungsweise (s.o. 2).

Die Steuersubjekteigenschaft zieht jedoch auf Grund der teilweisen Steuerbefreiung nicht die volle Steuerpflicht des Sondervermögens nach sich. Auf diese Weise wird der Transparenzgrundsatz insoweit verwirklicht, als dass die Investmenterträge weitgehendst ähnlich einem Direktinvestment besteuert werden. Er wird allerdings nicht voll umgesetzt, da die Vermögensgegenstände für Zwecke des Steuerrechts einem Rechtssubjekt zugeordnet werden und das Sondervermögen auf Grund der Kapitalertragsteuerpflicht auf der Eingangsseite und auf Grund der Ausgleichssteuerpflicht auf der Ausgangsseite teilweise steuerpflichtig ist.

Die weiteren Regelungen des KAGG folgen teilweise dem Transparenzgrundsatz, teilweise widersprechen sie ihm.

Mit der geplanten Einführung des Halbeinkünfteverfahrens wird die Ausgleichssteuer als einzige Steuer, mit der das Sondervermögen belastet war, abgeschafft. Das Sondervermögen wird dadurch "transparenter", da es nun nur noch mit den Steuerabzugsbeträgen auf der Eingangsseite Steuersubjekt ist.

2.3. Die Behandlung von Investmentfonds nach nationalem U.S.-amerikanischen Recht und das Tax Conduit Treatment

2.3.1. Gesetzeslage

In den Vereinigten Staaten erfolgte bereits im Jahre 1940 eine Regelung des Investmentwesens in Form des Investment Company Act (folgend "ICA").[290] Anstoß war ein auf Veranlassung des Kongresses von der Security and Exchange Commission herausgegebener Bericht, der auf eine Reihe von Missbräuchen bei der Verwendung von Investmentfonds hinwies.[291] Der Investment Company Act dient vor allem dem Anlegerschutz und hält eine ausreichende Information der Anleger, die Vermeidung von Interessenkonflikten des Fondsmanagements und die Diskriminierung einzelner Anleger als auch die Vermeidung von Missmanagement für im öffentlichen Interesse liegend.[292]

Der Investment Company Act enthält Vorschriften über die Definition einer Investmentgesellschaft,[293] deren Klassifizierung[294], die Registrierung[295], Handlungsverbote für nicht registrierte Gesellschaften[296], den Ausschluss von der Geschäftsführung für Personen, die in einem Interessenkonflikt stehen können[297] sowie weitere Vorschriften über die Organe,[298] Kapitalstruktur[299] usw.. Neben dem Investment Company Act sind auch der Securities Act von 1933,[300] der Securities Exchange Act von 1934[301] und der Investment Adviser Act von 1940[302] zu beachten.

Ungleich dem KAGG enthält der Investment Company Act keine steuerrechtlichen Vorschriften. Diese sind im Internal Revenue Code (folgend "IRC") enthalten.[303] Die Sections 851 ff. enthalten spezielle Regelungen für Investmentfonds, die regulated investment companies (folgend "RIC").[304]

---

290 15 U.S. Code, Chapter 2D - "Investment Companies and Advisers".

291 Dazu und zur weiteren Geschichte des Investment Company Acts: Ratner, Securities Regulation, Kapitel VI.

292 Section 80a-1 lit. b "policy" Investment Company Act.

293 Section 80a -3.

294 Section 80a-4 und 4.

295 Section 80a-8.

296 Section 80a-7.

297 Section 80a-9.

298 Section 80a-16.

299 Section 80a-18.

300 15 U.S. Code §§ 77a-aa (1964).

301 15 U.S. Code §§ 78a - jj (1968).

302 15 U.S. Code §§ 80b-1 bis 80b-21.

303 Interessant ist, dass die Besteuerung nach dem Internal Revenue Code schon seit 1936, also noch vor Inkrafttreten des ICA vorgenommen wurde, Mertens, Federal Income Taxation, § 41.02, Seite 4.

304 Rachofsky / Cohn / Baker, Nationalbericht U.S.A. IFA - Kongress 1997, Seite 850, II, 1.

Sowohl der Investment Company Act als auch der Internal Revenue Code enthalten eine jeweils eigene Definition der investment company, die den Anwendungsbereich des jeweiligen Gesetzes eröffnet. Verknüpft werden beide Gesetze dadurch, dass der Internal Revenue Code voraussetzt, dass die regulated investment company nach dem Investment Company Act registriert wurde und damit dessen Voraussetzungen erfüllt.[305]

Die Definition des Internal Revenue Code ist wesentlich enger als die des Investment Company Acts. Während der Investment Company Act die Kontrolle der investment company durch die gefürchtete SEC[306] eröffnet und deswegen zum Schutz der Anleger möglichst weit gefasst wurde, geht es bei der Definition des Internal Revenue Code um Steuervorteile, nämlich um die Vermeidung der Besteuerung auf Ebene des Investmentfonds (tax conduit treatment).[307] Im Gegensatz zum deutschen Steuerrecht kennt das U.S.-amerikanische Steuerrecht kein Anrechnungsverfahren.[308] Ausgeschüttete Gewinne werden grundsätzlich[309] bei der ausschüttenden Gesellschaft[310] und beim Anteilseigner als Dividendeneinnahmen besteuert.[311] Ohne den Conduit - Status würde die investment company gleich einer C-Corporation[312] behandelt[313] und es käme zu einer Dreifachbesteuerung auf Ebene der ausschüttenden Gesellschaft, der investment company und des Anlegers.

---

[305] Section 851 (a) (1) IRC. Da die Anwendungsvoraussetzungen des ICA und des Internal Revenue Code nicht deckungsgleich sind, der Internal Revenue Code aber voraussetzt, dass die investment company nach dem ICA registriert wurde, kann es zu dem Ergebnis kommen, dass eine investment company zwar nach dem ICA registriert ist und der Kontrolle der SEC unterliegt, aber nicht in den Vorteil der Steuervergünstigungen kommt. Es besteht insofern ein Unterschied zum deutschen Recht. Nach überwiegender Meinung sind die Anwendungsvoraussetzungen für alle Regelungen des KAGG gleich. Kontrolle und Steuerbegünstigungen fallen in Deutschland im Gegensatz zu den USA zwingend zusammen.

[306] SEC = Securities and Exchange Commission.

[307] Newberg, Taxation of mutual invesment funds, Seite 90 92.

[308] Zur Kritik und den Lösungsvorschlägen zur Vermeidung einer Doppelbesteuerung siehe Bittker / Eustice, Federal Income Taxation of Corporations, § 1.08, Seite 1-31.

[309] Ausnahmen gelten nach Section 243 (a) Internal Revenue Code (Schachtelprivileg), nach Section 301 (e) Internal Revenue Code und für so genannte S-Corporations nach Section 1361 Internal Revenue Code. S-Corporations sind nach Sections 1361 (a) (1) Internal Revenue Code solche Körperschaften, die die Voraussetzungen einer "kleinen Körperschaft" (max. 75 Gesellschafter, die unbeschränkt steuerpflichtige natürliche Personen sind, nur eine Art von Anteilszertifikaten, keine Versicherungen oder Finanzdienstleister) erfüllen und wählen, als S-corporation behandelt zu werden. Wichtigste Konsequenz der Wahl ist, dass die S-corporation als conduit behandelt wird und damit die Doppelbesteuerung beseitigt wird.

[310] Section 311 lit. a Internal Revenue Code bestimmt, dass Ausschüttungen an die Anteilseigner nicht zum Abzug vom Einkommen der Kapitalgesellschaft berechtigen.

[311] Section 301 lit. e Internal Revenue Code bestimmt, dass Dividendeneinnahmen uneingeschränkt zum Einkommen des Anteilseigner gerechnet werden.

[312] C-corporations sind alle Körperschaften, die nicht S-Corporations sind, Section 1361 (a) (2), s.o. Fußnote 309.

[313] Mertens, Federal Income Taxation, § 41.01, Seite 3.

Bei Anwendung des Conduit - Status[314] bleibt immerhin eine Doppelbesteuerung. Gleichbehandlung mit einem Direktinvestment wird insofern hergestellt.

2.3.2. Investment Company nach Investment Company Act

2.3.2.1. Definition einer Investment Company nach dem Investment Company Act

Entsprechend der Funktion des Investment Company Acts, einen möglichst weiten Anlegerschutz zu gewährleisten, ist die Definition der investment company sehr weit gefasst. Sie fordert lediglich, dass der Geschäftsbereich das Investieren oder Handeln in Wertpapieren umfasst und dass die Gesellschaft keine Bank, Versicherung, Broker oder öffentlicher Versorger ist. Ausgeschlossen sind auch jene Unternehmen, deren Anteile von einer überschaubaren Anlegerzahl von 100 Personen gehalten und nicht öffentlich vertrieben werden oder werden sollen.[315]

2.3.2.2. Unterscheidung nach Section 80a-4 Investment Company Act

Der Investment Company Act unterteilt Investmentfonds zunächst in drei Kategorien, Section 80a-4 Investment Company Act:

Die so genannten face amount certificate companies besitzen nur geringe Bedeutung.[316] Es handelt sich dabei um gesellschaftsrechtlich organisierte Unternehmen, die NennbetragsAnteilscheine gegen ratenweise Einzahlung ausgeben und bei Fälligkeit eine feste Summe garantieren. Die unit investment trusts sind in der Rechtsform des trusts organisiert.[317] Sie bieten Anteile an einem gleich bleibenden ("fixed") Portefeuille an.

Die weitaus bedeutenste Gruppe bilden die management companies.[318] Management companies sind alle Investmentfonds, die nicht zu den beiden oben genannten gehören, also weder eine face amount certificate company, noch ein unit investment trust sind. Dies heißt nicht etwa, dass management companies nicht in der Form eines trusts organisiert sein können. Die Unterteilung der Investmentfonds in Section 80a-4 Investment Company Act ist vielmehr unabhängig von der gesell-

---

[314] Conduit = Leitung, Rohleitung, Wasserleitung, Röhre, conduit concept = Konzept bei dem steuerliche Eigenschaften ohne Änderung durch eine juristische Person durchfließen können, West's Tax Law Dictionary. Das conduit Prinzip entspricht daher dem Transparenzgrundsatz mit seiner Aussage, dass Investmenterträge so zu behandeln sein, als habe der Investor sie direkt bezogen. Allerdings ist das conduit Prinzip nicht auf Investmentfonds beschränkt und enthält daher nicht die Aussage, dass Investmenterträge nicht höher besteuert werden sollen als das Direktinvestment.

[315] Vgl. Ratner, Securities Regulations, § 26, Seite 212.

[316] Baur, Investmentgesetze, Einl III, Rn 266, Seite 155.

[317] Baur, Investmentgesetze, Einl III, Rn 266, Seite 155.

[318] Baur, Investmentgesetze, Einl III, Rn 266, Seite 155.

schaftsrechtlichen Ausgestaltung.[319] Management companies können daher die Rechtsform einer corporation, eines trusts oder einer Personengesellschaft haben.

2.3.2.3. Offene und geschlossene Investmentfonds

Management companies werden des Weiteren in Section 80a-5 lit. a Investment Company Act unterteilt in open ended[320] oder closed ended companies.[321]

Da eine management company sowohl in der Rechtsform der Körperschaft, eines trusts oder einer Personengesellschaft bestehen kann, zeigt diese Unterteilung, dass Körperschaften sowohl open ended sein können als trusts oder Personengesellschaften closed-ended. Ersteres wird bei der Körperschaft dadurch ermöglicht, dass das U.S. Gesellschaftsrecht im Gegensatz zum deutschen Aktiengesetz[322] für Investmentgesellschaften eine variable Kapitalausstattung und den Rückerwerb eigener Aktien zulässt.[323]

2.3.2.4. Grundsatz der Risikomischung: diversified, non - diversified

Management companies werden des Weiteren danach unterteilt ob sie "diversified" sind, also dem Grundsatz der Risikomischung entsprechen, oder nicht.[324] Das Merkmal "diversified" entspricht dem Grundsatz der Risikostreuung nach dem KAGG und dem AuslInvestmG. Der Unterschied liegt allerdings darin, dass die deutschen Gesetze den Grundsatz der Risikostreuung bereits zur Anwendungsvoraussetzung ihrer Regelungen erheben, während der Investment Company Act darin nur eine weitere Unterteilung solcher Investmentfonds sieht, die alle unter seinen Anwendungsbereich fallen. Bedeutung entfaltet der Grundsatz der Risikomischung vielmehr erst für die Unterscheidung, ob eine investment company auch unter den Anwendungsbereich der günstigen Steuervorschriften des Internal Revenue Code fällt. Allerdings knüpft der Internal Revenue Code nicht an die Vorgaben des Investment Company Act an, sondern stellt eigene Anforderungen an die Risikomischung auf (s.u. Kapitel 2.3.3.1.3).

Eine management company ist nach dem Investment Company Act diversified, wenn 75% ihres Anlagevermögens in Wertpapieren angelegt ist, davon maximal

---

[319] Ratner, Securities Regulations, § 26, Seite 213.

[320] Open-ended companies werden dabei definiert als Investmentgesellschaften, die ihre eigenen, zurücknehmbaren Anteile verkaufen: means a management company which is offering for sale or has outstanding any redeemable security of which it is the issuer, Section 80a-5 lit a, (1) ICA.

[321] Unit Trusts hingegen sind immer closed - ended.

[322] § 71 AktG, dazu Lutter, in: Kölner Kommentar zum Aktiengesetz, § 71, Rn 5 ff.

[323] Baur, Investmentgesetze, Einl III, Rn 269, Seite 156, vergleiche Sections 512 und 513 New York Business Corporation Act.

[324] Section 80a-5 lit. b ICA.

5% auf denselben Aussteller entfallen und maximal 10% der Stimmrechte eines Ausstellers dem Anlagevermögen zuzurechnen sind.[325]

2.3.3. Regulated Investment Company nach dem Internal Revenue Code

Erfüllt eine investment company die oben aufgeführten Voraussetzungen, dann unterliegt sie den Vorschriften des Investment Company Act und damit der Kontrolle der SEC. Um die Vergünstigungen des Conduit - Status nach dem Internal Revenue Code zu erhalten, muss die investment company die im Folgenden genannten Voraussetzungen nachweisen. Sie gilt dann als regulated investment company:[326]

2.3.3.1. Definition Regulated Investment Company nach dem Internal Revenue Code

2.3.3.1.1. Gesellschaftsform, inländische Gesellschaft und Antrag

Die steuerlichen Regelungen greifen unabhängig davon, ob der Investmentfonds open ended oder closed ended ist oder ob es sich um eine management company oder einen unit investment trust handelt. Voraussetzung ist nur, dass die Gesellschaft inländisch ist und nach dem Investment Company Act registriert wurde, Section 851 lit. a Absatz 1. Über das Erfordernis der Registrierung werden die Voraussetzungen des Investment Company Acts indirekt damit auch Voraussetzung für die steuerlichen Regelungen.

Auch die Rechtsform spielt keine Rolle. Zwar spricht Section 851 (a) Internal Revenue Code davon, dass nur eine corporation den Conduit - Status erhalten kann. Es kann damit der Eindruck entstehen, dass nur solche Investmentfonds, die die Rechtsform einer corporation haben, regulated investment company sein können. Section 1.851-1 (a) CFR stellt allerdings klar, dass der Begriff "corporation" nach den "check-the-box-regulations" in Section 301. 7701-3 (a) CFR zu bestimmen ist. Damit können auch andere Gesellschaftsformen, die für Zwecke des Steuerrechts wie eine Körperschaft zu behandeln sind, den Status einer regulated investment company erhalten.[327]

Die Gesellschaft muss einen Antrag stellen, als regulated investment company behandelt zu werden, Section 851 b Absatz 1 IRC.

---

[325] Section 80a-5 (b) ICA.

[326] Mertens, Federal Income Taxation, § 41.01, Seite 2.

[327] Vgl. Newberg, Taxation of Mutual Investment Funds, Seite 105, Bittker / Eustice, Taxation of Corporations, § 2.03, Seite 16.

2.3.3.1.2. Einkommen der Regulated Investment Company: 90 % - und 30 % - Test

Gemäß Section 851 (b) (2) Internal Revenue Code muss das Einkommen der investment company zu 90 % von Dividenden, Zinsen, Veräußerungsgewinnen oder Devisengeschäften herrühren.[328]

Bis 1997 enthielt der Internal Revenue Code in Section 851 b (3) auch die Anforderung, dass nicht mehr als 30 % des Einkommens der investment company aus kurzfristigen Spekulationsgeschäften (3 Monate) stammen darf. Diese Anforderung wurde mit Wirkung zum 31. 12. 1997 aufgegeben.

2.3.3.1.3. Diversifizierung: 50 %- und 25 %- Test

Schließlich muss die investment company die Anlagegegenstände dem Grundsatz der Risikomischung nach angelegt haben, Section 851 (b) (4) Internal Revenue Code. Der Grundsatz der Risikomischung ist zwar bereits in Section 80a-5 Investment Company Act definiert. Der Internal Revenue Code definiert allerdings selbst die Anforderungen an die Zusammensetzung der Anlagegegenstände[329] und formuliert zu einem den so genannten 50%-Test, zum anderen den 25%-Test.

Der so genannte 50%-Test fordert, dass 50 % des Vermögens einer investment company aus staatlichen Wertpapieren, Fondsanteilen und sonstigen Wertpapieren besteht. Von den letzteren dürfen höchstens 5% von demselben Aussteller stammen und die investment company darf nicht mehr als 10% der Stimmrechte einer Gesellschaft auf sich vereinigen. Der 50 % - Test verhindert, dass die investment company ihr Vermögen auf wenige Gesellschaften verteilt und der Ertrag ihrer Anleger zu sehr von dem Schicksal weniger Gesellschaften abhängt.

Als zweite Voraussetzung muss sie aber noch den 25% - Test bestehen, Section 851 b Abs. 4 (B) Internal Revenue Code. Da der 50 % - Test nur auf die Hälfte des Fondsvermögens bezogen ist, ergänzt der 25 % - Test diesen insoweit als er vorschreibt, dass von dem Gesamtvermögen des Investmentfonds nur 25 % auf einen Aussteller oder auf mehrere Aussteller, die von dem Investmentfonds kontrolliert werden oder in ähnlichen Geschäftsfeldern tätig sind, investiert werden dürfen.

2.3.3.2. Ausschüttung: 90 % - Test ("Dividend Paid Deduction Requirement")

Der Ausschüttungstest nach Section 852 (a) (1) Internal Revenue Code gehört nicht mehr zu den Voraussetzungen einer regulated investment company. Vielmehr wird der Status einer regulated investment company hier bereits vorausgesetzt. Es wird bestimmt, dass der Conduit – Status einer regulated investment company nur dann gewährt werden kann, wenn der „Ausschüttungstest“ erfüllt ist.

---

[328] Mertens, Federal Income Taxation, § 41.01, Seite 2.

[329] Anders wohl Ratner, Securities Regulations, § 26, Seite 213.

Dazu muss die investment company mindestens 90 % ihres Einkommens im selben Geschäftsjahr an ihre Anleger ausschütten, Section 852 (a) (1) Internal Revenue Code. Zu dem Einkommen der investment company gehören aber nicht die Veräußerungsgewinne (Net Capital Gain). Dies ergibt sich aus Section 852 (b) (2) Internal Revenue Code, der in Unterabschnitt (A) ausdrücklich den Veräußerungsgewinn vom Einkommen der investment company ausnimmt und in Section 852 (b) (3) Internal Revenue Code einer besonderen Besteuerung unterwirft. Die Folge ist, dass die investment company nicht zur Ausschüttung ihrer Veräußerungsgewinne gezwungen wird.[330]

2.3.3.3. Die Behandlung der Regulated Investment Company, die den Conduit - Status besitzt

2.3.3.3.1. Allgemeines, Steuerpflicht

Der Internal Revenue Code stellt zunächst klar, dass die regulated investment company Steuersubjekt ist und als C-corporation behandelt wird, Section 852 (b) (1) mit Verweis auf Section 11 Internal Revenue Code. Der Gesetzgeber hatte 1936 bei Erlass der steuerlichen Regelungen für investment companies zunächst eine Besteuerung als trust ins Auge gefasst, davon jedoch nach umfangreichen Beratungen Abstand genommen und die investment companies Sonderregelungen unterworfen.[331]

Anders als im KAGG wird die regulated investment company nicht steuerbefreit, sondern bleibt endgültig steuerpflichtig. Der Conduit - Status bewirkt eine Privilegierung gegenüber einfachen Körperschaften durch eine Verminderung der Bemessungsgrundlage.[332] Die Besonderheit des Conduit - Status besteht darin, dass die Dividendenzahlungen an die Anteilseigner, so weit sie nicht aus Veräußerungsgewinnen stammen, vom zum versteuernden Einkommen der investment company abgezogen werden können, Section 852 (b) (2) (D) Internal Revenue Code. Damit ist die investment company, wenn sie ihre Einnahmen komplett an die Anteilseigner weiterleitet, zwar steuerpflichtig, wird aber nicht belastet. Die Einnahmen werden unbelastet durch die investment company hindurch geschleust. Die Teile ihres Einkommens, die nicht in demselben Jahr der Vereinnahmung, bzw. innerhalb der dafür vorgesehenen Fristen, ausgeschüttet werden, unterliegen hingegen der üblichen Besteuerung einer C-corporation (Steuersatz: 35 %).

---

330 Mertens, Federal Income Taxation, § 41.07., Seite 27 und 28.

331 Mertens, Federal Income Taxation, § 41.02, Seite 6.

332 "Investment Company Taxable Income", Section 852 (b) (2) IRC: Von dem Einkommen werden zunächst die Gewinne aus Veräußerungsgeschäften ausgenommen, Section 852 (b) Abs. 2 (A). Diese erfahren eine besondere Behandlung (zu der Unterscheidung zwischen Capital Gain und normalen Einkommen vgl. Thiele, U.S.-amerikanisches Steuerrecht, Seite 81). Des Weiteren werden Abzüge für den Bezug von Schachteldividenden nach Sections 241 ff (243) und die Operating Loss Deduction nach Section 172 ausgeschlossen.

2.3.3.3.2. Veräußerungsgewinne (Capital Gain)

Die Besteuerung von Veräußerungsgewinnen (capital gain)333 der investment company erfolgt nach Section 852 (b) (3) (A) IRC.334 Die investment company hat ein Wahlrecht. Sie kann die Veräußerungsgewinne thesaurieren oder aber an die Anteilseigner ausschütten. Ein Zwang zur Ausschüttung besteht nicht.335 Vielmehr kann sie den Überschuss thesaurieren und wählen, dass dieser dem Einkommen des Anteileigners zugerechnet wird, Section 852 (b) (3) (D). In diesem Fall muss die investment company die auf den capital gain entfallende Steuer entrichten, Section 852 (b) (3) (D) (iv). Diese wird dann auf die Steuerschuld des Anlegers angerechnet. Entscheidet sie sich hingegen für die Ausschüttung, dann erfolgt die Besteuerung ohnehin beim Anteilseigner.

2.3.3.3.3. Behandlung des Anteilseigners

Der Anteilseigner hat die einfachen Dividenden nach Section 301 (e) Internal Revenue Code zu versteuern. Die Capital Gain Dividenden werden nach Section 852 (b) (3) (B) und (D) Internal Revenue Code wie ein einjähriger Veräußerungsgewinn begünstigt behandelt. Die investment company muss, um eine Unterscheidung zwischen einfachen Dividenden und Capital Gain Dividenden zu ermöglichen, bei Ausschüttung die Zahlung entsprechend kennzeichnen, Section 852 (b) Abs. 2 (C) IRC.[336]

2.3.3.3.4. Qualifizierung der Einnahmen des Anlegers: Section 854 Internal Revenue Code

Da die Anleger einer investment company im Falle der Gesellschaftslösung Aktionäre der investment company sind, sind die Ausschüttungen der investment company eigentlich als Dividenden zu qualifizieren und zwar unabhängig von der Natur der Einnahme der investment company. Die Zwischenschaltung von Körperschaften zieht die Umqualifizierung der Einkünfte nach sich. Die Körperschaft selbst ist Quelle der Einnahmen des Anlegers. Deren Einnahmequelle ist für ihn ohne Bedeutung. Dies ist unmittelbare Folge der Rechtspersönlichkeit der Körperschaft und der Zurechnung der Einnahmen zu dieser.

Hingegen entspricht es dem Transparenzgrundsatz, eine Umqualifizierung zu unterlassen, da die Einnahmen direkt dem Anleger und nicht dem Investmentfonds zugerechnet werden. Quelle der Einkünfte bleibt damit z.B. die ausschüttende Körperschaft.

Obwohl regulated investment companies wie eine Körperschaft besteuert werden, ordnet Section 854 IRC an, dass aus Veräußerungsgewinnen gespeiste Ausschüt-

---

[333] Zur Berechnung des capital gain, Thiele, U.S.-amerikanisches Steuerrecht, Seite 89.

[334] Dazu Mertens, Federal Income Taxation, § 41.15, Seite 42.

[335] Mertens, Code Commentary, § 852:2, Seite 1619.

[336] Vgl. das Pendant in § 41 Abs. 1 KAGG.

tungen auch als Veräußerungsgewinne beim Anleger zu versteuern sind.[337] Dies ist insofern auch von erheblicher Bedeutung als die Steuersätze für Veräußerungsgewinne und laufende Einnahmen unterschiedlich hoch sind.

Genauso konsequent wird die Anwendung des Schachtelprivilegs[338] für Investoren der regulated investment company auf die Fälle beschränkt, in denen die Regulated investment company selbst Dividendeneinnahmen bezieht. Es greift dagegen nicht ein, wenn sie andere Einkünfte bezieht und damit lediglich die Ausschüttungen aus dem Investmentfonds Dividenden sind.[339]

2.3.3.3.5. Steuerfreie Einnahmen auf Fondsebene auch für den Anleger steuerfrei, Section 852 (b) (5) Internal Revenue Code

Investiert eine investment company für ihre Anleger in Staatsanleihen und erzielt dabei steuerfreie Einnahmen, dann könnte ohne besondere Regelung der Anleger von der Steuerbefreiung nicht im vollen Umfang profitieren. Die investment company erzielt zwar steuerfreie Einnahmen und es steht damit ein größerer Brutto - Betrag für die Ausschüttung zur Verfügung. Der Anleger erzielt aber steuerpflichtige Einnahmen in Form der Ausschüttung durch den Fonds und müsste dennoch die ursprünglich steuerfreien Einkünfte versteuern.

Für investment companies, die überwiegend (mindestens 50%) in steuerbefreite Schuldverschreibungen investieren, sieht Section 852 (b) (5) Internal Revenue Code daher eine Sonderregelung vor. Diese können die Dividenden, die aus dem steuerbefreiten Einnahmen gespeist werden, als "tax - exempt - dividends" bezeichnen. Der Anleger muss diese dann nicht zu seinem zu versteuernden Einkommen hinzuzählen.[340] So wird im Ergebnis die Steuerbefreiung an den Anleger weitergereicht. Die Existenz der investment company wird insofern verneint. Der Transparenzgrundsatz ist verwirklicht. Der Gesetzgeber wählte diese Regelung, um Kleinanlegern die Vorteile von Risikostreuung und Steuerfreiheit zugleich zu ermöglichen.[341]

2.3.3.3.6. Anrechnung ausländischer Steuern beim Anleger: Section 853 IRC

Eine Erweiterung des Conduit - Prinzips enthält Section 853 IRC.[342] Demnach kann eine regulated investment company, deren Anlagevermögen zu mehr als 50

---

[337] Mertens, Code Commentary, Section 854:1, Seite 1628.

[338] Section 243 IRC.

[339] Mertens, Code Commentary, Section 854:1, Seite 1628.

[340] Mertens, Federal Income Taxation, § 41.19, Seite 53.

[341] General Explanation of the Tax Reform Act of 1976, zitiert aus Mertens, Federal Income Taxation, § 41.19, Seite 52:
"Congress believes that small investors should be permitted to invest in tax-exempt securities and still obtain the advantages of diversification and expert management available through the use of regulated investment companies".

[342] Mertens, Code Commentary, Section 853:1, Seite 1625.

% aus ausländischen Wertpapieren besteht, die von ihr gezahlten ausländischen Steuern, bzw. das durch die Zahlung dieser Steuern erlangte Guthaben an die Anleger weiterleiten. Es besteht ein Wahlrecht. Da die regulated investment company auf Grund ihrer Ausschüttungen an ihre Anleger im Ergebnis keine Steuern zahlen muss, ist auch eine Anrechnung auf ihre Steuerlast nicht möglich. Es besteht insofern dieselbe Situation, die auch das KAGG in § 40 Abs. 4 löst. Im Unterschied zu der deutschen Regelung greift die Regelung aber nur für Investmentfonds ein, die überwiegend in ausländische Werte investieren.

2.3.3.4. Excise Tax (Verbrauchsteuer, Börsenumsatzsteuer)

Einen weiteren Anreiz für eine rasche Ausschüttung der Erträge einer investment company bietet die Excise Tax nach Section 4982 Internal Revenue Code. Nach dieser Regelung wird die investment company angehalten, 98 % ihrer Einnahmen samt Veräußerungsgewinnen auszuschütten. Der Unterschiedsbetrag zwischen 98 % dieser Einnahmen einerseits und des ausgeschütteten Betrags andererseits ist die Bemessungsgrundlage für die Excise Tax, die in Höhe von 4 % erhoben wird.

2.3.4. Verschiedene Typen von U.S. Investmentcompanies

Im Gegensatz zum KAGG enthält sich der Investment Company Act und der Internal Revenue Code einer Festlegung der gesellschaftsrechtlichen Konstruktion der investment company.[343] Das Gesellschaftsrecht fällt in den U.S.A. in die Gesetzgebungskompetenz der Bundesstaaten.[344] Das Bundesrecht sucht sich daher häufig eigenständig und unabhängig von der gesellschaftsrechtlichen Konstruktion Anknüpfungskriterien. Investmentgesellschaften sind daher sowohl als corporation, trusts oder partnership ausgestaltet.

2.3.4.1. Corporation (Gesellschaftstyp)

2.3.4.1.1. Gesellschaftsrechtliche Struktur

Die Rechtsform der corporation ist unter den U.S.-amerikanischen Investmentgesellschaften am meisten verbreitet.[345] Das Recht der Kapitalgesellschaften unterliegt in den USA anders als in Deutschland der Gesetzgebung der Bundesstaaten, die ihren Gesetzen zumeist den Musterentwurf des Model Business Corporation Acts (MBCA) zu Grunde legen.[346] Neben dem klassischen Gesellschaftstyp der private corporation sieht dieser Musterentwurf auch limited liability companies vor, die in vielerlei Hinsicht der deutschen GmbH ähneln.[347] Alle Gesellschafts-

---

[343] Rachofsky / Cohn / Baker, Nationalbericht U.S.A. IFA - Kongress 1997, Seite 853, Ratner, Securities Regulations, § 26, Seite 212.

[344] Baur, Investmentgesetze, Einl III, Rn 269, Seite 156.

[345] Baur, Investmentgesetze, Einl III, Rn 269, Seite 156.

[346] Elsing / van Alstine, U.S. Handels- und Wirtschaftsrechts, Rn 573, Seite 231.

[347] Elsing / van Alstine, U.S. Handels- und Wirtschaftsrechts, Rn 572, Seite 231.

formen teilen jedoch die wesentlichen Eigenschaften einer Körperschaft mit grundsätzlicher Anerkennung der Rechtspersönlichkeit und begrenzter Haftung.

Eine management company gründet die Investmentgesellschaft als private corporation. Die Investmentgesellschaft ist Eigentümerin der Anlagegegenstände. Die Anleger sind als Aktionäre der Investmentgesellschaft an diesen nur mittelbar beteiligt. Gesellschaftsvermögen und Anlagevermögen sind identisch.[348] Die management company übernimmt die Geschäftsführung für die Investmentgesellschaft.[349] Der Erwerb der Anlagegegenstände wird zumeist von einem broker, einem dealer oder einer Investment Bank getätigt. Sie werden von einem custodian, vergleichbar der Depotbank, verwahrt.

Die management company schließt mit einem principal underwriter ein underwriter agreement, durch das letzterer mit dem Alleinvertrieb der Anteile beauftragt wird.[350] Des Weiteren wird ein transfer agent eingeschaltet, der als Mittler zwischen Investmentgesellschaft und Anlegern dient und Anteile ausgibt, zurücknimmt und Erträge auszahlt.[351]

---

[348] Baur, Investmentgesetze, Einl III, Rn 269, Seite 156.

[349] "Externalization of management", Baur, Investmentgesetze, Einl III, Rn 270, Seite 156 und 157.

[350] Baur, Investmentgesetze, Einl III, Rn 270, Seite 156 und 157.

[351] Baur, Investmentgesetze, Einl III, Rn 270, Seite 156 und 157.

2.3.4.1.2. Übersicht U.S. corporation Modell

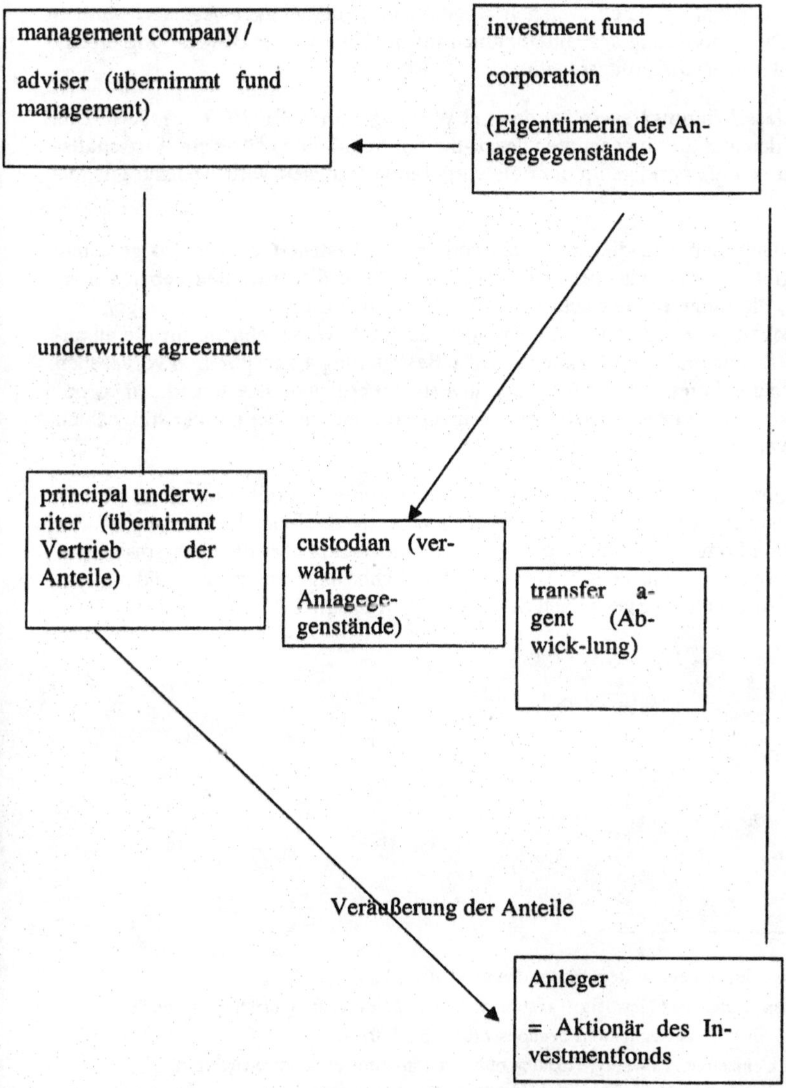

2.3.4.1.3. Besteuerung

Aus den oben genannten Gründen knüpft das Bundesrecht nicht an die gesellschaftsrechtliche Ausgestaltung eines Unternehmens an, sondern trifft eine autonome Qualifikation, nach welchen Regeln ein Unternehmen besteuert werden soll.[352] Die Einordnung der Unternehmen für die Zwecke der Besteuerung erfolgt anhand der Klassifizierungsregeln.

Diese Klassifizierungsregeln wurden mit Wirkung zum 01.01. 1997 geändert.[353] Es entscheiden nun die so genannten check-the-box-regulations,[354] ob ein Wirtschaftsunternehmen als partnership oder als corporation besteuert wird. Danach gilt folgendes:[355]

Es gibt Unternehmen, die immer als corporation besteuert werden (so genannte non-eligible-entities oder per-se-corporations).[356] Zu diesen zählen neben Unternehmen, die unter Bundesrecht oder dem Recht der Bundesstaaten zwingend als Körperschaften organisiert sein müssen, [357] auch alle Unternehmen, für die an anderer Stelle des Internal Revenue Code die Besteuerung als corporation vorgesehen ist.[358] Dazu gehören u.a. die regulated investment companies. Alle anderen corporations können zwischen der Besteuerung als corporation oder partnership wählen (eligible entity).

Die regulated investment companies gehören zu den non-eligible-entities und werden damit auf jeden Fall als C - corporation besteuert. Eine Besteuerung als S - corporation kommt nicht in Betracht, da die Anlegerzahl über die einer small business corporation hinausgeht.[359] Um eine Mehrfachbesteuerung zu vermeiden, werden sie den Conduit - Status nach Sections 851 ff. Internal Revenue Code wählen.

---

[352] Vgl. 26 Code of Federal Regulations, Section 7701-1 lit. a.

[353] Zur alten Rechtslage: Newberg, Taxation of Mutual Investment Funds, Seite 97 und 98.

[354] 26 Code of Federal Regulations Sections 7701-1 bis 7701-4.

[355] Dazu im einzelnen: Newberg, Taxation of Mutual Investment Funds, Seite 98 ff.

[356] 26 Code of Federal Regulations Sections 7701-2 lit. b und 7701-3 lit. a.

[357] 26 Code of Federal Regulations Sections 7701-2 lit. b (1).

[358] 26 Code of Federal Regulations Sections 7701-2 lit. b (7).

[359] S.o. Fußnote 309.

2.3.4.2. Personengesellschaft (Partnership)

2.3.4.2.1. Privatrechtliche Gestaltung

Partnerships werden zumeist von institutionellen Investoren genutzt,[360] so z.B. als Hedgefonds[361] oder Devisenfonds.[362]

Das Recht der partnerships ist in den Gesetzen der Einzelstaaten geregelt. Diese beruhen wiederum zumeist auf einem bundeseinheitlichen Entwurf, dem Revised Uniform Partnership Act, der nach und nach von den Einzelstaaten umgesetzt wird.[363]

Das U.S.-amerikanische Recht kennt nicht den Kaufmannsbegriff und damit auch keine Unterscheidung zwischen Gesellschaften Bürgerlichen Rechts und Handelsgesellschaften.[364] Bei einem general partnership haften alle Gesellschafter persönlich, bei einem limited liability partnership haftet zumindest ein Gesellschafter persönlich. Beide Gesellschaften haben Rechtspersönlichkeit[365] und sind Eigentümer der Anlagegegenstände ihres Vermögens.[366]

---

[360] Rachofsky / Cohn / Baker, Nationalbericht U.S.A. IFA - Kongress 1997, Seite 854.

[361] Der Begriff Hedgefonds ist insofern irreführend, als er mit dem Hedging, dem Absichern von Risiken, die aus Kurs-, Währungs- oder Preisentwicklungen entstehen, nicht in Zusammenhang steht. Hedgefonds arbeiten mit hochspekulativen Anlagetechniken und wurden zum Teil auch den deutschen Investoren angeboten. Dies ist aber nach dem AuslInvG nicht mehr möglich. Der Unterschied zu einem Mutual Fund besteht darin, dass Hedgefonds nicht registriert werden und auch nicht der strengen Aufsicht der SEC unterliegen. Die Wahl der Anlagegegenstände ist nicht auf die traditionellen beschränkt, sondern umfasst alle vorhandenen Investmentobjekte. Als Kehrseite dürfen die Anteile nicht in der Öffentlichkeit angeboten werden. Das Fondsmanagement enthält als Gegenleistung eine erfolgsabhängige performance fee. Sie nehmen Kredite auf, um bei der Wertsteigerung einen größeren Hebel zu erreichen (Leverage Prinzip). Durch Leerverkäufe während einer Baisse sollen die Anleger vor Verlusten geschützt werden, Mol, Investmentfonds ABC, "Hedge Funds".

[362] Newberg, Taxation of Mutual Investment Funds, Seite 97.

[363] Zum Stand der Umsetzung: siehe Elsing / Van Alstine, U.S.-amerikanisches Handels- und Wirtschaftsrecht, Rn 557, Seite 226, Fußnote 5.

[364] Elsing / van Alstine, U.S.-amerikanisches Handels- und Wirtschaftsrecht, Rn 556, Seite 225.

[365] California Corporation Code Section 16201 (partnership) und 15723 (limited partnership).

[366] Rachofsky / Cohn / Baker, Nationalbericht U.S.A. IFA - Kongress 1997, Seite 854.

2.3.4.2.2. Anwendung des Investment Company Acts

Seinem weiten Anwendungsbereich entspricht es, dass auch partnerships unter den Investment Company Act fallen, so weit die oben genannten Voraussetzungen (s.o. 2.3.2) erfüllt sind.[367] Ausgeschlossen sind aber Gesellschaften, die weniger als 100 Anleger haben, Section 80a-3 lit. c Abs. 1 ICA. Partnerships institutioneller Anleger werden zumeist unter diese Ausnahme fallen, so dass für diese nicht die Beschränkungen des Investment Company Acts gelten. Partnerships, die unter den Investment Company Act fallen, werden dann als management company i.S.v. Section 80a-4 Abs. 3 Investment Company Act betrachtet.[368]

2.3.4.2.3. Steuerrecht

Ein partnership wird im U.S.-amerikanischen Steuerrecht nicht als Steuersubjekt behandelt. Sein Einkommen wird vielmehr den Gesellschaftern direkt zugerechnet, Section 701 Internal Revenue Code. Damit wird dieselbe Grundentscheidung wie im deutschen Steuerrecht getroffen. Dort werden Personengesellschaften bisher[369] im Ertragssteuerrecht als nicht rechtsfähig betrachtet.[370]

Das partnership gilt dann zumindest für die Bundessteuern als transparent („tax transparent conduit entity“[371] oder „passthrough entity“[372]). Das partnership muss dennoch, genau wie eine deutsche Personengesellschaft, eine Steuererklärung abgeben[373] Unter den Voraussetzungen der Section 1146 Internal Revenue Code muss es für ausländische Gesellschafter einen Steuerabzug vornehmen („withholding tax“). Ähnlich einer deutschen Personengesellschaft treffen ein U.S. partnership daher eine Reihe von Pflichten, obwohl es selbst nicht Steuersubjekt ist.[374] Die Verwendung eines partnerships hat damit den Vorteil, dass ohne die Voraussetzungen der Sections 851 ff. Internal Revenue Code eine Dopppelbesteuerung vermieden werden kann.

Ob ein Unternehmen auch steuerlich als partnership behandelt wird, entscheidet sich nach den Klassifizierungsregeln des Internal Revenue Code und der Treasury Regulations, die unabhängig von der Rechtsform des Unternehmens[375] für die Be-

---

367 Ratner, Securities Regulations, § 26, Seite 212.

368 Ratner, Securities Regulations, § 26, Seite 212 und 213.

369 Siehe die Option, in Zukunft als Körperschaftsteuersubjekt behandelt zu werden, Bundesregierung, Entwurf eines Steuerentlastungsgesetzes, Artikel 3 (KStG), Nr. 2, Seite 97: Einführung des neuen § 4 b KStG.

370 Schmidt, in: Schmidt, EStG, § 15, Rn 160.

371 Newberg, The Taxation of Mutual Investment Funds, Seite 96.

372 Rachofsky / Cohn / Baker, Nationalbericht U.S.A. IFA - Kongress 1997, Seite 862.

373 Newberg, The Taxation of Mutual Investment Funds, Seite 83.

374 Vgl. dazu die Theorie der begrenzten Steuerrechtssubjektivität, Reiß, in: Kirchhof / Söhn, EStG, § 15, E 38.

375 Vgl. 26 Code of Federal Regulations Section 7701-1 lit. a.

steuerung eine Qualifizierung vornehmen. Zunächst müssen die Unternehmen ausgeschlossen werden, die immer als corporation besteuert werden.[376] Zu diesen zählen neben Unternehmen, die unter Bundesrecht oder dem Recht der Bundesstaaten als Körperschaften organisiert sind,[377] auch alle Unternehmen, die an anderer Stelle des Internal Revenue Code als solche behandelt werden.[378] Dazu gehören neben den regulated investment companies auch publicly traded partnerships.[379] Letzere sind Personengesellschaften, deren Anteile öffentlich gehandelt werden. Nach Section 7704 Internal Revenue Code werden diese steuerlich einer corporation gleichgestellt. Zwar enthält diese Vorschrift Ausnahmen für partnerships, deren Einkommen zu 90 % aus passiven Einkünften (Zinsen, Dividenden, usw.) besteht.[380] Diese Ausnahme gilt aber nicht für partnerships, die die Voraussetzungen einer regulated investment company erfüllen könnten.[381] Damit wird verhindert, dass partnerships, die diese Voraussetzungen erfüllen, die Qualifizierung als regulated investment company und damit als corporation umgehen. Im Ergebnis werden Investmentfonds, die als partnership organisiert sind und deren Anteile öffentlich gehandelt werden, zwingend als corporation behandelt. Ein Publikumsfonds wird somit immer als Körperschaft besteuert. Es bleibt die Möglichkeit, den Conduit - Status unter den oben genannten Voraussetzungen zu erreichen.[382] Die Verwendung der Rechtsform der Personengesellschaft bringt für Publikumsfonds steuerlich keine Vorteile. In der Praxis werden Personengesellschaften daher nur von institutionellen Investoren genutzt.[383]

---

[376] 26 Code of Federal Regulations Sections 7701-2 lit. b und 7701-3 lit. a.

[377] 26 Code of Federal Regulations Sections 7701-2 lit. b (1).

[378] 26 Code of Federal Regulations Sections 7701-2 lit. b (7).

[379] Newberg, The Taxation of Mutual Investment Funds, Seite 98.

[380] Section 7704 lit. c und d IRC.

[381] Section 7704 lit. 3 (3) IRC.

[382] Newberg, The Taxation of Mutual Investment Funds, Seite 97.

[383] Rachofsky / Cohn / Baker, National Report USA IFA Kongress 1997, Seite 854.

2.3.4.3. Trusts als Investmentfonds

2.3.4.3.1. Die Verwendung von Trusts als Investmentfonds

Die Rechtsform des trusts ermöglicht als grundlegende Figur des U.S.-amerikanischen Zivilrechts die Gestaltung einer Vielzahl von Lebenssachverhalten.[384] Im Investmentwesen kann der trust mehrere Funktionen erfüllen. Zunächst kann er als mutual fund einer Vielzahl von wechselnden Anlegern offen stehen und über ein professionelles Fondsmanagement verfügen, das die Zusammensetzung des Portefeuilles nach Strategie und Marktlage fortlaufend ändert. Zwar sind die meisten mutual funds als Körperschaft ausgestaltet, dennoch gibt es immer noch solche, die die Trustform aufweisen.[385]

Unit investment trusts sind zum einen starre Investmentfonds, deren Portefeuille dem Grundsatz der Risikostreuung gemäß bei Auflage festgelegt wird und innerhalb der vorher bestimmten Laufzeit nur in sehr engen Grenzen verändert wird. Aktives Fondsmanagement findet nicht statt. Eine Unterart dieser Fonds investiert nur in Anteile eines mutual funds oder einer Aktiengesellschaft. Die Fondsanteile werden dann in kleinere Einheiten gestückelt und somit für Klein

anleger attraktiver. Ein derartiger unit investment trust dient damit alleine dem Absatz schon bestehender Investment- oder Direktanlagegegenstände.

Wenngleich allen diesen Verwendungen die zivilrechtliche Figur des trusts zu Grunde liegt, dienen sie doch völlig unterschiedlichen Zwecken und werden daher steuerrechtlich unterschiedlich beurteilt. Alle Verwendungen des trusts als Investmentvehikel machen sich jedoch zu Nutze, dass diese Rechtsform eine Aufspaltung zwischen Nutzungsziehung und Entscheidungsbefugnisse vorgibt:[386] Die Anleger ziehen den Nutzen der Kapitalanlage und das Fondsmanagement entscheidet über die Zusammensetzung des Portefeuilles.

---

[384] vgl. Haarmann, Der trust im deutschen Steuerrecht, Seite 152.

[385] Rachofsky / Cohn / Baker, Nationalbericht U.S.A. IFA - Kongress 1997, Seite 853, Haarmann, Der trust im deutschen Steuerrecht, Seite 164.

[386] Roth, Treuhandmodell, Seite 81.

2.3.4.3.2. Privatrechtliche Struktur

2.3.4.3.2.1. Grundstruktur des Trusts: der einfache Common Law Trust

Das rechtliche Gebilde des trust[387] entstammt dem englischen Recht und ist von common law und equity[388] stark geprägt.[389] Es gibt keine direkte Entsprechung dieses Gebildes im deutschen Recht.[390] Das Trustrecht entspringt nicht den Bundesgesetzen, sondern dem Recht der einzelnen Bundesstaaten.

Eine allgemein gültige Definition des trusts lautet: "A trust is a fiduciary relationship in which one person is the holder of the title to property to an equitable obligation to keep or use the property for the benefit of another."[391] Demnach ist ein trust ein fiduziarisches Rechtsverhältnis, kraft dessen eine Person das Eigentum an einem Gegenstand unter der Verpflichtung übernimmt, diesen zum Nutzen eines anderen zu verwahren und zu verwenden. Der Begriff "trust" bezeichnet weniger ein rechtliches Gebilde als das Bündel der rechtlichen Beziehungen, die zwischen den beteiligten Personen bestehen.[392]

Im Gegensatz zu anderen Rechtsinstituten ist ein trust immer auf die Verwaltung und Nutzung bestimmter Gegenstände gerichtet.[393] Die Gegenstände, die dem trust zugerechnet werden, heißen "trust estate", "trust property" "trust res", "the corpus", "the trust principal" oder "subject matter".[394]

An einem trust sind in der Regel vier "Einheiten"[395] beteiligt: der settlor[396] (Initiator des trusts), der trustee[397] (formeller Eigentümer der Gegenstände), der trust

---

387 Gemeint ist hier der trust als Rechtsgebilde und nicht die häufige Bezeichnung von Monopolen als "trusts" in Englischen, zu der Entwicklung dieses Begriffes, vgl. Bogert on Trusts, Seite 1 und 2.

388 Zu diesem Begriff vgl. Henrich, Englisches Privatrecht, Seite 6.

389 Baur, Investmentgesetze, Einl I, Rn 74, Seite 38, zu Herkunft und Entwicklung des Trusts aus den englischen Recht und die Übernahme in das U.S-.amerikanische Recht siehe: Scott on Trusts, Seite 3.

390 Siehe oben Fußnote 50.

391 Bogert on Trusts, Seite 1 und 2, Monaco / Monaco on Trusts, Seite 1.

392 Bogert on Trusts, Seite 1, Fußnote zu § 1.

393 Bogert on Trusts, ebenda.

394 Bogert on Trusts, ebenda.

395 Dieser neutrale Begriff wird hier verwendet, um den Begriff "Person", der immer im Zusammenhang mit Rechtspersönlichkeit steht, zu vermeiden, denn die Frage, ob ein trust Rechtspersönlichkeit hat, wird unterschiedlich beurteilt, dazu später.

396 "The settlor of a trust is the person who intentionally causes the trust to come to existence", Bogert on Trusts, ebenda.

397 "The trustee is the person who holds title for the benefit of another", Bogert on Trusts, ebenda.

selbst und der beneficiary[398] (Begünstigter). In Ausnahmefällen können settlor und trustee in einer Person zusammenfallen.[399] Bei so genannten "constructive trusts", die von Gesetzes wegen entstehen, fehlt die Person des settlors ganz.[400]

Der trust kommt zu Stande durch Vereinbarung (trust indenture, trust deed, declaration of trust) zwischen settlor, trustee und beneficiary. Zwischen trustee und beneficiary besteht ein fiduziarisches Rechtsverhältnis, kraft dessen sich der trustee verpflichtet, das Vermögen für die beneficiaries zu verwalten.[401]

So weit das trust deed keine abweichende Vereinbarung vorsieht, hat der trustee das Trustvermögen getrennt von seinem eigenen Vermögen zu halten und die Vermögensgegenstände erkennbar im Namen des trusts zu erwerben.[402] Das Trustvermögen steht zumeist im formellen Eigentum ("legal ownership")[403] des trustees. Ihm obliegt die Befugnis, nach den Bestimmungen des trust deed das Vermögen zu verwalten. Die beneficiaries sind eine Art Treugeber ("beneficial ownership").[404] Sie ziehen den Nutzen aus den im Trustvermögen liegenden Vermögensgegenständen. Diese Aufteilung der Eigentumsbefugnisse ist es, die die Form des trusts für Investmentfonds geeignet erscheinen lässt. Dem Anleger obliegt der Ertrag aus dem Investment. Er will oder kann sich aber nicht selbst um Auswahl und Verwaltung der Wertpapiere kümmern. Dies übernimmt daher das Fondsmanagement in Person des trustees.

Einigen trusts wird Rechtspersönlichkeit zuerkannt, anderen wiederum nicht.[405]

---

398 "The beneficiary is the person for whose benefit the trust property is to be held or used by the trustee", Bogert on Trusts, ebenda.

399 Bogert on Trusts, Seite 3.

400 Bogert on Trusts, Seite 3.

401 Bogert on Trusts, Seite 2.

402 Restatement of the Law (Trusts), § 179, Seite 385.

403 S.o. Fußnote 50.

404 Baur, Investmentgesetze, Einl I, Rn 74, Seite 38, Eisenmenger, Treuhandgeschäft und Vermögensverwaltung, Seite 26.

405 Dazu mit weiteren Nachweisen: Fletcher on Corporations, Seite 547, Eisenmenger, Treuhandgeschäft und Vermögensverwaltung, Seite 26.

Privatrechtliche Struktur des Common Law Truts

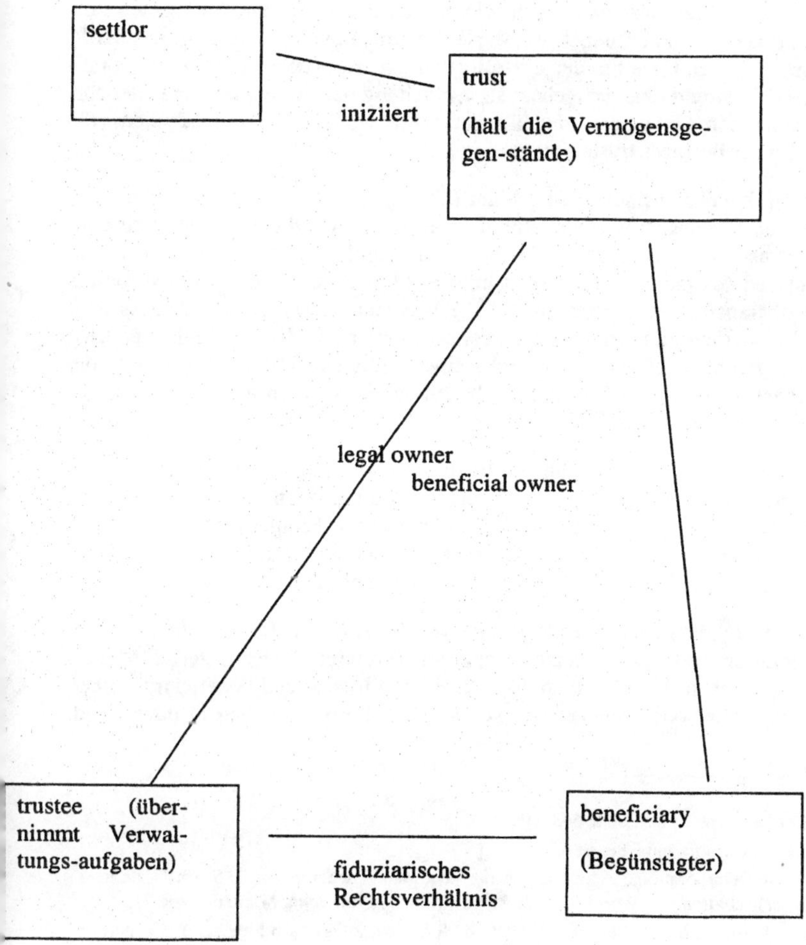

2.3.4.3.2.2. Business Trusts (Massachusetts Trusts)

Die Entstehung der so genannten business trusts geht auf Regelungen einiger Bundesstaaten, v.a. des Commonwealth of Massachusetts, zurück, die es corporations verboten, in Grundvermögen zu investieren.[406] Um dieses Verbot zu umgehen und zugleich eine der corporation ähnliche Gesellschaftsform mit dem ihr eigenen Vorteil der beschränkten Haftung zu verwenden, wurden business trusts gegründet.[407] Änderungen in den Gesetzen der Einzelstaaten, die trusts dem Recht der corporations unterwarfen und eine weitgehendste Aufhebung der Einschränkungen der corporations auf dem Gebiet der Immobilieninvestitionen ist es zu verdanken, dass die Bedeutung der business trusts nachgelassen hat.[408]

Eine Definition des business trust gab der *U.S. Supreme Court*: "a form of business organization .... consisting essentially of an arrangement whereby property is conveyed to trustees, in accordance with the terms of an instrument of trust, to be held and managed for the benefit of such persons as may, from time to time, be the holders of transferable certificates....."[409] Zusammengefasst ist ein business trust ein Wirtschaftsunternehmen, das als trust organisiert ist. Mit dem einfachen trust hat es die Rechtsform gemein. Zweck seiner Gründung ist allerdings nicht die Vermögensverwaltung zu Gunsten der beneficiaries, sondern die Verfolgung gewinnbringender Geschäftstätigkeit.[410]

Von ihrer Struktur her unterscheiden trusts sich wesentlich von einer corporation.[411] Einige haben bereits keine Rechtspersönlichkeit.[412] Ansonsten liegt der wesentliche Unterschied darin, dass trusts alleine durch Einigung der Parteien zu Stande kommen, während bei einer corporation staatliche Mitwirkung notwendig ist.[413] Dennoch ähneln die Organisationsstrukturen denen der corporation.

Fletcher bezeichnet den business trust als hybride Gesellschaftsform, die Elemente der corporation und des partnerships auf sich vereinigt.[414] Der Unterschied zum partnership liegt in der Machtverteilung zwischen trustee und beneficiary. Haben die Gesellschafter oder Anleger die wesentlichen Entscheidungen in ihrer Hand,

---

[406] Fletcher on Corporations, Seite 543.

[407] Fletcher on Corporations, Seite 543.

[408] Fletcher on Corporations, Seite 543, zu der heutigen Bedeutung von U.S. trusts als Investmentgesellschaften vgl. World Bank, Investmentfonds in Emerging Markets, Seite 71.

[409] Hecht v. Malley, 265 US 144, 68 L Ed 949, 44 S Ct 462, zitiert nach Fletcher on Corporations, Seite 545, Fußnote 18.

[410] So die Abgrenzung des Internal Revenue Services: 26 Code of Federal Regulations Section 301.7701-4 lit. b.

[411] Fletcher on Corporations, Volume 1, Seite 84.

[412] Siehe die unterschiedliche Behandlung in den U.S.-Bundesstaaten: Fletcher on Corporations, Seite 547, Fußnoten 25, 26.

[413] Fletcher on Corporations, Seite 549.

[414] Fletcher on Corporations, Seite 548.

dann spricht vieles für ein partnership, liegen die Entscheidungen in den Händen der trustees, dann spricht vieles für einen trust.[415]

Die Eigentumszuordnung erfolgt wie beim ursprünglichen common law trust.[416] Die beneficiaries haften nicht für die Schulden des trusts oder des trustees.[417] Haftungsrechtlich wird dem trust damit Rechtspersönlichkeit zuerkannt, denn nur nicht rechtsfähige oder teilrechtsfähige Gebilde sehen per se einen Durchgriff auf die Gesellschafter, bzw. auf die dahinterstehenden Personen, vor.

2.3.4.3.2.3. Unit Investment Trust

Der Begriff des unit investment trust ist in Section 80a-4 Abs. 2 Investment Company Act definiert. Danach ist ein unit investment trust eine Investmentgesellschaft, die auf einem trust indenture beruht, keine Geschäftsleitung besitzt und nur zurücknehmbare Anteilscheine ausgibt, die einen ungeteilten Anteil an einer Einheit von festgelegten Wertpapieren repräsentieren.

Unit investment trusts sind wie viele mutual funds open-ended und können auch dem Grundsatz der Risikostreuung gemäß eine diversifiziertes Portefeuille haben. Sie weisen aber erhebliche Unterschiede zu diesen auf. Der wesentliche Unterschied liegt darin, dass das Portefeuille im Vorhinein festgelegt wird und nur in Ausnahmefällen später nach Auflage des trusts wieder geändert werden kann. Unit investment trusts müssen in der Form eines trusts organisiert sein, während mutual funds als corporation oder trust ausgestaltet werden können. Folge des starren "fixed" Portefeuilles ist, dass ein aktives Fondsmanagement nicht möglich ist. Während mutual funds auf unbestimmte Zeit abgeschlossen werden, sind unit trusts zeitlich beschränkt, wobei die Dauer wesentlich von der Art der Anlagegegenstände abhängt.

Unit investment trusts wurden vor dem Börsen-Crash des Jahres 1929 als Hilfsmittel zum Absatz der Wertpapiere eines Ausstellers genutzt. Die Aktien des Ausstellers hatten meistens einen hohen Ausgabepreis, so dass sie für Kleinanleger keinen geeigneten Anlagegegenstand darstellten. Der Aussteller der Aktien übertrug deswegen ein Aktienpaket seiner eigenen Aktien auf einen trust. Die Trustanteile wurden kleiner gestückelt als die Aktien und wurden somit als Investment für Kleinanleger attraktiver. Nach dem Börsen-Crash wuchs das Misstrauen in das Fondsmanagement von mutual funds und die unit investment trusts erlebten eine erste Blüte. Auf Grund des starren Portefeuilles bedarf es keines Fondsmanagements wie bei einem mutual fund. Andererseits konnte durch den Erwerb von Anteilen an unit investment trusts eine Risikomischung erreicht werden. Auf Grund steuerlicher Vorteile erlebten unit investment trusts um 1960 eine zweite Blüte.

---

[415] Fletcher on Corporations, Seite 550.

[416] Baur, Investmentgesetze, Einl III, Rn 273, Seite 273.

[417] Fletcher on Corporations, Seite 615.

Ähnlich wie bei open-ended mutual funds werden auch die Anteile an unit investment trusts zum net-asset-value auf Verlangen zurückgenommen. Allerdings wird zur Erleichterung der Zirkulationsfähigkeit der Anteile zumeist ein secondary market (Sekundärmarkt) eingerichtet, auf dem die Anteile gehandelt werden.

Unit investment trusts werden weiterhin ihrer ursprünglichen Verwendung entsprechend von Banken iniziiert, um die Anteile an einem einzigen mutual fund oder einer einzigen Aktiengesellschaft für die Investoren zu verwahren.[418] Diese unit investment trusts werden, wie später noch darzulegen sein wird, steuerlich besonders behandelt.

Die Struktur eines unit investment trusts entspricht dem Vier-Personen-Verhältnis eines einfachen truts: Der depositor oder sponsor erwirbt die Anlagegegenstände und überträgt diese auf den trust. Im Gegenzug erhält er die Anteilscheine an dem Trustvermögen, die er nun an die Anleger veräußert. Entlohnt wird er über die Verkaufsgebühr und den Unterschiedsbetrag zwischen Einkaufspreis der Anlagegegenstände und deren Verkauf an den trust. Der trustee nimmt Verwaltungsaufgaben wahr. Er verteilt die Erträge an die Anleger und führt die Bücher. Einbezogen wird häufig auch ein evaluator, der die Anlagegegenstände bewertet.

Abschließend sei noch einmal zusammengefasst, dass unit investment trusts zwei unterschiedliche Funktionen haben können. Die eine ist die des starren trusts, der in eine Vielzahl von Anlagegegenständen investiert. Dem gegenüber stehen solche unit investment trusts, die nur in Anteilen einer Aktiengesellschaft oder eines mutual funds investieren und denen hauptsächlich die Funktion der Absatzhilfe für bestehende Investmentmöglichkeiten (Fondsanteile oder Aktien) zukommt. Letztere sind, da sie ihr Portefeuille nicht dem Grundsatz der Risikomischung nach anlegen, keine Investmentfonds im engeren Sinne.

2.3.4.3.3. Die Besteuerung von Trusts

Die verschiedenen Verwendungen von trusts führen zu unterschiedlichen steuerlichen Beurteilungen. Ein Investmenttrust als business trust kann wie eine corporation, evtl. unter Gewährung des Conduit - Status oder als einfacher trust besteuert werden. Daneben gelten Sondervorschriften für einige unit investment trusts.

Die allgemeine Trustbesteuerung ist in Sections 641 bis 668 Internal Revenue Code geregelt und gilt für solche Trusts, die nicht als Wirtschaftsunternehmen tätig werden, also keine business trusts sind. Letztere werden unter bestimmten Voraussetzungen trotz Truststruktur nicht als trust, sondern wie eine Körperschaft, eventuell als regulated investment company mit Conduit - Status, besteuert (s.u. 2.3.4.3.3.2). Unit investment trusts (s.u. 2.3.4.3.3.3) können hingegen entweder wie ein business trust als Körperschaft, eventuell unter Anwendung der regulated investment company - Regeln, oder als einfacher trust oder aber den speziellen Re-

---

[418] Newberg, The Taxation of Mutual Investment Funds, Seite 105.

gelungen der Sections 851 f (1) Internal Revenue Code gemäß (s.u. 2.3.4.3.3.3.2) besteuert werden.

2.3.4.3.3.1. Allgemeine Trustbesteuerung der Sections 641 - 668 Internal Revenue Code

Die allgemeine Trustbesteuerung regeln Sections 641 - 668 Internal Revenue Code. Demnach sind trusts unabhängig von ihrer Rechtsfähigkeit nach den Gesetzen der Bundesstaaten für die Bundesbesteuerung steuerrechtsfähig.[419] Der Steuersatz ist von der Höhe des Einkommens abhängig und bestimmt sich nach Section 1 (e) Internal Revenue Code.

Die Vorschriften unterscheiden nach "simple trusts" (einfachen) und "complex trusts". Ein "simple trust"[420] schüttet nur das Einkommen des aktuellen Geschäftsjahres an die beneficiaries aus, während ein "complex trust"[421] darüber hinaus auch Substanz ausschüttet.[422]

"Simple trusts" können nach Sections 651 und 652 Internal Revenue Code von ihrer Bemessungsgrundlage die Ausschüttungen an die beneficiaries abziehen.[423] Diese werden dann deren Einkommen hinzugerechnet.[424]

Die Art der Einkünfte bleibt trotz Zwischenschaltung des trusts unberührt.[425] Gleiches gilt für steuerfreie Einkünfte.[426]

---

[419] U.S. Master Tax Guide, § 514, Seite 152.

[420] 26 Code of Federal Regulations Section 1.651(a)-1.

[421] 26 Code of Federal Regulations Section 1.661(a)-1.

[422] 26 Code of Federal Regulations Section 1.651(a)-1, Die Unterscheidung knüpft grundsätzlich an die Bestimmungen des trust deed an, Section 651 lit. a Internal Revenue Code. Allerdings liegt ein "complex trust" nur dann vor, wenn tatsächlich den Bestimmungen des trust deed entsprechend über das aktuelle Einkommen hinausgehende Ausschüttungen vorgenommen werden, CFR 26, Section 1.651 (a) - 1 und Section 1.661 (a) - 1.

[423] Section 651 lit. a (2) Satz 1 IRC.

[424] Section 652 lit. a IRC.

[425] Section 652 lit. c IRC, 26CFR1.652(b)-1.

[426] Mertens, Federal Income Taxation, § 36.75, Seite 186, diese Auffassung war in den USA lange Zeit umstritten. Folgende Entscheidungen lehnen eine Übertragung der Steuerfreiheit auf die beneficiaries ab: Johnston v. Helvering, Commissioner of Internal Revenue, Circuit Court of Appeals 1944, 141 Federal Reporter Second Series, Seite 208, Mc Cullough v. Commissioner of Internal Revenue, Circuit Court of Appeals, 1946, 153 Federal Reporter Second Series, Seite 345.
Das United States Court of Appeal entschied sich 1958 schließlich im Sinne der heutigen Regelung, dass steuerfrei Einnahmen auf Seiten des trusts auch beim beneficiary steuerfrei bleiben: Dovey v. United States of America, United States Court of Appeals, 1958, 254 Federal Reporter Second Series, Seite 538 nachdem die Vorinstanz dies noch abgelehnt hatte: Dovey v. United States of America, United States District Court, 1957, 152 Federal Supplement, Seite 810.
Im Sinne des Court of Appeals wurden auch entschieden: Harden v. Commissioner of Internal

Ausländische Steuern, die der trust für Einnahmen aus ausländischen Quellen zu bezahlen hat, werden dem beneficiary auf seine Steuerlast angerechnet.[427]

"Complex trusts" schütten neben dem aktuellen Einkommen auch Vermögenssubstanz aus.[428] Alle diese Ausschüttungen können generell[429] von dem Einkommen des trusts abgezogen werden[430] und werden beim beneficiary nach Maßgabe von Section 662 Internal Revenue Code versteuert. Für die Qualifizierung der Einkünfte des beneficiary gilt dasselbe wie beim "simple trust".

Einkommen aus Veräußerungsgeschäften mit Anlagegegenständen des trusts (Capital Gain) wird dann dem trust zugerechnet und muss nicht ausgeschüttet werden, wenn das trust indenture oder die einzelstaatlichen Vorschriften dies vorsehen. Ist darin hingegen bestimmt, dass Veräußerungsgewinne ausgeschüttet werden, dann werden diese als Teil der Ausschüttung behandelt und beim beneficiary versteuert.[431]

Die Behandlung des trusts ist damit ähnlich der Behandlung einer regulated investment company, die den Conduit - Status besitzt.[432] Er ist wie diese steuerrechtsfähig für die Ertragssteuern. So weit das Einkommen aber an die beneficiaries weitergeleitet wird, bleibt er im Ergebnis steuerfrei. Die Einkommensart wird nicht verändert.

Grantor trusts[433] sind eine Abwandlung des common law trusts, mit dem Unterschied, dass der grantor, der als Initiator des trusts die Vermögensgegenstände auf den trustee überträgt, eine gewisse Kontrolle oder Herrschaft[434] über den trust behält, während die beneficiaries die Ausschüttungen erhalten. Der grantor kann dabei eine natürliche Person oder aber eine juristische Person sein.[435]

Die steuerlichen Reglungen enthalten Sections 671 ff. Internal Revenue Code. In Sections 673-677 Internal Revenue Code ist festgelegt, wann die Stellung des

---

Revenue, Tax Court of the United States, 1954, 21 Tax Court of the U.S. Reports, Seite 781, Stewart v. Commissioner of Internal Revenue, Tax Court of the U.S., 1947, 9 Tax Court of the U.S. Reports, Seite 195, Garland v. Commissioner, Tax Court, 1943, 2 Tax Court Memorandum Decisions, Seite 419 (420), Grey v. Commissioner of Internal Revenue, Circuit Court of Appeals, 1941, 118 Federal Reporter Second Series, Seite 153, Burgwin v. Commissioner of Internal Revenue, 1960, United States Court of Appeals, 1960, 277 Federal Reporter second Series, Seite 395, Ellis v. United States of America, United States Court of Appeals, 1969, 416 Federal Reporter Second Series, Seite 894.

[427] Mertens, Federal Income Taxation, § 36.76, Seite 188.

[428] 26 CFR Section 1.661(a)-2 lit. c.

[429] Ausnahmen sieht 26 CFR Section 1.663 (a) vor.

[430] Section 661 lit. a IRC.

[431] Mertens, Federal Income Taxation, § 36.12, Seite 73.

[432] U.S. Master Tax Guide, § 514, Seite 152.

[433] Sections 671 ff. IRC.

[434] 26 Code of Federal Regulations, Section 1.671-2 lit. b.

[435] 26 Code of Federal Regulations, Section 1.671-2 lit. e.

grantors als Kontrolle oder Herrschaft anzusehen ist.[436] Gilt der trust zudem nicht als business trust (s.o.), dann wird der grantor als Reflex seiner Dominanz so behandelt als gehöre ihm das gesamte Trustvermögen und als ob der trust nicht vorhanden wäre.[437] Auf Grund seiner Beherrschung kann nur ihm, nicht aber dem trust selbst oder den beneficiaries das Trustvermögen und die Einnahmen daraus zugerechnet werden.[438] Der grantor trust wird daher als voll transparent behandelt.

2.3.4.3.3.2. Besteuerung des Business Trusts

2.3.4.3.3.2.1. Unterschiedliche Behandlung von Business Trust und gewöhnlichem[439] Trust

Obwohl auch ein business trust die rechtliche Struktur eines trusts aufweist, wird ihm nicht die steuerliche Begünstigung eines einfachen trusts gewährt.[440] Allein die Wahl der rechtlichen Konstruktion des trusts kann nicht darüber hinweg täuschen, dass der "wahre Charakter"[441] des Gebildes der eines Wirtschaftsunternehmens ist.

---

[436] Dazu ausführlich Sieker, Der U.S.-Trust, Seite 217.

[437] 26 Code of Federal Regulations, Section 1.671-3 lit. a (1).

[438] 26 Code of Federal Regulations, Section 1.671-2 lit. b.

[439] Eine Erläuterung zu den Begriffen: da business trusts von den trusts gemäß Sections 641 ff. Internal Revenue Code zu unterscheiden sind und diese wiederum unterteilt werden in "simple" und "complex" trusts, sollen in dieser Arbeit alle trusts, die nicht business trust sind, als "gewöhnliche" trusts bezeichnet werden. Gemeint sind damit jene trusts, die nach den Sections 641 ff. Internal Revenue Code besteuert werden. Unter sie fallen also sowohl die "simple" als auch die "complex" trusts. Die simple trusts werden als "einfache" trusts bezeichnet.

[440] 26 Code of Federal Regulations Section 1.641(a)-0 lit a.

[441] So 26 Code of Federal Regulations Section 301.7701-4 lit. b: "real character".

2.3.4.3.3.2.2. Abgrenzungskriterien

Die Unterscheidung zwischen business trust und gewöhnlichem trust erfolgt nach dem wahren Charakter des Unternehmens.[442] Gleicht dieser seinem Zweck nach eher einer corporation, dann wird er als wirtschaftliche Einheit behandelt und den oben bereits angesprochenen check-the-box-regulations unterworfen.[443] Der Charakter des trusts ergibt sich aus dem trust indenture und der tatsächlichen Übung,[444] die die Beteiligten während der Existenz des trusts anwenden.

Ob ein trust einer corporation gleicht, wird anhand der Kriterien festgestellt, die der *Supreme Court* in seiner *Morrissey - Entscheidung*[445] formuliert hat. Danach ist ein trust für steuerliche Gründe wie eine corporation zu behandeln, wenn er ähnlich wie diese über eine zentralisierte Geschäftsführung verfügt, weder beneficiaries noch trustee für die Verbindlichkeiten des trusts haften, der trust nicht durch den Tod eines beneficiaries aufgelöst wird, die Trustanteile frei übertragbar sind und der trust einen "business purpose" verfolgt, also Einkunftserzielungsabsicht hat, bzw. einen Geschäftsbetrieb unterhält. Während die ersten vier Kriterien jedem gewöhnlichen trust anhaften und damit nicht als Unterscheidungskriterium dienen können, ist das letzte Merkmal in der Diskussion als das wesentliche angesehen worden.[446]

Problematisch an diesem Abgrenzungskriterium ist, dass jeder trust wirtschaftliche Zwecke verfolgt.[447] Die Rechtsprechung hat daher versucht, die Abgrenzung zu konkretisieren. Im Vordergrund eines business trusts steht nach ihrer Formel die Absicht, nicht wie bei einem gewöhnlichen trust Vermögensgegenstände zu verwalten, sondern den trust zur Verfolgung wirtschaftlicher Zwecke zu verwenden.[448]

---

[442] Revenue Ruling, 64-220, Seite 734, Equitable Trust Co. v. Magruder, Collector of Internal Revenue, District Court of Maryland, 37 Federal Supplement, Seite 711.

[443] 26 Code of Federal Regulations Section 301.7701-4 lit. b.

[444] Gibbs - Preyer Trusts v. Commissioner of Internal Revenue, Circuit Court of Appeals, Sixth Circuit, 117 Federal Reporter Second, Seite 619.

[445] Morrisssey v. Commissioner of Internal Revenue, US Supreme Court, 56 Supreme Court Reporter, Seite 289 (1935).

[446] Doolin, Cornell Law Review, 1985, Seite 1143 ff, (1146).

[447] Doolin, Cornell Law Review, 1985, Seite 1151.

[448] US Supreme Court in Morrissey, a.a.O. und unter Bezugnahme auf diese Entscheidung u.a. : Hamilton Depositors corporation v. Nicholas, Collector of Internal Revenue, Circuit Court of Appeals (1940), 111 Federal Reporter Second Series, Seite 385 (386), Continental Bank & Trust Co. of New York v. United States, District Court New York, 1937, 19 Federal Supplement, Seite 15, Main-Hammond Land Trust v. Commissioner of Internal Revenue, United States Court of Appeals, Sixth Circuit, 1952, 200 Federal Reporter Second Series, Seite 308 (311).

Auch diese Allgemeinformel kann im Einzelfall nicht zu brauchbaren Ergebnissen führen. Für Investmenttrusts hat die Rechtsprechung[449] daher eine eigene Formel entwickelt, die in die Regulations[450] übernommen wurde. Demnach ist ein Investmenttrust dann ein business trust und damit ein Wirtschaftsunternehmen, wenn das trust deed den trustee ermächtigt, die Zusammensetzung der Anlagegegenstände selbstständig zu ändern.[451] Ein solcher Investmenttrust weist einen gewissen Grad an professioneller Vermögensverwaltung auf, der für ein Wirtschaftsunternehmen spricht und über private Vermögensverwaltung hinausgeht. Das Fondsmanagement kann aktiv die Marktentwicklung zu Gunsten seiner Investoren nutzen.[452] Fehlt es an einer solchen Vereinbarung und wird auch tatsächlich die Zusammensetzung der Anlagegegenstände nicht geändert, dann ist die reine Vermögensverwaltung zu Gunsten der beneficiaries der eigentliche Zweck des trusts und es liegt keine wirtschaftliche Unternehmung vor.

Jeder trust, der über ein aktives Fondsmanagement verfügt, wird somit steuerlich nicht als trust, sondern als Wirtschaftsunternehmen behandelt.[453] Der trustee und der depositor[454] dürfen nur administrative Aufgaben wahrnehmen, um die Besteuerung als Wirtschaftsunternehmen zu vermeiden.[455] Sie haben ferner zu beachten, dass nicht verschiedene Arten von Anteilscheinen aufgelegt werden.[456]

Sollten die oben genannten Abgrenzungskriterien hingegen zu einer Qualifizierung als business trust führen, dann gilt der trust als Wirtschaftsunternehmen und unter-

---

[449] North American Bond Trust v. Commissioner of Internal Revenue, Circuit Court of Appeals, Second Circuit, 1941, 122 Federal Reporter, Second Series, Seite 545 mit dissenting opinion Chase, Circuit Judge, Brooklyn Trust Co. v. Commissioner of Internal Revenue, Circuit Court of Appeals, Second Circuit, 1936, 80 Federal Reporter Second Series, Seite 865, Circuit Court of Appeals in Gibbs-Preyer, a.a.O., Seite 623, Chase Nat. Bank of City of New York v. Commissioner of Internal Revenue, Circuit Court of Appeals, Second Circuit, 1941, 122 Federal Reporter, Second Series, Seite 540 mit dissenting opinion August N. Hand, Circuit Judge, der alleine auf Grund der Größe des trusts und der Anzahl der Anteilseigner von einer corporation ausgeht, Mertens, Federal Income Taxation, Seite 48, Bittker / Eustice, Taxation of Corporations, § 2, Seite 16.

[450] 26 Code of Federal Regulations Section 301.7701-4 lit. c unter ausdrücklicher Bezugnahme auf North American Bond Trust (s.o.).

[451] 26 Code of Federal Regulations Section 301.7701-4 lit. c.

[452] Circuit Court of Appeals in North American Bond Trust, a.a.O., Seite 546, Revenue Ruling 86-92.

[453] Bittker / Eustice, Taxation of Corporations, § 2, Seite 2 -16.

[454] Die Befugnisse beider müssen als Einheit betrachtet werden, Circuit Court of Appeals in Chase Nat. Bank, Seite 540.

[455] Circuit Court of Appeals in Gibbs-Preyer, a.a.O., Seite 623, Circuit Court of Appeals in Chase Nat. Bank, a.a.O., Seite 543, Mertens, Federal Income Taxation, § 38 A, Seite 49.

[456] 26 Code of Federal Regulations Section 301.7701-4 lit. c Satz 2, siehe auch District Court of New York in Continental Bank, a.a.O., Seiten 16 und 17.

liegt den so genannten check-the-box-regulations.[457] Anderenfalls gelten die Regeln der allgemeinen Trustbesteuerung.

In einem ersten Schritt im Rahmen der check-the-box-regulations muss bestimmt werden, ob der business trust eine "eligible- entity" ist und zwischen der Behandlung als corporation oder partnership wählen kann oder ob er kein Wahlrecht hat und per-se als corporation behandelt wird.[458] Letzteres ist dann der Fall, wenn der Internal Revenue Code den Steuerpflichtigen an anderer Stelle als den Klassifizierungsregeln als corporation behandeln.[459] Eine solche Behandlung erfolgt unter anderem für publicly traded partnerships und für regulated investment companies.[460] Sollten die Trustanteile daher öffentlich gehandelt werden oder sollte der trust als regulated investment company registriert sein,[461] wird er zwingend als corporation behandelt. Ein Wahlrecht steht ihm nicht zu. Dies trifft für alle mutual funds zu, denn ihre Anteile werden öffentlich gehandelt. Sie werden daher als corporation besteuert. Der trust kann aber als regulated investment company den Conduit - Status nach Section 851 ff. Internal Revenue Code erhalten.[462]

2.3.4.3.3.3. Unit Investment Trusts

Für die Behandlung eines unit investment trusts bestehen insgesamt drei Möglichkeiten. Er kann als gewöhnlicher trust behandelt werden oder, so weit er als business trust zu qualifizieren ist, den Conduit - Status erhalten. Für einige unit investment trusts gelten die besonderen Voraussetzungen der Section 851 f Abs. 1 Internal Revenue Code. Sie werden nicht als Person behandelt. Ihre Einnahmen werden direkt den Anlegern zugerechnet.

2.3.4.3.3.3.1. Business Trust oder einfacher Trust

Erster Schritt in der steuerlichen Beurteilung ist die Klärung, ob ein unit investment trust als business trust den Klassifizierungsregeln "check-the-box-regulations" unterliegt oder als gewöhnlicher trust den Regelungen der Sections 641 ff. Internal Revenue Code unterfällt.

Wie bereits oben festgestellt, erfolgt die Unterscheidung zwischen business trust und gewöhnlichem trust im Falle von Investmenttrusts danach, ob aktives Fondsmanagement stattfindet und die Zusammensetzung der Anlagegegenstände nach Auflage des Fonds geändert werden kann. Der unit investment trust ist ein starrer Trust, dessen Portefeuille nicht geändert werden kann. Er wird damit grundsätzlich

---

457 26 Code of Federal Regulations Section 301.7701-4 lit. b und c.

458 26 Code of Federal Regulations Section 301.7701-3 lit. a.

459 26 Code of Federal Regulations Section 301.7701-2 lit. b (7).

460 Newberg, Taxation of Mutual Investment Funds, Seite 98.

461 Beachte auch Section 7704 lit. c (3) IRC.

462 Newberg, Taxation of Mutual Investment Funds, Seite 105, Bittker / Eustice, Taxation of Corporations, § 2.03, Seite 16 (obwohl der business trust zivilrechtlich keine corporation ist, vgl. oben).

als trust und nicht als Wirtschaftsunternehmen besteuert.[463] Trotz dieses klaren Unterscheidungsmerkmales mussten sich Rechtsprechung und Verwaltung häufig mit Grenzfällen auseinander setzen und festlegen, wann genau von aktivem Fondsmanagement und starrem Portefeuille gesprochen werden kann[464] und wann nicht.[465]

Aktives Fondsmanagement wurde angenommen, wenn zwar ein starres Portefeuille dem trust zu Grunde lag, der trustee aber neue units auflegte und die Anleger zwischen diesen units unter Rückgabe der Anteile an der ersten unit wechseln konnten.[466] Anders wurde der Fall entschieden, dass die Erträge eines Fonds in einer anderen unit desselben trustees reinvestiert wurden.[467] Auch wenn diese Fälle sich auf den ersten Blick ähneln und gemein haben, dass mehrere units von einem trustee aufgelegt werden, unterscheiden sie sich dennoch wesentlich. Nur in ersterem Fall kann der Investor dasselbe Kapital auf verschiedene Zusammensetzungen von Anlagegegenständen verteilen und so Marktentwicklungen Rechnung tragen. Durch die Auflage der neuen unit, deren Anlagegegenstände von dem trustee oder dem Depositor ausgesucht werden, nutzt der Investor professionelles Fondsmanagement und steht dem Investor einer management company gleich.

Aktives Fondsmanagement wurde ebenfalls darin gesehen, wenn ein Investmentfonds verschiedene Arten von Anteilscheinen herausgibt und die Anleger diese gegeneinander austauschen können.[468] Dieser Ansatz wurde auch in die Regulations übernommen, Section 301.7701-4 (c) Satz 2 CFR.

Von einem starren Portefeuille wurde hingegen ausgegangen, wenn innerhalb einer Frist von neunzig Tagen nach Auflage des Fonds weitere gleichartige Anlagegegenstände erworben wurden, um einer gestiegenen Anzahl von Anlegern den Erwerb der Anteilscheine zu ermöglichen[469] oder wenn die Ankaufverträge des depositors zum Erwerb von Anlagegegenständen scheiterten und er dafür innerhalb von 90 Tagen nach Auflage des Fonds ähnliche Anlagegegenstände erwarb.[470]

Sollte der unit investment trust nach alledem als gewöhnlicher trust gelten, dann richtet sich die Besteuerung nach den Sections 641 ff. Internal Revenue Code (vgl.

---

[463] Mertens, Federal Income Taxation, § 38 A, Seite 51.

[464] In den folgenden Fällen wurde von aktivem Fondsmanagement ausgegangen und der Investmenttrust als Wirtschaftsunternehmen betrachtet: Circuit Court of Appeals in North American Bond Trust, a.a.O., mit ausführlicher Begründung und Vergleich zum Fall Chase Nat. Bank a.a.O., District Court of New York in Continental Bank, a.a.O., Revenue Ruling 64-220.

[465] In den folgenden Fällen wurden starre Investmentfonds als trust besteuert: Circuit Court of Appeals in Chase Nat. Bank, Equitable Trust v. Magruder, a.a.O., Seite 716, Revenue Rulings 61-174, 81-238, 89-124,86-92.

[466] Circuit Court of Appeals in North American Bond Trust, Circuit Judge L. Hand, a.a.O., Seite 546.

[467] Revenue Ruling 81-238.

[468] District Court of New York in Continental Bank, a.a.O., Seiten 16 und 17.

[469] Revenue Ruling 89-124.

[470] Revenue Ruling 86-92.

oben). Sollte er hingegen als business trust gelten, dann wird er gleich einer corporation behandelt. Es steht ihm allerdings offen, den Conduit - Status einer regulated investment company zu erlangen.

2.3.4.3.3.3.2. Behandlung nach Section 851 f Abs. 1 IRC

Allerdings können unit investment trusts unter den Voraussetzungen der Section 851 (f) (1) Internal Revenue Code als vollkommen nicht vorhanden behandelt werden („should not be treated as a person"). [471] Voraussetzung für diese Behandlung ist, dass der unit investment trust nach den Vorschriften des Investment Company Act registriert wurde, die Rechte der Anleger in "periodic payment plan certificates" verbrieft, das Anlagevermögen allein aus Wertpapieren einer management company oder einer anderen corporation besteht und der trust auch nicht in andere Anlagegegenstände investieren darf.[472]

Diese Regelung ist auf solche unit investment trusts zugeschnitten, die von ihren Anlegern monatlich feste Beträge entgegennehmen und davon Anteile an mutual funds erwerben[473] und entsprechen damit dem ursprünglichen Zweck von unit investment trusts, als Hilfsmittel den Absatz von Wertpapieren oder Anteilscheinen an mutual funds an Kleinanleger zu erleichtern. Da ein solcher unit investment trust nur in Wertpapiere eines Ausstellers investieren darf, verfügt er nicht über ein aktives Fondsmanagement. Da der unit investment trust aber auf Grund der regelmäßigen Zahlungen durch seine Anleger auch regelmäßig sein Vermögen an Anlagegegenständen vermehrt, wäre es äußerst zweifelhaft, ob er als starrer trust nach den oben dargestellten Kriterien die Besteuerung als einfacher trust erreichen könnte (s.o. 2.3.4.3.3.3.1.).

Die vorhandenen Anlagegegenstände werden direkt den Anlegern zugerechnet.[474] Der unit investment trust ist kein Steuersubjekt für das Bundessteuerrecht.[475] Gewinne und Verluste, die aus der Veräußerung der im Trustvermögen gehaltenen Anlagegegenstände entstehen, werden nicht dem unit investment trust zugerechnet.[476]

Der beneficiary wird so behandelt, als gehörten ihm die Anlagegegenstände anteilig.[477] Die Zwischenschaltung des trusts führt auch nicht zu einer zeitlichen Verschiebung der Einkünfte. Die Einkünfte werden beim beneficiary vielmehr genau in dem Zeitpunkt versteuert, in dem sie dem unit investment trust zufließen.[478]

---

[471] 26 Code of Federal Regulations, Section 1.851-7 lit. a.

[472] 26 Code of Federal Regulations, § 1.851-7 lit. d.

[473] Mertens, Federal Income Taxation, § 41.08, Seite 29.

[474] 26 Code of Federal Regulations, Section 1.851-7 lit. a.

[475] 26 Code of Federal Regulations, Section 1.851-7 lit. b Satz 1.

[476] 26 Code of Federal Regulations, Section 1.851-7 lit. b Satz 3.

[477] 26 Code of Federal Regulations, Section 1.851-7 lit. c (1) Satz 1.

[478] 26 Code of Federal Regulations, Section 1.851-7 lit. c (1) Satz 4.

Der unit investment trust, der der Regelung der Section 851 f Internal Revenue Code unterliegt, ist damit vollständig transparent. Die Transparenz wird dadurch erreicht, dass der unit investment trust als nicht steuerrechtsfähig behandelt wird und die Anlagegegenstände den beneficiaries direkt zugerechnet werden.

Bei einem solchen trust handelt es sich nicht um einen Investmentfonds im engeren Sinne, da sein Portefeuille nicht dem Grundsatz der Risikomischung nach zusammengesetzt ist. Er kann daher für die weitere Betrachtung ausser Acht gelassen werden.

2.3.4.3.3.3.3. Zusammenfassung: Besteuerung von Investmenttrusts in den U.S.A.

Business trusts werden in der Regel als regulated investment company den Conduit - Status erhalten

Starre unit trusts werden nach den allgemeinen Trustregeln besteuert, Sections 641 ff. IRC

Unit investment trusts, die lediglich Aktien eines Ausstellers halten, werden als vollkommen durchlässig behandelt. Sie sind keine Investmentfonds im engeren Sinne und sollen in der folgenden Bearbeitung nicht weiter betrachtet werden.

2.3.5. Zusammenfassung: die verschiedenen Typen U.S.-amerikanischer Investmentfonds und deren Besteuerung

In den U.S.A. können Investmentfonds zivilrechtlich die Form einer Körperschaft, eines trusts oder einer Personengesellschaft haben. Die Körperschaften, aber auch die meisten trusts und Personengesellschaften gelten als rechtsfähig.

Ist der Investmentfonds als Körperschaft ausgestaltet, dann werden die Anlagegegenstände dieser als Eigentümerin zugerechnet. Die Anleger sind als deren Aktionäre nur mittelbar an diesen beteiligt.

Bei einem trust teilen sich die Eigentumsbefugnisse auf trustee und beneficiaries auf. Die Verwaltungsbefugnisse bei einem Investmenttrust stehen dem trustee zu, der das Fondsmanagement betreibt. Die Anleger ziehen allerdings den Nutzen aus der Kapitalanlage.

Die steuerliche Beurteilung von Investmentfonds erfolgt unabhängig von deren zivilrechtlicher Gestaltung. Ob sie steuerrechtsfähig sind, wird nach den Klassifizierungsregeln entschieden. Publikumsfonds, die einer großen Anzahl von Anlegern angeboten werden und die über aktives Fondsmanagement verfügen, werden in der Regel als Körperschaften und damit als eigenständige Steuersubjekte behandelt. Nur starre Investmenttrusts unterliegen einem Besteuerungssystem, das für trusts gilt.

Alle Investmentfonds, die nach den Klassifizierungsregeln als Körperschaft gelten, können den Conduit - Status einer regulated investment company anstreben. Eine regulated investment company gilt steuerlich als Eigentümerin der Anlagegegenstände und ist steuerpflichtiges Steuersubjekt. Eine Mehrfachbesteuerung der Investmenterträge wird verhindert, indem die Ausschüttungen aus dem Fondsvermögen die Bemessungsgrundlage des Investmentfonds kürzen. Das Zugeständnis der Steuersubjekteigenschaft bricht mit dem Grundsatz der Transparenz.

Starre Investmenttrusts verfügen über kein aktives Fondsmanagement und werden daher als trusts besteuert. Die Ähnlichkeiten zwischen der Besteuerung einer regulated investment company und einem gewöhnlichen trusts sind groß und es verwundert daher nicht, dass der Gesetzgeber regulated investment companies zunächst wie gewöhnliche trusts behandeln wollte. Beide sind Steuersubjekte und ihre Einnahmen werden ihnen, und nicht etwa den Anlegern zugerechnet. Eine Mehrfachbesteuerung wird in beiden Fällen dadurch vermieden, dass die Ausschüttungen an die beneficiaries / Investoren von der Bemessungsgrundlage abgezogen werden. Beide Modelle haben weiterhin gemein, dass die Einkunftsart auf der Eingangsseite des Investmentfonds für den Anleger erhalten bleibt.[479] Dies gilt auch dann, wenn der trust steuerfreie Einnamen erzielt und diese an seine Anleger ausschüttet. Diese sind dann auch für den beneficiary steuerfrei.[480] Auch bezüglich ausländischer Steuern sind die Regeln vergleichbar. Ein Unterschied besteht in der Behandlung von thesaurierten Veräußerungsgewinnen des Investmentfonds. Während der regulated investment company Conduit - Status ein Wahlrecht gewährt und damit ermöglicht, dass die Veräußerungsgewinne direkt beim Anteilseigner versteuert werden, der Investmentfonds die darauf entfallende Steuer begleicht und der Anteilseigner diese Steuer auf seine eigene Steuerlast anrechnen kann und somit eine doppelte Besteuerung vermieden wird, muss bei einem starren trust der thesaurierte Gewinn beim trust selbst versteuert werden, wenn das trust indenture oder die einzelstaatlichen Gesetze vorsehen, dass Veräußerungsgewinne einbehalten werden.

Institutionelle Investoren verwenden häufig Personengesellschaften als Vehikel für ihre Investmentaktivitäten. Man spricht von Spezialfonds oder Hedgefonds. Die vollkommene Transparenz der Personengesellschaften verhindert eine Besteuerung auf Ebene des Fonds, ohne dass die strengen Vorschriften einer regulated investment company eingehalten werden müssen. Sie eignen sich aber nicht als Publikumsfonds, da der öffentliche Handel ihrer Anteile die Besteuerung als Körperschaft nach sich zieht. Deswegen werden Publikumsfonds nicht als Personengesellschaften gegründet. Sie können für die folgende Bearbeitung außer Betracht bleiben.

---

[479] Siehe oben, 26 CFR 1.652(b)-1 für den einfachen trust und Section 854 Internal Revenue Code für die RIC.

[480] Mertens, Federal Income Taxation, § 36.75, Seite 186.

2.4. Gegenüberstellung KAGG - Sondervermögen und Regulated Investment Companies / starre Investmenttrusts

Im folgenden sollen die verschiedenen Besteuerungsformen von Investmentfonds in den U.S.A. und in Deutschland gegenüber gestellt und die verschiedenen Ansätze, die eine Ungleichbehandlung des Investmentsparens mit einer Direktinvestition zu verhindern suchen, verglichen werden. Bereits zu Beginn dieses Kapitels wurde festgestellt, dass deutsche und U.S.-amerikanische Investmentfonds dem Transparenzgrundsatz im Ansatz folgen, ihn aber nicht in letzter Konsequenz umsetzen (s.o. 0). Diese Aussage soll nun durch Gegenüberstellung beider nationaler Regelungen konkretisiert werden:

Die Regelungen sind zunächst danach zu untersuchen, inwieweit die Investmentfonds zivilrechtlich und für Zwecke des Ertragssteuerrechts als Rechtspersonen angesehen werden. Die deutschen Sondervermögen wären von Natur aus weder zivilrechtlich, noch ertragssteuerrechtlich Rechtspersonen. Das KAGG verleiht ihnen jedoch kraft gesetzlicher Anordnung Rechtspersönlichkeit und sie gelten als fiktive Zweckvermögen.[481] Eine regulated investment company, die in der Form der corporation organisiert ist, hat nach den Gesetzen der Bundesstaaten zivilrechtlich gesehen Rechtspersönlichkeit. Da regulated investment companies zu den per-se corporations im Sinne der check-the-box-regulations zählen, werden sie auch im Bundessteuerrecht zwingend als Rechtspersonen behandelt. Ein business trust ist zivilrechtlich je nach den Gesetzen der Bundesstaaten Rechtsperson. Lässt er sich als regulated investment company registrieren, dann wird er automatisch als corporation behandelt, so dass regulated investment companies in der Form des business trusts zumindest steuerrechtlich als Rechtsperson gelten. Starre Investmentfonds, die als gewöhnlicher trust organisiert sind, werden nicht als Wirtschaftsunternehmen, sondern als gewöhnlicher trust besteuert. Auch ein gewöhnlicher trust hat für Zwecke des Steuerrechts Rechtspersönlichkeit. Zusammenfassend lässt sich feststellen, dass sowohl die teilweise transparenten Sondervermögen als auch die U.S.-amerikanischen Investmentfonds, die den Conduit - Status erhalten, Rechtspersönlichkeit besitzen. Unterschiede bestehen insoweit nicht. Die Anlagegegenstände werden damit in allen Fällen einem Rechtsträger zugeordnet, was nicht dem Transparenzgrundsatz entspricht.

Deutsche Sondervermögen sind zum Teil steuerbefreit. Eine regulated investment company hingegen ist voll steuerpflichtig. Die Ausschüttungen an die Anteilseigner können zwar als Betriebsausgabe abgezogen werden. Dies ändert aber nichts daran, dass sie steuerpflichtig ist.[482] Einbehaltene Einnahmen werden voll besteuert und die regulated investment company riskiert, falls sie nicht genügend ausschüttet, den Conduit - Status zu verlieren. Im Gegensatz zum Deutschen Recht, erfolgt die Gleichstellung mit einem Direktinvestor also nicht bereits auf der Ebene der

---

[481] §§ 6, 38 Abs. 1 Satz 1 und 2 KAGG.

[482] Section 852 lit. b Absatz 1, Section 11 IRC.

Steuerbefreiung. Auch ein starrer Investmentfonds in der Form des gewöhnlichen trusts wird im Rahmen der Conduit - Behandlung nicht etwa steuerbefreit.[483]

Das KAGG sieht keine Sondervorschriften bezüglich der Bemessungsgrundlage des Sondervermögens vor. Dazu besteht gar kein Bedürfnis, da die gewünschte Vermeidung einer Doppelbesteuerung bereits durch die (teilweise) Steuerbefreiung erreicht wird. Das Conduit - Prinzip hingegen erreicht dasselbe Ziel der Vermeidung einer Dreifachbesteuerung von Fondserträgen dadurch, dass es die Ausschüttungen an die Anteilseigner auf Ebene der regulated investment company oder des starren trusts als Betriebsausgaben zulässt und damit die Bemessungsgrundlage mindert.[484]

Sowohl das KAGG als auch der Internal Revenue Code sehen für die Anleger die Möglichkeit vor, ausländische Steuern anzurechnen. Die deutsche Regelung findet sich in § 40 Abs. 3 und 4 KAGG, die entsprechende U.S.-amerikanische in Section 853 Internal Revenue Code. Im Gegensatz zu der deutschen Regelung ist nach Section 853 Internal Revenue Code die Anrechnung nur möglich, wenn der Investmentfonds zu über 50 % ausländische Anlagegegenstände in seinem Vermögen hält. Diese Einschränkung dient der Verwaltungsvereinfachung.

Das KAGG ermöglicht die Thesaurierung von Erträgen jeder Art, indem diese so behandelt werden, als seien sie dem Anleger zugeflossen.[485] Dem Transparenzgrundsatz wird damit Rechnung getragen, denn die Tatsache, dass diese Gewinne weiterhin im Fondsvermögen verbleiben, wird negiert. Der Internal Revenue Code hingegen zwingt den Investmentfonds, die Erträge, die nicht aus Veräußerungsgeschäften stammen, auszuschütten.[486] Nur die Erträge, die aus Veräußerungsgeschäften stammen, können thesauriert werden.[487] Es besteht ein Wahlrecht, diese so zu behandeln, als seien sie dem Anleger zugeflossen. Nur bezüglich der Veräußerungsgewinne besteht somit eine Ähnlichkeit zwischen U.S.-amerikanischem und deutschem Recht, während die Regelungen hinsichtlich des Einkommens aus Dividenden sich unterscheiden.

Veräußerungserlöse eines Investmentfonds werden in Deutschland nicht besteuert (Ausnahme: solche aus Termingeschäften), solange die Anteile des Fonds im Privatvermögen gehalten werden.[488] Darin liegt eine Durchbrechung des Transparenzgrundsatzes zu Gunsten des Fondsanlegers, da Veräußerungserlöse im Rahmen von § 23 EStG bei einer Direktinvestition zu versteuern sind. Das U.S.-amerikanische Recht hingegen macht Veräußerungserlöse unabhängig einer Spekulationsfrist steuerpflichtig. Die Dauer, für die die Anlagegegenstände gehalten werden, spielt nur für den Steuersatz eine Rolle. Die Rechtslage ist bereits für den

---

[483] Section 641 IRC.

[484] Section 852 (b) lit. b Abs. 2 (D) IRC.

[485] §§ 38 a Abs. 2, 38 b Abs. 2, 39 Abs. 1 KAGG.

[486] Section 852 (a) Absatz 1 IRC.

[487] Section 852 (b) Absatz 3 (D) IRC.

[488] § 40 Abs. 1 Satz 1 KAGG.

Fall der Direktinvestition unterschiedlich. Aber auch der Internal Revenue Code privilegiert das Fondsinvestment. Unabhängig davon, wie lange der Anlagegegenstand in dem Fondsvermögen gehalten wurde, muss der Anleger den Veräußerungsgewinn zu der günstigen Rate des long term capital gain versteuern.[489] Insofern stimmen beide Systeme hier überein, als dass Veräußerungserlöse durch einen Investmentfonds günstiger behandelt werden als im Falle einer Direktinvestition. Der Unterschied besteht darin, dass nach deutschem Recht Veräußerungserlöse des Sondervermögens gar nicht besteuert werden (Ausnahme: Termingeschäfte), solange die Anteile im Privatvermögen gehalten werden. In den USA wird dagegen nur ein günstigerer Steuersatz gewährt.

Investmentfonds sind weder in den U.S.A. noch in der Bundesrepublik vollkommen transparent. Die Anlagegegenstände und die aus ihnen fließenden Einnahmen werden dem Fonds als Steuersubjekt und nicht den Anlegern zugerechnet. Die Mehrfachbelastung wird durch Steuerbefreiung oder durch Kürzung der Bemessungsgrundlage erreicht. Vom Ansatz her sind deutsche Investmentfonds "transparenter".

3. Inländischer Investmentfonds bezieht ausländische Einnahmen aus Dividenden und Zinsen

3.1. Überblick

Dieses Kapitel befasst sich mit den Problemen, die sich im Rahmen des Zwei-Länder-Falls ergeben, wenn der Investmentfonds und der Anleger in demselben Staat ansässig sind und der Fonds im Ausland investiert. Das zentrale Problem in diesem Zusammenhang ist der Abkommenszugang des Investmentfonds. Damit verbunden ist die Frage, ob der Investmentfonds die Quellensteuerreduktion, die die Doppelbesteuerungsabkommen bei Dividenden und teilweise auch bei Zinsen gewähren, in eigenem Namen in Anspruch nehmen kann.

Darüber hinaus ist der Abkommenszugang auch im Drei-Länder-Fall von Bedeutung. Nur wenn der Investmentfonds als abkommensberechtigt anerkannt wird und ihm die Investmenteinnahmen zugerechnet werden, kommt das Abkommen zwischen Quellenstaat und Sitzstaat des Fonds für die Beurteilung der Investmenteinnahmen zur Anwendung.

3.1.1. Problemstellung: Die drohende Mehrfachbesteuerung der Investmenterträge im Quellen- und Wohnsitzstaat

Investiert ein Investmentfonds in ausländische Wertpapiere, dann besteht die Gefahr der Doppelbesteuerung. Der Quellenstaat wird neben der Körperschaftsteuer auf die ausschüttende Gesellschaft eine Quellensteuer als Steuer des Anlegers, hier des Investmentfonds, erheben. Auch der Wohnsitzstaat wird die Investment-

---

[489] Section 852 (b) Absatz 3 (D) IRC.

einnahmen besteuern, entweder auf Ebene des Investmentfonds oder auf Ebene des Anlegers.

Sind z.B. die U.S.A. Quellenland, dann wird ein Investmentfonds, der Zinsen oder Dividenden aus den U.S.A. bezieht und dort keine Betriebsstätte hat, einer 30 % Quellensteuer unterworfen.[490] Es handelt sich dabei um eine beschränkte Steuerpflicht, da nicht das Welteinkommen des Investmentfonds besteuert wird, sondern nur die aus den U.S.A. stammenden Einkünfte.

Ist die Bundesrepublik Quellenstaat, dann unterliegt der Investmentfonds nach §§ 2 Nr. 1 KStG und 49 Abs. 1 und Abs. 2 EStG der beschränkten Steuerpflicht mit seinen inländischen Dividenden, § 49 Abs. 1 Nr. 5 lit. a EStG und denen in § 49 Abs. 1 Nr. 5 EStG genannten Zinsen. Die darauf einbehaltene Kapitalertragsteuer hat grundsätzlich Abgeltungswirkung nach § 50 Abs. 5 Satz 1 EStG.[491] Sie fällt nach Satz 2 derselben Vorschrift nur dann weg, wenn im Inland ein Betrieb unterhalten wird, also eine Betriebsstätte vorhanden ist oder ein ständiger Vertreter bestellt wird.[492] Auf Dividendeneinnahmen entfällt ein Steuersatz von 25 % des Kapitalertrags, § 43 a Abs. 1 Nr. 1 EStG.

Das Wohnsitzland des Investmentfonds wird diesen selbst oder aber dessen Anleger zur Steuer im Sinne des Welteinkommensprinzips heranziehen. Im Ergebnis werden die Fondserträge daher, abgesehen von der Ausschüttungsbelastung im Quellenstaat, doppelt besteuert.

Dabei wird es sich in der Regel um eine juristische Doppelbesteuerung handeln.[493] Der Begriff der juristischen Doppelbesteuerung setzt voraus, dass verschiedene Hoheitsträger dasselbe Steuersubjekt (Subjektidentität) und dasselbe Steuerobjekt (Steuerobjektidentität) innerhalb desselben Besteuerungszeitraumes (Periodenidentität) mit einer vergleichbaren Steuer belasten und dabei eine höhere Belastung als im Fall der nationalen Besteuerung entsteht.[494] Quellenland und Wohnsitzland sind unterschiedliche Hoheitsträger und die Belastung durch beide führt zu einer höheren Belastung des Investmentfonds als bei Besteuerung durch einen Hoheitsträger. Für die Gleichartigkeit des Steuerobjektes genügt auf Grund der unterschiedlichen Steuersysteme die wirtschaftliche Identität und es reicht aus, dass das im Wesentli-

---

[490] U.S. Source Income, Section 861 (a) (1) und (2) Internal Revenue Code, siehe dazu Mc Daniel / Ault, U.S. International Taxation, Seite 63. Vgl. zum Verfahren des Steuerabzugs: 26 CFR Section 1.1441-1.

[491] Vgl. Wied, in: Blümich, EStG, § 50 EStG, Rn 52.

[492] Vgl. Wied, in: Blümich, EStG, § 50 EStG, Rn 54.

[493] Zum Begriff der Doppelbesteuerung und der Abgrenzung von juristischer Doppelbesteuerung und wirtschaftlicher Doppelbelastung: Tillmanns, in: Mössner, Steuerrecht international tätiger Unternehmen, B 182 ff. Seite 158, Mössner, Methoden, Seite 135 ff., zur Bedeutung des Begriffs der Doppelbesteuerung: Mössner, Methoden, Seite 137.

[494] Mössner, Methoden, Seite 139, OECD - Musterkommentar, Art. 23, Rz 1-3.

chen gleiche Besteuerungsgut erfasst wird.[495] Da beide Staaten auf die Dividendeneinnahmen zugreifen, ist die Identität des Steuerobjektes gegeben.

Auch die Steuersubjekte dürften in den meisten Fällen identisch sein. Besteuerungssubjekt ist entweder der Investmentfonds selbst oder aber der Anleger. Sollte allerdings im Rahmen eines Qualifikationskonfliktes der eine Staat den Fonds, der andere den Anleger als Steuersubjekt betrachten, dann ist eine Subjektidentität nicht gegeben. Man kann dann nicht von juristischer Doppelbesteuerung, sondern nur von wirtschaftlicher Doppelbelastung sprechen.[496] Dennoch sind die Abkommen auch auf diesen Fall anwendbar. Ansonsten könnten die unterschiedlichen Zurechnungswertungen des nationalen Steuerrechts die Doppelbesteuerungsabkommen aushebeln.[497] Das Erfordernis der Subjektidentität stellt nur klar, dass die Doppelbesteuerungsabkommen nicht die Mehrfachbelastung von Körperschaft und Aktionär bei Ausschüttungen verhindern.[498]

Um diese Doppelbesteuerung oder Doppelbelastung zu vermeiden, steht für Dividendeneinnahmen die Aufteilungsnorm des Art 10 Abs. 1, für Zinseinnahmen die des Art. 11 OECD - MA zur Verfügung. Für Veräußerungsgewinne gilt Art. 13 OECD - MA. Diese Vorschriften kommen zur Anwendung unabhängig davon, ob man die Einnahmen des Investmentfonds als Unternehmensgewinne im Sinne von Art. 7 OECD - MA ansieht, da dieser den Vorrang der Dividenden-, Zinsen- und Veräußerungsgewinnartikel in Abs. 7 konstatiert.

Für Dividenden gilt eine Quellensteuerbegrenzung. Diese kann verfahrenstechnisch auf zwei verschiedenen Wegen erreicht werden: Der Quellenstaat kann zunächst den nach seinem innerstaatlichen Recht geltenden höheren Steuersatz erheben und dann den Differenzbetrag zwischen diesem und dem niedrigen Abkommenssatz in einem besonderen Verfahren erstatten. Er kann aber auch bei Abzug der Quellensteuer einen Nachweis der Abkommensberechtigung verlangen und sogleich nur den verringerten Abkommenssatz einbehalten.[499] Der Wohnsitzstaat verzichtet entweder ganz auf sein Besteuerungsrecht oder rechnet die Quellenstaatsteuer an. Für Veräußerungsgewinne gilt eine grundsätzlich andere Aufteilung, die dem Sitzstaat des Investmentfonds das volle Besteuerungsrecht einräumt.

Die Quellensteuerbegrenzung kann aber nur verlangen, wer sich auf die Vorteile des Abkommens berufen kann, d.h. nur derjenige, der abkommensberechtigt ist. Ob der Investmentfonds diese Voraussetzungen erfüllt, ist die entscheidende Frage.

---

495 Schaumburg, Internationales Steuerrecht, § 12.4, Seite 587;

496 Mössner, Methoden, Seite 139.

497 Schaumburg, Internationales Steuerrecht, § 12.5, Seite 588.

498 Mössner, Methoden, Seite 139.

499 Vogel, DBA, vor Art. 10 - 12, Rz 32, vgl. 26 CFR Section 1.1441-1 (b).

3.1.1.1. Annahme: der Investmentfonds ist abkommensberechtigt und kann die Quellensteuerreduktion in Anspruch nehmen

Ist diese Frage zu bejahen und wird der Investmentfonds als abkommensberechtigt anerkannt, dann wird das Quellenland die Quellensteuerreduktion für Streubesitzdividenden einräumen. Das OECD - Muster und die meisten anderen Abkommen sehen eine Reduktion auf 15 % vor.[500] Der Investmentfonds kann die Reduktion in eigenem Namen und ohne Nachweis seiner Anlegerschaft verlangen.

Die Behandlung der Investmenterträge im Sitzstaat des Investmentfonds, der zugleich Wohnsitzstaat des Investors ist, hängt davon ab, ob der Investmentfonds dort als Steuersubjekt anerkannt wird und ob das Abkommen zwischen diesem Staat und dem Quellenstaat die Anrechnungs- oder die Freistellungsmethode vorsieht.

Wird der Investmentfonds als Steuersubjekt anerkannt und gilt die Freistellungsmethode, dann werden die ausländischen Einnahmen des Investmentfonds nicht in die Bemessungsgrundlage einbezogen.[501] Die ausländischen Einnahmen werden dann lediglich mit der Quellenlandsteuer belastet. Eine Besteuerung im Sitzstaat erfolgt hingegen nicht. Die meisten Abkommen sehen für Streubesitzdividenden jedoch die Anrechnungsmethode vor.[502] Im Sitzstaat des Investmentfonds werden dann die ausländischen Einnahmen in die Bemessungsgrundlage einbezogen. Allerdings wird die Steuerlast um die im Ausland gezahlten Steuern gemindert. Dabei ist zwischen uneingeschränkter und gewöhnlicher Anrechnung zu unterscheiden.[503] Im Falle der gewöhnlichen Anrechnung wird die Anrechnung auf den Betrag begrenzt, der der auf die ausländischen Einnahmen im Sitzstaat entsprechenden Steuer entspricht. Im Falle der uneingeschränkten Anrechnung besteht diese Beschränkung nicht. Im Ergebnis führt die uneingeschränkte Anrechnung zu einer Belastung der Investmenterträge mit der im Sitzstaat vorgesehen Steuer. Im Falle der gewöhnlichen Anrechnung kann die Gesamtbelastung dagegen höher sein, wenn die Steuerlast im Quellenstaat höher ist als im Sitzstaat.[504]

Wird der Investmentfonds aber im Sitzstaat zwar als Steuersubjekt anerkannt, aber von der Steuer befreit (so in Deutschland) oder kann er die Ausschüttungen an seine Anleger von der Bemessungsgrundlage abziehen (so in den U.S.A., s.o. 2.3.3.3.1), dann geht eine Freistellung oder eine Anrechnung der ausländischen Quellensteuer auf Ebene des Fonds ins Leere. Aus diesem Grund sehen Section 853 Internal Revenue Code und § 40 Abs. 3 und Abs. 4 KAGG vor, dass die Entlastung an den Anleger weitergereicht wird (s.o. 2.2.4.7.6 und 2.3.3.3.6). Diese

---

[500] Zur Übersicht siehe Vogel, DBA, Art. 10, Rz. 87.

[501] Vgl. OECD Musterkommentar, Art. 10, Rz 18.

[502] Vgl. das OECD Musterabkommen, Art. 23 A Abs. 2 , dazu Vogel, DBA, Art. 23, Rz 37 und das DBA-USA, Art. 23 Abs. 2 lit. a Satz 3, dazu Wassermeyer, in: Debatin / Wassermeyer, DBA, Art. 23 DBA-USA, Rz 42.

[503] OECD Musterkommentar, Art. 23, Ziffer 16.

[504] Vgl. OECD Musterkommentar, Art. 23, Ziffer 23 lit. b.

können dann die ausländische Quellensteuer auf ihre Einkommensteuerschuld anrechnen lassen.

3.1.1.2. Annahme: Der Investmentfonds kann die Quellensteuerreduktion nicht in Anspruch nehmen

Wird der Investmentfonds im Quellenland hingegen nicht als abkommensberechtigt anerkannt, sondern als transparentes Gebilde angesehen, dann werden die Investmenteinnahmen dem Anleger und nicht dem Fonds zugerechnet. Die Quellensteuerreduktion hängt dann von der Abkommensberechtigung des Investors ab. Ist der Investor in einem Drittland ansässig, dann kann er die Quellensteuerreduktion nur gemäß des Abkommens zwischen dem Quellenstaat und seinem Wohnsitzstaat verlangen. Zusätzlich muss er sich selbst um die Quellensteuerreduktion bemühen, was im Falle eines in mehreren Quellenländern investierenden Fonds mit erheblichem Aufwand verbunden ist und grenzüberschreitende Investitionen behindert. Kosten und Zeitaufwand wiegen die Vorteile der Quellensteuerreduktion auf. Für die Steuerverwaltung des Quellenlandes bedeutet dies v.a. einen hohen Verwaltungsaufwand, da eine Vielzahl von Anträgen bearbeitet werden muss.

Um die Idee des Investmentsparens nicht auf das innerstaatliche Investment zu begrenzen, ist es daher erforderlich, dass der Investmentfonds selbst die Quellensteuerreduktion für das gesamte Fondsinvestment verlangen kann. Er sollte dies auch in eigenem Namen tun können. Tritt er hingegen im Namen der Anleger auf, dann muss er die Bevollmächtigung durch diese nachweisen, was ebenfalls mit einem erheblichen Aufwand verbunden wäre.

3.1.2. Die Voraussetzungen des Abkommenszugangs im Überblick

Art. 10 und 11 OECD-MA machen die Gewährung der Quellensteuerreduktion von der Steuersubjekteigenschaft, der Ansässigkeit und der Nutzungsberechtigung des Antragstellers abhängig. Des Weiteren sehen zahlreiche Abkommen weitere Maßnahmen vor, die den Abkommenszugang und damit die Gewährung der Quellensteuerreduktion beschränken, um deren ungerechtfertigte Inanspruchnahme zu verhindern. Ob der Investmentfonds die Quellensteuerreduktion verlangen kann, hängt somit davon ab, ob er die genannten Voraussetzungen erfüllt.

3.1.2.1. Allgemeine Voraussetzungen des Abkommenszugangs nach Art. 10 OECD - MA für den Bezug von Dividenden und nach Art. 11 OECD - MA für den Bezug von Zinsen im Überblick

Sowohl Art. 10 Abs. 1, als auch Art. 11 Abs. 1 OECD - MA setzen voraus, dass die Dividenden, bzw. die Zinsen an eine "Person" gezahlt werden. Der Begriff "Person" ist in Art. 3 Abs. 1 lit. a OECD - MA legal definiert. Da ein Investmentfonds jedenfalls keine natürliche Person ist, muss untersucht werden, ob er unter den Begriff "Gesellschaft" oder "Personenvereinigung" fällt. Unterschiede können sich bei den einzelnen Gesellschaftsformen der Investmentfonds ergeben, da einigen von ihnen Rechtspersönlichkeit im Steuerrecht zuerkannt wird, anderen, dem Transparenzgrundsatz entsprechend, hingegen nicht.

Nach Art. 10 Abs. 1 und 11 Abs. 1 OECD - MA muss diese Person zusätzlich in dem Wohnsitzstaat ansässig sein. Die Ansässigkeit ist in Art. 4 OECD - MA definiert. Dabei ist eine Person in dem Wohnsitzstaat grundsätzlich dann ansässig, wenn sie dort der unbeschränkten Steuerpflicht unterliegt, Art. 4 Abs. 1 OECD - MA. Auch hier werden sich Unterschiede in der Beurteilung der Investmentfonds ergeben, da einige steuerpflichtig, andere wiederum nicht oder nur teilweise steuerpflichtig sind. Vor allem der Wegfall der Ausgleichsteuerpflicht für deutsche Sondervermögen gibt der Frage der Ansässigkeit neue Brisanz.

Ferner setzen sowohl Art. 10 Abs. 2 als auch Art. 11 Abs. 2 OECD - MA voraus, dass die ansässige Person Nutzungsberechtigte der Dividenden, bzw. Zinsen ist. Der Begriff des Nutzungsberechtigten (engl.: beneficial owner) im Sinne des Abkommensrechts ist in vielerlei Hinsicht ungeklärt. Die Nutzungsberechtigung betrifft die Frage der Zuordnung von Einnahmen und von Vermögensgegenständen zu einer Person. Die verschiedenen Formen von Investmentfonds müssen daher auf die Zuordnung der Anlagegegenstände zu ihnen selbst oder zu ihren Anlegern hin überprüft werden. Dem reinen Transparenzgrundsatz entspricht eine Zuordnung der Anlagegegenständen zu den Anlegern.

Art. 10 Abs. 1 OECD - MA fordert darüber hinaus, dass die ausschüttende Gesellschaft in dem Quellenstaat ansässig ist. Ist dies nicht der Fall, dann ist das Abkommen gar nicht anwendbar. Diese Voraussetzung wird im Folgenden als gegeben vorausgesetzt.

3.1.2.2. Besondere Voraussetzungen, die einzelne Abkommen an Investmentfonds stellen

3.1.2.2.1. Art. 28 DBA - USA

Das DBA - USA sieht in Art. 28 eine besondere Regelung zur Einschränkung der Abkommensvorteile vor. Die Vorschrift will die ungerechtfertigte Inanspruchnahme von Abkommensvorteilen durch so genannte Basisgesellschaften (Conduits) einschränken. Diese Vorschrift ist zwar nicht auf Investmentfonds zugeschnitten, stellt aber dennoch oder gerade deswegen eine wesentliche Hürde für diese dar.

3.1.2.2.2. DBA - Schweiz

Das DBA - Schweiz enthält in Art. 23 ebenfalls eine Regelung zur Einschränkung der Abkommensvorteile, die sich ebenfalls gegen die Zwischenschaltung von Basisgesellschaften richtet. An dieser wären eigentlich auch Investmentfonds zu prüfen. Allerdings haben sich die Steuerverwaltungen der Schweiz und der Bundesrepublik darauf geeinigt, die Quellensteuererstattung den Investmentfonds im eigenen Namen insoweit zu gewähren, als in dem Sitzstaat des Investmentfonds ansässige Personen an ihnen beteiligt sind[505] (Durchblickmethode, partieller Abkommenszugang).[506] Die Regelung des Art. 23 ist damit insoweit für Investmentfonds bedeutungslos.

3.1.2.2.3. Art. 25 b Abs. 4 DBA - Frankreich

Im Gegensatz zu den zuvor vorgestellten Regelungen der DBA - Schweiz und USA enthält das DBA - Frankreich eine Regelung, die nicht nur ausschließlich für Investmentfonds gilt, sondern diesen den Abkommenszugang eröffnet, so weit an ihnen inländische Investoren beteiligt sind. So weit ausländische Investoren beteiligt sind, kann er die Abkommensvorteile aber nicht in Anspruch nehmen. Sie entspricht daher im wesentlichen der schweizerischen Regelung. Investmentfonds haben nur partiellen Abkommenszugang.

3.1.3. Die Anerkennung der Abkommensberechtigung ausländischer Investmentfonds in einigen ausgewählten Ländern

3.1.3.1. Bundesrepublik Deutschland

Einige Abkommen der Bundesrepublik sehen besondere Regelungen für die Anerkennung ausländischer Investmentfonds vor. Dies sind die oben genannten Abkommen mit Frankreich und England und die Erlasse mit der Schweiz. Alle diese Regelungen folgen der Durchblickmethode, d.h. Abkommensvorteile werden nur dann und insoweit gewährt, als die Investoren in dem Sitzstaat des Investmentfonds ansässig sind.

Unklar ist die Behandlung solcher Investmentfonds, die nicht unter eine dieser Regeln fallen,[507] obwohl aus deutscher Sicht zumindest die deutschen Investmentfonds als abkommensberechtigt angesehen werden[508], die einschränkende Regelung des § 50 d Abs. 1 a EStG nicht auf Investmentfonds anwendbar sein sollen[509] und viele deutsche Abkommen die Erträge aus Investmentfonds als Dividendeneinnahmen qualifizieren, was eine Gleichbehandlung dieser mit Kapitalgesellschaften nahe legt.[510]

---

[505] Siehe Erlass der Finanzverwaltung NRW betr. Erstattung von Quellensteuern an Investmentfonds, dieselbe Erlass betr. Erstattung schweizerischer Quellensteuer an deutsche Investmentfonds und Finanzministerium Niedersachsen, Erlass betr. Erstattung der deutschen Kapitalertragsteuer an schweizerische Investmentfonds, Doppelbesteuerungsabkommen, Beck'sche Textausgaben, Schweiz, unter Nr. 10.1-10.3.

[506] Dazu s.u., 3.2.3.2.

[507] Täske, Nationalbericht Deutschland IFA - Kongress 1997, Seite 461.

[508] Täske, Nationalbericht Deutschland IFA - Kongress 1997, Seite 463.

[509] Täske, Nationalbericht Deutschland IFA - Kongress 1997, Seite 461.

[510] Täske, Nationalbericht Deutschland IFA - Kongress 1997, Seite 461.

Eine einheitliche Verwaltungspraxis hat sich nicht durchgesetzt, vielmehr entscheidet die Verwaltung über den Abkommenszugang anhand jedes einzelnen Abkommens.[511] Diese Situation führt zu Rechtsunsicherheit. Eine einheitliche Handhabung wäre wünschenswert. Die expliziten Regelungen sind zwar insofern zu begrüßen, als dass sie die Rechtsunsicherheit beseitigen. Begrüßenswert ist auch, dass dabei jeweils derselbe Ansatz gewählt wird. Allerdings führt die Anwendung dieser Regel zu einem erheblichen Aufwand für das Fondsmanagement, das die Ansässigkeit seiner Investoren nachweisen muss. Im Ergebnis dürfte der damit verbundene Arbeitsaufwand nicht viel geringer sein, als wenn der Fonds als voll transparent betrachtet wird und im Namen der Investoren die Rückerstattung der Quellensteuer beantragt.

3.1.3.2. U.S.A.

Die Frage der Abkommensberechtigung ausländischer Fonds wird in den U.S.A. vor allem bei der Frage der Ansässigkeit und im Rahmen der den US - MA nachgebildeten limitation - of - benefits - Regelungen, z.B. Art. 28 DBA - USA, diskutiert.[512]

Trotz aller Hürden gewähren die U.S.A. deutschen Investmentfonds zur Zeit die Abkommensvorteile in vollem Umfang.[513] Der Internal Revenue Service erwägt dennoch offenbar eine rigidere Anwendung des Art. 28 DBA - USA.[514]

3.1.3.3. Großbritannien

Die britische Steuerverwaltung verweigert Investmentfonds häufig die abkommensrechtliche Anerkennung sowohl aus Gründen der steuerlichen Subjektfähigkeit, der Ansässigkeit, der mangelnden Nutzungsberechtigung oder des Abkommensmissbrauchs.[515] Erstaunlich ist dabei, dass der aus dem common law stammende trust in Form des U.S.-amerikanischen business trusts in England für Verwirrung sorgte, da er in den USA als Körperschaft besteuert wird, die englische Steuerverwaltung aber auf die zivilrechtliche Gestaltung abstellte und die beneficiaries und nicht den Fonds als Nutzungsberechtigte ansah.[516] Deutschen Sondervermögen werden auf Grund ihrer Transparenz die Abkommensvorteile abgesprochen.[517]

---

[511] Wiesenbart, The Taxation of Mutual Investment Funds, Seiten 77 und 78.

[512] Newberg, The Taxation of Mutual Investment Funds, Seite 119, Rachofsky / Cohn / Baker, Nationalbericht U.S.A. IFA - Kongress 1997, Seite 862.

[513] Wolff, in: Debatin / Wassermeyer, DBA, Art. 3 DBA - USA, Rz 25.

[514] Debatin / Walter, DBA - USA, Art. 3, Rz 46.

[515] Hurley, Nationalbericht England IFA - Kongress 1997, Seite 839.

[516] Hurley, Nationalbericht England IFA - Kongress 1997, Seite 839.

[517] Vogel, DBA, Art. 1, Rz 41.

3.1.3.4. Frankreich

Die französische Steuerverwaltung legt besonderen Wert auf die Ansässigkeit[518] Es soll nicht ausreichen, dass der Investmentfonds unter den Anwendungsbereich der Steuer fällt, der Fonds muss vielmehr auch tatsächlich dieser Steuer unterliegen.[519] Probleme ergeben sich aus Sicht der Finanzverwaltung dann, wenn der Investmentfonds nach dem Recht seines Sitzstaates nur mit gewissen Einnahmen der Steuer unterliegt oder wenn für ihn ein besonderes Besteuerungssystem gilt.[520] Auch die Nutzungsberechtigung wird herangezogen, um einem Investmentfonds die Abkommensvorteile abzusprechen. [521]

3.1.3.5. Schweiz

Die Schweiz gewährt nur inkorporierten Investmentfonds die Quellensteuererstattung.[522] Die Eidgenössische Steuerverwaltung bemüht sich, in Rahmen von Verständigungsvereinbarungen die Abkommensberechtigung zu klären. Solche Vereinbarungen sind mit der deutschen Steuerverwaltung getroffen worden (s.o. 3.1.2.2.2).[523]

---

[518] Blanluet, Nationalbericht Frankreich IFA - Kongress 1997, Seite 434.

[519] Diese Auslegung der Ansässigkeit entspricht einer Subject - to - tax - Klausel, s.u. 3.2.2.2.4.

[520] Blanluet, Nationalbericht Frankreich IFA - Kongress 1997, Seite 434.

[521] Blanluet, Nationalbericht Frankreich IFA - Kongress 1997, Seite 434.

[522] Scherer / Burgy, Nationalbericht Schweiz zum IFA - Kongress 1997, Seite 813.

[523] Scherer / Burgy, Nationalbericht Schweiz zum IFA - Kongress 1997, Seite 814 und 815.

3.1.4. Übersicht: ausländische Einnahmen eines deutschen Sondervermögens[524]

Bezieht ein deutsches KAGG - Sondervermögen Dividendeneinnahmen einer U.S.-amerikanischen Körperschaft, dann ergibt sich, falls das Sondervermögen abkommensberechtigt ist, die folgende Besteuerung der Dividendenerträge: [525]

1.) Besteuerung in den U.S.A.		
a) Ebene der Körperschaft		
aa) Ausschüttungsbetrag vor Steuern		100,-
bb) Körperschaftsteuer (35%)[526]	-	35,-
cc) Quellensteuer (15%)[527]	-	9,75
dd) Netto-Ausschüttung		55,25
b) Ebene des Sondervermögens		-.-
2.) Besteuerung in Deutschland		
a) Sondervermögen		
aa) KSt (Ausgleichssteuer so weit sie noch gilt)		-.-
bb) KapESt (gilt nicht für ausl. Dividendenerträge)		-.-
cc) Ausschüttung an den Investor:	+	55,25
b) Investor		
aa) bisheriges Recht		
aaa) ESt BMG (100-35)[528]		65,-

---

[524] Vgl. die Belastungsvergleiche bei Rädler, in FS Heidinger, Seite 64, unter Punkt 4.2.2..

[525] Vgl. die Belastungsvergleiche bei Rädler, in FS Heidinger, Seite 64, unter Punkt 4.2.2..

[526] Section 11 (b) (D) IRC, Steuersatz von 35 %, Mc Daniel / Ault, U.S. International Taxation, Seiten 6 und 7.

[527] Erhoben wird sogleich der reduzierte DBA-Satz nach Art 10 Abs. 2 lit. b DBA-USA, Bemessungsgrundlage ist die Brutto-Dividende, d.h. der ausgeschüttete (um die Körperschaftsteuer reduzierte) Betrag ohne Abzug, Wolff, in: Debatin / Wassermeyer, DBA, Art. 10 DBA-USA, Rz 66.

bbb) Steuer (Steuersatz angenommen 50%)	-	32,50
ccc) Anrechnungsguthaben ausländische Quellensteuer[529]	+	9,75
ddd) Steuerlast:		22,75
eee) Netto-Ertrag (55,25-22,75):		32,50
bb) neues Recht (Steuersenkungsgesetz)[530]		
aaa) ESt BMG (100-35)		65,-
bbb) § 3 Nr. 40 EStG BMG = 50 %		32,50
ccc) Steuer (Steuersatz angenommen 50 %)	-	16,25
ddd) Anrechnungsguthaben ausl. Steuern	+	9,75
eee) Steuerlast		6,50
fff) Netto-Ertrag		48,75

3.2. Die Voraussetzungen des Abkommenszugangs bei Dividenden- und Zinseinnahmen im einzelnen

3.2.1. Rechtsperson und steuerliche Subjekteigenschaft

3.2.1.1. Allgemeines

3.2.1.1.1. Der Begriff der Rechtsperson und der Gesellschaft nach den Abkommen

Art. 10 Abs. 1 OECD - MA fordert zunächst, dass der Dividendenempfänger eine "Person" ist. Ein Investmentfonds kann die Quellensteuerreduktion daher nur dann verlangen, wenn er als Person vom Quellenstaat anerkannt wird. Die Doppelbesteuerungsabkommen enthalten völkerrechtliche Regeln, auf die sich der einzelne Bürger unmittelbar berufen kann. Sie sind self-executing.[531] Auf eine ihm günstige Vorschrift kann sich aber nur berufen, wer überhaupt in der Lage ist, Träger von Rechten und Pflichten zu sein. Die Trägerschaft von Rechten und Pflichten entscheidet das nationale Steuerrecht in Deutschland grundsätzlich autonom vom Zi-

---

[528] Bemessungsgrundlage ist die Ausschüttung bei Berücksichtigung der in den U.S.A. abgezogenen Körperschaftssteuer, aber ohne Berücksichtigung der dort einbehaltenen Quellensteuer, siehe Rädler, in FS Heidinger, Seite 64.

[529] § 40 Abs. 4 KAGG.

[530] Beachte: das Steuersenkungsgesetz führt das Halbeinkünfteverfahren nun auch für den ausländischen Dividendenanteil ein, § 40 Abs. 2 KAGG in der Fassung durch das Steuersenkungsgesetz, Art. 10 (KAGG), Nr. 8, Seite 62.

[531] Schaumburg, Internationales Steuerrecht, § 16.160, Seite 846.

vilrecht, wenngleich es in weiten Teilen an dieses anknüpft.[532] Das Abkommensrecht schafft als selbstständiger Rechtskreis einen eigenen Anknüpfungspunkt.[533] Dieser Anknüpfungspunkt materialisiert sich in dem Begriff der Person, der eine Brücke zwischen den Abkommensvorteilen einerseits und denjenigen schafft, die sich auf diese berufen möchten.

Er erfüllt damit eine Zuordnungsfunktion, die immer dann von besonderer Bedeutung ist, wenn es zweifelhaft erscheint, wem von mehreren in Betracht kommenden die Abkommensvorteile zuzuordnen sind. Besonders klar wird dies anhand der Personengesellschaften, deren Personeneigenschaft Gegenstand von erheblichem Streit war und ist.[534] Personengesellschaften werden in einigen Steuerrechtsordnungen als transparente Gebilde in dem Sinne verstanden, dass ihnen keine Personeneigenschaft zukommt und ihre Einkünfte den Gesellschaftern zugerechnet werden.[535] Andere Rechtsordnungen sehen sie hingegen als steuerrechtsfähig an und rechnen die Einnahmen der Personengesellschaft selbst zu.[536] Diese unterschiedliche Beurteilung im nationalen Steuerrecht führt auf Ebene des Abkommensrechts zu erheblichen Schwierigkeiten. Es kommt zu einem Qualifikationskonflikt,[537] der durch Zurückweichen der Auffassung eines Staates für die abkommensrechtliche Beurteilung gelöst werden muss.[538]

Ein Qualifikationskonflikt entscheidet sich nicht alleine an dem Personenbegriff. Beachtet werden muss, dass ein Gebilde, das nicht ansässig ist, keinen Abkommenszugang erhält. Die Ansässigkeit ist alleine nach dem Recht des Sitzstaates zu entscheiden und setzt dort Steuersubjektfähigkeit voraus (s.u. 3.2.2.2.). Ist ein Gebilde dort kein Steuersubjekt, dann bleibt ihm, unabhängig von der Qualifizierung des Anwendestaates, der Abkommenszugang verwehrt. Ist das Gebilde nach seinem Heimatrecht Steuersubjekt, dann hängt der Abkommenszugang nun vom Anwendestaat ab. Lässt dieser zu, dass auch Personenvereinigungen Personen sind oder gesteht er in dem Abkommen oder in seinem nationalen Recht die Steuersubjektfähigkeit dem Gebilde zu, dann ist der Abkommenszugang, abgesehen von weiteren Beschränkungen, grundsätzlich eröffnet. Der Abkommenszugang hängt damit von der Zustimmung beider Vertragsparteien ab. Die Zustimmung des Sitzstaates manifestiert sich bei dem Begriff der Ansässigkeit, die des Anwendestaates im Rahmen der Personeneigenschaft. Diese Lösung des Qualifikationskonfliktes entspricht dem Konsensprinzip des Völkervertragsrechts.

---

[532] Hey, in: Herrmann / Heuer / Raupach, KStG, Einführung KStG, Rn 141.

[533] Wassermeyer, in: Debatin / Wassermeyer, DBA, Art. 3 OECD - MA, Rn 11.

[534] Vgl. zum Überblick Schaumburg, Internationales Steuerrecht, § 16.168, Seiten 850 ff.

[535] Vgl. Hock, RIW 1995, 135, Schaumburg, Internationales Steuerrecht, § 16.168, Seite 850.

[536] Vgl. Hock, RIW 1995, 135, Schaumburg, Internationales Steuerrecht, § 16.168, Seite 850.

[537] Zu diesem Begriff vgl. Vogel, DBA, Einl., Rz 90.

[538] Zu den Wegen der Lösung von Qualifikationskonflikten im Allgemeinen siehe Vogel, DBA, Einl., Rz 96, bezogen auf Personengesellschaften siehe Schaumburg, Internationales Steuerrecht, § 16.171 ff. ,Seiten 851 ff.

Nun sind Investmentfonds nur in wenigen Ausnahmefällen als Personengesellschaften organisiert. Da jedoch viele Investmentfonds transparent sind, oder wie deutsche KAGG - Sondervermögen und U.S.-amerikanische regulated investment companies, mehr oder weniger den Transparenzgrundsatz verwirklichen, stellt sich die Frage der Personeneigenschaft auch bei ihnen.[539]

Der Begriff "Person" ist in Art. 3 Abs. 1 lit. a OECD - MA abkommensrechtlich definiert. Demnach fallen natürliche Personen, Gesellschaften und Personenvereinigungen unter den Begriff "Person". Gesellschaft ist nach Art. 3 Abs. 1 lit. b OECD - MA eine juristische Person oder ein anderer Rechtsträger, der wie eine juristische Person zu besteuern ist (quasi - juristische Person). Was eine andere Personenvereinigung ist, klärt das OECD - MA hingegen nicht. Da aber bereits alle juristische Personen unter den Begriff der Gesellschaft fallen, kommen im Gegenschluss nur solche Gebilde in Betracht, die nicht wie eine juristische Person besteuert werden.[540] Sie müssen aber dennoch aus Sicht des Abkommensrechts Träger steuerlicher Rechte und Pflichten sein können. [541]

Einige deutsche Abkommen nehmen Personenvereinigungen von dem Personenbegriff aus (so z.B. das DBA-Schweiz).[542] Dann fallen nur natürliche Personen und Gesellschaften unter den Personenbegriff. Ein Investmentfonds muss sich dann als Gesellschaft qualifizieren, um eine Person im Abkommensrecht zu sein. Dazu muss er als juristische Person oder zumindest als gleichgestellte Einheit besteuert werden. Ob dies der Fall ist, kann in den Vertragsstaaten unterschiedlich beurteilt werden. Es kommt zu dem oben beschriebenen Qualifikationskonflikt.

Bezieht das betreffende Abkommen hingegen Personenvereinigungen in den Personenbegriff ein (so z.B. DBA-USA, DBA-GB), dann kommt es zu keinem Qualifikationskonflikt. Investmentfonds sind Personenvereinigungen, da ihnen steuerliche Rechte und Pflichten auferlegt werden, vgl. § 38 ff. KAGG. Der Abkommenszugang der Investmentfonds scheitert dann zumindest nicht an der Personeneigenschaft.

---

539 Debatin / Walter, DBA - USA, Art 3, Rz. 43, Vogel / Shannon / Doernberg , DBA, Art. 3, Seite 88.

540 Wassermeyer, in: Debatin / Wassermeyer, DBA, Art. 3 OECD - MA, Rz 14.

541 Wassermeyer, in: Debatin / Wassermeyer, DBA, Art. 3 OECD - MA, Rz 14.

542 Vgl. den Überblick bei Vogel, DBA, Art. 3, Rz 18.

Wieder einen anderen Weg geht Art. 2 Abs. 1 Nr. 3 lit. b DBA - Frankreich. Demnach sind Personenvereinigungen und Vermögensmassen Personen, so weit sie wie eine juristische Person der Steuer unterliegen. Maßgeblich ist dabei das Recht des Sitzstaates.[543] Ein Qualifikationskonflikt wird auf diese Weise verhindert. Ein Sondervermögen ist dann eine Person, da es in Deutschland Körperschaftsteuersubjekt ist.

3.2.1.1.2. Der Begriff "Gesellschaft"

Lässt ein Abkommen nur Gesellschaften als Personen zu, dann hängt die Abkommensberechtigung des Investmentfonds davon ab, ob er als "Gesellschaft" in dem Quellenstaat anerkannt wird.

Gesellschaften im Sinne des Abkommensrechts sind juristische Personen und quasi - juristische Personen. Der Begriff "juristische Person" bedarf von seinem Bedeutungsgehalt her eigentlich keiner weiteren Klärung. Das nationale Steuerrecht der Abkommens-parteien wird unter dem Begriff der juristischen Person zumeist dasselbe verstehen, so dass "Definitionskonflikte" die Ausnahme sein dürften. Das nationale Steuerrecht wird uns auch schnell beantworten können, welche Unternehmen es wie eine juristische Person besteuert. Zu einem Konflikt kann es aber dennoch kommen, da ein Investmentfonds in einem Vertragsstaat als juristische Person oder als quasi - juristische Person besteuert wird, in dem anderen Staat aber nicht.

(a) Es stellt sich damit die Frage, welches Recht sich für die abkommensrechtliche Beurteilung der Personeneigenschaft durchsetzt, maW. es besteht ein Qualifikationskonflikt der oben benannten Art.

Für die Lösung dieses Qualifikationskonfliktes bietet sich an, entweder auf die Regelung des Art. 3 Abs. 2 OECD - MA zurückzugreifen und damit der lex fori in gewissen Rahmen Geltung zu verschaffen oder aber die Qualifikation des Gründungsstaates oder die des Sitzstaates als die maßgebliche anzusehen.

(aa) Für eine Lösung anhand des Rechtes des Gründungsstaates spricht die Praktikabilität. Es ist einfacher, einen ausländischen Investmentfonds nach seinem eigenen Recht zu beurteilen und festzustellen, ob dieser aus der Sicht dieses Rechts eine juristische Person ist, als einen fremden Fonds nach dem Recht des Anwendungsstaates einzuordnen. Dennoch ist eine hinreichende Verbindung des Fonds zu dem Gründungsstaat, die ein Abstellen auf das Recht des Gründungsstaates rechtfertigt, nicht garantiert. Er kann seinen Sitz wechseln und damit keine Verbindung zu dem Gründungsstaat mehr aufweisen. Missbräuchliche Konstruktionen könnten das Abstellen auf das Gründungsstatut ausnutzen.

---

543 Wingert / Krause, DBA, Art. 2 DBA - Frankreich, Seite 148, Kramer, in: Debatin / Wassermeyer, Art. 1 DBA - Frankreich, Rz 14.

Der Musterkommentar folgt der Gründungstheorie in Art. 3 Ziffer 2, zumindest wenn es sich um die den juristischen Personen gleichgestellten Gebilde handelt. Dem Musterkommentar kommt eine erhebliche Bedeutung bei der Auslegung der Verträge zu. Wie groß diese Bedeutung ist, ist allerdings umstritten, v.a. muss geklärt werden, wie der Rückgriff auf den Musterkommentar mit den Auslegungsregeln des Wiener Übereinkommens über das Recht der Verträge[544] (folgend: WÜRV) zu vereinbaren ist.

Vogel betont, dass der Inhalt des Kommentars den Vertragsparteien bei Abschluss eines Abkommens bekannt war und man daher davon ausgehen kann, dass sie dessen Definitionen in den Vertrag übernehmen wollten. Widrigenfalls können die Vertragsparteien einen Vorbehalt gegen dessen Anwendung protokollieren lassen. Der Musterkommentar bestimme daher die gewöhnliche Bedeutung des Wortlauts des entsprechenden Abkommens und sei damit primäres Auslegungsmittel.[545] Darüber hinaus ergebe sich eine abgeschwächte Verpflichtung, dem Kommentar zu folgen.[546]

Hingegen hat *Mössner* zu Recht darauf hingewiesen, dass der Kommentar nicht Inhalt der parlamentarischen Ratifizierung geworden ist und ihm auch selbst jeglicher völkerrechtlicher Bindungswille fehle.[547] Er sei daher zu den vorbereitenden Arbeiten, den travaux préparatoire, zu zählen. [548] Die vorbereitenden Arbeiten sind allerdings nach Art. 32 WÜRV den ergänzenden Auslegungsmitteln zugewiesen.[549] Diese kommen nur dann zur Anwendung, wenn die Auslegung aus dem Vertrag selbst zu keinem befriedigenden Ergebnis führt. Damit ist die Regelung des Musterkommentars nicht als verbindliche Entscheidung zu Gunsten der Gründungstheorie zu deuten.

Zu beachten ist auch, dass die Kommentarstelle bereits dem Wortlaut nach nur für die den juristischen Personen gleichgestellte Einheiten gilt. Für juristische Personen selbst gilt sie (dem Wortlaut nach) nicht. Dies führt zu dem merkwürdigen Ergebnis, dass eine juristische Person nach Art 3 Abs. 2 OECD-MA unter besonderer Berücksichtigung des Rechts des Quellenstaates zu qualifizieren wäre. Eine der juristischen Person gleichgestellte Einheit wäre hingegen nach dem Recht des Errichtungsstaates zu beurteilen. Damit wäre im Ergebnis das Recht des Errichtungsstaates alleine maßgeblich: Lehnt der Quellenstaat die Anerkennung als juristische Person ab, dann kann diese dessen Steuerbehörden immer entgegenhalten, dass sie im Gründungsstaat wie eine juristische Person besteuert werde und damit als Person anzuerkennen sei. Eine dermaßen weit reichende Konsequenz hätte der Musterkommentar aber deutlich anordnen müssen. Dies hat er nicht getan. Auch ist zu

---

544 Vom 23.5. 1969, BGBl 1985 II, Seite 926.

545 Vogel, DBA, Einl. Rz. 80.

546 Vogel, DBA, Einl. Rz. 80, ihm folgend Sorgenfrei, IStR 1994, Seite 472.

547 Mössner, FS Seidl-Hohenveldern, Seite 412.

548 Mössner, FS Seidl-Hohenveldern, Seite 412.

549 Ipsen, Völkerrecht, 3. Kapitel, Rz 18, Seite 126, Seidl-Hohenveldern, Völkerrecht, Rz 357 und 358, Seite 81.

beachten, dass er an anderer Stelle, Art. 1 Ziffer 3, bezogen auf die Abkommensberechtigung von Personengesellschaften, äußert, dass ein Abstellen auf die Gründungstheorie vertretbar sei. Eindeutig anordnen will er sie dort aber nicht.[550]

(bb) Ebenfalls unabhängig von Art. 3 Abs. 2 OECD - MA könnte dem Recht des Staates, in dem der Investmentfonds seinen Sitz hat, der Vorrang der Bestimmung zukommen.

Dafür spricht v.a. die Überlegung, dass die Ansässigkeit nach der Besteuerung im Sitzstaat zu bestimmen ist und ohnehin nicht abkommensberechtigt sein kann, wer nicht im Sitzstaate ansässig ist. Dieser Ansatz ist sehr verbreitet als Lösung des Qualifikationskonfliktes der Personengesellschaften.[551] Er führt aber zu einer unzulässigen Verknüpfung der Voraussetzungen "Person" und "Ansässigkeit", die als voneinander unabhängige Voraussetzungen des Abkommenszugangs aufgestellt wurden.

(cc) Ob ein Investmentfonds eine Gesellschaft und damit eine Person ist, muss daher entsprechend der Auslegungsregel des Art. 3 Abs. 2 OECD - MA bestimmt werden.

Regelt ein Abkommen einen bestimmten Zweifelsfall nicht, dann ist davon auszugehen, dass die Vertragsparteien die Regelung des Art. 3 Abs. 2 OECD - MA zur Anwendung kommen lassen wollten. Denn diese Regel berücksichtigt mit ihrer Bezugnahme auf das nationale Recht des Anwendungsstaates einerseits und dem Abkommenszusammenhang andererseits sowohl das Interesse der Vertragsschließenden, sich nicht über das ausdrücklich Geregelte hinaus zu binden, als auch das Bestreben, durch eine Bezugnahme auf das nationale Recht das Vertragswerk in seinem Gesamtregelungsgehalt nicht zu gefährden. Damit ist die allgemeine Auslegungsregel des Art. 3 Abs. 2 OECD - MA immer dann heranzuziehen, wenn die Vertragsparteien eine andere Auslegung nicht festgelegt haben, was für den Begriff der juristischen Person der Fall ist.

(b) Innerhalb von Art. 3 Abs. 2 OECD-MA müssen Auslegung nach dem nationalen Recht und abkommensautonome Auslegung berücksichtigt werden. Wie das Verhältnis dieser beiden Rechtskreise zueinander ist und welcher Auslegung der Vorrang gebührt, ist Gegenstand eines erheblichen Theorienstreits zwischen der so genannten landesrechtlichen Theorie[552] und der völkerrechtsfreundlichen Theorie.[553] Dieser Streit soll hier aber nicht näher dargestellt werden. Es wird vielmehr

---

[550] A.A. Höhn, Internationales Steuerrecht, Seite 126.

[551] Vgl. zur Übersicht: Schaumburg, Internationales Steuerrecht, § 16.171 ff., Seite 851 ff.

[552] Sie wird vertreten von: van Raad, Interpretatie van Belastingsverdragen, MBB 1978, Seite 49 (52), zitiert nach Klebau, RIW 1985, Seite 126 (Fußnote 12), Avery Jones, BTR 1984, Seite 14 ff., U.S. Court of Appeals in Samann v. Commissioner, 313 Federal Reporter Second, Seite 461 (463).

[553] Sie wird vertreten von (teilweise) BFH in BStBl. II 1971, Seite 379 und BStBl. II 1975, Seite 584 sowie BStBl. II 1982, Seite 566, Debatin, AWD 1969, Seite 477 (480), Kluge, AWD 1975, Seite 90 ff., Langbein, RIW 1984, Seite 531 ff.

der vermittelnden Auffassung gefolgt, die sich mit dem Wortlaut der Vorschrift am besten vereinbaren lässt.[554]

Demnach ist in einem ersten Schritt zu überprüfen, ob das nationale Recht beider Vertragsstaaten nicht zu einer übereinstimmenden Beurteilung kommt. Ist dies der Fall, dann erübrigt sich eine abkommensautonome Auslegung. Sollte es hingegen zu Widersprüchen kommen oder sollte das nationale Recht keine eindeutige Begriffsklärung bieten, dann muss die abkommensautonome Auslegung herangezogen werden.

(c) Im Rahmen der abkommensautonomen Auslegung muss untersucht werden, ob in das Abkommen irgendwelche Anzeichen Eingang gefunden haben, die zu einer Lösung des Konfliktes führen können. Eine solche Lösung muss nicht immer ausdrücklich angeordnet sein, wie z.B. in einer Verständigungsvereinbarung. Möglich ist auch, dass sie sich aus der Auslegung ergibt. Dabei ist zunächst auf das Abkommen selbst zurückzugreifen und eine Interpretation nach den in Art 31 WÜRV genannten Grundsätzen (Auslegung nach dem Wortlaut, systematische und teleologische Auslegung) vorzunehmen. Ergibt der Zusammenhang des Abkommens eine Lösung, dann sind die Vertragsparteien daran gebunden.

Im Rahmen der abkommensautonomen Auslegung ist der Musterkommentar als vorbereitende Arbeit zu berücksichtigen. Auf die vorbereitenden Arbeiten ist nach Art. 32 WÜRV als ergänzende Auslegungsmittel nur zurückzugreifen, wenn eine Auslegung nach Art 31 WÜRV erfolglos bleibt. Damit kommt ihnen ein geringeres Gewicht zu als den in Art. 31 WÜRV genannten Auslegungsmitteln.

Denkbar ist auch, dass die abkommensautonome Auslegung zu keinem oder nur zu einem widersprüchlichen Ergebnis kommt. Haben die Vertragsparteien einen Konflikt übersehen oder an eine besondere Fallkonstellation nicht gedacht, dann wird man aus dem Abkommen auch keine Antwort erwarten dürfen. In diesem Fall liegt eine Einigung der Vertragsparteien über diese Fallkonstellation nicht vor. Es wäre falsch, eine Lösung in dem Abkommen zu suchen. Der Zusammenhang des Abkommens fordert dann keine bestimmte Lösung. Es kann dann nur nach dem Recht des Anwendestaates entschieden werden.

Bei Zugrundelegung dieser Auslegung des Art. 3 Abs. 2 OECD-MA werden Abkommensrecht und das Interesse der Vertragsparteien, sich nicht über das in dem Abkommen Festgelegte hinaus zu binden, anerkannt. Dieses Interesse ist freilich dann nicht mehr schützenswert, wenn das Abkommen an einer anderen Stelle von einer Auffassung ausgeht, die zu der einen oder anderen Lösung des Konfliktfalles führt. Dann hat nämlich diese Partei mit Ratifizierung des Abkommens gezeigt, dass sie diese Auffassung teilt und daran wird sie gebunden. Man sollte an dieser Stelle erwähnen, dass dies ein Ausnahmefall bleiben wird und dass diese Vorgehensweise ein hohes Maß an Sorgfalt erfordert. Sie spielt aber bei der Beurteilung der Personeneigenschaft der Sondervermögen in einigen deutschen Abkommen

---

[554] Vogel, DBA, Art. 3, Rz 74, Seite 141.

eine gewisse Rolle, da diese nur selten die Personeneigenschaft der Sondervermögen ausdrücklich regeln, aber bestimmen, dass die Ausschüttungen aus einem Sondervermögen als Dividenden zu qualifizieren sind. Daraus kann man eventuell Schlüsse für die Anerkennung der Personeneigenschaft der Sondervermögen ziehen.

(d) Es ergibt sich die folgende Reihenfolge für die Klärung der Personeneigenschaft nach Art. 3 Abs. 2 OECD-MA:

ausdrückliche Regelung in dem einschlägigen Doppelbesteuerungsabkommen,

Auslegung nach der lex fori (Quellenstaat),

Vergleich mit der Regelung des anderen Vertragsstaates (Ansässigkeitsstaat),

kommt es zu einer Übereinstimmung, dann steht das Ergebnis fest,

wenn nicht, dann Auslegung nach dem Zusammenhang des Doppelbesteuerungsabkommens,

falls sich hieraus eine eindeutige Lösung ergibt, dann ist diese maßgebend,

falls nicht, dann ist die Auslegung nach der lex fori (Quellenstaat) maßgebend.

3.2.1.1.3. Zusammenfassung: Investmentfonds als Personenvereinigungen und Gesellschaften

Investmentfonds sind Personen im Abkommensrecht, wenn das anwendbare Abkommen Personenvereinigungen anerkennt oder diese als Gesellschaften anzusehen sind. Dazu müssen sie eine juristische oder quasi juristische Person sein. Zu einem Qualifikationskonflikt kann es dann kommen, wenn ein Vertragsstaat einen Investmentfonds nicht als Gesellschaft anerkennt, der andere jedoch schon. Zumeist wird es der Quellenstaat sein, der einen ausländischen Investmentfonds nicht als Gesellschaft anerkennt, während der Sitzstaat diesen als solche ansieht. Dieser Qualifikationskonflikt muss anhand von Art. 3 Abs. 2 OECD-MA unter Berücksichtigung der so genannten vermittelnden Auslegung gelöst werden.

3.2.1.2. Die Personeneigenschaft der einzelnen Investmentfonds

Im folgenden soll die Personeneigenschaft der deutschen Sondervermögen und der U.S.-amerikanischen Investmentfonds untersucht werden. Aus dem zuvor gesagten ergibt sich die Untersuchungsweise. Entscheidend ist zunächst das einschlägige Abkommen. Festgestellt werden muss, ob es Personenvereinigungen zulässt oder nur Gesellschaften.

Die Personeneigenschaft deutscher Investmentfonds wird dabei v.a. aus Sicht der U.S.A., aber auch der Sicht der Schweiz, Frankreichs und Großbritanniens als Quellenland beurteilt. Daneben wird die Sichtweise des Ansässigkeitsstaates Deutschland dargestellt. Ihr kommt Bedeutung zu, um festzustellen, ob ein Qualifikationskonflikt vorliegt. Sollte dies der Fall sein, dann muss die abkommensautonome Auslegung den Ausschlag geben.

Die Personeneigenschaft der verschiedenen U.S.-amerikanischen Investmentfonds wird aus der Sicht Deutschlands als Quellenland aber auch Sicht der U.S.A. als Sitzstaat beurteilt.

3.2.1.2.1. Die Personeneigenschaft deutscher Investmentfonds

Betrachtet wird nun die Personeneigenschaft deutscher KAGG-Sondervermögen. Zu Grunde liegt der Fall, dass ein deutscher Investmentfonds ausländische Aktien in seinem Portefeuille hält und nun Dividendeneinnahmen aus dieser Beteiligung erhält.

3.2.1.2.1.1. Personeneigenschaft aus der Sicht der Ansässigkeitsstaates Deutschland

Nach deutscher Vorstellung sind die Sondervermögen des KAGG Zweckvermögen und als solche Körperschaftssteuersubjekte im Sinne von § 1 Abs. 1 Nr. 5, § 3 Abs. 1 KStG. Im Abkommensrecht sind sie daher nach deutscher Vorstellung quasi - juristische Personen und damit Gesellschaften und Personen im Sinne des Abkommensrechts.[555] Erwähnt sei an dieser Stelle, dass diese Rechtsfolge nur auf Grund besonderer gesetzlicher Anordnung besteht. Ohne diese wäre das Sondervermögen kein Körperschaftssteuersubjekt und damit auch keine quasi - juristische Person. Es kann daher nicht erwartet werden, dass Quellenländer diese Ansicht ohne weiteres teilen.

3.2.1.2.1.2. Die U.S.A. als Quellenland

3.2.1.2.1.2.1. Das DBA-USA

Art. 3 Abs. 1 lit. d DBA-USA bestimmt, dass Personen "unter anderem" natürliche Personen und Gesellschaften sind. Gemäß dem Wortlaut ist die Personeneigenschaft damit nicht auf natürliche Personen und Gesellschaften beschränkt. Im Gegensatz zu dem OECD - MA nennt das Abkommen aber nicht "andere Personenvereinigungen" als Personen. Dennoch wird angenommen, dass diese offene Formulierung die in dem DBA - USA 1981 enthaltene Bestimmung, dass auch "any body of persons" Personen sein sollen, wiedergibt[556] und damit vor allem die in Art. 4 Abs. 1 lit. b DBA - USA 1989 erwähnten trusts, Nachlässe und Personengesellschaften unter den Personenbegriff fallen.[557]

---

[555] Sorgenfrei, IStR 1995, 472, Täske, FS Flick, 598.

[556] Debatin / Walter, DBA-USA, Art. 3, Rz 20.

[557] Arthur Andersen, DBA - USA, Art. 3, Rz 10, Wolff, in: Debatin / Wassermeyer, DBA, Art 3 DBA - USA, Rz 13 und 16.

Zunächst soll dennoch überprüft werden, ob die Sondervermögen nicht bereits als Gesellschaften gelten und damit die Personeneigenschaft erlangen.

3.2.1.2.1.2.2. Beurteilung der Sondervermögen nach U.S.-amerikanischem Recht

In den U.S.A. werden ausländische Gesellschaften für Zwecke der nationalen Besteuerung und die Frage der Personeneigenschaft im Abkommensrecht nach den Klassifizierungsregeln beurteilt.[558] Diese gelten nämlich nach 26 CFR, Section 301.7701-3 (b) (2) nicht nur für inländische, sondern mit Modifizierungen auch für ausländische Gesellschaften.[559]

Während die "alten" Klassifizierungsregeln dem in Deutschland und der Schweiz üblichen Typenvergleich sehr ähnlich waren und ausländische Gesellschaften auf die typischen Merkmale einer corporation[560] überprüften, überlassen die neuen "check-the-box" Regeln allen ausländischen Gesellschaften, die nicht in einer abschließenden Liste[561] aufgeführt werden, die Wahl, ob sie als Personengesellschaft oder als Körperschaft behandelt werden wollen.[562] Damit ist eine wesentliche Vereinfachung für die Steuerverwaltung eingetreten, die die Schwierigkeiten des Typenvergleichs umgeht.

3.2.1.2.1.2.2.1. Ist das Sondervermögen eine business - entity im Sinne der Klassifizierungsregeln ?

Im Rahmen der U.S.-amerikanischen Klassifizierungsregeln ist erster Prüfungspunkt, ob das Sondervermögen ein Wirtschaftsunternehmen ist ("business entity"). Im deutschen Recht entspricht dies ungefähr der Frage nach dem Unterhalten eines wirtschaftlichen Geschäftsbetriebs[563] oder eines Gewerbebetriebs.[564] Abgegrenzt werden sollen profitorientierte Wirtschaftsunternehmen einerseits und private Vermögensverwaltung andererseits. Diese Unterscheidung ist v.a. für die Einordnung von trusts von Bedeutung,[565] während bei Körperschaften und Personengesellschaften vermutet werden kann, dass sie Gewinne erzielen wollen.

---

[558] Wolff, in: Debatin / Wassermeyer, DBA, Art. 3 DBA - USA, Rz 25, Debatin / Walter, DBA - USA, Art. 3, Rz. 25, der noch von den "alten" Klassifizierungsregeln ausgeht.

[559] Vgl. Mc Daniel / Ault, U.S. International Taxation, Seite 68. Eine Gesellschaft ist dann ausländisch, wenn sie nicht in den U.S.A. gegründet wurde oder dem Recht der U.S.A. unterliegt, 26 CFR Section 301.7701-1 lit. d.

[560] Gewinnerzielungsabsicht, Fortführung der Gesellschaft nach dem Tod, zentralisiertes Management, beschränkte Haftung, freie Übertragbarkeit der Anteile, vgl. Mc Daniel / Ault, US International Taxation, Seite 5, Fußnote 1.

[561] 26 CFR, Section 7701-2 (b).

[562] Siehe aber: Blanco / Doernberg, TNI 1996, Seite 615.

[563] Siehe dazu Tipke / Lang, AO, § 14, Rz 3.

[564] Vgl. dazu Weber-Grellet, in: Schmidt, EStG, § 15, Rz 25.

[565] Vgl. 26 CFR Section 301.7701-4.

Das Sondervermögen ist weder Personengesellschaft noch Körperschaft. Es gleicht in vielerlei Hinsicht einem trust. Bereits *Roth* hat auf die Vergleichbarkeit von Treuhandlösung des KAGG und trust hingewiesen.[566] Trust- und Vertragslösung des Rechts der Investmentfonds werden häufig als Unterkategorien einer einzigen, den inkorporierten Investmentfonds gegenüberstehenden Lösung aufgefasst.[567] Die für trusts entwickelten Abgrenzungskriterien erstrecken sich auch auf andere, vergleichbare Gebilde.[568] Man kann sie daher auch für die Beurteilung der Sondervermögen heranziehen. Investmenttrusts sind dann Wirtschaftsunternehmen, wenn die Zusammensetzung des Portefeuilles geändert werden kann (s.o. 2.3.4.3.3.2.2). Legt man diesen Maßstab zu Grunde, dann ist das KAGG - Sondervermögen aus U.S.-amerikanischer Sicht ein Wirtschaftsunternehmen, denn die Entscheidung über die Zusammensetzung des Portefeuilles obliegt dem Fondsmanagement. Dieses erwirbt und veräußert fortlaufend Wertpapiere des Sondervermögens.

3.2.1.2.1.2.2.2. Ist das Sondervermögen zwingend als Körperschaft zu besteuern?

3.2.1.2.1.2.2.2.1. Das Sondervermögen als per - se - corporation nach den Klassifizierungsregeln

Es ist festzustellen, ob das Sondervermögen eine per - se - corporation ist, also zwingend und ohne weitere Klassifizierung als Körperschaft zu besteuern ist.

Ausländische Unternehmen, die als per - se - corporation gelten, sind in einer abschließenden Liste aufgeführt, 26 CFR Section 7701-2 lit. b.[569] Die einzige deutsche Unternehmensform, die in dieser Liste erwähnt wird, ist die Aktiengesellschaft. Andere deutsche Körperschaftsteuersubjekte wie eine GmbH oder KAGG - Sondervermögen fehlen hingegen. Damit wäre ein deutsches Sondervermögen nach dem Recht der U.S.A. nicht zwingend als Körperschaft zu besteuern. Das Sondervermögen hätte damit ein Wahlrecht nach 26 CFR Section 301.7701-3 lit. b (2). Es könnte als corporation oder als partnership behandelt werden. Entscheidet es sich dafür, als corporation behandelt zu werden, dann ist es selber Steuersubjekt, Gesellschaft und Person. Entscheidet es sich hingegen, als partnership behandelt zu werden, dann ist es keine Person und kann die Abkommensvorteile nicht in eigenem Namen in Anspruch nehmen.

Wird dieses Wahlrecht nicht ausgeübt, dann greift die so genannte "Default Classification" ein, 26 CFR Section 301.7701-3 lit. b (2). Über Unternehmen, die ihr Wahlrecht nicht ausüben, wird nach festen Regeln entschieden, ob diese als Personengesellschaft oder als Körperschaft zu besteuern sind. Im Gegensatz zu den "alten" Klassifizierungsregeln ist hierbei einziger Anknüpfungspunkt die Frage, ob

---

566 Roth, Treuhandmodell, Seite 111.

567 Baur, Investmentgesetze, Einl I, Rz 70, Seite 37.

568 26 CFR Section 301.7701-4, Mc Daniel / Ault, US International Taxation, Seite 77.

569 Wolff, in: Debatin / Wassermeyer, DBA, Art. 1 DBA - USA, Rz 26.

mindestens einer der Gesellschafter lediglich beschränkt haftet. Ist dies der Fall, dann ist die Gesellschaft als corporation zu behandeln. Insofern gilt für ein ausländische Unternehmen ein gewisser Automatismus, der im Zweifel und im Gegensatz zu inländischen Unternehmen zu einer Einordnung als corporation führt.[570]

Beschränkte Haftung ist dann anzunehmen, wenn der Gesellschafter auf Grund seiner Gesellschafterstellung nicht persönlich für die Schulden oder Forderungen des Unternehmens in Anspruch genommen werden kann. Dies entscheidet sich nicht nach U.S.-amerikanischem, sondern nach dem Recht des Gründungsstaates und dem Gesellschaftsvertrag, 26 CFR Section 301.7701-3 lit. b (2) (ii). Insofern wird, berücksichtigt man die "Verweisung"[571] des Art. 3 Abs. 2 DBA - USA, nun auf deutsches Recht "weiterverwiesen".

Die Haftungsverhältnisse des Sondervermögens sind nun nach deutschem Recht zu beurteilen. Dabei ist zunächst festzustellen, dass das Sondervermögen im Falle der weit verbreiteten Miteigentümerlösung im Miteigentum der Anleger steht. Diese bilden eine Bruchteilsgemeinschaft nach §§ 741 ff. BGB.[572] Die Anleger einer Bruchteilsgemeinschaft haften persönlich, sei es anteilig oder gesamtschuldnerisch.[573] Das KAGG sieht jedoch für Sondervermögen Sonderregelungen vor,[574] die als leges speciales den allgemeinen Regelungen der Bruchteilsgemeinschaft vorgehen. Demnach haftet der Anteilseigner nicht persönlich mit seinem Privatvermögen, sondern nur mit den investierten Beträgen. Schließt die Kapitalanlagegesellschaft für das Sondervermögen ein Rechtsgeschäft ab, dann kann sie aus diesem nur selbst in Anspruch genommen werden, § 10 Abs. 2 KAGG. Ein Durchgriff auf das Sondervermögen oder die Anteilseigner ist nicht möglich. Für ihre Aufwendungen hat sie nun aber einen Vergütungsanspruch. Schuldner ist aber nur das Sondervermögen. Die persönliche Haftung der Anteilseigner ist hingegen ausgeschlossen, § 10 Abs. 3 KAGG.

Somit ist das Sondervermögen im Rahmen der Default Classification als corporation und damit als juristischen Person zu behandeln.

3.2.1.2.1.2.2.2.2. Anwendbarkeit der publicly traded partnership Vorschriften der Section 7704 Internal Revenue Code auf das Sondervermögen?

Ein Wahlrechts besteht nicht, wenn man die Bestimmungen über publicly traded partnerships der Section 7704 Internal Revenue Code auf das Sondervermögen anzuwenden hat. Greifen diese Vorschriften ein, dann ist das Sondervermögen zwin-

---

570 Ziegenhain, RIW 1995, Seite 671 ff. (674), siehe auch Small, IStR 1996, Seite 280 ff.

571 "Verweisung" mag hier im untechnischen Sinne verstanden werden, da Art. 3 Abs. 2 OECD - MA im strengen Sinne nicht auf das nationales Recht verweist, sondern Abkommensrecht auslegt, s.o.

572 Langhein, in: Staudinger, BGB, § 741, Rz. 196, Schäcker, Investmentsparen, Seite 130.

573 Sprau, in: Palandt, BGB, § 741, Rz. 10.

574 Ebner-von Eschenbach, Die Rechte des Anteileigners nach dem KAGG, Seite 67.

gend als Körperschaft zu behandeln. Dies ist an drei Voraussetzungen gebunden: Zunächst ist das Sondervermögen keine Personengesellschaft und es stellt sich die Frage, ob diese Regeln überhaupt auf eine Vermögensmasse wie das Sondervermögen anzuwenden sind. Dann ist zu klären, ob diese Regeln auch auf ausländische Gebilde Anwendung finden. Schließlich müssen die Voraussetzungen der Section 7704 Internal Revenue Code vorliegen.

Die erste Frage lässt sich bejahen. Die publicly traded partnership Vorschriften erstrecken sich nicht nur auf Personengesellschaften, sondern auch auf business trusts [575] und damit andere Unternehmen, die nicht als Körperschaft organisiert sind. Die Ähnlichkeit von business trust und Sondervermögen bei der Anwendung der Klassifizierungsregeln ist bereits nachgewiesen worden (s.o. 3.2.1.2.1.2.2.1).

Des Weiteren geht aus den Regulations hervor, dass die publicly traded partnership Vorschriften auch auf ausländische Personen anwendbar sind, 26 CFR 1. 7704-1 (a) (1) ("A domestic or foreign partnership"). Es lässt sich daher schließen, dass diese Regeln auch auf ausländische Gebilde, die keine Personengesellschaften sind, anwendbar sind. Sind nun auch die Voraussetzungen erfüllt, dann wäre das Sondervermögen zwingend als Körperschaft zu besteuern. Es verliert dann sein Wahlrecht.

Die Voraussetzungen des publicly traded partnership sind, dass die Anteile an einer Börse oder auf andere Weise öffentlich gehandelt werden. Die Regulations bestimmen, dass ein öffentlicher Handel dann vorliegt, wenn die Anteilseigner in der Lage sind, ihre Anteile in einer Art zu kaufen, zu verkaufen oder auszutauschen, die wirtschaftlich dem Handel an einer Börse gleichsteht.[576] Davon wiederum ist auszugehen, wenn der Anteilseigner regelmäßig und ständig durch ein öffentliches Medium sich seiner Anteile entledigen kann[577], wobei die Rücknahme durch die Gesellschaft ausdrücklich zugelassen ist.[578] Da die Kapitalanlagegesellschaft die Anteile jederzeit zurücknehmen muss, sind diese Voraussetzungen erfüllt.

Aus Sicht des U.S.-amerikanischen Rechts ist das Sondervermögen daher als Steuersubjekt und damit als Gesellschaft und als Person des Abkommensrechts zu beurteilen. Gesteht man dem Sondervermögen entgegen der hier vertretenen Auffassung ein Wahlrecht zu, dann wird es für die Behandlung als Körperschaft optieren, da die KAG ansonsten die Abkommensberechtigung der Anleger nachweisen müsste.

---

[575] Newberg, Taxation of Mutual Investment Funds, Seite 105, Fußnote 23.

[576] 26 CFR 1.7704-1 (c) (1).

[577] 26 CFR 1.7704-1 (c) (2) (iii).

[578] 26 CFR 1.7704-1 (d) (2) (i).

3.2.1.2.1.2.3. Ergebnis: Personeneigenschaft deutscher Investmentfonds nach dem DBA-USA

Deutsche KAGG - Sondervermögen werden übereinstimmend in den U.S.A. als Quellenland und in Deutschland als Sitzstaat als Gesellschaften und damit als Personen anerkannt. Ein Qualifikationskonflikt besteht daher nicht. Eine abkommensautonome Auslegung erübrigt sich. KAGG - Sondervermögen sind somit Personen im DBA-USA.

3.2.1.2.1.3. Die Schweiz als Quellenland

Bezieht ein deutscher Investmentfonds Dividendeneinnahmen einer Schweizerischen Gesellschaft, dann ergibt sich folgendes:

3.2.1.2.1.3.1. Das DBA-Schweiz

Art. 3 Abs. 1 lit. d DBA-Schweiz erkennt nur Gesellschaften und natürliche Personen als "Personen" im Sinne des Abkommensrechtes an. Personenvereinigungen sind dagegen ausgeschlossen. Entscheidend ist damit, ob deutsche Sondervermögen nach dem DBA-Schweiz als Gesellschaften anzuerkennen sind.

3.2.1.2.1.3.2. Die Schweizerische Sichtweise, Schweiz als Quellenland

In der Schweiz werden ausländische Gesellschaften im Rahmen eines Typenvergleichs nach ihrer Vergleichbarkeit mit inländischen Unternehmen als Steuersubjekte oder als transparente Gebilde eingeordnet. Sowohl das Bundesgesetz über die direkte Bundessteuer (DBG) als auch das Bundesgesetz über die Harmonisierung der direkten Steuern der Kantone und Gemeinden (StHG) ordnet die Durchführung eines Typenvergleichs ausdrücklich an, Art. 49 Abs. 3 DBG und Art. 20 Abs. 2 StHG.[579] Nach diesen Vorschriften, die auch für Personenmehrheiten ohne Rechtspersönlichkeit gelten, vgl. Art. 49 Abs. 3 DBG, Art. 20 Abs. 2 StHG, sind ausländische Gebilde so zu behandeln, wie inländische juristische Personen, "denen sie rechtlich oder tatsächlich am ähnlichsten sind."

Aus schweizerischer Sichtweise ist daher zu fragen, ob das Sondervermögen denen in Art. 49 Abs. 1 DBG genannten juristischen Personen entspricht. Genannt werden dort die Aktiengesellschaften, Gesellschaften mit begrenzter Haftung, Genossenschaften, Vereine, Stiftungen und die "übrigen juristischen Personen".

Sondervermögen könnten mit den "übrigen juristischen Personen" vergleichbar sein. Nach Art. 49 Abs. 3 DBG ist die zivilrechtliche Rechtspersönlichkeit keine Voraussetzung für die Anerkennung als juristische Person. Auch nicht rechtsfähige Personenvereinigungen können den inländischen juristischen Personen gleichge-

---

[579] Siehe dazu: Höhn, Internationales Steuerrecht, Seite 126, Hardt, in: Debatin / Wassermeyer, DBA, Art. 3 DBA-Schweiz, Rz 51, Flick / Wassermeyer / Wingert / Kempermann, DBA-Schweiz, Art. 3, Rz 72 ff.

stellt werden. Damit ist die mangelnde zivilrechtliche Rechtsfähigkeit des Sondervermögens kein Hindernis.

Inländische Wertpapier-Investmentfonds in der Schweiz weisen dem Gesetz über die Anlagefonds[580] nach die Vertragsform auf. Sie sind dort keine Steuersubjekte.[581] Im Gegensatz dazu sind die inländischen Immobilienfonds den übrigen juristischen Personen ausdrücklich durch gesetzliche Anordnung gleichgestellt, Art. 49 Abs. 2 DBG. Sie sind damit Steuersubjekte. Schweizerische und deutsche Wertpapier-Investmentfonds weisen beide die Vertragsstruktur auf. Ein Unterschied liegt darin, dass das Sondervermögen kraft gesetzlicher Anordnung steuerrechtsfähig ist. Diese Beurteilung teilt das schweizerische Recht aber nicht. Es sieht nur inkorporierte Investmentfonds (des Gesellschaftstyps) als juristische Personen an.[582] Damit sind Sondervermögen aus schweizerischer Sicht keine Gesellschaften.

Nach folgerichtiger Auffassung der Eidgenössischen Steuerverwaltung sind die Einnahmen eines deutschen Sondervermögens daher auch nicht dem Sondervermögen, sondern den Anlegern zuzurechnen. Der Investmentfonds ist demnach nicht berechtigt, die Quellensteuer erstattet zu verlangen. Eine Erstattung der Quellensteuer kommt nur in Betracht, soweit an dem Investmentfonds in Deutschland ansässige Investoren beteiligt sind.[583]

---

[580] Dazu siehe Scherer / Burgy, Nationalbericht Schweiz IFA - Kongress 1997, Seite 796.

[581] Scherer / Burgy, Nationalbericht Schweiz IFA - Kongress 1997, Seite 803.

[582] Scherer / Burgy, Nationalbericht Schweiz IFA - Kongress 1997, Seite 813, Locher, Internationales Steuerrecht des Schweiz, Seite 169, Hardt, in: Debatin / Wassermeyer, DBA, Art. 3 DBA-Schweiz, Rz 19.

[583] Siehe Erlass der Finanzverwaltung NRW betr. Erstattung von Quellensteuern an Investmentfonds, dieselbe Erlass betr. Erstattung schweizerischer Quellensteuer an deutsche Investmentfonds und Finanzministerium Niedersachsen, Erlass betr. Erstattung der deutschen Kapitalertragsteuer an schweizerische Investmentfonds, Doppelbesteuerungsabkommen, Beck'sche Textausgaben, Schweiz, unter Nr. 10.1-10.3.

3.2.1.2.1.3.3. Übereinkünfte mit der Eidgenössischen Steuerverwaltung

Auf Grund der mangelnden Anerkennung deutscher Investmentfonds im Quellenland Schweiz hat die deutsche Steuerverwaltung in Übereinkünften versucht, die Quellensteuerreduktion sicherzustellen.[584] Ziel dieser Vereinbarungen ist, den deutschen Fonds zu ermöglichen, im Namen der deutschen Anleger die Quellensteuerreduktion zu verlangen. Dabei müsste der Fonds eigentlich die Ansässigkeit seiner Investoren nachweisen. Da dies den Fonds nicht möglich ist, sollen statistische Ermittlungen die Zusammensetzung der Anlegerschaft im Zeitpunkt der Anteilsausgabe annäherungsweise ermitteln. Das Ergebnis dieser Ermittlungen wird von den deutschen Finanzbehörden amtlich bestätigt. Die Bestätigung ist von der Eidgenössischen Verwaltung anzuerkennen.[585]

Diese Regelung sichert den Investmentfonds zumindest den partiellen Abkommenszugang. Sie erfodert aber einen hohen Verwaltungsaufwand und Kosten, die von dem Fonds an die Anleger weitergegeben werden. Das Engagement ausländischer Investoren in einem deutschen Sondervermögen wird behindert. Ein ausländischer Investor muss sich selbst mit der Eidgenössischen Steuerverwaltung auseinander setzen, um eine Quellensteuerreduktion gemäß dem Abkommen zwischen seinem Ansässigkeitsstaat und der Schweiz zu erreichen.

3.2.1.2.1.3.4. Die Regelung des Art. 10 Abs. 4 DBA-Schweiz, Auslegung aus dem Abkommenszusammenhang

Nach den oben genannten Übereinkünften haben deutsche Investmentfonds im Quellenland Schweiz nur partiellen Abkommenszugang. Gewissermaßen im Widerspruch zu diesen Vereinbarungen steht die Regelung des Art. 10 Abs. 4 letzter Teilsatz DBA-Schweiz. Nach dieser Regelung sollen die Ausschüttungen aus deutschen Investmentfonds an in der Schweiz ansässige Investoren im Quellenland Deutschland als Dividenden behandelt werden, was die Bundesrepublik zu einer Quellensteuerreduktion verpflichtet.

Der Regelung liegt damit der Fall zu Grunde, dass ein deutscher Investmentfonds Einnahmen aus deutschen Quellen bezieht und an schweizerische Investoren ausschüttet. Investmentfonds und Einnahmequellen liegen in Deutschland, der Investor ist in der Schweiz ansässig. MaW. die Regelung betrifft die Ausgangsseite des Investmentfonds, während die Frage der Abkommensberechtigung eines deutschen

---

[584] Siehe Erlass der Finanzverwaltung NRW betr. Erstattung von Quellensteuern an Investmentfonds, dieselbe Erlass betr. Erstattung schweizerischer Quellensteuer an deutsche Investmentfonds und Finanzministerium Niedersachsen, Erlass betr. Erstattung der deutschen Kapitalertragsteuer an schweizerische Investmentfonds, Doppelbesteuerungsabkommen, Beck'sche Textausgaben, Schweiz, unter Nr. 10.1-10.3.

[585] Siehe Erlass der Finanzverwaltung NRW betr. Erstattung von Quellensteuern an Investmentfonds, dieselbe Erlass betr. Erstattung schweizerischer Quellensteuer an deutsche Investmentfonds, Doppelbesteuerungsabkommen, Beck'sche Textausgaben, Schweiz, unter Nr. 10.1.

Investmentfonds, der Einnahmen aus der Schweiz bezieht, die Eingangsseite betrifft.

Trotz dieses unterschiedlichen Regelungsgehaltes könnte man aus der Regelung des Art. 10 Abs. 4 DBA-Schweiz eventuell Rückschlüsse auf die Abkommensberechtigung der deutschen Investmentfonds im Quellenland Schweiz ziehen. Dividenden sind Leistungen juristischer Personen.[586] Ausschüttungen aus Investmentfonds sind Dividenden. Folglich müssten Investmentfonds juristische Personen sein.[587]

Ein solcher Schluss lässt sich aus einer systematischen Auslegung des Abkommens durchaus ableiten. Den Vertragsparteien ist bekannt gewesen, dass Dividenden nur Ausschüttungen solcher Einheiten sein können, die als juristische oder quasi - juristische Personen anerkannt werden. Mit der Erklärung, dass Ausschüttungen aus Investmentfonds ebenfalls zu den Dividenden zählen, verdeutlichen sie, dass diese Zuordnung keine Selbstverständlichkeit ist. Ansonsten hätte es einer besonderen Regelung gar nicht bedurft. Ausschüttungen aus Investmentfonds wären dann ohnehin als Dividenden zu qualifizieren. Die Vertragsparteien waren sich also darüber bewusst, dass Investmentfonds keine juristischen Personen sein könnten und ihre Ausschüttungen damit auch keine Dividenden. Sie waren sich bewusst, eine nicht unumstrittene Frage zu regeln. Setzt man dieses Bewusstsein voraus, dann kann man den von ihnen getroffenen Regelungen auch entsprechendes Gewicht für die Auslegung einräumen und man kann von der Qualifizierung der Ausschüttungen aus einem Investmentfonds auf deren Personeneigenschaft schließen.

Dies gilt allerdings nicht, wenn die Annahme der Eigenschaft einer juristischen Person sich erkennbar auf den Dividendenartikel beschränken soll. Dafür bestehen hier aber keine Anzeichen. Im Gegensatz dazu bestimmt Art. 9 Abs. 6 lit. b DBA - Frankreich, dass Ausschüttungen aus Investmentfonds im Rahmen des Dividendenartikels als Dividenden "gelten". Ausschüttungen aus Investmentfonds sind daher eigentlich keine Dividenden, sondern sollen bei Anwendung des Dividendenartikels nur wie diese behandelt werden. Im Gegensatz zu der Regelung des DBA - Schweiz kann daher hier kein Rückschluss von der Behandlung der Fondsausschüttungen auf die Personeneigenschaft gezogen werden. Bei der Regelung des DBA-Schweiz ist ein solcher Schluss allerdings nicht ausgeschlossen.

Bedenkt man den unterschiedlichen Regelungsgehalt von Abkommenszugang und Qualifikation der Ausschüttungen eines Investmentfonds, dann ist ein solcher Schluss sehr gewagt und es besteht die Gefahr, dass man die Grenzen der Auslegung überschreitet. Die Qualifikation der Ausschüttungen eines Investmentfonds als Dividenden kann daher lediglich Indiz dafür sein, dass der Investmentfonds als Gesellschaft und damit Person im Quellenland angesehen wird. Dieses Indiz wird

---

[586] Schaumburg, Internationales Steuerrecht, § 16.331, Seite 944, Vogel, DBA, Art. 10, Rz. 190.

[587] Täske, FS Flick, Seite 598, Wassermeyer, in: Debatin / Wassermeyer, DBA Art. 3 MA, Rz 19 a.E., Sorgenfrei, IStR 1994, Seite 472.

allerdings durch die in den genannten Übereinkünften dargestellte Auffassung überwunden.

3.2.1.2.1.3.5. Ergebnis: Personeneigenschaft deutscher KAGG-Sondervermögen nach dem DBA-Schweiz

Als Ergebnis bleibt festzuhalten, dass deutsche Investmentfonds, die im Quellenland Schweiz investieren, nur partiellen Abkommenszugang haben.

3.2.1.2.1.4. Großbritannien als Quellenland

Investmentfonds, die nicht den Gesellschaftstyp aufweisen, werden in Großbritannien nicht als Gesellschaften anerkannt.[588] Damit werden deutsche Sondervermögen nicht als Gesellschaft anerkannt. Allerdings ordnet Art. II Abs. 1 lit. e DBA-Großbritannien an, dass auch Personenvereinigungen unter den Personenbegriff fallen.

Personenvereinigungen sind Gebilde, die nicht juristische oder quasi - juristische Personen sind, aber steuerliche Rechte und Pflichten haben.[589] Sondervermögen sind, im Falle der Miteigentümerlösung, zivilrechtlich Bruchteilsgemeinschaften. Bruchteilsgemeinschaften können Personenvereinigungen im Sinne des Abkommensrechts sein. [590] Sie haben auch steuerliche Rechte und Pflichten (s.o. 2.2.4.3). Sondervermögen sind damit Personenvereinigungen, so weit man sie nicht bereits als Gesellschaften anerkennt. Damit erfüllen deutsche Investmentfonds nach dem DBA-Großbritannien den Personenbegriff.

3.2.1.2.1.5. Frankreich als Quellenland

Einen Sonderweg geht das DBA-Frankreich. Nach Art. 2 Abs. 1 Nr. 3 lit. b DBA-Frankreich können Personenvereinigungen und Vermögensmassen Personen sein, wenn sie nach dem Recht des Sitzstaates wie eine juristische Person der Steuer unterliegen.[591] Dies trifft für Sondervermögen zu, denn sie sind in Deutschland als Vermögensmassen Körperschaftsteuersubjekte.

Zweifel an diesem Ergebnis ergeben sich eventuell daraus, dass Sondervermögen steuerbefreit sind und man könnte annehmen, dass sie nicht der Körperschaftssteuer in Deutschland "unterliegen". Es stellt sich also die Frage, ob Voraussetzung für die Personeneigenschaft nicht nur die Steuersubjekteigenschaft, sondern darüber

---

[588] Vgl. Hurley, Nationalbericht Grooßbritannien IFA - Kongress 1997, Seite 839.

[589] Wassermeyer, in: Debatin / Wassermeyer, DBA, Art. 3 OECD-MA, Rz 14.

[590] Wassermeyer, in: Debatin / Wassermeyer, DBA, Art. 3 OECD-MA, Rz 14.

[591] Wingert / Krause, DBA, Art. 2 DBA-Frankreich, Seite 148, Kramer, in: Debatin / Wassermeyer, Art. 1 DBA-Frankreich, Rz 14.

hinaus auch die Steuerpflicht ist. Investmentfonds, die teilweise transparent sind, wären dann nicht als Personen anzuerkennen.[592]

Dies ist aber abzulehnen.[593] Steuersubjekteigenschaft und Steuerpflicht sind voneinander zu trennen. Das Erfordernis der Person stellt nur auf die Steuersubjekteigenschaft ab und nicht auf die Steuerpflicht oder auf die Frage, ob Steuern tatsächlich gezahlt wurden. Der Begriff der "Person" erfüllt im Abkommensrecht eine Zurechnungsfunktion zwischen Abkommensvorteilen und dem Rechtsträger, der diese in Anspruch nehmen kann. Es ist ausreichend, dass der Rechtsträger steuerliche Rechte und Pflichten hat, was mit der Steuersubjekteigenschaft und nicht mit der Steuerpflicht entschieden wird. Außerdem ist die Personeneigenschaft nach der hier vertretenen Auffassung hauptsächlich nach dem Recht des Quellenstaates zu bestimmen, so dass ein Abstellen auf die Steuerpflicht im Sitzstaate systemwidrig wäre.

Die Steuerpflicht ist damit grundsätzlich keine Voraussetzung für die Personeneigenschaft. Etwas anderes gilt auch nicht für das DBA-Frankreich, das fordert, dass die Person der Steuer in ihrem Ansässigkeitsstaat "unterliegt". Die Vertragsparteien wollten damit Unklarheiten, die sich aus dem nationalen Recht bzgl. der Definition der juristischen Person ergeben, klären.[594] Da dieser Begriff unklar ist, wollten sie jede Einheit als juristische Person ansehen, die in ihrem Ansässigkeitsstaat Steuersubjekt ist. Nicht hingegen sollte die Personeneigenschaft im Sinne einer Rückfallklausel erweitert werden.

KAGG - Sondervermögen sind daher im DBA-Frankreich Personen.

3.2.1.2.2. Personeneigenschaft von U.S.-amerikanischen Investmentfonds

In diesem Abschnitt wird die Personeneigenschaft der verschiedenen U.S.-amerikanischen Investmentfonds behandelt. Quellenland ist die Bundesrepublik Deutschland. Betrachtet werden die Regulated Investment Companies, aber auch Business Trusts und starre Trusts. Auch wenn die Beurteilung im Quellenstaat Bundesrepublik im Vordergrund steht, wird auch die Beurteilung aus Sicht des Ansässigkeitstaates U.S.A. dargestellt.

---

[592] So teilweise, v.a. für das DBA - USA auf Grund der dort enthaltenen speziellen Regelungen für trusts, Personengesellschaften und Nachlässe: Vogel / Shannon / Doernberg, DBA, Art. 3, Rz 89.

[593] Mössner, in: Mössner, Steuerrecht international tätiger Unternehmen, B 47, Seite 76, Wolff, in: Debatin / Wassermeyer, DBA, Art. 1 DBA - USA, Rz 23 und Wassermeyer, Art. 1 OECD - MA, Rz 23.

[594] Kramer, in: Debatin / Wassermeyer, DBA, Art. 2 DBA-Frankreich, Rz 15.

3.2.1.2.2.1. Regulated Investment Companies

3.2.1.2.2.1.1. Sichtweise der U.S.A. als Ansässigkeitsstaat

Eine regulated investment company in Form der corporation ist privat- und steuerrechtlich in den U.S.A. als corporation zu behandeln (s.o. 2.3.4.1). Sie ist damit aus Sichtweise der U.S.A. als Sitzstaat als Person zu betrachten.

3.2.1.2.2.1.2. Sichtweise der Bundesrepublik Deutschland als Quellenstaat

3.2.1.2.2.1.2.1. Der Typenvergleich

Um festzustellen, ob eine ausländische Gesellschaft in Deutschland der Körperschaftsteuerpflicht unterliegt und ob diese aus der deutschen Perspektive als Quellenstaat und Quellenstaat eine Gesellschaft und eine Person im Sinne des Abkommensrechts ist, muss der so genannte Typenvergleich durchgeführt werden.[595]

Im Rahmen dieses Typenvergleichs sind rechtlicher Aufbau und wirtschaftliche Stellung der ausländischen Gesellschaft mit den deutschen Körperschaftssteuersubjekten zu vergleichen und dann zu entscheiden, ob aus deutscher Sicht eine Körperschaft vorliegt oder nicht.[596] Sollte die ausländische Gesellschaft mit einer der in § 1 Abs. 1 KStG genannten Körperschaften vergleichbar sein, dann gilt sie nach § 1 Abs. 1 KStG als Körperschaftsteuersubjekt [597] und wird aus deutscher Sicht auch eine Gesellschaft und damit eine Person im Sinne der Abkommen sein.

Der Typenvergleich ist notwendig, da das deutsche Recht für die Beurteilung der Körperschaftssteuersubjektivität in § 1 Abs. 1 KStG an die Gesellschaftsform anknüpft,[598] ausländische Gesellschaften aber nach dem eigenen, abweichenden Gesellschaftsstatut organisiert sind.

Die Vorschrift des § 1 KStG reduziert sich freilich nicht auf den Begriff der Körperschaft, sondern enthält eine dreifache Aussage: Bestimmung des Steuersubjekts, Voraussetzung der Steuerpflicht, und Umfang der Besteuerung.[599] Hier ist freilich nur die Bestimmung des Steuersubjektes von Bedeutung. Dabei ist eine Besonderheit zu beachten. Körperschaftsteuersubjekt und juristische Person sind nämlich keine deckungsgleiche Begriffe. Während § 1 Abs. 1 Nr. 1 - 4 KStG juristische

---

[595] Wassermeyer, in: Debatin / Wassermeyer, DBA, Art. 3 OECD - MA, Rz 18, Debatin / Walter, DBA - USA, Art. 3 Rz 26, zur Durchführung des Typenvergleichs: Debatin, BB 1988, Seite 1158, Hartmann, BB 1987, Seite 124, allgemein zur Anerkennung ausländischer juristischer Personen im internationalen Steuerrecht: Mössner, RIW 1986, Seite 208 ff.

[596] Hartmann, BB 1987, Seite 124, Debatin, BB 1988, Seite 1158.

[597] BFH, BStBl. II 1992, Seite 972 ff (973), kritisch dazu, Dötsch / Eversberg / Jost / Witt, KStG, § 1 KStG, Rz 87.

[598] Mössner, in: Mössner, Steuerrecht international tätiger Unternehmen, B 44, Seite 74, in diesem Sinne auch für die Frage der Qualifizierung ausländischer Gesellschaften als Körperschaftssteuersubjekte: Wassermeyer, DB 1990, Seite 244 ff. (244).

[599] Mössner, in: Mössner, Steuerrecht international tätiger Unternehmen, B 43, Seite 73.

Personen als Körperschaftsteuersubjekte aufführt, nennt § 1 Abs. 1 Nr. 5 und § 3 KStG nicht rechtsfähige Personenvereinigungen als Körperschaftsteuersubjekte. Trotz mangelnder Zivilrechtsfähigkeit sind diese Körperschaftsteuersubjekt und damit steuerrechtsfähig für die Ertragssteuern.[600] Im Rahmen des Typenvergleichs ist daher zuerst zu prüfen, ob die ausländische Gesellschaft unter § 1 Abs. 1 Nr. 1 - 4 KStG fällt. Ist dies nicht der Fall dann ist zu prüfen, ob sie unter § 1 Abs. 1 Nr. 5 KStG zu subsumieren ist.[601]

Kriterien des Typenvergleichs im Rahmen von § 1 Abs. 1 Nr. 1 - 4 KStG sind die steuerliche Rechtsfähigkeit, Haftung für Schulden der Gesellschaft, die Übertragbarkeit der Anteile, die Möglichkeit der Fremdgeschäftsführung, Vertretung, die Gewinnverteilung und die Teilnahme an Verlust und stillen Reserven.[602] Nach den Kriterien des Typenvergleichs ist die regulated investment company denen in § 1 Abs. 1 Nr. 1 - 4 KStG genannten deutschen Körperschaften vergleichbar. Die Anteilseigner haften nicht für die Schulden des Investmentfonds und können ihre Anteile frei übertragen. Die deutschen Steuerbehörden erkennen diese deswegen regelmäßig als juristische Personen an.[603]

3.2.1.2.2.1.2.2. Ist die zivilrechtliche Rechtsfähigkeit Voraussetzung?

Im Zusammenhang mit der Durchführung des Typenvergleichs stellen sich zwei Fragen: Ist Voraussetzung für die Steuersubjekteigenschaft, dass die ausländische Gesellschaft zivilrechtlich rechtsfähig ist und wenn ja, nach welchem Statut ist die Frage der Rechtsfähigkeit zu klären ?

Überwiegend wird vertreten, dass auch eine nicht rechtsfähige ausländische Gesellschaft Steuersubjekt sein kann. Das Steuerrecht knüpft zwar grundsätzlich an das Gesellschaftsrecht an. Bei ausländischen Gesellschaften ist aber die Entscheidung, ob ein Steuersubjekt vorliegt oder nicht "nach den leitenden Gedanken des Einkommens- und Körperschaftssteuergesetzes" und damit unabhängig vom Gesellschaftsrecht zu treffen.[604] Dem ist mit *Mössner* zuzustimmen.[605] Während das Gesellschaftsrecht das Zugeständnis des Status der juristischen Person mit dem Vorteil der Haftungsbeschränkung von strengen Vorschriften zu Gunsten der Gläubiger abhängig macht, die nicht durch ausländische Gründungen unterlaufen

---

600 Vorausgesetzt die Anforderungen des § 3 KStG werden erfüllt.

601 Dötsch, DB 1989, Seite 2296 ff. (2299).

602 Mössner, in: Mössner, Steuerrecht international tätiger Unternehmen, B 46 und 47, Seite 76.

603 Wolff, in: Debatin / Wassermeyer, DBA, Art. 3 DBA USA, Rz 26, Seite 12.

604 So für den Fall der Bestimmung der Körperschaftssteuerpflicht einer ausländischen Kapitalgesellschaft: Mössner, in: Mössner, Steuerrecht international tätiger Unternehmen, B 49, Seiten 78 und 79, Debatin, BB 1988, Seite 1155 (1157f.), derselbe, BB, 1990, Seite 1457, Hartmann, DB 1987, Seite 122 ff. (123 und 124), "Venezuela Entscheidung" des Reichsgerichts, RFH, RStBl. 1930, Seite 444, dazu wiederum die Erläuterungen von Mössner, RIW 1986, Seite 209.

605 Mössner, in: Mössner, Steuerrecht international tätiger Unternehmen, B 49, Seite 78.

werden sollen,[606] spielt der Status der juristischen Person im Steuerrecht v.a. eine Rolle als Zuordnungssubjekt von Gewinnen und Verlusten. Ob ein Gewinn aber einer juristischen Person steuerlich zugeordnet werden kann, hängt nicht von der Einhaltung der dem Gläubigerschutz dienenden Anforderungen des Gesellschaftsrechts ab.[607] Die zivilrechtliche Rechtsfähigkeit ist damit keine Voraussetzung für die Anerkennung juristischer Personen im Steuerrecht.[608]

Damit erübrigt sich eigentlich auch die Klärung der zweiten Frage nach dem maßgeblichen Statut der Zivilrechtsfähigkeit. Nach der so genannten Sitztheorie ist die Frage der Rechtsfähigkeit nach dem Statut des Staates zu bestimmen, in dem die Gesellschaft ihren Verwaltungssitz hat.[609] Nach der Gründungstheorie [610] hingegen ist das Recht des Gründungsstaates entscheidend.

Bedeutung entfaltet dieser Theorienstreit freilich nur, wenn die Gesellschaft in einem anderen Staate ansässig ist, als in dem sie gegründet wurde, also in den Fällen der Sitzverlegung. In dieser Abhandlung wird davon ausgegangen, dass der Investmentfonds seinen Sitz nicht verlegt hat. Während die Sitztheorie im Zivilrecht wohl herrschend war (aber: Verstoß gegen die Niederlassungsfreiheit des EG-Vertrages)[611], sprechen beachtliche Argumente für den Vorzug der Gründungstheorie im Steuerrecht.[612]

Im Verhältnis zu den USA ist darüber hinaus Art. XXV Abs. 5 des Freundschafts-, Handels- und Schifffahrtsvertrags[613] zu beachten. Nach dieser Regelung sind Gesellschaften des Vertragsstaates von dem jeweilig anderen Staat anzuerkennen.[614] Die Sitztheorie ist damit vertraglich abbedungen. Diese Abbedingung betrifft nur die Anerkennung der Rechtsfähigkeit der ausländischen Gesellschaft und berührt nicht deren Beurteilung im Rahmen des Typenvergleichs.

---

[606] Ebenroth / Auer, RIW 1992, Beilage 1 zu Heft 3, Seite 5.

[607] Mössner, in: Mössner, Steuerrecht international tätiger Unternehmen, B 49, Seite 78.

[608] Ebenroth / Auer, RIW 1992, Beilage 1 zu Heft 3, Seite 16, Lehner, RIW 1988, 202, Dötsch, DB 1989, 2299.

[609] Dieterlen, in: Lademann, KStG, § 1, Rz 14.

[610] Dieterlen, in: Lademann, KStG, § 1, Rz 14.

[611] EUGH, DB 1999, Seite 625, Dötsch / Eversberg / Jost / Witt, KStG, § 1 KStG, Rz 77, so bereits: Knobbe-Keuk, ZHR 1990, Seite 325 f., Thömmes, DB 1993, Seite 1021, Meilicke, RIW 1990, Seite 449.

[612] So ausführlich Mössner, in: Mössner, Steuerrecht international tätiger Unternehmen, B 49, Seite 79.

[613] Vom 29. Oktober 1954, BGBl. II, 1956, Seite 487.

[614] Umstritten ist, ob dies auch bei Sitzverlegungen gilt:: dagegen Großfeld / Erlinghagen, JZ 1993, 224, dafür: Ebenroth / Bippus, DB 1988, 843 und Ebenroth / Auer, RIW 1992, Beilage 1 zu Heft 3, Seite 10, siehe auch, BFH, BStBl. II, 1992, Seite 264.

3.2.1.2.2.1.2.3. Zweifel auf Grund der Eigenschaft als pass-through-entity

Trotz der übereinstimmenden Anerkennung der Rechtssubjekteigenschaft einer regulated investment company im deutschen und U.S.-amerikanischen Recht wird teilweise vertreten, diese sei keine juristische Person im Sinne des DBA - USA und könne sich nur über den in einigen Doppelbesteuerungsabkommen enthaltenen Ausdruck der "Personenvereinigung" als Rechtsperson qualifizieren. Anders als das OECD - MA unterscheide das DBA - USA zwischen Unternehmen, die wie eine Körperschaft, nämlich unabhängig von den Anteilseignern, besteuert werden und solchen, die nicht unabhängig besteuert werden. Eine regulated investment company ist eine transparente ("pass-through-entity") Einheit und stehe damit den transparenten Gebilden gleich, die keine juristischen Personen sind (trusts, partnerships).[615]

Zu diesem Ergebnis kann man nach dem zuvor Gesagten nur auf Grund einer abkommensautonomen Auslegung kommen. Die Behandlung der regulated investment company nach den nationalen Rechtssystemen bespricht der Autor folgerichtig auch nicht, sondern argumentiert alleine aus dem DBA - USA und stützt sich vor allem auf die Tatsache, dass dieses Abkommen im Vergleich zu dem OECD - MA ausdrückliche Regelungen bezüglich der Ansässigkeit von estates, trusts und Personengesellschaften trifft, Art. 4 Abs. 1 lit. b DBA - USA.

Dies ist aber abzulehnen. Zunächst betrifft die angeführte Regelung alleine die Ansässigkeit und nicht die Personeneigenschaft. Es sollten keine Rückschlüsse von einer die Ansässigkeit betreffenden Vorschrift auf die Personeneigenschaft gezogen werden. Beides sind Voraussetzungen für den Abkommenszugang. Sie haben aber beide einen unterschiedlichen Regelungsgehalt und damit unterschiedliche Voraussetzungen. Das Erfordernis der Ansässigkeit baut auf dem der Person auf und nicht umgekehrt.

Deutsches und U.S.-amerikanisches Recht qualifizieren übereinstimmend die corporation als Gesellschaft. Eine abweichende Beurteilung aus dem Abkommen kann sich daher nur ergeben, wenn diese explizit angeordnet wurde. Als solche Anordnung kommt aber Art. 4 Abs. 1 lit. b DBA-USA nicht in Betracht. Darin wird nämlich die Ansässigkeit und nicht die Personeneigenschaft geregelt.

Die Regelung des Art. 4 Abs. 1 lit. b DBA - USA wurde wörtlich aus dem U.S. - Muster Doppelbesteuerungsabkommen von 1981 entnommen.[616] Zweck dieser Regelung ist es gewesen, trusts und estates, die außerhalb der common law Länder als Rechtsinstitute kaum bekannt sind, im Abkommensrecht Geltung zu verschaffen.[617] Nicht hingegen sollte der Abkommenszugang anderer Unternehmensformen, v.a. der von Körperschaften, beeinträchtigt werden.[618] Die Re-

---

615 Vogel / Shannon / Doernberg , DBA, Seite 88 - 90.

616 Arthur Andersen, DBA - USA, Art. 4, Rz 16, Seite 162.

617 Wolff, in: Debatin / Wassermeyer, DBA, Art. 4 DBA - USA, Rz 41.

618 Wolff, in: Debatin / Wassermeyer, DBA, Art. 4 DBA - USA, Rz 19, Shannon, DBA der USA, Seite 114.

gelung gilt daher, auch im Rahmen der Beurteilung der Ansässigkeit, nicht für corporations.

Richtig ist zwar, dass bei der Frage, ob eine Gesellschaft den Charakter einer juristischen Person hat, primär auf das Steuerrecht abzustellen ist und somit die Steuersubjekteigenschaft maßgeblich für den Begriff der juristischen Person ist. Auch wird die Steuersubjekteigenschaft danach bestimmt, ob die Gesellschaft in ihrer Eigenschaft als von den Gesellschaftern unabhängige Person selbst der Besteuerung unterworfen ist. Allerdings wird verkannt, dass der Internal Revenue Code und die dazugehörigen Regulations, eine regulated investment company zwingend als corporation behandeln und dass die regulated investment company als corporation grundsätzlich der vollen Besteuerung als solcher unterliegt. Die Tatsache, dass ihre Bemessungsgrundlage um die Ausschüttungen an die Investoren gekürzt werden kann, sie damit zu einer conduit entity wird und im Ergebnis nur die Investoren besteuert werden, kann nicht darüber hinweg täuschen, dass sie dennoch steuerpflichtiges Steuersubjekt bleibt. Steuersubjekteigenschaft, Steuerpflicht und Bemessungsgrundlage sind getrennt voneinander zu betrachten.[619]

Auch die befürwortete Gleichbehandlung einer regulated investment company mit einem trust im Sinne des DBA - USA kann nicht überzeugen. Gemeint mit dem Begriff "trust" in Art. 4 DBA - USA sind solche Gebilde, die als gewöhnlicher trust besteuert werden.[620] Wie bereits nachgewiesen wurde, wollte der U.S.-amerikanische Gesetzgeber aber die regulated investment company eben gerade nicht diesen trusts gleichstellen, sondern eine eigenständige Regelung schaffen.[621]

Nach alledem erfordert auch der Zusammenhang des Abkommens keine von den übereinstimmenden nationalen Beurteilungen abweichende Einordnung der regulated investment company. Die Tatsache, dass ihr Einkommen an die Investoren ausgeschüttet wird, ändert nichts an ihrem Status als juristische Person.[622]

3.2.1.2.2.2. Business Trusts

In den U.S.A. wird ein business trust als Körperschaft besteuert und kann den Status einer regulated investment company erhalten.

In Deutschland ist nach § 1 KStG und den Grundsätzen des Typenvergleichs zu entscheiden, ob der business trust Körperschaftsteuersubjekt sein kann. Wie bereits dargestellt ist die zivilrechtliche Rechtsfähigkeit dabei nicht von Bedeutung. Diese

---

[619] Vgl. Mössner, in: Mössner, Steuerrecht international tätiger Unternehmen, B 47, Seite 76, Wolff, in: Debatin / Wassermeyer, DBA Art. 1 DBA - USA, Rz 23.

[620] Wolff, in: Debatin / Wassermeyer, DBA Art. 4 DBA - USA, Rz 43.

[621] S.o. 2.3.3.3.1.

[622] Debatin / Walter, DBA - USA, Art. 3, Rz 41, Seite 3-17, Wolff, in: Debatin / Wassermeyer, DBA, Art. 3 DBA - USA, Rz 26, Seite 13 mit Verweis auf die Treasury Explanation zu Art. 4 U.S.-MA 1996.

würde sich nach U.S.-amerikanischem Recht beurteilen. Da die Rechtsfähigkeit von trusts in den einzelnen Bundesstaaten unterschiedlich beurteilt wird, käme es hier auch zu unterschiedlichen Ergebnissen. Diese können auf Grund der autonomen steuerlichen Beurteilung im Rahmen des Typenvergleichs dahingestellt bleiben.

In einem ersten Schritt ist zu überprüfen, ob der business trust einer der in § 1 Abs. 1 Nr. 1 - 4 KStG genannten Gesellschaftformen entspricht. Hierbei ist zu beachten, dass die Rechtsform des trusts viel Gestaltungsspielraum lässt und der Typenvergleich daher in jedem Einzelfall durchgeführt werden muss.

Business trusts gleichen in vielerlei Hinsicht einer U.S. corporation und werden von einigen Gerichten gleich einer corporation behandelt (s.o.).[623] So weit der business trust Rechtspersönlichkeit hat, ist die Ähnlichkeit evident. Die Investoren haften nicht für die Schulden des trust oder des trustees,[624] so dass der trust jedenfalls haftungsrechtlich wie eine corporation behandelt wird. Dennoch geht auch *Fletcher* davon aus, dass der business trust sich von einer US corporation wesentlich unterscheidet,[625] was er im Wesentlichen darauf zurückführt, dass der business trust nicht den gesellschaftsrechtlichen Statuten unterliegt.[626]

Dies gilt auch für die Vergleichbarkeit mit denen in § 1 Abs. 1 Nr. 1 - 4 KStG genannten Kapitalgesellschaften. Die dort genannten Körperschaften unterscheiden sich vom trust bereits nach der zivilrechtlichen Struktur. Eigenart der trusts ist die Zuordnung der Vermögensgegenstände sowohl zum trustee als auch zu den beneficiaries. Diese Aufteilung ist den Körperschaften des § 1 Abs. 1 Nr. 1 - 4 KStG fremd. Ihnen alleine werden die Vermögensgegenstände zugerechnet. Die einzige Gemeinsamkeit liegt darin, dass sowohl der business trust als auch die Körperschaften wirtschaftliche Zwecke verfolgen. Deswegen behandelt das U.S.-amerikanische Steuerrecht den business trust gleich einer corporation (s.o. 2.3.4.3.3.2.1). Das deutsche Steuerrecht knüpft aber an die Rechtsform an, so dass die Zwecke, die hinter dem Unternehmen stehen, nicht von entscheidender Bedeutung sind.

Der business trust könnte jedoch als Zweckvermögen unter § 1 Abs. 1 Nr. 5 KStG fallen.[627] Eine Stiftung ist er jedoch nicht.[628] Sollte er als Zweckvermögen gelten, dann wäre er Steuersubjekt nach deutschem Steuerrecht und damit aus deutscher Sicht auch eine Person im Sinne des Abkommensrechts.[629] Ein Zweckvermögen ist eine selbstständige, einem bestimmten Zwecke dienende Vermögensmasse, die aus

---

[623] Fletcher on Corporations, § 8229, Seite 547 ff.

[624] Fletcher on Corporations, Seite 615.

[625] Fletcher on Corporations, Seite 547.

[626] Fletcher on Corporations, Seite 549.

[627] Dazu Sieker, BB 1991, Seite 1975 ff (1977), Seibold, IStR 1993, Seite 545 ff.

[628] Sieker, Der U.S.-Trust, Seite 1977.

[629] Seibold, IStR 1993, Seite 545 ff. (549).

dem Vermögen des Widmenden ausgeschieden ist, eigene Einkünfte erzielt und deren Substanz und Erträge keinem anderen Steuerpflichtigen zuzurechnen sind.[630]

Die Vermögensmasse ist immer dann selbstständig, wenn ihr selbst Rechtspersönlichkeit zukommt. Dann ist die Zuordnung der in der Masse gehaltenen Vermögensgegenstände eindeutig, nämlich zu Gunsten der Vermögensmasse selbst. Inofern erhält die Frage der zivilrechtlichen Rechtsfähigkeit, die ja eigentlich für die Bestimmung der Steuersubjektfähigkeit keine Rolle spielen soll, hier doch wieder eine gewisse Bedeutung. Jedoch ist die zivilrechtliche Rechtsfähigkeit nicht von entscheidender Bedeutung. Denn auch ein nicht rechtsfähiger trust kann Steuersubjekt sein. Er muss dann aber zumindest wirtschaftlich selbstständig sein.[631] Die wirtschaftliche Selbstständigkeit reicht für die Steuersubjekteigenschaft aus, während für die Rechtsfähigkeit im Sinne des Zivilrechts rechtliche Selbstständigkeit Voraussetzung ist.

Wirtschaftliche Selbstständigkeit hat der BFH[632] im Falle eines trusts dann angenommen, wenn die Verwaltung des trusts in den Händen der trustees liegt. Hat der Stifter (grantor) sich hingegen Einflussmöglichkeiten auf die gestiftete Vermögensmasse vorbehalten, dann ist sie nicht aus seinem Vermögen ausgeschieden und damit nicht wirtschaftlich selbstständig.

Interessant an dieser zu billigenden Auffassung des BFH ist die Ähnlichkeit zu der im Internal Revenue Code getroffenen Unterscheidung zwischen grantor trust und gewöhnlichem trust. Behält sich der settlor oder der grantor Verwaltungsrechte oder Eigentum an dem Trustvermögen vor, so wird der trust steuerlich als nicht existent behandelt und das Vermögen dem settlor oder grantor zugerechnet.[633] Die Formel der deutschen Rechtsprechung gleicht diesem Ansatz. Ein Zweckvermögen ist immer nur dann steuerrechtsfähig, wenn es aus dem Vermögen des settlors vollkommen ausgeschieden und nicht in das Vermögen des Begünstigten (beneficiary) übergegangen ist. In diesem Fall wird ein trust nach U.S.-amerikanischem Steuerrecht als Rechtsperson behandelt und auch nach deutschem Steuerrecht als Körperschaftsteuersubjekt anerkannt.

Im Falle eines business trusts übertragen settlor oder die beneficiaries die Anlagegegenstände auf den trustee oder der trustee erwirbt die Anlagegegenstände für den trust auf Kosten der beneficiaries. Business trusts, die nach dem Recht des Bundesstaates Rechtspersönlichkeit haben, sind bereits rechtlich selbstständig und werden daher in der Regel von deutschen Behörden und Gerichten anerkannt. Aber auch solche ohne Rechtspersönlichkeit können als Zweckvermögen und damit als Rechtspersonen für das Abkommensrecht anerkannt werden. Wirtschaftliche Selbstständigkeit wird in der Regel anzunehmen sein, denn der trustee ist ja bei einem business trust zu aktivem Fondsmanagement verpflichtet und hat damit erheb-

---

630 BFH, HFR 1965, Seite 29, Dieterlen, in: Lademann, KStG., § 1, Rz 31, Seite 24.

631 BFH, BStBl. II 1993, Seite 388 ff. (389).

632 BFH, BStBl. II 1993, Seite 388 ff. (389).

633 S.o. 2.3.4.3.3.1.

liche Verwaltungsaufgaben. Die Befugnisse des settlors oder der beneficiaries sind im Falle eines Investmenttrusts hingegen auf geringe Kontrollbefugnisse und die Ausschüttung der Erträge beschränkt.[634] Über die Anlagegegenstände können sie nicht verfügen. Sie können lediglich ihre Anteile zurückgeben oder weiter veräußern. Somit ist der business trust zumindest wirtschaftlich selbstständig und damit als Zweckvermögen zu behandeln.[635] Er ist damit nach § 1 Abs. 1 Nr. 5 KStG körperschaftsteuerpflichtig und (aus deutscher Sicht) eine Person im Sinne des Abkommensrechts.[636]

3.2.1.2.2.3. Starre Trusts

Ein U.S. - amerikanischer Investmentfonds kann auch als starrer Investmenttrust ausgestaltet sein. Da kein aktives Fondsmanagement stattfindet, gilt er nicht als business trust und braucht daher auch nicht den Conduit - Status anzustreben. Für ihn gelten vielmehr die steuerlichen Vorschriften des gewöhnlichen common law trusts, Sections 641 ff. IRC.

Im Rahmen des Typenvergleichs wird festzustellen sein, dass Kapitalgesellschaften nach deutschem Recht sich von einem gewöhnlichen trust noch deutlicher unterscheiden als von einem business trust. Das Augenmerk wird dann auf die Vergleichbarkeit mit einem Zweckvermögen gerichtet sein. Wie bei einem business trust wird zumindest die wirtschaftliche Selbstständigkeit positiv zu beantworten sein. Obwohl der trustee die Zusammensetzung des Portefeuilles nicht ändern kann, obliegt ihm die Verwaltung des trusts. Die beneficiaries sind auch hier darauf beschränkt, die Ausschüttungen aus dem Fonds zu verlangen. Einen weiteren Einfluss haben sie nicht. Der starre Investmenttrust ist daher mit einem Zweckvermögen vergleichbar und gilt damit als Gesellschaft.

Sollte der Investmenttrust hingegen nicht als Zweckvermögen zu qualifizieren sein, dann steht ihm im Rahmen des DBA - USA offen, als Personenvereinigung die Personeneigenschaft zu erhalten.

3.2.1.2.3. Einige Anmerkungen zu den übrigen Investmentfonds

Nicht detailliert besprochen werden können in dieser Arbeit die restlichen Typen von Investmentfonds, die in Kapitel 2.1.2. aufgeführt wurden.

So weit ein Investmentfonds total transparent ist (2.1.2.1) und ihm keine Steuersubjekteigenschaft zukommt, hängt die Personeneigenschaft davon ab, ob das einschlägige Abkommen die Personeneigenschaft auf "Gesellschaften" beschränkt oder auch für andere Personenvereinigungen offen ist. Denn ein transparenter Fonds ist jedenfalls eine Personenvereinigung, da er Träger steuerlicher Rechten

---

[634] Roth, Treuhandmodell, Seite 102.

[635] Haarmann, Der trust im deutschen Steuerrecht, Seite 165 unten.

[636] Zu Art. 4 Abs. 1 lit. b DBA-USA, siehe unten 3.2.2.3.2.3 .

und Pflichten ist und zumeist als Bruchteilsgemeinschaft oder ähnlich einer Personengesellschaft organisiert ist.[637]

Investmentfonds, denen Steuersubjekteigenschaft aus der Sicht des Quellenstaates zukommt, werden auch dann "Personen" sein, wenn das Abkommen die Personeneigenschaft auf "Gesellschaften" beschränkt. Dies gilt auch für diejenigen Investmentfonds, die einem besonderen Steuersatz unterliegen (s.o. 2.1.2.4), denn dadurch wird die Steuersubjekteigenschaft nicht beeinträchtigt. Erst recht kann weder die Steuerfreiheit der Investoren (2.1.2.5) oder die Anrechnung der Steuer des Fonds auf die Steuerschuld des Anlegers (2.1.2.6) die Personeneigenschaft verhindern.

Verwehrt der Anwendestaat entgegen dem Sitzstaat dem Investmentfonds die Personeneigenschaft, dann ist im Rahmen der abkommensautonomen Auslegung zu fragen, ob das anwendbare Abkommen Anzeichen dafür enthält, dass die Vertragsparteien den Investmentfonds als Person behandeln wollen. Sollten sich solche Anzeichen finden, dann ist der Investmentfonds entgegen der Auslegung durch das Recht des Anwendestaates eine Person. Sollten sich keine Anzeichen finden, dann wird der Anwendestaat bei seiner Qualifikation bleiben. Der Sitzstaat sollte in diesem Fall auf eine Klärung der Rechtslage im Rahmen einer Verständigungsvereinbarung drängen.

3.2.1.3. Ergebnis: Personeneigenschaft von Investmentfonds

Die Zubilligung der Personeneigenschaft für Investmentfonds hängt zunächst davon ab, ob das anwendbare Abkommen Personenvereinigungen als Personen im Sinne des Abkommensrechts zulässt oder, wie einige deutsche Abkommen, nur Gesellschaften (juristische oder quasi - juristische Personen) als Personen anerkennt. So weit Personenvereinigungen anerkannt werden, ist diese Hürde des Abkommenszugangs genommen. Eine Personenvereinigungen setzt nämlich keine Rechtsfähigkeit voraus. Der Investmentfonds hat dann unabhängig von seiner rechtlichen Ausgestaltung Personeneigenschaft.

Beschränkt sich die Personeneigenschaft auf Gesellschaften, d.h. auf juristische, bzw. quasi - juristische Personen, dann ist entscheidend, ob der Investmentfonds ein Steuersubjekt ist. Herrscht nach dem Recht der beteiligten Staaten darüber Uneinigkeit, dann besteht ein Qualifikationskonflikt.

Dieser Konflikt ist anhand von Art. 3 Abs. 2 OECD-MA zu lösen.

Im Rahmen von Art. 3 Abs. 2 OECD-MA ist zunächst festzustellen, ob ein Konflikt zwischen der Auslegung nach dem innerstaatlichen Recht der beteiligten Staaten besteht. Ist dies der Fall, dann muss überprüft werden, ob eine abkommensautonome Auslegung nicht eine Lösung des Konflikts bietet. In diesem Zusammenhang sind v.a. bei deutschen Abkommen Regeln zu beachten, die die

---

[637] Vgl. Wassermeyer, in: Debatin / Wassermeyer, DBA, Art. 3 OECD-MA, Rz 14.

Ausschüttungen aus einem Investmentfonds den Dividendeneinnahmen gleichstellen. Aus einer solchen Regelung kann sich ergeben, dass die Vertragsparteien den Investmentfonds die Eigenschaft der juristischen Person zuerkannten. Sollte die abkommensautonome Lösung zu keinem Ergebnis kommen, dann setzt sich das Recht des Quellenstaates durch.

Das nationale Recht enthält besondere Regeln zur Einordnung ausländischer Gebilde als Steuersubjekte. In Deutschland und in der Schweiz wird dazu ein Typenvergleich durchgeführt. In den U.S.A. entscheiden die Klassifizierungsregeln.

Deutsche KAGG - Sondervermögen sind aus deutscher und aus U.S.-amerikanischer Sicht als "Gesellschaften" Personen des Abkommensrechts. In der Schweiz werden sie von der Verwaltung nicht als solche anerkannt. Es besteht ein Qualifikationskonflikt. Da das DBA-Schweiz Personenvereinigungen nicht als Personen zulässt, ist dieser auch relevant. Eine abkommensautonome Auslegung ergibt allerdings als Indiz, dass Investmentfonds als Steuersubjekte anzuerkennen sind. Allerdings haben sich die Steuerverwaltungen beider Länder darauf geeinigt, die Quellensteuerreduktion nur so weit zu gewähren, als deutsche Investoren an dem Fonds beteiligt sind.

Eine regulated investment company in Form der corporation ist nach U.S.-amerikanischem Recht ein Steuersubjekt. Die Durchführung des Typenvergleichs in Deutschland führt ebenfalls zu der Anerkennung der Steuersubjekteigenschaft. Damit ist die corporation eine Gesellschaft und eine Person im Sinne des DBA-USA.

Regulated investment companies in Form des business trusts werden aus deutscher Sicht als Zweckvermögen und damit als einer juristischen Person gleichgestellte Person erachtet. Dies stimmt mit der U.S.-amerikanischen Sichtweise überein, so dass sie Personen für das DBA - USA sind.

Dies gilt auch für starre US Trusts

Völlig transparente Fonds ohne Steuersubjekteigenschaft sind keine Gesellschaften im Sinne des Abkommensrechts. Sie sind aber Personenvereinigungen. Ob sie Personen sind, hängt davon ab, ob das einschlägige Abkommen auch Personenvereinigungen als Personen zulässt.

Andere Investmentfonds, die nach dem Recht beider Vertragsstaaten als Steuersubjekte gelten, sind Gesellschaften und damit Personen im Sinne der Abkommen.

Der Transparenzgrundsatz erweist sich als Hindernis für die Personeneigenschaft sobald als Personen nur juristische Personen oder Personen, die wie juristische Personen besteuert werden, zugelassen werden. Dies gilt natürlich für Investmentfonds, die dem Transparenzgrundsatz vollkommen entsprechen, d.h. für solche, die keine Steuersubjekte sind. So weit ein Investmentfonds Steuersubjekt ist, ist die Personeneigenschaft gegeben. Die Schwierigkeit besteht darin, einen eventuell bestehenden Qualifikationskonflikt zu lösen (s.o.3. und 4.).

3.2.1.4. Schaubild: Anerkennung der Personeneigenschaft deutscher und U.S.-amerikanischer Investmentfonds

Deutsche Investmentfonds

Staat:	Ansässig-keits-staat: Deutschland	Quellenland U.S.A.	Quellenland GB	Quellenland Frankreich	Quellenland CH
KAGG Sonder-vermö-gen	ja, da Körper-schaftssteuer subjekt	ja, als Gesell-schaft	ja, als Personen vereinigung	ja, als in Deutschland der KSt unterliegendes Steuersubjekt	**nein,** nur partieller Abkommens-zugang laut Übereinkunft

U.S.-amerikanische Investmentfonds

Staat ------------- Investmentfonds	Ansässigkeitstaat U.S.A.	Quellenland Deutsch-land
Regulated In-vestment Com-pany	ja, da Steuersub-jekt	ja, nach Typenver-gleich
Business Trust	ja, da Steuersub-jekt	ja, nach Typenver-gleich
starrer Trust	ja, da Steuersub-jekt	ja, nach Typenver-gleich

3.2.2. Ansässigkeit

3.2.2.1. Die Ansässigkeit als Hürde für den Abkommenszugang von Investmentfonds

Nächste Hürde des Abkommenszugangs ist die Ansässigkeit. Auch hier erweist sich der Transparenzgrundsatz als Hindernis. Ein völlig transparenter Fonds, dessen Existenz negiert wird, ist kein Steuersubjekt und kann nicht ansässig sein. Transparenzgrundsatz und Ansässigkeit stehen in einem Spannungsverhältnis. Sie schließen sich gegenseitig aus. Da die hier untersuchten U.S.-amerikanischen und deutschen Investmentfonds jedoch nicht vollkommen transparent sind, sondern dem Transparenzgrundsatz nur seiner Grundaussage nach folgen, verbietet sich jede pauschale Verneinung der Ansässigkeit auf Grund der vermeintlichen Transparenz der Investmentfonds. Vielmehr muss das Besteuerungssystem jedes Fonds einzeln genau auf die Voraussetzungen der Ansässigkeit hin untersucht werden.

Probleme hinsichtlich der Ansässigkeit ergeben sich daraus, dass deutsche Investmentfonds teilweise steuerbefreit sind und auf Grund des Steuersenkungsgesetzes nun sogar ganz steuerfrei werden sollen. Es muss daher geklärt werden, wie sich die teilweise Steuerbefreiung, bzw. die vollkommene Steuerbefreiung auf die Beurteilung der Ansässigkeit auswirkt. Im Hinblick auf die regulated investment companies ist zu klären, ob die Minderung der Bemessungsgrundlage durch die Ausschüttungen an die Anteilseigner die Ansässigkeit beeinträchtigt.

Im Rahmen des DBA - USA ist die Sonderregelung des Art. 4 Abs. 1 lit. b DBA - USA zu beachten.

3.2.2.2. Der Begriff der Ansässigkeit

3.2.2.2.1. Persönlich - Örtliche Anknüpfungspunkte

Die Ansässigkeit ist die zweite allgemeine Voraussetzung des Abkommenszugangs.[638] Sie eröffnet der betreffenden Person den Zugang zu dem Abkommensnetz des Ansässigkeitsstaates. Die Ansässigkeit ist ein eigenes Merkmal, das neben die Frage der Personeneigenschaft tritt.[639] Während die Personeneigenschaft die Frage beantwortet, welche Art von Gebilden sich überhaupt auf die Vorteile eines Abkommens berufen können und wem die Einnahmen grenzüberschreitender Aktivität zuzurechnen sind, stellt die Ansässigkeit Anforderungen an die Beziehung dieser Person zu dem Vertragsstaat.

Die Ansässigkeit klärt auch, welcher Staat in einem grenzüberschreitenden Vorgang der Wohnsitz- oder Sitzstaat im Sinne der Abkommen ist. Dies ist im Rah-

---

[638] In Ausnahmefällen verzichten die Abkommen auf das Erfordernis der Ansässigkeit, so in Art. 28 Abs. 6 DBA Österreich - Schweiz, dazu Firlinger, Die abkommensrechtliche Ansässigkeit und die Methoden zur Vermeidung der Doppelbesteuerung, Seite 309, Fußnote 5.

[639] Wassermeyer, in: Debatin / Wassermeyer, DBA, Art. 1 OECD-MA, Rz 36.

men der Verteilungsnormen und der Methodenartikel von Bedeutung. Es wird festgelegt, welchem Staat die Besteuerungsrechte des Wohnsitz-, bzw. Sitzstaates zukommen und welcher Staat die ausländische Steuer anrechnen muss oder auf sein Besteuerungsrecht im Rahmen der Abkommen verzichtet. Aus diesem Grund kann es immer nur einen Ansässigkeitsstaat geben, der nach Art. 4 Abs. 2 und 3 OECD - MA zu bestimmen ist.[640]

Berücksichtigt man die beiden wichtigsten Funktionen der Ansässigkeit: Bestimmung des Sitzstaates und Zugang zum Abkommensnetz dieses Staates, dann wird man die Regelungen, die über die Ansässigkeit entscheiden, als Kollisionsnormen bezeichnen dürfen. Die aus dem Internationalem Privatrecht stammende Unterscheidung zwischen Kollisions- und Sachnormen kann nicht ohne weiteres in das Abkommensrecht übernommen werden. Im Internationalen Privatrecht versteht man unter Kollisionsnormen solche Regelungen, die nicht eine Rechtsfolge anordnen, sondern die anzuwendende Rechtsordnung bestimmen.[641] Die Normen des Abkommensrechts erklären im allgemeinen keine Rechtsordnung für anwendbar. Das Besteuerungsrecht steht einem Staat auf Grund seiner Souveränität zu. In den Abkommen verpflichtet er sich teilweise zum Verzicht auf dieses Recht, bzw. die Besteuerungsrechte werden verteilt, oder zugeteilt. Der Dividendenartikel z.B. verteilt das Besteuerungsrecht zwischen Quellen- und Ansässigkeitsstaat. Daher kann man nicht von Kollisionsnormen sprechen.[642] Anders liegt es allerdings mit dem Ansässigkeitsartikel. Er nimmt direkt keine Verteilung des Steuergutes vor. Vielmehr eröffnet er den Abkommenszugang und legt fest, welcher Staat der Ansässigkeitsstaat ist. Er bestimmt damit, welches Abkommensnetz einem Steuersubjekt auf Grund persönlicher Bindung zu einem Vertragsstaat zur Verfügung stehen soll. Damit entscheidet er, ob die Abkommen eines Staates einer Person zur Verfügung stehen. Ist er in Staat A ansässig, dann kann er die Abkommen, die Staat A abgeschlossen hat, grundsätzlich in Anspruch nehmen. Ist er hingegen in Staat B ansässig, dann er kann die Abkommen, die Staat B abgeschlossen hat, in Anspruch nehmen. Damit kann man die Ansässigkeitsregelung als Kollisionsnorm bezeichnen.

Da die Abkommen von zwei Vertragsstaaten geschlossen werden, den Abkommensberechtigten aber auf Grund ihrer self-executing-Wirkung direkt Vorteile zusprechen, muss die Abkommensberechtigung an Kriterien gebunden sein, die eine Verbindung zwischen dem Vertragsstaat und denjenigen, die sich auf die Vorteile des Abkommens berufen wollen, herstellen. Gesucht wird also nach einem Bindeglied zwischen Person und Vertragsstaat, das die Inanspruchnahme der Abkommensvorteile rechtfertigt.

Auch das nationale Steuerrecht benötigt Anknüpfungspunkte, um zu beurteilen, welche Personen, bzw. welche Einnahmen seiner Besteuerung unterliegen. Diese Anknüpfungspunkte sind Kollisionsnormen, denn sie legen fest, wann das nationa-

---

640 Wassermeyer, in: Debatin / Wassermeyer, DBA, Art. 4 OECD-MA, Rz 2.

641 Kegel / Schurig, Internationales Privatrecht, § 1 VIII, Seite 52.

642 Mössner, Auslegung, Seite 416.

le Steuerrecht anwendbar ist.[643] Als Rechtfertigung für die Besteuerung dienen einmal die besondere persönliche Beziehung des Steuersubjektes zu dem Staat, andererseits eine sachliche Verknüpfung der Einnahmen mit diesem.[644] Da die persönliche Beziehung eine weitreichendere Anknüpfung darstellt, rechtfertigt sie auch eine weitreichendere Besteuerung, zumeist in Form der Besteuerung des Welteinkommens der Person (Welteinkommensprinzip, Totalitätsprinzip).[645] Man spricht von unbeschränkter Steuerpflicht.[646] Ist eine solche nicht vorhanden, dann ist zu prüfen, ob nicht eine sachliche Verknüpfung zwischen den Einnahmen und dem Staat besteht. Sollte dies zu bejahen sein, dann kann der Staat diese Einnahmen, zu denen die Verknüpfung besteht, besteuern (Territorialitätsprinzip, Ursprungsprinzip). Man spricht von beschränkter Steuerpflicht.[647] Auch das Betriebsstättenprinzip begründet die beschränkte Steuerpflicht, ist aber Ausdruck einer persönlichen Beziehung eines Unternehmens zum Quellenstaat und beruht daher auf einer persönlichen Verknüpfung.

Mögliche Anknüpfungspunkte der unbeschränkten Steuerpflicht sind Staatsangehörigkeit oder aber Wohnsitz, Sitz, tatsächlicher Aufenthalt, Ort der Geschäftsleitung, usw. Zumeist trifft das Steuerrecht eigene Beurteilungen dieser Begriffe, die vom allgemeinen Recht abweichen.[648] So weit juristische Personen betroffen sind, knüpft das deutsche Steuerrecht an den satzungsmäßigen Sitz, § 11 AO[649] und das französische Steuerrecht an den Ort der Geschäftsleitung an.[650] Das schweizerische Steuerrecht stellt auf den Ort der tatsächlichen Verwaltung ab.[651] Im Gegensatz dazu ist nach U.S.-amerikanischem Recht der Ort der Gründung entscheidend.[652] In Großbritannien werden dort gegründete Unternehmen und ausländische Unternehmen, deren Verwaltung und Kontrolle im Inland ausgeübt wird, der unbeschränkten Steuerpflicht unterworfen.[653]

Obwohl nationales Steuerrecht und Abkommensrecht zwei voneinander zu unterscheidende Regelungskreise sind, verbindet der Ansässigkeitsartikel diese. Ansässig ist, wer auf Grund eines persönlichen Näherverhältnisses nach dem Recht des Ansässigkeitsstaates dort der Besteuerung unterliegt, Art. 4 Abs. 1 Satz 1 OECD-MA. Besteht die Steuerpflicht nur auf Grund einer sachlichen Verknüpfung zwi-

---

[643] Vgl. Mössner, Auslegung, Seite 414.

[644] Firlinger, Die abkommensrechtliche Ansässigkeit und die Methoden zur Vermeidung der Doppelbesteuerung, Seite 309.

[645] Tipke / Kruse, AO, vor § 8, Rz 5.

[646] Tipke / Lang, Steuerrecht, § 9, Rz 25, Seite 227.

[647] Tipke / Lang, Steuerrecht, § 9, Rz 25, Seite 228.

[648] Tipke / Kruse, AO, § 8, Rz 2.

[649] Tipke / Lang, Steuerrecht, § 9, Rz 25, Seite 227.

[650] Kramer, in: Debatin / Wassermeyer, DBA, Art. 2 DBA-Frankreich, Rz 39.

[651] Hardt, in: Debatin / Wassermeyer, DBA, Art. 4 DBA-Schweiz, Rz 56.

[652] Wolff, in: Debatin / Wassermeyer, DBA, Art. 4 DBA-USA, Rz 28.

[653] Mc Gowan, in: Debatin / Wassermeyer, DBA, Art. II DBA-GB, Rz 71.

schen Einnahmen und dem Staat, dann folgt daraus nicht die Ansässigkeit, Art. 4 Abs. 1 Satz 2 OECD - MA.[654]

Im Gegensatz zum Begriff der Rechtsperson kommt bei der Bestimmung des Begriffs der Ansässigkeit die allgemeine Auslegungsregel des Art. 3 Abs. 2 OECD - MA mit der Verweisung auf die lex fori nicht zur Anwendung.[655] Vielmehr ordnet Art. 4 Abs. 1 OECD - MA eigenständig die Anwendung der Gesetze des Wohnsitzstaates an. Ob eine Person ansässig ist, ist daher alleine nach dem Recht des Ansässigkeitsstaates zu beurteilen.[656] Dem Ansässigkeitsstaat steht damit eine gewisse Freiheit zu, Personen als ansässig und damit als abkommensberechtigt zuzulassen.[657] Dies ist nur insoweit begrenzt, als dass das Abkommensrecht eine ausreichende ortsbezogene Beziehung als Anknüpfungspunkt voraussetzt.[658]

Der Quellenstaat kann zwar die Voraussetzungen der Ansässigkeit selbstständig prüfen. Dies tut er aber nicht auf Grund seines eigenen Rechts, sondern anhand des Rechtes des Ansässigkeitsstaates.[659] Divergierende Entscheidungen können daher ganz im Gegensatz zu Art. 3 Abs. 2 OECD - MA nicht mehr auf Grund der Anwendung unterschiedlicher nationaler Regelungen, sondern nur noch auf Grund divergierender Auslegungen desselben Rechts entstehen.[660]

Da der Abkommenszugang primär von Personeneigenschaft und Ansässigkeit abhängt, entscheidet sich ein Qualifikationskonflikt auch anhand beider Merkmale (s.o. 3.2.1.1.1). Die Ansässigkeit repräsentiert dabei die Sichtweise des Sitzstaates, während Ausgangspunkt der Personeneigenschaft die Sichtweise des Anwendestaates unter Berücksichtigung des Abkommenszusammenhangs ist. Ist aus der Sichtweise des Sitzstaates eine Einheit kein Steuersubjekt, dann bleibt ihr der Abkommenszugang immer verschlossen.

Als Anknüpfungspunkte für die Ansässigkeit werden genannt: Wohnsitz, ständiger Aufenthalt, Ort der Geschäftsleitung und ähnliche Merkmale, Art. 4 Abs. 1 Satz 1 OECD - MA. Eine sachliche Anknüpfung wird durch Satz 2 dieser Regelung ausgeschlossen.

Das DBA-Frankreich übernimmt in Art. 2 Abs. 1 Nr. 4 lit. a die Regelung des OECD-MA. Das DBA-USA fügt in Art. 4 Abs. 1 noch den Ort der Gründung hinzu und enthält im OECD-MA nicht vorhandene Regelungen für trusts, Per-

---

[654] Firlinger, Die abkommensrechtliche Ansässigkeit und die Methoden zur Vermeidung der Doppelbesteuerung, Seite 310.

[655] Mit Ausnahme von Abkommen, die eine vergleichbare Bezugnahme auf den Staat des Wohnsitzes nicht kennen, DBA USA - Südafrika, Shannon, Intertax 1988, Seite 205 ff. (210).

[656] Wassermeyer, in: Debatin / Wassermeyer, DBA, Art. 4 MA, Rz 37.

[657] Firlinger, Die abkommensrechtliche Ansässigkeit und die Methoden zur Vermeidung der Doppelbesteuerung, Seite 316.

[658] Wassermeyer, in: Debatin / Wassermeyer, DBA, Art. 4 MA, Rz 31.

[659] Vogel, DBA, Art. 4, Rz 25.

[660] Wassermeyer, in: Debatin / Wassermeyer, DBA, Art. 4 MA, Rz 34.

sonengesellschaften und Nachlässe. Die Abkommen mit Großbritannien und mit der Schweiz verweisen auf die unbeschränkte Steuerpflicht in der Bundesrepublik, Art. II Abs. 1 lit. h DBA-GB, Art. 4 Abs. 1 DBA-Schweiz. Damit wird die Ansässigkeit nicht ausschließlich von denen im OECD-MA genannten ortsbezogenen Merkmalen abhängig gemacht. Es können z.B. auch die in § 1 Abs. 2 EStG genannten Personen (Botschaftsangehörige usw.) in Deutschland ansässig sein.[661]

3.2.2.2.2. Ist die Steuersubjekteigenschaft Voraussetzung für die Ansässigkeit ?

Die Steuersubjekteigenschaft wurde bereits aus der Sicht des Anwendestaates im Rahmen der Feststellung der Eigenschaft als Gesellschaft diskutiert. Fraglich ist, ob die Steuersubjekteigenschaft auch aus der Sicht des Ansässigkeitsstaates gegeben sein muss.

Vogel und *Debatin* wollen auf die Steuerpflicht und die Steuersubjekteigenschaft im Sitzstaat ganz verzichten und die Ansässigkeit bereits dann bejahen, wenn alleine die die unbeschränkte Steuerpflicht begründende räumliche Beziehung zu dem Sitzstaat vorhanden ist.[662] Nicht notwendig sei die Steuersubjekteigenschaft.[663] Eine irgendwie geartete steuerliche Eigenständigkeit, wie die Übernahme verfahrensrechtlicher Pflichten, soll ausreichen. Nach dieser Auffassung können damit auch Personengesellschaften, die im Sitzstaat nicht steuerpflichtig sind, ansässig sein.[664]

Vogel begründet seine Auffassung damit, dass die Steuersubjekteigenschaft bereits im Rahmen des Personenartikels überprüft worden sei und daher hier nicht erneut Gegenstand der Untersuchung sein müsse.[665] Aus seiner Sicht ist dies auch konsequent, da er, entgegen der hier vertretenen Auffassung, die Personeneigenschaft ja bereits aus der Sicht der Sitzstaates beurteilen möchte. Eine erneute Beurteilung der Steuersubjekteigenschaft ist dann überflüssig. Dies gilt freilich nur, wenn die Steuersubjekteigenschaft Voraussetzung der Personeneigenschaft war, also nur dann, wenn die fragliche Einheit sich nicht als Personenvereinigung qualifiziert hat.

---

[661] Für das DBA-Schweiz: Hardt, in: Debatin / Wassermeyer, DBA, Art. 4 DBA-Schweiz, Rz 4.

[662] Vogel, DBA, Art. 1, Rz 25a, etwas unklar Jacobs, Internationale Unternehmensbesteuerung, Seite 490 "in der Regel unbeschränkt steuerpflichtig", Debatin, BB 1989, Beilage 2, Seite 7, die britische Steuerverwaltung, siehe Berner, TPI 1992 / 7, 11, 17, und das österreichische Finanzministerium, SWI 1993, Seite 238, dagegen Firlinger, SWI 1991, Seite 222 (223), siehe auch öst. BMF vom 22.06.93 für U.S.-amerikanische S- corporations, die sich in den USA als partnership besteuern lassen, in SWI 1993, Seite 238 (unten).

[663] Vogel, DBA, Art. 4, Rz 24a.

[664] Vogel, DBA, Art. 1, Rz 25a, Debatin / Walter, DBA - USA, Art. 4, Rz 32, Seite 11.

[665] Vogel, DBA, Art. 1, Rz 25a.

Nach *Debatin* erlaube das Abkommensrecht nicht, den Begriff der Ansässigkeit "in sklavischer Einengung auf die unbeschränkte Steuerpflicht auszulegen"[666] Er hält es für ausreichend, dass die Person einer "eigenständigen Steuererfassung" unterliegt.[667] Möglich ist nach seiner Ansicht, dass eine Person nicht unbeschränkt steuerpflichtig ist und dennoch genügend "steuerliche Eigensubstanz" verkörpert, um ansässig sein zu können.[668]

Gegen diese Auffassung spricht aber der Wortlaut des Art. 4 Abs. 1 OECD - MA, der eindeutig die Steuerpflicht anspricht.[669] "Steuerliche Eigensubstanz" oder die selbstständige "Steuererfassung" reichen dafür nicht aus. Für die Ansässigkeit ist zwar nicht Voraussetzung, dass tatsächlich Steuern gezahlt werden oder ob dies auf Grund von Billigkeitsmaßnahmen oder auf Grund des Bezugs steuerfreier Einkünfte unterbleibt.[670] Die Steuersubjekteigenschaft aus Sicht des Ansässigkeitsstaates ist aber Voraussetzung für die Ansässigkeit. Die Ansässigkeit beruht auf einem persönlich - örtlichen Verhältnis zum Ansässigkeitsstaat. Ein solches Verhältnis kann aber nur zu einem Steuersubjekt bestehen.

Die Ansässigkeit setzt somit voraus, dass der Steuerpflichtige aus der Sicht des Sitzstaates ein Steuersubjekt ist.

3.2.2.2.3. Ist die Besteuerung des Welteinkommens Voraussetzung für die Ansässigkeit ?

Knüpfen Ansässigkeit und unbeschränkte Steuerpflicht an denselben Merkmalen an und führt die unbeschränkte Steuerpflicht zu einer Besteuerung des Welteinkommens, dann stellt sich die Frage, ob auch die Ansässigkeit voraussetzt, dass das Welteinkommen besteuert wird.

Einige Autoren vertreten, dass die Ansässigkeit die unbeschränkte Steuerpflicht und damit die Besteuerung des Welteinkommens im Ansässigkeitsstaat voraussetzt.[671]

Dies ist abzulehnen. Die Voraussetzungen der Ansässigkeit klingen ähnlich wie die der unbeschränkten Steuerpflicht.[672] Die Begriffe sind verwandt.[673] Beachtet werden muss aber, dass das Abkommensrecht eine eigene Begriffswelt schafft und damit nicht ohne weiteres auf die Begriffe des nationalen Rechts zurückgegriffen

---

[666] Debatin, BB 1989, Beilage 2, Seite 7, zur Problematik des eventuellen Verstoßes gegen EU - Grundfreiheiten, Jann, SWI 1996, 400.

[667] Debatin, BB 1989, Beilage 2, Seite 7.

[668] Debatin, BB 1989, Beilage 2, Seite 7.

[669] Becker / Höppner / Grotherr / Kroppen, DBA, Art. 1, Rz 38.

[670] Wassermeyer, in: Debatin / Wassermeyer, DBA, Art. 4 OECD - MA, Rz 25.

[671] Van Raad, ET 1988, 241, Djanani, Internationales Steuerrecht, Seite 138.

[672] Zur Vereinbarkeit der Beschränkung der Ansässigkeit auf unbeschränkt Steuerpflichtige mit dem EG-Recht: Jann, SWI 1996, Seite 400.

[673] Wassermeyer, in: Debatin / Wassermeyer, DBA, Art. 4 OECD-MA, Rz 2.

werden kann. Dies zeigt auch die Tatsache, dass nach § 1 Abs. 2 und 3 EStG in Deutschland auch Personen ohne die notwendige persönlich - örtliche Bindung der unbeschränkten Steuerpflicht unterliegen können. Ansässigkeit und unbeschränkte Steuerpflicht müssen nicht immer gleichlaufen.[674]

Außerdem ist zu beachten, dass die Besteuerung des Welteinkommens eine Sachnorm ist, während die Anknüpfungspunkte der Ansässigkeit - wie auch die der unbeschränkten Steuerpflicht - Kollisionsnormen sind, die die Anwendbarkeit der Abkommensvorteile, bzw. des nationalen Steuerrechts anordnen. Die Besteuerung des Welteinkommens hingegen ist eine Sachnorm, da sie anordnet, dass von einem unbeschränkt Steuerpflichtigen das ganze Einkommen zur Festsetzung der Steuer herangezogen wird. Alleine der unterschiedliche Regelungsgehalt dieser Normengruppen, verbietet den Schluss, dass die Besteuerung des Welteinkommens Voraussetzung der Ansässigkeit ist. Denn Sachnormen enthalten immer Rechtsfolgen während Kollisionsnormen lediglich die Anwendbarkeit einer Rechtsordnung anordnen. Zwar sind Ansässigkeit und die Voraussetzungen der unbeschränkten Steuerpflicht miteinander verknüpft. Die Besteuerung des Welteinkommens ist aber die Rechtsfolge der unbeschränkten Steuerpflicht. Da Kollisionsnormen keine Rechtsfolgen haben, enden die Gemeinsamkeiten hier insoweit.

Die Bezugnahme auf nationales Recht kann ferner nur auf Grund ausdrücklicher Anordnung oder im Rahmen von Art. 3 Abs. 2 OECD - MA erfolgen. Falsch wäre es, sich über den Abkommenswortlaut hinwegzusetzen, die Bezugnahme auf das nationale Recht auszuweiten und Vorstellung des nationalen Rechts in die Abkommen hineinzulesen. Genau dies geschieht aber, wenn man auf Grund der Ähnlichkeit der Ausformulierung der Ansässigkeit und der unbeschränkten Steuerpflicht diese Begriffe gleichsetzt.

Unbeschränkte Steuerpflicht als Anknüpfungspunkt des nationalen Steuerrechts und die abkommensrechtliche Ansässigkeit unterscheiden sich schließlich dadurch, dass eine Person in einer unendlichen Vielzahl von Staaten unbeschränkt steuerpflichtig sein kann, aber auf Grund der Regelung des Art. 4 Abs. 2 OECD - MA nur in einem Staate ansässig ist.[675] Dies ist auf die unterschiedlichen Funktionen der Begriffe zurückzuführen. Unterschiede in der Funktion rechtfertigen aber auch eine abweichende Deutung der Begriffe.

Reicht einerseits "steuerliche Eigensubstanz" nicht aus, um die Ansässigkeit zu begründen (s.o. 3.2.2.2.2), und ist andererseits die unbeschränkte Steuerpflicht im Sinne des nationalen Rechts nicht erforderlich, dann ist ausreichend, dass die Steuerpflicht auf Grund persönlicher örtlicher Beziehung zu dem Ansässigkeitsstaat entsteht.[676] Im Gegensatz dazu steht die Steuerpflicht auf Grund sachlicher An-

---

[674] Wassermeyer, in: Debatin / Wassermeyer, DBA, Art. 1 OECD-MA, Rz 36.

[675] Wassermeyer, in: Debatin / Wassermeyer, DBA, Art. 4 OECD-MA, Rz 2.

[676] Firlinger, Die abkommensrechtliche Ansässigkeit und die Methoden zur Vermeidung der Doppelbesteuerung, Seite 317.

knüpfung, die die Ansässigkeit nicht begründet. Welche Folgen die Besteuerung auf Grund persönlicher Anknüpfung hat, ist nicht von Bedeutung.

So können Personen aus Staaten, die dem Territorialgrundsatz folgen und damit nicht das Welteinkommen besteuern, ebenfalls ansässig sein.[677]

Diese Auslegung entspricht auch dem Wortlaut des Art. 4 Abs. 1 OECD-MA, der zwar eine Steuerpflicht auf Grund einer ortsbezogenen Bindung zu dem Sitzstaat voraussetzt. Er verlangt aber nicht, dass das gesamte Einkommen der Person dort der Besteuerung unterliegt. Er bezieht sich nur auf die Voraussetzungen und nicht auf die Folgen der unbeschränkten Steuerpflicht.

Der Musterkommentar verweist auf die unbeschränkte Steuerpflicht und das Welteinkommensprinzip, da im Regelfall die ausreichende örtliche Bindung einer Person zu dem Sitzstaat die unbeschränkte Steuerpflicht unter Anwendung des Welteinkommensprinzips hervorruft. Er deutet aber auch an, dass das Welteinkommensprinzip nicht Voraussetzung für die Ansässigkeit ist, Art. 4, Ziffer 8, und führt als Beispiel dafür Gesellschaften, deren ausländische Einnahmen steuerbefreit sind, auf. Demnach verzichtet auch der Musterkommentar auf eine Besteuerung des Welteinkommens.

Die Abkommen mit Großbritannien und der Schweiz nehmen die Ansässigkeit bei unbeschränkter Steuerpflicht in Deutschland an. Man kommt zu demselben Ergebnis. Der Verweis auf die unbeschränkte Steuerpflicht soll nicht etwa bedeuten, dass eine Steuerbefreiung die Ansässigkeit ausschließt. Vielmehr werden auch hier nur die Anknüpfungspunkte der unbeschränkten Steuerpflicht angesprochen, nicht aber deren Folgen.[678]

Demnach wird hier vertreten, dass die Ansässigkeit Steuersubjekteigenschaft und Steuerpflicht auf Grund persönlich örtlicher Beziehung voraussetzt. Der Umfang der Steuerpflicht ist nicht von Bedeutung. Die Besteuerung des Welteinkommens ist nicht Voraussetzung für die Ansässigkeit.

3.2.2.2.4. Die Auswirkungen einer (persönlichen) Steuerbefreiung

Geklärt wurde, dass die Ansässigkeit die Steuersubjekteigenschaft aus Sicht des Ansässigkeitsstaates, nicht aber die Besteuerung des Welteinkommens voraussetzt. Die Steuerpflicht muss auf Grund einer persönlich - örtlichen Beziehung zum Ansässigkeitsstaat bestehen. Zu klären bleibt die Frage, ob Steuersubjekte, die von der Steuerpflicht befreit werden, ansässig sein können.[679]

---

[677] Firlinger, Die abkommensrechtliche Ansässigkeit und die Methoden zur Vermeidung der Doppelbesteuerung, Seite 317.

[678] Vgl. für das DBA-Schweiz: Hardt, in: Debatin / Wassermeyer, DBA, Art. 4 DBA-Schweiz, Rz 18.

[679] Zu diesem Problem bereits: Viersen, Status as a resident of a treaty country, Seite 66.

Steuerbefreite Personen sind Steuersubjekte, die auf Grund besonderer steuerpolitischer Erwägungen von der Steuerpflicht freigestellt werden. Gegen ihre Ansässigkeit spricht, dass eine Doppelbesteuerung gar nicht eintreten kann, da sie in ihrem Ansässigkeitsstaat gar nicht besteuert werden. Den Schutz der Doppelbesteuerungsabkommen benötigen sie gar nicht. Das Hauptargument für eine Verweigerung der Abkommensvorteile besteht also darin, dass steuerbefreite Organisationen gar keine Steuern bezahlen.

Einige Staaten wollen nämlich die Ansässigkeit so auslegen, dass diese die Steuerpflicht der betroffenen Einnahmen voraussetzt. Sie legen das Erfordernis der Ansässigkeit daher im Sinne einer subject-to-tax-Klausel aus.[680]

Eine solche Auffassung widerspricht aber dem Grundsatz des Verbots der virtuellen Doppelbesteuerung.[681] Demnach kommt es für die Anwendbarkeit der Doppelbesteuerungsabkommen und für den persönlichen Abkommensschutz[682] nicht darauf an, ob der Wohnsitzstaat wirklich besteuert.

Auch hier kann man wieder auf den Unterschied von Kollisions- und Sachnormen hinweisen. Die Steuerbefreiung ist eine Sachnorm. Die Ansässigkeit ist eine Kollisionsnorm. Allein auf Grund dieser Tatsache, kann man die Steuerpflicht nicht als Voraussetzung der Ansässigkeit ansehen (s.o. 3.2.2.2.3).

Es verwundert nicht, dass gerade *Vogel* steuerbefreiten Körperschaften die Ansässigkeit zugesteht.[683] Er verlangt bereits gar nicht, dass Steuersubjekteigenschaft im Ansässigkeitsstaat vorliegt. Dies geht freilich zu weit. Die Steuersubjekteigenschaft ist Voraussetzung für die Ansässigkeit. Sie liegt aber bei steuerbefreiten Körperschaften vor. Die Steuerbefreiung lässt die Subjekteigenschaft unberührt.

Steuerbefreiungen können entweder sachlich, d.h. für bestimmte Einkünfte, oder aber persönlich, d.h. für bestimmte Personen, gelten. Es ist eine Frage des nationalen Rechts, ob ein Staat eine steuerpolitisch gewollte Steuerbefreiung als persönliche oder sachliche umsetzt. Es darf daher für das Abkommensrecht keinen Unterschied machen, welche Lösung der Staat wählt. Eine sachliche Steuerbefreiung wird den Abkommenszugang nicht ausschließen, da er die Personeneigenschaft und die grundsätzliche Steuerpflicht nicht berührt. Es wäre daher unbillig, den Abkommenszugang bei einer persönlichen Steuerbefreiung zu verweigern.[684]

---

680 Krabbe, Helmut, IStR 2000, Seite 198, vgl. Le Gall, Intertax 1989, Seite 365.

681 Sorgenfrei, IStR 1994, Seite 472.

682 Wassermeyer, in: Debatin / Wassermeyer, DBA, Art. 1 OECD-MA, Rz 18.

683 Vogel, DBA, Art. 1, Rz 25 a.

684 So wohl auch Wassermeyer, in: Debatin / Wassermeyer, DBA, Art. 1 OECD-MA, Rz 23 (unklar, ob dies auch auf die Ansässigkeit bezogen ist), Art. 4 OECD-MA, Rz 25: abstrakt persönliche Steuerpflicht reicht aus).

Zusammengefasst gesagt, setzt die Ansässigkeit die Steuersubjekteigenschaft, nicht aber die Steuerpflicht voraus. Damit sind steuerbefreite Steuersubjekte, wie z.B. wohltätige Organisationen ansässig.[685] Personengesellschaften, die nach dem Recht ihres Sitzstaates keine Steuersubjekte sind, können hingegen nicht ansässig sein.

Die Beschränkung der Abkommensvorteile nur für steuerpflichtige Einnahmen lässt sich durch Rückfallklauseln (subject-to-tax-Klauseln) erreichen.[686] Das Erfordernis der Ansässigkeit sollte aber mit diesen nicht vermengt werden.

3.2.2.2.5. Bestimmung der Ansässigkeit nach Art. 4 Abs. 1 DBA - USA

Das DBA - USA weicht von dem Musterabkommen in zwei Punkten wesentlich ab. Zum einen übernimmt es neben den ortsbezogenen Merkmalen auch die personenbezogenen des US - MA. Für nicht natürliche Personen ist insoweit wichtig, dass neben dem Ort der Geschäftsleitung auch der Ort der Gründung der Gesellschaft maßgeblich ist.

Zum anderen enthält es Spezialvorschriften für die Behandlung von trusts, Personengesellschaften (partnerships) und Nachlässen (estates) im Sinne einer partiellen Abkommensberechtigung.[687] Demnach werden diese Gebilde grundsätzlich als ansässig behandelt. Allerdings nicht insoweit, als dass die Gesellschafter oder Nutzungsberechtigten einerseits oder aber das Gebilde andererseits nicht in dem Ansässigkeitsstaat steuerpflichtig sind. Es kommt also darauf an, dass die Erträge dieser Einheiten entweder auf der Ebene des partnerships, trusts oder estates selber oder aber auf Ebene des Gesellschafters oder der beneficiaries im Ansässigkeitsstaat besteuert werden.[688] Die Regelung weitet damit die Ansässigkeit im Sinne einer subject-to-tax- Regelung aus.[689]

3.2.2.2.6. Zusammenfassung: Voraussetzungen der Ansässigkeit

Ansässig ist, wer als Steuersubjekt aus Sicht des Ansässigkeitsstaates auf Grund der im Ansässigkeitsstaat genannten Merkmale eine persönlich-örtliche Beziehung zum Ansässigkeitsstaat aufweist. Nicht von Bedeutung ist, ob die Person steuerbefreit ist oder mit ihrem Welteinkommen besteuert wird.

Das DBA-USA enthält Sonderregelungen, die beachtet werden müssen.

---

685 So auch die britische Steuerverwaltung, siehe Berner, TPI 1992, Seite 11 ff. Seite 17 rechts oben.

686 Vgl. zu diesen: Vogel, DBA, vor Art. 6 -22, Rz 19.

687 Wolff, in: Debatin / Wassermeyer, DBA, Art. 4 DBA - USA, Rz 41.

688 Wolff, in: Debatin / Wassermeyer, DBA, Art. 4 DBA - USA, Rz 41.

689 Vgl. Vogel, DBA, vor Art. 6 - 22, Rz 19 ff.

3.2.2.3. Die Ansässigkeit der verschiedenen Investmentfonds

3.2.2.3.1. Deutsches KAGG - Sondervermögen

3.2.2.3.1.1. Allgemeines, Ansässigkeit nach dem OECD-MA

Die Ansässigkeit eines deutschen Sondervermögens wird häufig mit dem Argument verneint, das Sondervermögen sei transparent und könne damit nicht abkommensberechtigt sein.[690] Diese pauschale Beurteilung ist aber abzulehnen. Sie verkennt sowohl das Besteuerungssystem der Investmentfonds als auch den Begriff der Ansässigkeit.

Wie bereits dargestellt ist das Sondervermögen nur teilweise transparent. Es ist Körperschaftsteuersubjekt und erfüllt damit die erste Voraussetzung der Ansässigkeit.[691] Bisher unterliegt das Sondervermögen der Ausgleichssteuer auf den Dividendenanteil. Ausländische Dividendeneinnahmen unterliegen dieser nicht (2.2.4.6.1.1.). Fällt die Ausgleichssteuer nach dem Steuersenkungsgesetz weg, dann ist das Sondervermögen völlig steuerbefreit.

Nach bisheriger Rechtslage unterliegen deutsche Sondervermögen der Ausgleichssteuer. Die Steuerpflicht muss, um die Ansässigkeit zu begründen, auf Grund einer persönlich - örtlichen Beziehung zum Ansässigkeitsstaat bestehen. Dies ist dann der Fall, wenn die nach § 38 Abs. 1 Satz 1 KAGG entstehende Steuerpflicht nur bei solchen Investmentfonds entsteht, deren Geschäftsleitung sich im Inland befindet, Art. 4 Abs. 1 Satz 1 OECD - MA.

Der Ort der Geschäftsleitung bestimmt sich, da deutsches Recht anwendbar ist, nach § 10 AO.[692] Ort der Geschäftsleitung ist der Mittelpunkt der geschäftlichen Oberleitung und damit der Ort, an dem die geschäftsleitenden Entscheidungen getroffen werden.[693]

Da das Sondervermögen selbst über keine Organe verfügt und auch keine Entscheidungen treffen kann, ist auf die Geschäftsleitung der Kapitalanlagegesellschaft abzustellen, denn diese verwaltet das Sondervermögen und übernimmt das Fondsmanagement. Die Kapitalanlagegesellschaft muss nach § 1 Abs. 3 Satz 2 KAGG Sitz und Hauptverwaltung im Inland haben. Nach *Beckmann* sollen diese Begriffe dem der Geschäftsleitung gleichen.[694] Demnach muss die Kapitalanlagegesellschaft ihre Geschäftsleitung im Inland haben, damit das KAGG anwendbar ist. Auch das Sondervermögen hat dann seinen Sitz im Inland. Daraus

---

690 Vgl. Täske, Nationalbericht Deutschland IFA - Kongress 1997, Nationalbericht Deutschland, Seite 463, derselbe in FS Flick, Seite 598, Berner, TPI 1992, 11.

691 Wassermeyer, in: Debatin / Wassermeyer, DBA, Art. 4, Rz 30, a.A. Vogel, DBA, Art. 4 Rz 24a, dazu später.

692 Vogel, DBA, Art. 4, Rz 25 und 26a.

693 Mössner, in: Mössner, Steuerrecht international tätiger Unternehmen, B 58, Seite 82.

694 Beckmann, in: Beckmann / Scholtz, Investmenthandbuch, 425, § 1 KAGG, Rz 31.

folgt, dass die Anordnung der Steuersubjekteigenschaft und die Steuerpflicht, dem das Sondervermögen unterliegt, von dem Sitz der Geschäftsleitung (der Kapitalanlagegesellschaft) im Inland abhängig ist. Investmentfonds mit Sitz im Ausland unterfallen nicht dem Anwendungsbereich des KAGG, sondern eventuell dem des AuslInvestmG.[695] Die Ausgleichssteuer besteht daher auf Grund einer persönlich - örtlichen Beziehung.

Im Ergebnis ist das Sondervermögen daher trotz teilweiser Transparenz auf Grund der bestehenden Steuerpflicht und der Ausgleichssteuerpflicht ansässig. Die teilweise Steuerpflicht reicht aus, um die Ansässigkeit zu begründen. Die Befreiung ausländischer Einnahmen verhindert die Ansässigkeit nicht (siehe. oben 3.2.2.2.3).

Fällt nun die Ausgleichssteuer weg, dann fehlt das wesentliche Argument, das die Ansässigkeit der Sondervermögen begründet. Diese sind dann steuerfrei. Allerdings ist bereits nachgewiesen worden, dass auch steuerbefreite Steuersubjekte ansässig sein können (s.o. 3.2.2.2.4). Die Steuerbefreiung schadet daher dem Sondervermögen nicht. Es ist weiterhin ein Steuersubjekt aus deutscher Sicht. Diese Steuersubjekteigenschaft besteht auf Grund der Anordnung des § 38 Abs. 1 Satz 1 KAGG und ist davon abhängig, dass die Kapitalanlagegesellschaft Sitz bzw. Geschäftsleitung im Inland hat. Das Sondervermögen ist daher auf Grund einer persönlich - örtlichen Beziehung zur Bundesrepublik Steuersubjekt.

3.2.2.3.1.2. DBA-USA

Wie bereits angesprochen enthält das DBA - USA eine spezielle Regelung, die die Ansässigkeit von partnerships, trusts und estates einschränkt. Auf Grund der Vergleichbarkeit der Vertragslösung des KAGG und der Trustlösung des U.S.-amerikanischen Rechts und auf Grund der teilweisen Transparenz könnte man erwägen, diese Regelung auch auf Sondervermögen anzuwenden. Demnach wären deutsche KAGG - Sondervermögen nur partiell abkommensberechtigt. Dennoch ist davon auszugehen, dass diese Regelungen nur für trusts amerikanischen Rechtes gelten.[696] Das DBA - USA erwähnt an anderer Stelle, nämlich in Art. 10 Abs. 4 DBA - USA, die Sondervermögen. Hätten die Vertragsparteien die Regelung des Art. 4 Abs. 1 lit. b DBA - USA auch auf Sondervermögen anwenden wollen, dann hätten sie diese dort ausdrücklich erwähnt oder die Regelung so formuliert, dass alle transparenten Gebilde unter diese Vorschrift zu subsumieren wären.

Ein Sondervermögen ist daher nach dem DBA-USA ansässig.

---

695 Beckmann, in: Beckmann / Scholtz, Investmenthandbuch, 445, § 1 AuslInvestmG, Rz 16.

696 Wolff, in: Debatin / Wassermeyer, DBA, Art. 4 DBA - USA, Rz 41.

3.2.2.3.1.3. DBA-Großbritannien

Die Ansässigkeit ist hier in Art. II Abs. 1 lit. i DBA-GB geregelt. Die britische Steuerverwaltung setzt für die Ansässigkeit voraus, dass Steuerpflicht besteht und verneint steuerbefreiten Investmentfonds auf Grund mangelnder Steuerpflicht die Abkommensvorteile.[697] Bereits widerlegt wurde, dass die Ansässigkeit die Steuerpflicht erfordert (s.o. 3.2.2.2.4.).

Somit sind Sondervermögen richtigerweise auf nach dem DBA-GB in Deutschland ansässig.

3.2.2.3.1.4. DBA-Frankreich

Art. 2 Abs. 1 Nr. 4 lit. a DBA-Frankreich enthält die Regelung der Ansässigkeit. Die französische Steuerverwaltung verneint steuerbefreiten Investmentfonds die Abkommensvorteile auf Grund mangelnder Ansässigkeit.[698] Es wurde aber bereits nachgewiesen, dass die Ansässigkeit die Steuerpflicht nicht erfodert (s.o. 3.2.2.2.4.).

Somit sind Sondervermögen auch nach dem DBA-Frankreich ansässig.

3.2.2.3.1.5. DBA-Schweiz

Eine Erörterung der Ansässigkeitsproblematik nach dem DBA-Schweiz erübrigt sich, da deutsche Sondervermögen dort als transparent angesehen werden (s.o. 3.2.1.2.1.3.5.).

3.2.2.3.2. Die U.S.-amerikanischen Investmentfonds

3.2.2.3.2.1. U.S.-amerikanische Regulated Investment Company des Gesellschaftstyps

3.2.2.3.2.1.1. Beurteilung nach dem OECD - Musterabkommen

Die U.S.-amerikanischen regulated investment companies des Gesellschaftstyps sind steuerpflichtige Personen, die nicht steuerbefreit sind, deren Bemessungsgrundlage durch Ausschüttungen an ihre Investoren aber gemindert wird. Es stellt sich damit die Frage, ob die Verkürzung der Bemessungsgrundlage die Ansässigkeit zerstören kann. Die Ausschüttungen an die Anteilseigner führen immerhin dazu, dass im Ergebnis die regulated investment company keine Steuern zahlen muss. Dies ist aber nicht Voraussetzung der Ansässigkeit. Die abstrakte Steuerpflicht reicht aus. Zweck der Ansässigkeit ist es, eine Person einem Staat zuzuordnen, um über die Abkommensberechtigung zu entscheiden. Für diese Zuordnung ist es aber nicht Voraussetzung, dass Steuern tatsächlich gezahlt wurden.

---

697 Hurley, Nationalbericht Großbritannien IFA - Kongress 1997, Seite 840.

698 Le Gall, Intertax 1989, Seite 365.

Die Verkürzung der Bemessungsgrundlage kann daher die Ansässigkeit nicht beeinträchtigen. Allein entscheidend nach der hier vertretenen Auffassung ist, dass die Besteuerung in den USA auf Grund der persönlich - örtlichen Verknüpfung eintritt. Dies ist der Fall.

3.2.2.3.2.1.2. Besonderheiten auf Grund von Art. 4 Abs. 1 lit. b DBA - USA

Vogel schließt aus der Regelung des Art. 4 Abs. 1 lit. b DBA - USA, dass regulated investment companies auf Grund ihrer Transparenz den trusts, Personengesellschaften und Nachlässen ähnlich sein und dass diese einschränkende Regelung auch auf regulated investment companies auszudehnen ist. Dem ist nicht zuzustimmen. Regulated investment companies hätten dort ausdrücklich genannt werden können. Dies ist aber nicht geschehen (s.o. 3.2.1.2.2.1.). [699].

Regulated investment companies sind daher nach dem DBA-USA ansässig.

3.2.2.3.2.2. Starrer Investmenttrust

Ein starrer Investmentfonds in Trustform wird nach U.S. - amerikanischem Steuerrecht als gewöhnlicher trust besteuert. Da ein inländischer trust[700] eigenständiges Steuersubjekt und als solches steuerpflichtig ist (s.o.), gilt er nach Art. 4 Abs. 1 OECD - MA als abkommensberechtigt.[701]

Allerdings enthält das auf dem USA - MA beruhende DBA - USA eine spezielle Regelung[702] in Art. 4 Abs. 1 lit. b DBA - USA, nach der trusts nur dann ansässig und damit abkommensberechtigt sind, wenn sie oder die beneficiaries in den USA besteuert werden.[703] Da diese Vorschrift eine Rückfallklausel ist, kommt es darauf an, dass die Einnahmen auch tatsächlich steuerpflichtig sind. Die Steuersubjekteigenschaft und die abstrakte Steuerpflicht reichen hingegen nicht aus. Bei einem grantor trust, dessen Existenz steuerlich negiert wird (s.o.), ist daher auf die beneficiaries abzustellen.[704] Inländische gewöhnliche trusts unterliegen mit dem gesamten thesaurierten Welteinkommen der Besteuerung in den USA[705] und sind daher generell abkommensberechtigt, ohne das auf die Besteuerung der beneficia-

---

[699] Vogel / Shannon / Doernberg, DBA, Art. 3, Seite 90.

[700] Zu der schwierigen Bestimmung, wann ein US trust als inländischer trust gilt, Vogel / Shannon / Doernberg, DBA - USA, Art. 4 2c, Seite 146, Shannon, Intertax 1988, Seite 209.

[701] Wolff, in: Debatin / Wassermeyer, DBA, Art. 4 DBA - USA, Rz 41.

[702] Allgemein zu dieser Vorschrift: Explanation of the proposed Income Tax Treaty between the United States and the Federal Republic of Germany, US Senate in: Debatin / Walter, DBA - USA, Band II , Parlamentary Documents, Seite 171, und Treasury Department Technical Explanation of the Convention and Protocol between the United States of America and the Federal Republic of Germany, ebenfalls dort, Seite 33.

[703] Debatin / Walter, DBA - USA, Art. 4, Rz 8.

[704] Shannon, Intertax 1988, Seite 204 (209) und derselbe, DBA der USA, Seiten 112 - 114.

[705] Dies ergibt sich aus Section 641 (b) Internal Revenue Code, der auf die Besteuerung einer natürlichen Person verweist, die wiederum unbeschränkt steuerpflichtig ist.

ries geachtet werden muss. Wird allerdings an die beneficiaries ausgeschüttet, dann erfolgt keine Besteuerung auf Ebene des trusts, sondern auf der der beneficiaries (s.o.). Hinsichtlich ausgeschütteter Gewinne kommt es daher auf die Versteuerung auf Seiten der beneficiaries an. Sind diese in den USA unbeschränkt steuerpflichtig, dann ist der trust ansässig. Sind sie es nicht, dann ist der trust insoweit nicht ansässig.[706] Ein ausschüttender Investmentfonds ist daher nur soweit ansässig, als seine Investoren ansässig sind. Ein thesaurierender Investmentfonds ist hingegen "aus eigener Kraft" ansässig.

3.2.2.3.2.3. Business Trust

Ein Business Trust, der ja als wirtschaftliche Einheit nach den U.S. Klassifizierungsregeln behandelt wird, kann, solange er sich nicht als regulated investment company registrieren lässt oder als publicly traded partnership gilt, zwischen der Behandlung als partnership und corporation wählen und wird entsprechend auch bezüglich der Ansässigkeit behandelt. Lässt er sich als regulated investment company registrieren, dann wird er als corporation unter Anwendung des Conduit - Status besteuert und ist damit wie die corporation ansässig.

Im Rahmen des DBA - USA stellt sich die Frage, ob ein business trust unter die für partnerships, trusts und estates geltende Regelung des Art. 4 Abs. 1 lit. b DBA - USA fällt und damit die Ansässigkeit wie bei einem gewöhnlichen trust davon abhängen kann, dass die beneficiaries steuerpflichtig sind.

Die Regelung des Art. 4 Abs. 1 lit. b DBA - USA gilt nur für jene trusts, die auch steuerlich als solche behandelt werden und nicht für business trusts, die zwar zivilrechtlich die Form eines trusts aufweisen, steuerrechtlich aber wie eine regulated investment company behandelt werden. Für diese enge Auslegung spricht, dass die U.S.-amerikanischen Steuergesetze auf Grund abweichender zivilrechtlicher Regelungen in den einzelnen Bundesstaaten in ihren Steuergesetzen immer die Begriffe des nationalen Steuerrechts verwenden. So spricht Section 851 ... von einer "corporation". Gemeint ist damit aber nicht etwa eine corporation im zivilrechtlichen Sinne, sondern eine Person, die nach Durchführung der Klassifizierung wie eine corporation zu besteuern ist. Deswegen unterfallen, zumindest, wenn man Art. 4 Abs. 1 lit. b DBA - USA nach nationalem US - amerikanischem Recht auslegt, nur die gewöhnlichen trusts der in dieser Regelung enthaltenen Einschränkung der Ansässigkeit.

Damit unterliegt ein business trust, der sich als regulated investment company hat registrieren lassen, nicht dem Art. 4 Abs. 1 lit. b DBA - USA und ist somit ansässig, ohne dass auf die Besteuerung der Investoren abgestellt werden müsste.

Ein Business Trust ist daher nach dem DBA-USA ansässig.

---

706 Wolff, in: Debatin / Wassermeyer, DBA, Art. 4 DBA - USA, Rz 43 a.E..

3.2.2.3.3. Die Ansässigkeit der übrigen Investmentfonds

Investmentfonds, denen die Steuersubjekteigenschaft nach dem Recht des Sitzstaates fehlt (s.o. 2.1.2.1), können nicht ansässig sein. Die anderen Investmentfonds (2.1.2.4, 2.1.2.5, 2.1.2.6) sind ansässig, da sie nach dem Recht des Sitzstaates Steuersubjekte sind und auch die Belegung mit einer niedrigen Steuer oder die Anrechnung der Steuer des Investmentfonds beim Investor die Ansässigkeit nicht verhindern.

3.2.2.4. Ergebnis: Die Ansässigkeit von Investmentfonds

Die Ansässigkeit setzt Steuersubjekteigenschaft nach dem Recht des Sitzstaates voraus. Sie erfordert aber nicht, dass das Steuersubjekt auch steuerpflichtig ist oder die Einnahmen bei ihm tatsächlich versteuert werden. Damit können vollkommen transparente Gebilde, wie z.B. Personengesellschaften, die nach dem Recht des Sitzstaates keine Steuersubjekte sind, nicht ansässig sein. Steuerbefreite Steuersubjekte, wie z.B. wohltätige Organisationen sind hingegen ansässig.

Das DBA-USA enthält in Art. 4 Abs. 1 lit. b eine Sonderregelung der Ansässigkeit für Personengesellschaften (partnerships), trusts und Nachlässe (estates). Die Regelung ist eine Rückfallklausel. Demnach ist nur ansässig, wenn die Einnahmen entweder auf Ebene dieser Gebilde oder aber auf Ebene ihrer Gesellschafter, beneficiaries besteuert wird.

Deutsche KAGG - Sondervermögen sind auch bei geplantem Wegfall der Ausgleichssteuer in Deutschland ansässig so weit die Geschäftsleitung der Kapitalanlagegesellschaft in Deutschland liegt.

Eine regulated investment company des Gesellschaftstyps ist, da sie in den U.S.A. als Steuersubjekt gilt, ebenfalls ansässig. Die Kürzung der Bemessungsgrundlage durch die Ausschüttungen an die Anteilseigner beeinflusst die Ansässigkeit nicht.

Regulated investment companies in Form des business trusts sind ebenfalls ansässig. Die Sonderbestimmungen des DBA-USA bezüglich trusts finden auf sie keine Anwendung, da sie in den U.S.A. nicht als trust, sondern als corporation besteuert werden.

Starre Investmenttrusts, die als solche in den U.S.A. besteuert werden, sind auf Grund der Sonderregelung im DBA-USA nur partiell abkommensberechtigt.

Alle übrigen Investmentfonds sind bei einer dem OECD-MA entsprechenden Regelung ansässig, wenn sie nach dem Recht ihres Sitzstaates Steuersubjekte sind.

Transparenz und Ansässigkeit sind ein unlösbarer Widerspruch. Vollkommen transparente Investmentfonds sind keine Steuersubjekte und können zwar in einigen Abkommen Personen sein. Ihr Abkommenszugang scheitert aber an der Ansässigkeit, die Rechtspersönlichkeit zwingend voraussetzt.

3.2.2.5. Schaubild: Die Ansässigkeit deutscher und U.S.-amerikanischer Investmentfonds

DBA ------------- Investment-fonds	DBA-USA	DBA-GB	DBA-Frankreich	DBA-CH
KAGG-Sondervermögen	ja	ja, a.A. britische Steuerverwaltung	ja, a.A. franz. Steuerverwaltung	bereits keine Person
Regulated Investment Company	ja	-	-	-
Business Trust	ja	-	-	-
starrer Trust	ausschüttende Fonds, nur soweit Investoren in den U.S.A. ansässig sind, thesaurierende dagegen immer	-	-	-

3.2.3. Nutzungsberechtigter, Beneficial Owner

3.2.3.1. Die Einführung des Beneficial - Owner - Konzepts in die Abkommen

Eine weitere Hürde für die Quellensteuerreduktion ist das Erfordernis, dass der Steuerzahler, der sich auf die Abkommensvorteile beruft, Nutzungsberechtigter der Dividenden oder Zinsen sein muss. Der Begriff "Nutzungsberechtigter" ist eine Übersetzung des englischen Begriffs "beneficial owner".[707] Im geltenden deutschen Recht wird der Begriff nicht verwendet. Er weist Ähnlichkeiten mit dem Begriff des wirtschaftlichen Eigentümers auf. Dennoch wollten die deutschsprachigen Staaten offenbar verhindern, dass die Vorstellungen des wirtschaftlichen Eigentums auf den Begriff des "beneficial owner" übertragen werden und entschieden sich für eine begriffsneutrale Übersetzung und damit den Begriff des "Nutzungsberechtigten".[708] Im Französischen wird der Begriff "Bénéficiaire effectif", im Spanischen "Beneficiario effectivo" verwendet.[709]

Das Beneficial - Owner - Konzept wurde in das OECD - MA 1977 aufgenommen und hat seit dem in einige Abkommen Einzug gehalten.[710] Die deutschen Abkommen mit Frankreich, Schweiz und Großbritannien enthalten den Begriff nicht, das Abkommen mit den U.S.A. hingegen schon.

Trotz knapp 25 Jahren Existenz besteht hinsichtlich der Bedeutung immer noch Unklarheit.[711] Es ist *du Toit*, der in seiner Monographie (die erste zu diesem Thema) umfassend eine Klärung des Begriffs, v.a. in Bezug auf den Lizenzgebührenartikel, Art. 12 OECD - MA, versucht.[712] Die bisher bestehende Unklarheit hat zu erheblicher Unsicherheit und überraschenden Entscheidungen der Verwaltung geführt.[713]

3.2.3.2. Die Funktion des Begriffs des Nutzungsberechtigten in Art.10 OECD-MA

Bevor der Begriff des Nutzungsberechtigten geklärt werden kann, soll kurz auf die Funktion dieses Begriffs im Rahmen des Dividendenartikels eingegangen werden. Art. 10 Abs. 1 OECD-MA erwähnt den Begriff zunächst nicht, sondern spricht nur von einer in dem anderen Vertragsstaat ansässigen Person, an die eine Dividende

---

[707] Du Toit, Beneficial Ownership, Seite 165.

[708] Killius, Intertax 1989, Seite 341.

[709] Du Toit, Beneficial Ownership, Seite 165.

[710] Zur Umsetzung in deutschen Abkommen bereits 1989, siehe Killius, Intertax 1989, Seite 342, eine aktuellere Übersicht gibt Vogel, DBA, vor Art. 10 - 12, Rz 13, Art. 10, Rz 87.

[711] Vogel, DBA, vor Art. 10, Rz 7:".....Ausdruck....bisher nicht allgemein gebräuchlich...", Tillinghast, TNI 1996, Seite 80: "The exact meaning of this term is subject of some debate".

[712] Du Toit, Beneficial Ownership.

[713] Tillinghast, TNI 1996, Seite 79 und 80 über eine Verwaltungsentscheidung der Indischen Steuerbehörden.

gezahlt wird. Erst Abs. 2 erwähnt dann den Nutzungsberechtigten. Scheinbar gibt es daher zwei Personen: zum einen den Empfänger der Dividenden, zum anderen den Nutzungsberechtigten. Die Vorschrift könnte daher so verstanden werden, als müsse eine Person Empfänger der Dividenden und Nutzungsberechtigter zugleich sein, um die Quellensteuerreduktion des Abs. 2 in Anspruch nehmen zu können. Folglich wäre dann eine Quellensteuerreduktion ausgeschlossen, wenn Empfänger und Nutzungsberechtigter in zwei verschiedenen Staaten ansässig sind.

Die Änderung des Musters im Jahre 1995 sollte diesen Eindruck aber gerade vermeiden.[714] Demnach ist die Vorschrift so zu verstehen, dass der Nutzungsberechtigte immer auch der Empfänger der Dividenden ist. Wird an einen Dritten, lediglich formal Berechtigten, gezahlt, dann ist diese Zahlung zugleich als Zahlung an den Nutzungsberechtigten anzusehen und die Vorschriften des Abkommens zwischen dem Wohnsitzstaat des Nutzungsberechtigten und des Quellenstaates sind anwendbar.[715]

Damit wird der Begriff des Zahlungsempfängers im Ergebnis bedeutungslos und der des Nutzungsberechtigten gewinnt an Gewicht. Denn dieser entscheidet nun alleine, wem eine Dividendeneinnahme zuzurechnen ist.

3.2.3.3. Treaty Shopping und das Beneficial - Owner - Konzept

Die bisher dargestellten Voraussetzungen des Abkommenszugangs Personeneigenschaft und Ansässigkeit lassen einen erheblichen Gestaltungsspielraum für eine internationale Steuerplanung. Die Gründung einer juristischen Person in einem Staat, der über ein ausgebautes Netzwerk an Abkommen verfügt und zugleich ein vorteilhaftes innerstaatliches Steuersystem hat, ist ohne besonderen Aufwand möglich. Werden v.a. "passive Einkünfte" dieser Körperschaft zugeordnet, dann verbinden sich die Vorteile einer niedrigen nationalen Steuerbelastung mit denen eines weitläufigen Abkommensnetzes.

In Anlehnung an das aus dem IPR bekannte "forum shopping"[716] spricht man dann von treaty shopping.[717] Gemeint ist damit allgemein das Ausnutzen von Abkommensvorteilen durch Auswählen eines Abkommens, das die gewünschten Vorteile gewährt. *Mössner* unterscheidet einen engen und einen weiten Begriff des treaty shoppings.[718] Der enge Begriff umfasst die Inanspruchnahme von Abkommensvorteilen durch an sich nicht abkommensberechtigte Personen. Der weite

---

[714] Vgl. Vogel, DBA, vor Art. 10-12, Rz 11.

[715] Vgl. Vogel, DBA, vor Art. 10-12, Rz 11.

[716] Forum shopping ist die gezielte Auswahl des Gerichtsstands nach der dem Kläger günstigen materiellen Rechtslage, Kegel / Schurig, Internationales Privatrecht, § 10 III, Seite 344.

[717] Eine Definition des treaty shoppings gibt Wurm, Intertax 1992, Seite 658, Loukota, ÖStZ 1990, Seite 2 (4), Valente / Magenta, BIFD 2000, Seite 41, Mössner, Treaty Shopping, Seite 85 ff. (87 - 89), der eine Definition des Begriffs gibt und einen engen und weiten Begriff des treaty shoppings unterscheidet.

[718] Mössner, Treaty Shopping, Seite 89.

Begriff schließt hingegen auch Gestaltungen an sich abkommensberechtigter Personen mit ein.[719] Treaty shopping im engeren Sinne ist daher die gezielte Ausnutzung von Abkommensvorteilen durch nicht abkommensberechtigte Personen mittels Einschaltung einer abkommensberechtigten Person.

In der Praxis sind insbesondere zwei Formen des treaty shoppings aufgetreten: die eine betrifft die Zwischenschaltung abkommensberechtigter "direct conduit companies"[720], die ihr Einkommen an die Hinterleute weiterreichen und selbst auf Grund nationaler Regelungen in dem Sitzstaat keiner oder nur einer geringen Steuerlast unterliegen. Die anderen werden als "stepping stone conduits"[721] bezeichnet. Bei dieser Konstruktion ist die zwischengeschaltete Basisgesellschaft im Sitzstaat zwar voll steuerpflichtig, kann jedoch ihre Steuerschuld durch hohe Zinsleistungen oder Ähnliches an ein Tochterunternehmen oder an ihre Gesellschafter erfolgreich mindern.[722] Bei beiden Konstruktionen sind die Basisgesellschaften (conduits) Körperschaften.

Investmentfonds können leicht des treaty shoppings beschuldigt werden. Je nach Konstruktion sind sie (teilweise) steuerbefreit (so die deutschen Sondervermögen) oder reichen zumindest ihre Erträge an die Anleger weiter (U.S. regulated investment companies). Sind die Anleger in einem Drittstaat ansässig, v.a. in einem, der über kein Abkommen mit dem Quellenstaat verfügt, dann werden sich Investmentfonds, bzw. deren Anleger mit dem Vorwurf, "treaty shopper" zu sein, auseinander setzen müssen. Fondsinvestment soll einerseits nicht stärker belastet werden als eine Direktinvestition, andererseits soll die Verwendung von Investmentfonds keine Gestaltungsspielräume eröffnen.

Die Maßnahmen zur Verhinderung des treaty shoppings waren einige Jahre Gegenstand der akademischen Diskussion[723] und führten 1987 zu einem umfassenden OECD-Bericht.[724] Der OECD - Bericht schlägt mehrere Maßnahmen zur Verhinderung des treaty shoppings vor. Diese haben keinen Eingang in das OECD-MA gefunden. Sie werden jedoch in dem Musterkommentar aufgeführt.[725] Es wird den Vertragsparteien überlassen, diese in die bilateralen Abkommen einzufügen. Ein Beispiel für eine Vorschrift, die treaty shopping verhindern soll, ist Art. 28 DBA-

---

[719] Mössner, Treaty Shopping, Seite 89.

[720] OECD - Report, Tax Avoidance and Evasion, Seite 88.

[721] OECD - Report, Tax Avoidance and Evasion, Seite 88.

[722] OECD - Report, Tax Avoidance and Evasion, Seite 88, Wurm, Intertax 1992, Seite 659.

[723] Siehe IBFD, BIFD 1981, Seite 141.

[724] OECD - Report, Tax Avoidance and Evasion, dort v.a. der Bericht: Double Taxation Conventions and the use of Conduit Companies.
Zur Entwicklung des Begriffs Treaty Shopping und der dagegen zu treffenden Maßnahmen: Hübner, BIFD 1988, Seite 207 (208), Patrick, BIFD 1983, Seite 105, Tomsett, BIFD 1990, Seite 107, Becker, BIFD 1988, Seite 383.

[725] OECD - Musterkommentar, Art. 10, Ziffer 22.

USA, auf den später noch näher einzugehen sein wird.[726] In dem Bericht werden die folgenden Maßnahmen aufgeführt:

Ausschlussmethode, Exclusion - Approach: Nach dieser Methode werden gewisse Gesellschaften grundsätzlich von den Abkommensvorteilen ausgeschlossen.[727] Zielgruppe sind v.a. steuerbefreite oder steuerbegünstigte Körperschaften. Auch Investmentfonds könnten von einer solchen Regelung getroffen werden.

Durchblickmethode, Look - Through - Approach: Nach diesem Ansatz werden Abkommensvorteile nur insoweit gewährt als die Anteilseigner der Körperschaft ansässig,[728] also selbst abkommensberechtigt, sind. Die Existenz der Körperschaft wird damit im Ergebnis verneint. Der Grundsatz der Anerkennung einer Körperschaft im Abkommensrecht wird durchbrochen.[729] Eine Beteiligung von Ausländern an der Gesellschaft ist nicht möglich. Besondere Schwierigkeiten bringt diese Methode für große Publikumsgesellschaften mit wechselnder Anlegerschaft mit sich, v.a. wenn die Anteilscheine auf den Inhaber lauten.[730] Der Körperschaft wird der Nachweis der Anlegerschaft dann schwer fallen. Daher sieht Art. 28 DBA-USA, der die Durchblickmethode zum Teil umsetzt, auch eine Ausnahme für börsennotierte Gesellschaften vor. Für Publikumsfonds, deren Anteile ständig wechseln, ist die Regelung eine besondere Hürde. Dennoch hat gerade die Bundesrepublik sie für diese in einigen Abkommen festgeschrieben (s.o. 3.1.2.2.2. und 3.1.2.2.3).

Subject - To - Tax - Approach, Rückfallklausel: Nach dieser Methode werden Abkommensvorteile nur für Einnahmen gewährt, die im Wohnsitzstaat auch besteuert werden.[731] Steuerfreie Einnahmen werden von den Abkommensvorteilen hingegen ausgeschlossen.[732] Für Investmentfonds stellen sie ein Problem dar, denn diese sind häufig im Sitzstaat steuerbefreit. Je nach Ausgestaltung der Regelung ist dann auf die Besteuerung der Fondsausschüttung bei dem Anleger abzustellen. Dann muss jedoch der Fonds nachweisen, dass seine Ausschüttungen auf Seite des Anlegers besteuert werden. So weit der Sitzstaat keinen Quellensteuerabzug für Fondsausschüttungen vorsieht, wird ihm dieser Nachweis aber schwer fallen. Der Quellenstaat muss dann befürchten, dass eine Besteuerung von in Drittländern ansässigen Anlegern nicht gewährleistet ist. Er wird dann die Abkommensvorteile nur gewähren, so weit inländische Anleger an dem Investmentfonds beteiligt sind.

Channel - Approach: Dieser Ansatz ähnelt der Durchblicksmethode erheblich. Stehen hinter einer Gesellschaft Personen, die nicht abkommensberechtigt sind,

---

[726] S.u. 3.2.4.1..

[727] OECD - Report, Tax Avoidance and Evasion, Seite 96.

[728] OECD - Report, Tax Avoidance and Evasion, Seite 96.

[729] OECD - Report, Tax Avoidance and Evasion, Seite 96.

[730] OECD - Report, Tax Avoidance and Evasion, Seite 96.

[731] OECD - Report, Tax Avoidance and Evasion, Seite 97.

[732] Vogel, DBA, vor Art. 6 - 22, Rz 19.

aber die Gesellschaft kontrollieren und wird das Einkommen der Gesellschaft mehrheitlich an diese Personen weitergeleitet, dann wird der Abkommenszugang verhindert.[733]

Missbrauchsklausel, Bona - Fide - Provisions: Erwähnt wird auch eine Missbrauchsklausel, die die zuvor besprochenen Einschränkungen wiederum einschränkt, d.h. Abkommensvorteile gewährt, wenn zwar die Voraussetzungen einer Verhinderungsmaßnahme eingreifen, das Zwischenschalten der Gesellschaft aber lauteren Gründen entspricht.[734]

Der Begriff des Nutzungsberechtigten wurde vor dem Bericht bereits in das OECD - MA 1977 aufgenommen.[735] Es stellt sich die Frage nach dem Verhältnis zu den oben beschriebenen Verhinderungsmaßnahmen. Wenn bereits der Begriff des Nutzungsberechtigten treaty shopping verhindert, warum bedarf es dann anderer Maßnahmen ?[736] Sind diese Maßnahmen nur eine Konkretisierung des Beneficial - Owner - Konzepts ?[737] Würden alle Fälle des treaty - shoppings bereits durch das Beneficial - Owner - Konzept wirksam bekämpft, dann bedarf es freilich nicht mehr der Einführung weiterer Maßnahmen. Andererseits wäre es falsch aus dem späteren "Nachschieben" von Maßnahmen zu schließen, beide Regelungen hätten eine andere Zielsetzung. Vielmehr ist den Regelungen gleich, dass sie Abkommensvorteile beschränken.[738] Wer nicht Nutzungsberechtigter ist, kann die Quellensteuerreduktion nicht in Anspruch nehmen. Treaty shopping wird daher insoweit ausgeschlossen, als die zwischengeschaltete Person nicht Nutzungsberechtigter ist.[739] *Cooper* spricht zutreffend von einer primitiven Maßnahme zur Verhinderung des treaty shoppings.[740] Treaty shopping wird aber durch die Nutzungsberechtigtenklausel nicht im Allgemeinen verhindert. (s.u. 3.2.3.4.5.3.). Dies gilt v.a. bei der Verwendung von Basisgesellschaften. Nicht verwunderlich sind daher auch die Bemühungen einiger Steuerverwaltungen, die Verwendung von conduits durch entsprechende Sondervorschriften zu verhindern.

---

733 OECD - Report, Tax Avoidance and Evasion, Seite 99.

734 OECD - Report, Tax Avoidance and Evasion, Seite 100.

735 OECD - Report, Tax Avoidance and Evasion, Seite 92.

736 Vgl. Tillinghast, TNI 1996, Seite 80.

737 Vgl. du Toit, der diese Frage verneint, Beneficial Ownership, Seite 156.

738 Du Toit, Beneficial Ownership, Seite 156.

739 OECD - Report, Tax Avoidance and Evasion, Seite 92 f., Lüthi, Intertax 1989, Seite 336 ff. (337), Killius, Intertax 1989, Seite 340, Lang, SWI 1991, Seite 55, Vogel, StuW 1985, Seite 365 ff. (374), Le Gall, Intertax 1989, Seite 364 ff. (367), Hinnekens, Intertax 1989, Seite 350 ff. (359), Boidman, Intertax 1989, Seite 369 ff. (375), Le Gall, Intertax 1989, Seite 367.

740 Cooper, TNI 1996, Seite 1321.

3.2.3.4. Der Begriff des Nutzungsberechtigten / Beneficial Owner

Der Begriff des Nutzungsberechtigten oder beneficial owners war vor Einführung in das OECD - MA 1977 nur in einzelnen Abkommen vorhanden, wie dem Erbschaftssteuerabkommen U.K - U.S.A. oder dem Zusatzprotokoll zum Einkommensteuer - DBA dieser Länder.[741] Ansonsten ist der Begriff in den Ländern des common law,[742] aber auch im schweizerischen Steuerrecht bekannt.[743] Der OECD - Musterkommentar gibt nur einige wenige Hinweise zur Auslegung. Nutzungsberechtigt ist demnach jedenfalls nicht ein ansässiger Vertreter oder sonstiger Beauftragter, der von dem wahren Empfänger der Einnahme eingeschaltet wurde.[744]

3.2.3.4.1. Begriffsumgehung in einzelnen deutschen Abkommen

Um die Schwierigkeiten einer Begriffsklärung zu vermeiden, hat die Bundesrepublik Deutschland in einigen Abkommen bzw. in deren Zusatzprotokollen Regelungen getroffen, die die Notwendigkeit einer Begriffsklärung umgehen. Dazu bestimmen sie, dass der Begriff der Nutzungsberechtigung nach den innerstaatlichen Zurechnungsvorschriften ausgelegt werden soll. Zugleich wird festgelegt, welche Zurechnungsvorschriften zur Anwendung kommen und inwieweit die Zuordnung der den Einnahmen zu Grunde liegenden Vermögensgegenstände erheblich ist.

Diese Regelungen sind verbindlich für die Anwendung der jeweiligen Abkommen. Darüber hinaus entfalten sie aber keine Wirksamkeit und dienen nicht der Klärung des Begriffs der Nutzungsberechtigung. Zur Klärung der Frage, on Investmentfonds nach diesen Abkommen nutzungsberechtigt sind, siehe unten 3.2.3.5.1.1.

3.2.3.4.1.1.1. Die Regelung im DBA - Schweden

In Art. 43 Abs. 3 DBA - Schweden ist eine kompliziert formulierte Regel enthalten, die zwischen der Beurteilung der steuerlichen Zurechnung der Einkünfte nach dem Recht des Ansässigkeitsstaates und dem des Quellenstaates abwägt. Zunächst wird nach dem Recht des Ansässigkeitsstaates die Nutzungsberechtigung geprüft. Nutzungsberechtigt ist demnach, wem nach dem Recht des Ansässigkeitsstaates die Einnahmen steuerlich zuzurechnen sind, Art. 43 Abs. 3 Satz 1. Diese Beurteilung wird aber überwunden, wenn nach dem Recht des Quellenstaates die Einkünfte anderen, nicht in dem Sitzstaat ansässigen Personen steuerlich zuzurechnen sind. Demnach ist das Recht beider Staaten entscheidend. Nur wenn es zu einer Übereinstimmung in der Beurteilung kommt, kann der Steuer-

---

[741] Du Toit, Beneficial Ownership, Seite 180.

[742] Vgl. Rowland, BTR, 1997, Seite 178, siehe dazu ausführlich später.

[743] Kreisschreiben der Eidgenössischen Steuerverwaltung vom 31. 12. 1962 betr. Massnahmen gegen die ungerechtfertigte Inanspruchnahme von Doppelbesteuerungsabkommen des Bundes, BIFD 1979, Seite 51, dazu ebenfalls ausführlich später.

[744] OECD - MK, Art. 10, Ziffer 12, Art. 11, Ziffer 8, Art. 12, Ziffer 4.

pflichtige als Nutzungsberechtigter die Abkommensvorteile in Anspruch nehmen. Bei einer abweichenden Beurteilung ist der Steuerpflichtige nicht nutzungsberechtigt.

Entscheidend ist die steuerliche Zurechnung der Einnahmen nach dem jeweiligen innerstaatlichen Recht. Auf die Zurechnung der den Einnahmen zu Grunde liegenden Wertpapieren oder Forderungen kommt es nicht an. Die steuerliche Zurechnung entscheidet sich, so weit deutsches Recht betroffen ist, grundsätzlich nach § 39 AO. Dies gilt obwohl bei Einführung des Begriffs des Nutzungsberechtigten gerade nicht der Begriff des wirtschaftlichen Eigentümers herangezogen werden sollte.[745]

3.2.3.4.1.1.2. Protokoll zum DBA - USA

Das Protokoll zum DBA - USA enthält ebenfalls eine Sonderregelung für die Auslegung des Begriffs des Nutzungsberechtigten.[746] Das Protokoll ist Bestandteil des Doppelbesteuerungsabkommens[747] und des Zustimmungsgesetzes[748] und hat damit Rechtsnormcharakter.[749]

Die Regelung folgt dem angelsächsischen Verständnis der Abkommensauslegung und legt fest, dass die Nutzungsberechtigung nach den Vorschriften der steuerlichen Zurechnung des Quellenstaates zu entscheiden ist. Auch hier wird alleine auf die Zurechnung der Einnahmen und nicht auf die Verhältnisse an den Vermögensgegenständen abgestellt. So weit Deutschland Anwendungsstaat ist, ist grundsätzlich nach § 39 AO zu entscheiden. Sind die U.S.A. Quellenstaat, dann kommen die neuen Quellensteuerrichtlinien zur Anwendung (s.u. 3.2.3.4.2.2).

3.2.3.4.1.1.3. Protokoll DBA - Italien und DBA - Norwegen

Beide gleich lautende Protokolle haben Rechtsnormcharakter.[750] Nach (9) Protokoll DBA Italien und (4) Protokoll DBA Norwegen, beide jeweils gültig für Dividenden-, Zinsen- und Lizenzgebührenartikel, Art. 10 - 12 der jeweiligen Abkommen, müssen dem Nutzungsberechtigten die Einkünfte nach dem Steuerrecht beider Staaten zuzurechnen sein. Zusätzlich muss ihm das den Einkünften zu Grunde liegende Recht "zustehen". Nicht definiert wird dabei was "zustehen" heißt. Fraglich ist v.a., ob die zivilrechtliche oder die steuerrechtliche Beurteilung maßgeblich

---

[745] Killius, Intertax 1989, Seite 341.

[746] (10) zu Art. 10 Protokoll zum DBA 1989.

[747] Wassermeyer in Einführung zum DBA - USA in Doppelbesteuerungsabkommen, Beck-sche Textausgabe, Seite 3.

[748] Siehe Art. 1 des Zustimmungsgesetzes vom 29. 08. 1989 abgedruckt in der Beck'schen Textausgabe Doppelbesteuerungsabkommen.

[749] Schaumburg, Internationales Steuerrecht, 16.33, Seite 768.

[750] Wassermeyer in Einführung zum DBA - Italien in Doppelbesteuerungsabkommen, Beck-sche Textausgabe, Seite 3, derselbe in Einführung zum DBA - Norwegen in Doppelbesteuerungsabkommen, Beck'sche Textausgabe, Seite 1a.

sein soll. Da bezüglich der Einnahmen ausdrücklich auf die steuerliche Beurteilung abgestellt wird und hinsichtlich des zu Grunde liegenden Rechts dieser Verweis fehlt, könnte man die zivilrechtlichen Eigentumsverhältnisse für maßgeblich erachten. Andererseits ist nach dem Grundsatz des Art. 3 Abs. 2 OECD - MA immer zunächst das Steuerrecht maßgeblich, so dass die Vertragsparteien, wenn sie von diesem Grundsatz abweichen wollten, dies auch deutlich kenntlich gemacht hätten. Bei dieser Regelung ist entscheidend, wem die Einnahmen und die Vermögensgegenstände nach den innerstaatlichen Regeln beider Vertragsstaaten zuzurechnen sind.

3.2.3.4.2. Begriffsbedeutung im innerstaatlichen Recht einiger Staaten

3.2.3.4.2.1. Großbritannien

Das nationale englische Steuerrecht kennt den Begriff des beneficial owner v.a. im Zusammenhang mit Stempelsteuern (stamp duty) und der Übertragung von Verlusten auf verbundene Unternehmen (group relief).

Die englische Stempelsteuer fällt bei der Übertragung von Vermögensgegenständen an. Sie entfällt aber, wenn die Übertragung innerhalb verbundener Unternehmen stattfindet. Dazu muss das Mutterunternehmen beneficial owner der Anteile an dem Tochterunternehmen sein.[751] Nach englischem Steuerrecht können Verluste zwischen verbundenen Unternehmen übertragen werden (group relief). Dazu ist aber erforderlich, dass eine gewisse Prozentzahl der Anteile des einen Unternehmens von dem anderen gehalten wird. Auch hier ist erforderlich, dass das Unternehmen nicht nur formal Eigentümer dieser Anteile, sondern auch deren beneficial owner ist.[752]

Auch wenn das englische Steuerrecht den Begriff des beneficial owner häufig benutzt, ist doch das Zivilrecht, v.a. equity[753] und dort v.a. das Trustrecht Wiege des Begriffs.[754] Der formale Eigentümer "trustee" hält das Eigentum in seinem Namen aber zu Gunsten der "beneficiaries".

Die steuerrechtliche Diskussion um den Begriff des beneficial owners im nationalen britischen Recht versucht den Begriff danach einzugrenzen, wie viele Befugnisse dem beneficial owner zustehen. Diese Frage tritt häufig im Zusammenhang

---

[751] Rowland, BTR 1997, Seite 179.

[752] Rowland, BTR 1997, Seite 179.

[753] Zu diesem Begriff vgl. Henrich, Englisches Privatrecht, Seite 6.

[754] Lord Diplock in Ayest v. C & K Construction Limited, Simon Tax Cases 1975, Seite 345 (349):
"My Lords, the concept of legal ownership of property, which did not carry with it the right of the owner to enjoy the fruits of it or to dispose of it for his own benefit, owes its origin to the Court of Chancery. The archetype is the trust. The "legal ownership" of the trust property is in the trustee, but he holds it not for his own benefit but for the benefit of the cestui que trustent or beneficiaries....".

mit mehrteiligen Veräußerungsgeschäften auf:[755] Ist der Veräußerungsvorgang noch nicht vollkommen vollzogen, dann hat der Erwerber noch kein Eigentum an der Sache erlangt. Nach equity erhält er aber bereits mit Abschluss des Kaufvertrags die Position eines beneficial owners. Der Veräußerer behält das Eigentum, ist aber auf Grund des Kaufvertrags gebunden. In seiner Verfügungsmacht ist er eingeschränkt.[756] Er ist bezüglich des Vermögensgegenstandes ein trustee, der diesen zu Gunsten des Käufers verwaltet. Das beneficial ownership wird damit bereits mit Abschluss eines Kaufvertrages übertragen.

Der *High Court of Justice* hat in der viel zitierten *Wood Preservation* Entscheidung ausgeführt, dass das beneficial ownership bereits dann übertragen wird, wenn der Veräußerer einer Übertragung des Eigentums unter einer einseitig vom Erwerber erfüllbaren Bedingung zugestimmt hat.[757] In diesem Fall kann der Veräußerer nicht mehr frei über den Veräußerungsgegenstand verfügen. Anders ist es aber, wenn dem potentiellen Erwerber eine (call-) option für den Kauf und dem potentielle Veräußerer eine (put-) option für den Verkauf derselben Aktien eingeräumt wird. Die Gerichte entschieden, dass in diesem Fall das beneficial ownership noch nicht auf den potentiellen Erwerber übergegangen sei, da der Veräußerungsvorgang noch nicht eingeleitet worden ist.[758]

Die Entscheidung *Rodwell Securities* gibt Aufschluss über die Bedeutung des beneficial ownerships bei Holding Strukturen.[759] Die Gerichte hatten zu entscheiden, ob eine Holdinggesellschaft, die ein Tochterunternehmen beherrscht, beneficial owner von Wertpapieren ist, die durch das Tochterunternehmen gehalten werden. Dies wurde verneint, obwohl die Muttergesellschaft die Tochtergesellschaft beherrscht und somit über das Schicksal der Aktien entscheiden konnte. Die Zuordnung der Wertpapiere zur Tochtergesellschaft müsse respektiert werden. Die tatsächliche Entscheidungsbefugnis über die Vermögensgegenstände sei für den Begriff des beneficial owner nicht von Bedeutung.

Während die englische Rechtsprechung davor zurückschreckt, eine abschließende Definition des Begriffs beneficial owner zu geben,[760] lassen sich aus den Entscheidungen doch Rückschlüsse ziehen, auf denen eine Definition aufbauen kann. Grundlage des Begriffs ist die Unabhängigkeit von der Stellung als formaler Eigentümer. Der beneficial owner muss daher nicht formaler Eigentümer sein, kann dies aber sehr wohl. Beneficial owner kann nur der sein, der über den Gegenstand und dessen Erzeugnisse uneingeschränkt verfügen kann.[761] Allerdings

[755] So in den wohl wichtigsten Judikaten zu dem Begriff des beneficial owner: Wood Preservation Ltd. v. Prior, High Court of Justice, Chancery Division, Tax Cases, Band 45, Seite 112 ff und J Sainsbury plc v. O'Connor, High Court of Justice, Chancery Division, Simon's Tax Cases, 1990, Seite 516 ff.

[756] Bitte beachten, dass das englische Recht kein Abstraktionsprinzip kennt.

[757] High Court of Justice, Wood Preservation Ltd. v. Prior, a.a.O.

[758] High Court of Justice, J Sainsbury plc v. O'Connor, a.a.O.

[759] Zitiert nach du Toit, Beneficial Ownership, Seite 109.

[760] Vgl. Lord Donovan in Wood Preservation Ltd. v. Prior, a.a.O., Seite 132: "It would be rash indeed to attempt an exhaustive definition, and I do not do it".

und dessen Erzeugnisse uneingeschränkt verfügen kann.[761] Allerdings gilt die Verfügungsmacht dann nicht als eingeschränkt, wenn eine Tochtergesellschaft faktisch nicht über die Vermögensgegenstände entscheiden kann, da die Muttergesellschaft sich diese Entscheidungen vorbehalten hat. MaW., die Zuordnung von Vermögensgegenständen zu einer juristischen Person wird durch den Begriff des beneficial owner nicht beeinträchtigt.

3.2.3.4.2.2. U.S.A.

Der Internal Revenue Code erwähnt den Begriff v.a. in Sections 871 und 881 IRC, die die Steuerpflicht ausländischer natürlicher und juristischer Personen behandeln.[762] Eine Definition des Begriffs enthält der IRC aber nicht. Die Regulations verwenden den Begriff u.a. in 26 CFR 1.1441-1 und definieren ihn auch an dieser Stelle.

Bereits einige Gerichtsentscheidungen geben Aufschluss über den Begriff. In *Montana Catholic Missions* entschied der *Supreme Court*, dass ein Grundstück für steuerliche Gründe dem beneficial owner zuzurechnen sei.[763] Der beneficial owner sei zu unterscheiden von dem zivilrechtlichen Eigentümer, könne das Land auf Grund eines rechtlich durchsetzbaren Anspruchs nutzen und v.a. über dessen Schicksal entscheiden.[764] In *Ragghianti* stellt der *Tax Court* für die Frage, wer Dividendeneinnahmen zu versteuern hat, auf den beneficial owner und nicht auf den zivilrechtlichen Eigentümer ab.[765] Die Entscheidung unterstreicht die Funktion des Begriffs als Zuordnungselement von Einnahmen für die Zwecke des Steuerrechts. Die Ähnlichkeit zu § 39 AO wird deutlich.

Die *Hemingway - Entscheidung*[766] befasst sich ebenfalls mit Dividenden. Der *Tax Court* hatte zu entscheiden, ob Dividendeneinnahmen dem Steuerpflichtigen, der formal Eigentümer von bestimmten Aktien war, oder einem Dritten zuzurechnen sind. Der Steuerpflichtige Hemingway hatte sich in einer Vereinbarung mit dem Dritten verpflichtet, die Einnahmen an diesen weiterzuleiten. In Bezugnahme auf eine Entscheidung des Court of Appeals [767] betont der *Tax Court*, dass die Sub-

---

[761] Vgl. Lord Donovan in Wood Preservation Ltd. v. Prior, a.a.O., Seite 132: ".... is bereft of the rights of selling or disposing or enjoying the fruits of these shares", Rowland, BTR 1997, Seite 186.

[762] Section 881 IRC gilt für juristische Personen. Nach Section 881 (b) (1) (A) IRC gilt eine Gesellschaft, die in Guam, Virgin Islands, gegründet wurde nicht als ausländische Gesellschaft, wenn weniger als 25 % ihrer Anteile von Ausländern, d.h. nicht von Amerikanern, als beneficial owner gehalten wird.

[763] Montana Catholic Missions v. Missoula County, 200 U.S. Reporter, 1906, Seite 118.

[764] Montana Catholic Missions v. Missoula County, 200 U.S. Reporter, 1906, Seite 118.

[765] U.S. Tax Court in Ragghianti v. Commissioner, 71 U.S. Tax Court Reports, Seite 346.

[766] Hemingway v. Commissioner of Internal Revenue, Tax Court of the United States, Tax Court Reports, Band 44, Seite 96 ff. (100).

[767] Bettendorf v. Commissioner, Court of Appeal, 8th. Circuit, 49 Federal Reporter, Second Series, Seite 173 ff.

stanz der Form vorgehe ("We should regard the substance rather than the form")[768] und verdeutlicht damit, dass das Beneficial - Owner - Konzept dem Grundsatz "substance over form" entspricht. Hemingway sei nur ein Vertreter oder Treuhänder gewesen, der die Einnahmen an die dritte Person weiterzuleiten hatte. Er sei daher kein beneficial owner und die Einnahmen seien ihm nicht zuzurechnen.[769]

In *Yelencsics*[770] bedient sich der *Tax Court* ebenfalls des Begriffs des beneficial owner. In dem zu Grunde liegenden Sachverhalt übertrug der Verkäufer eines Unternehmens die Aktien auf die Käufer. Mit Rücksicht auf einen Franchisevertrag, der nur den Veräußerer als Franchisenehmer vorsah, wurde die Veräußerung aber verborgen und die neuen Inhaber nicht in das Aktienregister eingetragen. Die Erwerber übernahmen aber die komplette Geschäftsführung und die Stimmrechte des Veräußerers und damit die Kontrolle über das Unternehmen. Sie trugen das wirtschaftliche Risiko und waren berechtigt, Dividenden zu beziehen. Ebenfalls stand ihnen der wirtschaftliche Gewinn zu. Der *Tax Court* entschied, dass das beneficial ownership an den Aktien damit auf die Erwerber übergegangen sei.[771]

Eine weitere Entscheidung des *Tax Court* in Sachen *Aiken Industries* befasst sich mit der Zurechnung von Zinseinnahmen in einem internationalen Zusammenhang in einer treaty shopping Situation bevor der Begriff des beneficial owners in das OECD - MA übernommen wurde.[772] Eine Muttergesellschaft aus den Bahamas hatte ihrer U.S. Tochter einen Kredit gegeben und die Forderung an eine dritte in Honduras domizilierte Gesellschaft abgetreten, wobei die Zinseinnahmen jedoch direkt an die Muttergesellschaft zu zahlen waren. Der *Tax Court* legt nun das Doppelbesteuerungsabkommen USA - Honduras, das den Begriff des beneficial owner damals noch nicht enthielt, aus und macht seine Entscheidung an dem Begriff des Erhaltens der Zinszahlung ("received by") fest. Nach Ansicht des *Tax Courts* erhält eine Gesellschaft keine Zinsen, wenn sie diese nicht in eigenem Namen und ohne Verpflichtung, diese an einen Dritten weiterzugeben, erhält. Nur in diesem Falle beherrscht sie die Einnahmen total.[773] Diese Auslegung durch den *Tax Court* kommt der Verwendung des Begriffs des beneficial owner sehr nahe, denn auch hier soll in einem Drei-Personen-Fall über die Zurechnung einer Einnahme entschieden werden.[774] Dementsprechend wurden diese Grundsätze auch für die Auslegung des Begriffs des beneficial owner herangezogen.[775]

---

[768] Tax Court in Hemingway, a.a.O., Seite 101.

[769] Tax Court in Hemingway, a.a.O., Seite 100.

[770] Tax Court, Yelencsics v. Commissioner, U.S. Tax Court Reports, Seite 1513 ff.

[771] Tax Court in Yelencsics, a.a.O., Seite 1528.

[772] Aiken Industries Inc. v. Commissioner of the Internal Revenue, Tax Court, 56 United States Tax Court Reports, Seite 925 ff.

[773] Tax Court in Aiken, a.a.O., Seite 933.

[774] Vgl. Vogel / Shannon / Doernberg, DBA - USA, Art. 10, Seite 34.

[775] Blanco / Doernberg, TNI 1996, Seiten 616 und 617.

Zu beachten ist aber auch, dass der *Tax Court* und ihm folgend der *Court of Appeal*, diese Grundsätze nur anwendet, wenn alle Personen in einer rechtlichen Beziehung zueinander stehen und auch keine Zinsmarge bei der zwischengeschalteten Gesellschaft verbleibt.[776]

Der *Aiken Fall* wurde von der Verwaltung in einigen ihrer Entscheidungen zitiert, denen ein ähnlicher Sachverhalt zu Grunde lag:[777]

Abkommensvorteile wurden solchen Gesellschaften verweigert, die aus den U.S.A. Zinsen beziehen und diese Einnahmen an eine in einem Drittland ansässige Muttergesellschaft weiterleiten. Die Gesellschaften waren dabei zur Weiterleitung verpflichtet und hatten keinen Entscheidungsspielraum ("dominium and control"). Den Begriff des Nutzungsberechtigten erwähnen die Entscheidungen nicht.

Sie verloren ihre Gültigkeit[778] mit der Einführung der so genannten "Final Conduit Financing Regulations", 26 CFR 1.881-3,[779] die die Einschaltung von conduit finance entities, also ausländischen Gesellschaften, die U.S. Unternehmen Finanzmittel zur Verfügung stellen und dabei Abkommensvorteile in Anspruch nehmen, verhindern sollen. Auch sie enthalten nicht den Begriff des beneficial owner. Ihrem Inhalt nach kann die Existenz einer ausländischen Gesellschaft als Bezieherin von aus den U.S.A. stammenden Zinseinnahmen missachtet und ihr Einkommen ihren Hintermännern zugerechnet werden, wenn Hintergrund der Zwischenschaltung der Gesellschaft die Umgehung des Quellensteuerabzugs ist und die Quellensteuer wirklich reduziert wird. Von Bedeutung sind diese Regeln nur in Finanzierungsfällen, also v.a., wenn ein inländisches Unternehmen einen Kredit durch ein ausländisches Unternehmen erhält und nun die Zinszahlungen von seiner Bemessungsgrundlage abzieht. Bei Beteiligungen an inländischen Unternehmen greifen sie grundsätzlich nicht ein. Dividendeneinkünfte unterliegen ihnen daher auch nur, wenn der Aussteller der Aktien sich verpflichtet, diese zurückzunehmen und die Beteiligung daher Finanzierungscharakter hat.

Die neuen Quellensteuerrichtlinien, 26 CFR Sections 1.1441-1 bis 6, hingegen enthalten eine ausdrückliche Definition des Begriffs "beneficial owner".[780] Demnach ist beneficial owner, wer nach den Grundsätzen des U.S. Steuerrechts die Einnahme zu versteuern hat, wobei die allgemeinen Grundsätze des Steuerrechts, zu denen auch die Conduit Financing Regulations gehören, zu beachten sind.[781] Eine besondere Vorschrift widmet sich den so genannten "flow - through - entities".[782]

---

[776] U.S. Court of Appeals in Northern Indiana Public Service Co., 7th Circuit, zitiert nach: Fink, Intertax 1997, Seite 325.

[777] Revenue Rulings 84-152 und 84-153, beide zunächst modifiziert durch Revenue Ruling 89-110 und schließlich aufgehoben durch Revenue Ruling 95-56.

[778] Revenue Ruling 95-56.

[779] Dazu ausführlich: North / French, TNI 1995, Seite 726 ff.

[780] Zu den Quellensteuerrichtlinien im allgemeinen: Apelt, IStR 1997, Seite 234 ff.

[781] 26 CFR Section 1.1441-1 (c) (6) (i).

[782] 26 CFR Section 1.1441-1 (c) (6) (ii).

Dies sind Nachlässe, Personengesellschaften oder trusts, die keine Rechtspersönlichkeit haben und als Personengesellschaft nach den check-the-box-regulations anerkannt werden. So weit eine Personengesellschaft als transparent behandelt wird, sind deren Gesellschafter beneficial owners, 26 CFR Section 1.1441-1 (c) (6) (ii). Ein möglicher Qualifikationskonflikt hinsichtlich der Beurteilung der Transparenz soll, abweichend von den allgemeinen Grundsätzen, nicht nach U.S. Recht, sondern dem Recht des Sitzstaates gelöst werden.[783] Bei einem trust kommt es darauf an, ob die Einnahmen ausgeschüttet werden. Ist dies der Fall, dann sind die beneficiaries nutzungsberechtigt. Anderenfalls liegt die Nutzungsberechtigung bei dem trust selbst.[784]

3.2.3.4.2.3. Schweiz

Im deutschsprachigen Raum war es die Eidgenössische Steuerverwaltung, die den Begriff der Nutzungsberechtigung zuerst in das schweizerische Rechtssystem einführte. Dies geschah durch den "Bundesratsbeschluss betreffend der Maßnahmen gegen die ungerechtfertigte Inanspruchnahme von Doppelbesteuerungsabkommen des Bundes" vom 14. 12. 1962 [785] und das daraufhin ergangene Kreisschreiben der Eidgenössischen Steuerverwaltung.[786] Die verhältnismäßige niedrige Steuerbelastung in der Schweiz sowie andere günstige wirtschaftspolitische Faktoren und die gleichzeitige Gewährung von Abkommensvorteilen führten zu einer großen Anziehungskraft der Schweiz als Standort. Dies zog die Missbilligung vieler Vertragsstaaten nach sich, die der Schweiz mit der Aufkündigung der Doppelbesteuerungsabkommen drohten.[787] Die Eidgenössische Steuerverwaltung reagierte darauf mit dem Bundesratsbeschluss[788] und dem Kreisschreiben.[789] Inzwischen hat die

---

[783] Die Frage, ob eine Personengesellschaft transparent ist, ist nach dem Recht des Sitzstaates zu beurteilen, so weit dieser, wenn er Quellenstaat ist, ebenfalls auf U.S. Recht als Recht des Sitzstaates verweist, vgl. Wolff, in: Debatin / Wassermeyer, DBA, Art. 10 DBA - USA, Rz 59, Apelt, IStR 1997, Seite 234, zuvor wurde jede ausländische Personengesellschaft als beneficial owner angesehen: Book / Connors / May / Woll, TNI 1997, Seite 63, Shapiro / Davis / Dichter / Joy, TNI 1996, Seite 1635, zur Kritik an dieser Regelung: Copper, TNI 1996, Seite 1319, Granwell / Nauheim / Dunahoo, TNI 1996, Seite 1383;

[784] Cooper, TNI 1996, Seite 1321, Shapiro / Davis / Dichter / Joy, TNI 1996, Seite 1613, Book / Connors / May / Woll, TNI 1997, Seite 63.

[785] Bundesratsbeschluss betreffend Maßnahmen gegen die ungerechtfertigte Inanspruchnahme von Doppelbesteuerungsabkommen des Bundes, Beschluss 672.202, Archiv für Schweizerisches Abgabenrecht 1962, 1622.

[786] Kreisschreiben der Eidgenössischen Steuerverwaltung vom 31. 12. 1962 betr. Maßnahmen gegen die ungerechtfertigte Inanspruchnahme von Doppelbesteuerungsabkommen des Bundes, Archiv für Schweizerisches Abgabenrecht, Band 31 1962 / 63, Seite 247.

[787] Kritisch zu dem Verhalten des Auslandes: Masshardt, Archiv für schweizerisches Abgabenrecht, 31. Band, 1962 / 63, Seite 25 ff. (226).

[788] Zu der Frage des Verstoßes gegen die DBAs, vgl. Oberson / Hull, Switzerland in International Tax Law, Seite 138.

[789] Locher, Internationales Steuerrecht der Schweiz, Seite 137.

Steuerverwaltung ein zweites Kreisschreiben zu diesem Bundesratsbeschluss erlassen.[790]

Das Kreisschreiben unterscheidet zwischen der offensichtlich unrechtmäßigen Inanspruchnahme einer Steuerentlastung und dem Abkommensmissbrauch, wobei die Gewährung von Abkommensvorteilen an nicht nutzungsberechtigte Personen nicht als Missbrauch sondern als offensichtlich unrechtmäßige Inanspruchnahme gewertet wird.[791] Die Zwischenschaltung von Durchlaufgesellschaften (conduits) hingegen soll einen Missbrauch des Abkommens darstellen.

Eine weitere Definition des Nutzungsrechtes enthalten die Regelungen aber nicht. Es wird nur festgehalten, dass eine ansässige Person, die nur ein beschränktes Nutzungsrecht an den die Erträge abwerfenden Wirtschaftsgütern hat, die Abkommensvorteile nicht in Anspruch nehmen kann. Welche Beschränkungen des Nutzungsrechtes die Abkommensvorteile ausschließen sollen, ist nicht geregelt.

Ähnlichkeiten zur Auslegung des Begriffs des beneficial owners im englischen Recht können dennoch festgestellt werden. Zunächst setzt auch die Nutzungsberechtigung nicht die formale Stellung als Eigentümer voraus, noch wird sie als Konzept dem formalen Eigentum gegenübergestellt, maW. der Nutzungsberechtigte kann muss aber nicht formaler Eigentümer sein. Im Gegensatz zum englischen Recht stellt das Kreisschreiben nur auf die Nutzungsberechtigung an den den Erträgen zu Grunde liegenden Vermögensgegenständen und nicht auf die Nutzungsberechtigung an den Erträgen selbst ab. Hervorzuheben ist auch die Einordnung der Conduits. Diese scheitern nicht an der Nutzungsberechtigung, sondern werden als Missbrauchsfälle angesehen.

3.2.3.4.2.4. Deutschland

Das deutsche Recht kennt den Begriff des Nutzungsberechtigten nicht. Es kennt aber den rechtshistorischen des Nutzungseigentums oder dominium utile.[792] Diese Rechtsinstitute sind allerdings im geltenden Recht nicht mehr vorhanden.[793]

Der Begriff geht zurück auf das Gemeine Recht.[794] Dieses kannte, wie das englische common law auch heute noch, im Gegensatz zum Römischen Recht,[795] einen

---

[790] Kreisschreiben der Eidgenössischen Steuerverwaltung vom 17. Dezember 1998, Archiv für Schweizerisches Abgabenrecht, Band 67, 1998 / 99, Seite 702, zu den für den Begriff des Nutzungsberechtigten nicht relevanten Änderungen: Widmer / Slama, Steuer Revue 1999, Seite 438, Zimmermann, Steuer Revue 1999, Seite 154.

[791] Kreisschreiben 1962, a.a.O., sowie Art. 1 des Bundesratsbeschlusses, a.a.O.

[792] Deutsches Rechtswörterbuch, Band X ,Heft 1/2.

[793] Eine Neueinführung im Zusammenhang mit der Förderung der Stadtentwicklung forderte 1972, Vogel, Hans-Jochen, NJW 1972, 1544, in Voraussicht auf dieses Problem bereits Gierke, Deutsches Privatrecht, Seite 373.

[794] Coing, Europäisches Privatrecht, Seite 292.

[795] Honsell / Mayer-Maly / Selb, Römisches Recht, Seite 149.

geteilten Eigentumsbegriff.[796] Die Rezeption hob diese Zweiteilung nicht auf und übernahm die Aufteilung in das dominium directum (Obereigentum, Grundeigentum) und das dominium utile (Untereigentum, Nutzungseigentum, Nutzeigentum).[797] Die Eigentumsrechte werden zwischen Ober- und Nutzungseigentümer aufgeteilt. Beide erhalten eine vererbliche, veräußerliche und durch die Eigentumsklage geschützte Rechtsposition.[798] Der Obereigentümer erhält das Recht an der Substanz und kann Dienste und Abgaben verlangen.[799] Er hat das Verfügungsrecht über den Gegenstand.[800] Beim Wegfall des Untereigentums verdichtet sich seine Position zum Volleigentum (Konsolidation).[801]

Der Untereigentümer erhält ein umfassendes Gebrauchs- und Nutzungsrecht, beschränkt durch das Substanzrecht des Obereigentümers. Der Nutzungseigentümer ist berechtigt, die fremde Sache "vollkommen zu benutzen, über ihre substanz eingeschränkt zu disponieren und die gegen einen dritten ihm nachgelassene rechte auszuüben".[802] Ihm fallen auch die außerordentlichen Erträge zu, aber er muss auch die außerordentlichen Lasten tragen. Dies unterscheidet ihn von einem Nießbrauchsberechtigten nach den Regeln des BGB, §§ 1039, 1040, 1041 BGB. Diesem stehen nur die gewöhnlichen Nutzungen zu und er hat nur die gewöhnlichen Lasten zu tragen. Der Nutzungseigentümer hat nur ein eingeschränktes Verfügungsrecht. [803] Beim Wegfall des Obereigentums erstarkt sein Recht zum Volleigentum (Appropriation).[804]

Hauptanwendungsfälle für das geteilte Eigentum war das Lehnsverhältnis, die Landleihe und die Emphyteuse (Erbpacht des Römischen Rechts).[805] Nach der Bauernbefreiung ist die Unterteilung dann weggefallen.[806]

Im Gegensatz zum geltenden deutschen Recht kannte daher das Gemeine Recht eine Teilung des Eigentums und damit auch ein Nutzungseigentum. Im Gegensatz zum Begriff des beneficial owner des englischen Rechts beinhaltet dieses aber nur ein eingeschränktes Verfügungsrecht.

---

[796] Gierke, Deutsches Privatrecht, Seite 368.

[797] Gierke, Deutsches Privatrecht, Seite 370 und 371, Sohm / Mitteis / Wenger, Institutionen, Seite336.

[798] Gierke, Deutsches Privatrecht, Seite 374.

[799] Gierke, Deutsches Privatrecht, Seite 374, Honsell / Mayer-Maly / Selb, Römisches Recht, Seite 149.

[800] Coing, Europäisches Privatrecht, Seite 293.

[801] Gierke, Deutsches Privatrecht, Seite 374, Honsell / Mayer-Maly / Selb, Römisches Recht, Seite 149.

[802] Deutsches Rechtswörterbuch, a.a.O., ebenda.

[803] Coing, Europäisches Privatrecht, Seite 293.

[804] Gierke, Deutsches Privatrecht, Seite 374, Honsell / Mayer-Maly / Selb, Römisches Recht, Seite 149.

[805] Coing, Europäisches Privatrecht, Seite 293.

[806] Honsell / Mayer-Maly / Selb, Römisches Recht, Seite 149.

Erwähnt werden sollte an dieser Stelle auch, dass *Roth* in der Aufteilung zwischen Nutzen und Entscheidungsbefugnis im Investmentverhältnis nach dem KAGG eine Aufspaltung des Eigentums auf zwei Personen und darin einen Bruch mit dem herrschenden ungeteilten Eigentumsbegriff des deutschen Rechts sieht(s.o. 2.2.3.2.).[807]

3.2.3.4.3. Definitionsversuche in der Literatur

Die Definitionsversuche in der Literatur sind eher spärlich. Dies liegt v.a. an dem Mangel an Judikaten zu diesem Begriff. Von deutscher Seite aus haben *Vogel*,[808] *Wassermeyer*[809] und *Killius*[810] versucht, den Begriff näher zu klären. V.a. zu erwähnen ist nun aber *du Toit*, der sich ausführlich dem Begriff des Nutzungsberechtigten widmet.[811]

3.2.3.4.3.1. Der Ansatz von Vogel

Vogel legt den Begriff des Nutzungsberechtigten aus dem Abkommenszusammenhang und insbesondere aus dem Zweck der Regelung, Abkommensmissbrauch zu verhindern, aus.[812] Die Abkommen stellen auf den wahren Nutzen und nicht auf die formale Berechtigung ab. Substanz gehe der Form vor. Die Umsetzung des Primats der Substanz über die Form im Falle des Bezugs von Dividenden kann nach der Ansicht von Vogel zu zwei verschiedenen Ansatzpunkten führen. Zum einen kann man darauf abstellen, wer selbst über die Hingabe des Kapitals entscheiden kann. Zum anderen kann man denjenigen für den Nutzungsberechtigten halten, der das Recht hat, den Ertrag nach Belieben zu verwenden. Nutzungsberechtigter soll schon derjenige sein, der eine der beiden Befugnisse hat. Ein Abkommensmissbrauch sei dann ausgeschlossen.

Über die Hingabe des Kapitals entscheidet normalerweise der Inhaber des Stammrechtes, also der Anteilseigner. Das Musterabkommen verlange nicht, dass der Nutzungsberechtigte auch Inhaber der Stammrechtes sein muss. Auch ein Nießbrauchnehmer und ein Treuhänder, der über ausreichende Befugnisse verfügt, kann daher Nutzungsberechtigter sein.[813] Den Betrag nach Belieben verwenden, kann normalerweise der Gläubiger der Dividendenforderung. Zusammengefasst ist nach *Vogel* nutzungsberechtigt, wer entweder Anteilseigner ist oder aber die Befugnisse eines solchen besitzt oder Gläubiger der Dividendenforderung ist.

---

807 Roth, Treuhandmodell, Seite 145 ff.

808 Vogel, DBA, vor Art. 10 - 12, Rz. 7, und derselbe in StuW 1985, Seite 374.

809 Wassermeyer, in: Debatin / Wassermeyer, DBA, Art. 10 OECD-MA, Rz. 62.

810 Killius, Intertax 1989, Seite 340 f.

811 Du Toit, Beneficial Ownership.

812 Vogel, DBA, vor Art. 10 - 12, Rz. 7.

813 Vogel, DBA, vor Art. 10 - 12, Rz. 7, und in StuW 1985, Seite 374, so auch Killius, Intertax 1989, Seite 340.

Damit ist der Begriff des Nutzungsberechtigten "flexibel" gefasst. Sowohl der Inhaber des Stammrechts als auch der Bezugsberechtigte können nutzungsberechtigt sein. Der Vorteil einer solchen flexiblen Auslegung ist, dass eine Kollision mit den nationalen Zurechnungsvorschriften vermieden wird, soweit Inhaber des Stammrechts und Bezugsberechtigter, wie z.B. im Falle des Dividenden-Strippings, zwei verschiedene Personen sind.[814] Rechnet z.B. das nationale Recht des Ansässigkeitsstaates die Dividendeneinnahmen immer dem Inhaber des Stammrechts zu (so z.B. Deutschland), dann verhindert der Begriff des Nutzungsberechtigten nach dieser Auslegung nicht, dass der Inhaber des Stammrechts als Steuerpflichtiger auch die Quellensteuerreduktion verlangen kann. Legt man sich hingegen darauf fest, dass der Bezugsberechtigte der Dividendenforderung nutzungsberechtigt ist, während die Einnahmen nach nationalem Steuerrecht aber dem Inhaber des Stammrechts zuzurechnen sind, dann entsteht das Problem, dass letzterer die Einnahmen zu versteuern hat, nicht aber die Quellensteuerreduktion verlangen kann, da er nicht als nutzungsberechtigt gilt.

Der Nachteil einer solchen Auslegung ist allerdings, dass eine eindeutige Zuordnung der Dividendeneinnahmen zu einer der beiden Personen nicht erreicht wird. Da der Begriff des Nutzungsberechtigten die entscheidenden Zuordnungsfunktion im Dividendenartikel übernimmt,[815] sollte eine Klärung des Begriffs des Nutzungsberechtigten auch dazu beitragen, dass eine eindeutige Zuordnung der Dividendeneinnahmen, v.a. wenn formaler Zahlungsempfänger und Nutzungsberechtigter in unterschiedlichen Staaten ansässig sind, möglich wird.

3.2.3.4.3.2. Der Ansatz von Wassermeyer

Wassermeyer geht von einem abkommensrechtlichen Begriff aus, der aber auf Grund von Art. 3 Abs. 2 OECD - MA nach dem Recht des Anwendungsstaates ausgelegt werden müsse. Im Gegensatz zu Vogel stellt er alleine auf die Berechtigung zur Nutzung des Anteils an der Gesellschaft und nicht auf die Berechtigung zur Nutzung der Forderung auf Zahlung der Dividende ab.[816]

So weit Deutschland Anwendestaat ist, sei der Ausdruck des Nutzungsberechtigten mit dem des Anteilseigners nach § 20 Abs. 2 a EStG zu vergleichen. Anteilseigner ist dabei der (juristische oder wirtschaftliche) Eigentümer eines Anteils an einer Körperschaft. [817] Beide Begriffe hätten nämlich gemein, dass sie nicht auf die Person abstellen, der die Dividende nach den Regeln des Zivilrechts zusteht, sondern vielmehr auf die Person, der die mitgliedschaftlichen Rechte zustehen. § 20 Abs. 2 a EStG knüpft an dem zivilrechtlichen Eigentum der Anteile an. Die zivilrechtliche

---

[814] Vogel, DBA, Art. 10, Rz. 9.

[815] S.o. 3.2.3.2.

[816] Wassermeyer, in: Debatin / Wassermeyer, DBA, Art. 10 OECD-MA, Rz. 62.

[817] Wassermeyer, in: Kirchhof / Söhn, EStG, § 20 EStG, Rz. B 37.

Zurechnung wird dabei aber durch § 39 AO durchbrochen, auf die § 20 Abs. 2 a EStG ausdrücklich verweist.[818]

Tritt der Anteilseigner den Anspruch auf Zahlung der Dividende an einen Dritten ab, dann verliert er nicht seine mitgliedschaftlichen Rechte und bleibt Nutzungsberechtigter. Im Falle der Treuhand bleibt der Treugeber Nutzungsberechtigter.[819] Auch der Nießbrauchnehmer, der nach den so genannten Nießbrauchurteilen des BFH [820] nicht als Anteilseigner gilt, wird folglich nicht als Nutzungsberechtigter anerkannt.[821]

Der wesentliche Unterschied zwischen der Auffassung von *Vogel* und der von *Wassermeyer* liegt darin, dass *Wassermeyer* nicht auf die Berechtigung bezüglich des Dividendenertrags abstellt, sondern auf die Berechtigung hinsichtlich der diesen zu Grunde liegenden Anteile selbst. Dies widerspricht aber der eindeutigen Formulierung des Art. 10 OECD - MA, der auf die Nutzungsberechtigung an den Dividenden und nicht auf die des Stammrechts abstellt.

Die Anwendung des § 39 AO bei der Auslegung des Begriffs des Nutzungsberechtigten widerspricht auch dem Bestreben des deutschen Gesetzgebers, einen vom dem Begriff des wirtschaftlichen Eigentümers unabhängigen Begriff zu schaffen.[822] Lediglich in den Fällen, in denen die Vertragspartner vereinbart haben, dass die nationalen Zurechnungsvorschriften den Begriff des Nutzungsberechtigten ausfüllen, kann auf § 39 AO zurückgegriffen werden (s.o. 3.2.3.4.1.).

Auch die Vorgehensweise der Auslegung ist zu beanstanden. Da das deutsche Recht den Begriff "Nutzungsberechtigter" nicht kennt, muss der abkommensrechtliche Begriff erst einmal ausgelegt werden, um festzustellen, ob er dem deutschen innerstaatlichen Begriff des Anteilseigners entspricht. Dann wird der Bedeutungsgehalt des innerstaatlichen Begriffs auf den des abkommensrechtlichen übertragen. Es stellt sich die Frage, warum der Rückgriff auf nationales Recht überhaupt noch nützlich sein soll, wenn bereits eine abkommensrechtliche Auslegung erforderlich ist, um festzustellen, welchem anders lautenden Begriff des innerstaatlichen Rechts der abkommensrechtliche Begriff nun entspricht (ausführlich, s.u. 3.2.3.4.4.1.).

---

818 Wassermeyer, in: Kirchhof / Söhn, EStG, § 20 EStG, Rz. B 37.

819 Wassermeyer, in: Debatin / Wassermeyer, DBA, Art. 10 OECD-MA, Rz. 62, dabei ist aber die Rechtsprechung des BFH zu den Voraussetzungen einer Treuhand zu beachten. Danach ist eine Treuhand im Sinne von § 39 Abs. 2 Nr. 1 AO mit der Folge der Zurechnung des Wirtschaftsgutes zum Treugeber nur dann zu bejahen, wenn der Treugeber eine Weisungsbefugnis gegenüber dem Treunehmer hat und das treuhänderische Eigentum wie "eine leere Hülse" erscheint, BFH, DStR 1999, Seite 973 (975).

820 BFHE 121, Seite 53, 162, Seite 263.

821 Wassermeyer, in: Kirchhof / Söhn, EStG, § 20, Rz. B 48.

822 Vgl. Killius, Intertax 1989, Seite 340.

3.2.3.4.3.3. Der Ansatz von du Toit

Du Toit sieht den Ausgangspunkt der Begriffsfindung in dem innerstaatlichem Recht der common law Länder.[823] Diese kennen den Begriff in ihrer Rechtstradition. Bei den Verhandlungen über die Änderung des OECD-MA sei deren Verständnis des Begriffs zu Grunde gelegt worden. Da der Begriff in den meisten anderen Ländern nicht bekannt ist, sei eine abkommensautonome Auslegung des Begriffs erforderlich.[824] Diese habe sich nach dem Wiener Übereinkommen über das Recht der Verträge (WÜRV) vom 23.05. 1969 zu richten. Im Ergebnis ist nach *du Toit* Nutzungsberechtigter, wer mehr Rechte an dem fraglichen Gegenstand hat, als ein anderer.[825]

3.2.3.4.4. Stellungnahme und eigener Ansatz

3.2.3.4.4.1. Rückgriff auf die nationalen Zurechnungsvorschriften des Ansässigkeitsstaates?

Aus praktischen Gründen anbieten würde sich ein Rückgriff auf die Zurechnungsvorschriften des nationalen Rechts des Ansässigkeitsstaates. Die abkommensautonome Klärung des Begriffs des Nutzungsberechtigten birgt nämlich die Gefahr, dass nach Abkommensrecht eine Person nutzungsberechtigt ist, der nicht nach dem Recht des Ansässigkeitsstaates die Einnahmen zuzurechnen sind. Dies kann v.a. in den Fällen des Dividenden-Strippings geschehen (s.o. 3.2.3.4.3.1). Im Ergebnis liegt dann die Nutzungsberechtigung nicht bei demjenigen, der die Einnahmen zu versteuern hat. Die Quellensteuerreduktion muss dann von einer Person beantragt werden, die nach nationalem Recht nicht steuerpflichtig ist. Dieses widersinnige Ergebnis lässt sich nur vermeiden, wenn man die Nutzungsberechtigung nach den nationalen Zurechnungsvorschriften des Ansässigkeitsstaates bestimmt. Dann ist immer derjenige, der die Einnahmen zu versteuern hat, auch der Nutzungsberechtigte.

Ein solcher Rückgriff ist aber nur möglich, wenn die Vertragsparteien sich darauf einigen, wie die deutsche Steuerverwaltung mit einigen Staaten getan hat. Ein solches Ergebnis lässt sich aus einer abkommensautonomen Auslegung nicht herleiten. Denn nicht weiter definierte Begriffe der Abkommen sind nach Art. 3 Abs. 2 OECD-MA nicht etwa nach dem Recht des Ansässigkeitsstaates, sondern zunächst nach dem Recht des Anwendestaates auszulegen.

Außerdem ist es zwar unerwünscht, aber nicht außergewöhnlich, dass nationales Steuerrecht und Abkommensrecht zu einer unterschiedlichen Beurteilung kommen. Die Ursache dafür liegt darin, dass das Abkommensrecht einen selbstständigen Regelungskreis darstellt und die Rechtsordnungen zweier Staaten zu berücksichtigen hat. So können z.B. Einnahmen einer Personengesellschaft ab-

---

[823] Du Toit, Beneficial Ownership, Seite 178.

[824] Du Toit, Beneficial Ownership, Seite 177.

[825] Du Toit, Beneficial Ownership, Seite 249.

kommensrechtlich dieser zugewiesen werden, während sie nach innerstaatlichem Recht den Gesellschaftern zugerechnet werden oder umgekehrt.

Der Rückgriff auf die nationalen Zurechnungsvorschriften ist daher nur dann möglich, wenn die Vertragsparteien sich darauf einigen. Ansonsten ist der Begriff des Nutzungsberechtigten abkommensrechtlich zu klären.

3.2.3.4.4.2. Abkommensrechtlicher Begriff oder Rückgriff auf nationales Recht und Klärung der Auslegungsmethode

Nun ist die Frage nach der Auslegungsmethode zu klären. Da spezielle Auslegungsvorschriften in den meisten Verträgen fehlen, ist auf die allgemeine Auslegungsregel des Art. 3 Abs. 2 OECD - MA zurückzugreifen.[826] Nach der hier vertretenen Auffassung ist eine Lösung zunächst aus dem nationalen Recht der beteiligten Vertragsstaaten zu suchen. Nun kennen aber viele Rechtssysteme nicht den Begriff des Nutzungsberechtigten. Ist ein solcher Staat Anwendestaat, dann ist eine Klärung des abkommensrechtlichen Begriffs nicht möglich. Auch wenn der Anwendungsstaat den Begriff kennt, sein Vertragspartner allerdings nicht, dann führt der Rückgriff auf das nationale Recht ebenfalls nicht zu einer befriedigenden Lösung, denn dann wird das Recht des Anwendungsstaates alleine maßgeblich. Selbst wenn beide Staaten den Begriff in ihrem nationalen Recht kennen, ist es möglich, dass ihre Auffassungen abweichen und die abkommensautonome Auslegung die Funktion eines Schiedsrichters übernehmen muss. Eine abkommensautonome Auslegung des Begriffs des Nutzungsberechtigten ist daher notwendig.[827]

3.2.3.4.4.3. Abkommensautonome Auslegung: die Auslegungsmittel

Die abkommensautonome Auslegung folgt nicht denselben Regeln wie die Auslegung nationalen Rechts.[828] Dies liegt daran, dass die Auslegung nationalen Rechts in den verschiedenen Rechtskreisen unterschiedlichen Regeln oder Schwerpunkten folgt. So wird in einigen Ländern ganz entscheidend auf den Wortlaut der Gesetze abgestellt und eine teleologische Auslegung ist kaum möglich.[829] Um Auslegungskonflikte zu vermeiden ist es daher notwendig, sich über die Auslegungsmethoden und ihre Gewichtung zueinander zu einigen. Das Wiener Übereinkommen über das Recht der Verträge (WÜRV) klärt einige dieser Zweifelsfragen. Es gilt im Allgemeinen für die Auslegung völkerrechtlicher Verträge. Es ist also nicht speziell für die Auslegung von Doppelbesteuerungsabkommen zugeschnitten. Dennoch sind auch diese völkerrechtliche Verträge und das Übereinkommen ist daher auch für

---

[826] A.A. du Toit, Beneficial Ownership, Seite 177, der aber der Vorschrift offenbar die landesrechtliche Auffassung zu Grunde legt und daher die Anwendbarkeit von Art. 3 Abs. 2 OECD - MA mit der Geltung des Rechts des Anwendungsstaates gleichsetzt.

[827] Vogel, DBA, vor Art. 10 - 12, Rz 8, im Ergebnis ebenfalls du Toit, Beneficial Ownership, Seite 177.

[828] Vogel, DBA, Einl., Rz 59 ff.

[829] Vogel, DBA, Einl., Rz 62 ff.

deren Auslegung[830] und somit auch für die Klärung des Begriffs des Nutzungsberechtigten heranzuziehen.[831]

Die Grundsätze der Auslegung sind in Art. 31 - 33 WÜRV festgelegt. Demnach sind Verträge nach dem Grundsatz von Treu und Glauben nach Wortlaut (grammatikalische Auslegung), Zusammenhang (systematische Auslegung) und nach Ziel und Zweck der Regelung (teleologische Auslegung) auszulegen, Art. 31 Abs. 1 WÜRV. Die Auslegung aus dem Zusammenhang wird durch Art. 31 Abs. 2 und 3 WÜRV über das jeweilige Abkommen hinaus auch auf andere Urkunden, tatsächliche Übung und andere anwendbare Völkerrechtssätze erweitert. Nach Art 32 WÜRV sind auch die vorbereitenden Arbeiten (travaux préparatoire) und die Umstände des Vertragsschlusses ergänzend und subsidiär heranzuziehen. Damit sind bis auf die historische Auslegung alle Auslegungsmethoden explizit angesprochen, wobei die systematische Auslegung auch die vorbereitenden Dokumente erfasst und damit die Regelungsabsicht der historischen Vertragspartner berücksichtigt.

Eine Besonderheit der Abkommen ist, dass sie auf dem OECD-MA, einem einheitlichen Entwurf, beruhen. Das Muster ist als vorbereitende Arbeit bei der Abkommensauslegung zu berücksichtigen.[832] *Du Toit* will den Begriff des Nutzungsberechtigten für das Abkommensrecht wesentlich aus der Bedeutung desselben Begriffs im Recht der common law Staaten bestimmen.[833] Die Bedeutung des Begriffs "Nutzungsberechtigter" in diesen Staaten habe Eingang in das OECD-MA gefunden und sich damit in den Abkommen fortgesetzt, denen das OECD-MA zu Grunde liegt. Zu beachten ist aber, dass das Muster als vorbereitende Arbeit nur subsidiär zur Auslegung eines Abkommens herangezogen werden kann. Eine Auslegung aus dem Abkommen selbst, d.h. aus seinem Wortlaut, dem Zusammenhang und dem Ziel wird dadurch nicht entbehrlich. Außerdem ist nicht eindeutig, dass die das OECD-MA ändernde Kommission den Begriff des beneficial owner aus den common law Ländern in das Muster übernehmen wollte. Allein die Tatsache, dass in dieser Kommission Vertreter aus diesen Ländern mitwirkten,[834] rechtfertigt eine solche Annahme nicht.

3.2.3.4.4.4. Auslegung nach dem Wortlaut (grammatikalische Auslegung)

3.2.3.4.4.4.1. Gewöhnliche Bedeutung

Das WÜRV erwähnt zunächst die grammatikalische Auslegung, "gewöhnliche Bedeutung", Art. 31 Abs. 1 WÜRV. Daraus wird deutlich, dass der subjektive Wille der Vertragsparteien nur so weit Bedeutung hat, als er sich im Vertrag objektiv

---

[830] Mössner, FS Seidl-Hohenveldern, Seite 410, Vogel, DBA, Einl., Rz 68.

[831] Du Toit, Beneficial Ownership, Seite 185.

[832] Mössner, FS Seidl-Hohenveldern, Seite 412.

[833] Du Toit, Beneficial Ownership, Seite 188.

[834] Du Toit, Beneficial Ownership, Seite 99.

niedergeschlagen hat.[835] Nicht erforscht werden muss der Wille der historischen Vertragspartner im Sinne der subjektiven Theorie.[836] Ein Vorrang des Wortlauts vor anderen Auslegungsmethoden liegt darin aber nicht.[837] Dies ergibt sich bereits daraus, dass alle angesprochenen Auslegungsmethoden in einem Atemzug genannt werden und damit gezeigt wird, dass sie gleichberechtigt nebeneinander stehen.[838] Die grammatikalische Auslegung ist allerdings der Ausgangspunkt der abkommensautonomen Auslegung.[839]

Auszulegen ist nach der gewöhnlichen Bedeutung. Gewöhnliche Bedeutung ist dabei nicht jene Bedeutung, die einem Begriff in der Umgangssprache zukommt. Vielmehr kann auch der juristische Sprachgebrauch herangezogen werden, wenn er in einigen Ländern übereinstimmt und somit zumindest für Juristen gewöhnlich geworden ist.[840] Da der Begriff des Nutzungsberechtigten in den meisten Ländern nicht gebräuchlich ist, konnte sich ein gemeinsamer juristischer Sprachgebrauch nicht herausbilden. *Du Toit* schlägt vor, auf die Begriffsbedeutung, die sich in den common law Ländern herausgebildet hat, zurückzugreifen.[841] Dabei handelt es sich um juristische Begriffsbildungen, die der Begriff dort durch Lehre und Gerichte erhalten hat. Da diese Begriffsbildung aber nur auf einige Länder beschränkt ist und auch dort nicht einheitlich ist, ist dieser Sprachgebrauch nicht als gewöhnlich anzusehen und somit nicht maßgeblich. Damit ist, da sich kein einheitlicher juristischer Sprachgebrauch entwickelt hat, auf den allgemeinen Sprachgebrauch abzustellen.

3.2.3.4.4.4.2. Nutzung und Berechtigter

Der Begriff "Nutzungsberechtigter" ist ein zusammengesetztes Wort aus den Bestandteilen "Nutzung" und "Berechtigter". Das Gleiche gilt für den englischen Ausdruck "beneficial owner".

Der Bestandteil "Nutzung" deutet auf Verwenden und Benutzung, aber auch auf Nutzen, Ertrag und Gebrauchsvorteile hin.[842] "Beneficial" wird übersetzt als vorteilhaft, günstig, "benefit" als Privileg, Vorteil und Nutzen, Ertrag.[843]

---

[835] Vogel, DBA, Einl., Rz 69, Seidl-Hohenveldern, Völkerrecht, Rz 332, Seite 78, Verdross, Völkerrecht, Seite 173, Heintschell von Heinegg, in: Ipsen, Völkerrecht, § 11, Rz 4, Seite 121.

[836] Larenz, Methodenlehre, Seite 316.

[837] Schaumburg, Internationales Steuerrecht, 16.65, Seite 791.

[838] Heintschell von Heinegg, in: Ipsen, Völkerrecht, § 11, Rz 12, Seite 124.

[839] Sie ist auch Ausgangspunkt der Gesetzesauslegung, Larenz, Mehtodenlehre, Seite 320.

[840] Vogel, DBA, Einl., Rz 70, allgemein zum Verhältnis von juristischem und allgemeinen Sprachgebrauch: Larenz, Methodenlehre, Seite 322.

[841] Du Toit, Beneficial Ownership, Seite 197.

[842] Grimm, Deutsches Wörterbuch, "Nutzung", Seite 1038, Brockhaus Wahrig, Deutsches Wörterbuch, "Nutzung", Seite 877.

[843] Herbst / Readett, Dictionary, "beneficial" und "benefit", Seiten 109 und 110.

Der zweite Teil des Wortes deutet auf eine Person hin, der die Nutzung oder der benefit zusteht. Hier weicht nun die deutsche Bedeutung von der englischen ab, da das Englische den Begriff "owner" = Eigentümer und das Deutsche den Begriff "Berechtigter" benutzt. Dies wird darauf zurückgeführt, dass das geltende deutsche Recht den geteilten Eigentumsbegriff nicht (mehr) kennt.[844] Jedenfalls deutet der zweite Bestandteil darauf hin, dass dieser Person der Nutzen, Gewinn oder Ertrag auf Grund einer rechtlich gefestigten Position zusteht, die nicht die eines zivilrechtlichen Eigentümers sein muss.

3.2.3.4.4.4.3. Berechtigung woran?, Grundstruktur des Einkommenstatbestandes der Einkünfte aus Kapitalvermögen

Aus dem Wortlaut muss noch geklärt werden, woran die Nutzungsberechtigung bestehen muss.

Diese Frage kann nur geklärt werden, wenn man sich die Grundstruktur des Einkommenstatbestands der Einkünfte aus Kapitalvermögen im allgemeinen und den der Dividendeneinnahmen im besonderen vor Augen führt. Der Steuerpflichtige verfügt über Kapital, das er entgeltlich zur Verfügung stellt. Das Entgelt ist die Gegenleistung für die Überlassung des Kapitals.

Im Falle von Dividendeneinnahmen wird dem Steuerpflichtigen zumeist als direkte Gegenleistung ein Anteilsrecht gewährt. Dieses Anteilsrecht umfasst häufig den Anspruch auf Zahlung eines Entgeltes. Im diesem Falle fließt das Entgelt nicht direkt auf Grund der Kapitalüberlassung, sondern primär auf Grund der Mitgliedschaft. Dies gilt v.a. da die Anteilsrechte über die Kapitalmärkte und nicht direkt von der Gesellschaft erworben werden. Damit kommt es auch zu keiner direkten Kapitalüberlassung zwischen Aktionär und Kapitalgesellschaft. Vielmehr hat der Erstaktionär das Kapital dieser überlassen und seine Mitgliedschaft entgeltlich an den aktuellen Aktionär veräußert. Bei Dividendeneinnahmen ist daher zu beachten, dass

ursprünglich Kapital überlassen wurde und

dafür Mitgliedschaftsrechte an der Kapitalgesellschaft eingeräumt werden,

die wiederum im Regelfall dazu berechtigen, Dividenden zu beziehen.

Für die Klärung des Begriffs des Nutzungsberechtigten ist es daher von entscheidender Bedeutung, woran diese bestehen muss, an dem Kapital, an den Mitgliedschaftsrechten oder an der Dividendenforderung selbst. Bisher wissen wir, dass nutzungsberechtigt ist, wer eine Sache nutzen darf, also wem der Ertrag einer Sache zusteht. Nun ist gefragt, was diese Sache ist.

---

[844] Du Toit, Beneficial Ownership, Seite 202.

3.2.3.4.4.4.3.1. Muss die Nutzungsberechtigung an dem Kapital bestehen?

Diese Annahme ist nahe liegend, soweit man die Überlassung des Kapitals als den Grund der Einkunftserzielung ansieht.[845] Schließlich nimmt derjenige, der das Kapital den Märkten zur Verfügung stellt, an dem Marktgeschehen teil,[846] so dass es in der Folge der Markteinkommenstheorie gerechtfertigt erscheint, diesen als den Steuerpflichtigen anzusehen.

Ist er nun aber auch der Nutzungsberechtigte ? Dies ist zu verneinen. Das Kapital darf vielmehr derjenige nutzen, der es auf Zeit überlassen erhält, im Falle eines Darlehens also der Schuldner, im Falle der Dividendeneinnahmen die Gesellschaft, die ihren Finanzbedarf über die Kapitalmärkte befriedigt. Somit sind der Darlehensnehmer, bzw. die Dividenden zahlende Gesellschaft berechtigt, dieses Kapital zu nutzen. Gerade im letzten Fall wird dies besonders deutlich, denn die Gesellschaft ist nicht verpflichtet, dass Kapital zurückzuzahlen, sondern darf darüber endgültig verfügen.

Einzugestehen ist zwar, dass der Kapitalgeber ursprünglich entscheiden konnte, wie er sein Geld anlegt. Zu diesem Zeitpunkt war er sicherlich der Nutzungsberechtigte. Er hat diese Befugnis dann allerdings verloren. Demnach kann die Nutzungsberechtigung nicht auf das Kapital bezogen werden, denn es wäre sinnwidrig, die Gesellschaft oder den Darlehensnehmer als Nutzungsberechtigte anzusehen.

Bereits an dieser Stelle wird eine Schwäche des Begriffs des Nutzungsberechtigten deutlich. Ist es grundsätzlich gerechtfertigt, den Kapitalüberlasser als Steuerpflichtigen anzusehen, dann überrascht es, dass diese Person nicht der Nutzungsberechtigte sein kann. Der Begriff des Nutzungsberechtigten und der Einkommenstatbestand der Kapitalüberlassung sind nicht miteinander zu vereinbaren.

3.2.3.4.4.4.3.2. Muss die Nutzungsberechtigung an den Anteilsrechten bestehen ?

Denkbar ist nun zu verlangen, dass die Nutzungsberechtigung bei Dividendeneinnahmen an den Anteilsrechten bestehen muss. Im Einklang mit der Vorstellung des deutschen Rechts wäre dann nutzungsberechtigt, wer die Anteilsrechte auf Grund einer rechtlich gefestigten Position nutzen darf, vgl. § 20 Abs. 2 a EStG. Teil dieser Nutzungsbefugnis ist es dann, den aus den Anteilsrechten fließenden (Dividenden-)ertrag zu behalten und mit ihm nach Belieben zu verfahren.

Diese Auffassung ist grundsätzlich richtig. Es ist der Anteilseigner, der am wirtschaftlichen Geschehen teilnimmt und die Entscheidung trifft, ob das Engagement an einer Gesellschaft aufrechterhalten wird oder nicht. Auf Grund dieser Befugnisse kann es nur richtig sein, ihn als Nutzungsberechtigten anzusehen.

---

[845] So Wassermeyer, in: Kirchhof / Söhn, EStG, § 20, Rn B 20.

[846] Wassermeyer, in: Kirchhof / Söhn, EStG, § 20, Rn B 20.

Zu prüfen bleibt, inweiweit dies mit dem Wortlaut des Art. 10 Abs. 2 OECD-MA zu vereinbaren ist. Sowohl Dividenden- als auch Zinsartikel beziehen die Nutzungsberechtigung auf die Dividenden oder die Zinsen selbst und nicht etwa auf die Wertpapiere oder die Forderungen, die diesen zu Grunde liegen, "Nutzungsberechtigte der Dividenden", Art. 10 Abs. 2 OECD-MA.

Nutzungsberechtigung bedeutet aber, ein Recht an dem Ertrag einer Sache zu haben (s.o. 3.2.3.4.4.4.2.). Dividenden und Zinsen sind aber selbst bereits der Ertrag der Wertpapiere und Forderungen. Sie selbst erwirtschaften zunächst keinen Ertrag. Demnach ist die Formulierung "Nutzungsberechtigte der Dividenden" auf den ersten Blick ungenau. Es müsste vielmehr heißen Nutzungsberechtigter der Wertpapiere. Dann wäre klar, dass derjenige, dem die Dividenden zustehen, Nutzungsberechtigter der Wertpapiere ist.

3.2.3.4.4.4.3.3. Sonderproblem des Dividenden-Strippings: Muss die Nutzungsberechtigung an der Dividendenforderung bestehen?

Legt man diese Auffassung zu Grunde dann ergeben sich aber Probleme, wenn der Eigentümer der Wertpapiere die Dividendenforderung oder den Dividendencoupon ohne das Wertpapier abtritt, so genanntes Dividenden-Stripping.[847] Über einen solchen Fall hatten die niederländischen Gerichte zu entscheiden. Ein englischer broker ließ sich Dividendencoupons niederländischer Aktien von einer Luxemburger Gesellschaft abtreten und berief sich dann auf die Quellensteuerreduktion nach dem DBA Niederlande - U.K.. Die Behörden und die erste Instanz verweigerten diese, da der broker nicht nutzungsberechtigt hinsichtlich der Wertpapiere sei. Der *Hoge Raad* sprach dem broker die Reduktion dagegen zu, da die Nutzungsberechtigung an den Dividenden bestehen muss.[848]

Dieser Fall zeigt, dass das Abstellen auf die Anteilseignerschaft dann zu Problemen führt, wenn diese nicht mehr das Recht umfasst, Dividenden zu erzielen. Die Entscheidung des niederländischen Gerichts widerspricht freilich der national deutschen Auffassung, dass der Anteilseigner auch im Falle des Dividenden-Strippings die Einnahmen erzielt, vgl. § 20 Abs. 2 Nr. 2 lit. a EStG. Zum Teil wird erwogen, diese Auffassung auch in das Abkommensrecht zu übertragen, soweit Deutschland Anwendestaat ist,[849] oder aber sich im Abkommensrecht von dieser Auffassung zu lösen und den Inhaber des Dividendencoupons als entscheidende Person anzusehen.[850]

Diese streitige Frage kann aus dem Wortlaut geklärt werden. Auch wenn dieser etwas unpräzise gefasst ist, zeigt doch die Formulierung "Nutzungsberechtigter der Dividenden", dass im Zweifelsfalle auf die Berechtigung, die Dividende zu fordern, abzustellen ist. Die Zugehörigkeit des Stammrechtes ist nur von sekundärer Bedeutung. Außerdem ist zu beachten, dass der Zinsenartikel dieselbe Formulierung verwendet. Bei Zinsen gibt es keine Mitgliedschaftsrechte. Hier ist auf jeden Fall auf den abzustellen, der an der Zinsforderung nutzungsberechtigt ist. Um eine einheitliche Auslegung des Begriffs des Nutzungsberechtigten zu erreichen, ist es daher sinnvoll auch bei Dividenden auf die Nutzungsberechtigung an der Dividendenforderung abzustellen.

Das Abstellen auf den Zahlungsempfänger bringt auch einen praktischen Vorteil mit sich. Im Gegensatz zu dem Anteilseigner lässt dieser sich vom Quellenstaat leichter feststellen. Ein geringerer Verwaltungsaufwand ist die Folge.

---

[847] Zum Begriff: Bippus, RIW 1994, Seite 945, 948.

[848] Vgl. Born, ET 1994, Seiten 471 und 472 und ihm folgend Vogel, DBA, Art. 10, Rz 9 a, anders dagegen: Wassermeyer, in: Debatin / Wassermeyer, DBA, Art. 10 OECD-MA, Rz 1, 34 und 61: der Anteilseigner bezieht die Dividenden.

[849] Wassermeyer, in: Debatin / Wassermeyer, DBA, Art. 10 OECD-MA, Rz 1.

[850] Vogel, DBA, Art. 10, Rz 9a.

3.2.3.4.4.4.3.4. Kann alternativ auf Stammrecht und Dividendenforderung abgestellt werden?

Eine weitere Alternative wäre es, mit *Vogel* ausreichen zu lassen, dass die Nutzungsberechtigung entweder an der Dividendenforderung oder an dem Stammrecht besteht (s.o. 3.2.3.4.3.1). Dies führt aber auch zu den oben genannten Nachteilen.

3.2.3.4.4.4.3.5. Ergebnis: Die Nutzungsberchtigung muss an der Dividendenforderung bestehen

Die Nutzungsberechtigung für den Dividendenartikel bestimmt sich danach, wem das Recht auf Auszahlung der Dividende zusteht. Dies kann der Aktionär sein oder aber der Inhaber des Dividendencoupons. Der Wortlaut stellt im Falle der Aufspaltung auf den Inhaber des Coupons ab, maW. für die Nutzungsberechtigung kommt es immer auf den Vermögensgegenstand an, der unmittelbar zur Auszahlung der Dividende berechtigt.[851]

Dadurch ergeben sich Gestaltungsspielräume, denn die Dividendenforderung kann unabhängig vom Stammrecht abgetreten werden und die Abkommensberechtigung bezüglich Dividende und Veräußerungsgewinn kann aufgeteilt werden. Dies ist aber auf Grund des eindeutigen Wortlauts hinzunehmen. Eine solche Vorgehensweise kann aber unter Umständen einen Abkommensmissbrauch darstellen und somit unterbunden werden.

3.2.3.4.4.4.4. Nutzung und Verfügung

Gleichzeitig können Aussagen über den Gehalt der rechtlichen Position des Berechtigten gewonnen werden. Die Verwendung der Worte "owner" und "Berechtigter" deuten eine umfassende Rechtsposition dieser Personen an. Eigentümer sind in der Regel in der Lage, frei über die Gegenstände zu verfügen und diese zu nutzen. Dennoch kann auch das Eigentum zahlreichen Beschränkungen unterliegen.

Es stellt sich die Frage, inwieweit die Verfügungsberechtigung Voraussetzung des Begriffs ist, also inweiweit der Steuerpflichtige auch über die Veräußerung des der Dividende zu Grunde liegenden Rechts (Aktie oder Coupon) entscheiden können muss.

Dies ist grundsätzlich zu bejahen. Eine Dividendenzahlung nutzen heißt, sie nach Auszahlung nach Belieben zu verwenden. Ist die Dividende noch nicht ausgezahlt, dann bedeutet Nutzung des Anspruchs, über die Forderung, also den Coupon oder die Aktie zu verfügen. Nutzung und Verfügung fallen damit zusammen, will man nicht den Begriff davon abhängig machen, ob die Zahlung schon erfolgt ist oder nicht. Diese Frage ist dann bedeutsam, wenn eine Person über das Schicksal der Wertpapiere oder Coupons entscheidet und einer anderen der Ertrag aus diesen zufließt.

---

[851] A.A. Wassermeyer, s.o. 3.2.3.4.3.2.

Dies kommt insbesondere bei Vertretungs-, Trust- und Treuhandverhältnissen, (aber auch bei Investmentfonds, dazu ausführlich s.u. 3.2.3.5.1.2) vor. Hier können Vertreter, trustee oder Treuhänder umfangreiche Entscheidungsbefugnisse haben, der Vertretene, Treugeber oder beneficiary zieht aber den Nutzen aus der Rechtsposition. In diesen Fällen kann aber nur einer der Nutzungsberechtigte sein. Bereits der Wortlaut legt aber nahe, dass der Nutzen entscheidend ist. Sollte auf den Entscheidungsbefugten abgestellt werden, dann hätte vielleicht der Ausdruck "Verfügungsberechtigter" Eingang in das Muster gefunden.

3.2.3.4.4.5. Systematische Auslegung

Begriffe müssen über den Wortlaut hinaus aus dem Zusammenhang des gesamten Abkommens ausgelegt werden. Der Begriff "Zusammenhang" ist im WÜRV sehr weit gefasst und umschließt nach Art. 31 Abs. 2 auch außerhalb des Abkommens stehende Dokumente.

Hier ist zunächst festzustellen, dass der Begriff der Nutzungsberechtigung nur in den Dividenden-, Zinsen- und Lizenzgebührenartikeln vorkommt. Der Artikel über Veräußerungsgewinne enthält den Begriff nicht. Diese abkommensrechtlichen Einkunftsarten lassen sich zusammenfassend als "passive Einkünfte" bezeichnen. Sie stehen den Einkünften aus Unternehmen, selbstständiger und nichtselbstständiger Arbeit, die man auch als "aktive Einkünfte" bezeichnen kann, gegenüber. Wesentlicher Unterschied zwischen diesen Einkunftsarten ist, dass die Frage, wer diese Einkünfte erzielt, bei aktiven Einkünften eindeutig ist. Es gibt keinen Zweifel, dass nur der Arbeitnehmer selbst, der die Arbeitsleitung erbringt, die Einkünfte aus dieser erzielt. Dasselbe gilt auch für die anderen aktiven Einkunftsarten. Hingegen besteht bei den hier als "passiv" bezeichneten Einkünften Gestaltungsspielraum. Die Aufnahme der Nutzungsberechtigung als Voraussetzung der Gewährung von Abkommensvorteilen bei passiven Einkünften zeigt daher, dass eine genaue Zuordnung der Einnahmen unabhängig von der Eigentümerstellung erreicht werden sollte.

Aus dem Zusammenhang ergibt sich des Weiteren, dass die Nutzungsberechtigung eine Hürde für den Abkommenszugang sein soll. Abkommensvorteile werden nur dann gewährt, wenn der Steuerzahler Nutzungsberechtigter ist.[852] Wer nicht Nutzungsberechtigter ist, kann diese nicht in Anspruch nehmen. Auch die nachträgliche Einführung des Begriffs in das Muster zeigt, dass Abkommensvorteile beschnitten werden sollten.

---

[852] So auch du Toit, Beneficial Ownership, Seite 207.

3.2.3.4.4.6. Auslegung nach dem Abkommensziel

Verhinderung des treaty shoppings durch Einschaltung von Zwischenpersonen ist das Ziel der Einführung des Beneficial - Owner - Konzepts und die systematische Auslegung hat gezeigt, dass dieses Ziel sich auch in dem Abkommenstext deutlich manifestiert hat. Fraglich ist aber, welche Rückwirkungen sich daraus für die Auslegung des Begriffs des Nutzungsberechtigten ergeben. Gibt es eine teleologische Reduktion für den Fall, dass eine Person nach der bisherigen Auslegung nicht die Voraussetzungen der Nutzungsberechtigung erfüllt aber kein treaty shopping betreibt ? Oder ist es andererseits möglich, alle treaty shopping Tatbestände zu erfassen ?

Die zweite Frage ist klar zu verneinen.[853] Eine Erweiterung über den Wortlaut hinaus wäre ein steuerverschärfender Analogieschluss, der im Steuerrecht unzulässig ist.[854] Außerdem wäre dann erst zu klären, wann genau ein treaty shopping vorliegt. Dazu gibt der Zusammenhang des Abkommens aber keinen Hinweis, so dass eine Lösung willkürlich wäre.

Würde man die Nutzungsberechtigung hingegen im umgekehrten Fall nur scheitern lassen, wenn sich der Vorwurf des treaty shoppings ergibt, dann reduziert man den Begriff des Nutzungsberechtigten teleologisch. Dies tut auch *Vogel*, wenn er es ausreichen lässt, dass der Steuerpflichtige frei über die zu Grunde liegenden Vermögensgegenstände verfügen kann.[855] In diesem Fall besteht keine Gefahr des Abkommensmissbrauchs. Vieles spricht jedoch gegen eine solche Vorgehensweise. Einigkeit müsste dann nämlich darüber bestehen, wann eine Verhaltensweise als treaty shopping oder Abkommensmissbrauch (dazu später, s.u. 3.2.5) anzusehen ist. Der Wortlaut der betreffenden Vorschriften hätte einen solchen Missbrauchsvorbehalt leicht aufnehmen können. Dies ist jedoch nicht geschehen. Eine teleologische Auslegung, die sich vom geschriebenen Text zu weit entfernt, birgt die Gefahr, dass der subjektive Wille der Vertragsparteien, der keinen Niederschlag in dem Abkommen gefunden hat, maßgeblich wird.[856] Damit missachtet man aber die Entscheidung der WÜRV für die objektive Methode. Der Wille der Vertragsparteien muss zumindest Anklang in dem Text gefunden haben. Auf den mutmaßlichen Parteiwillen kann man hingegen nicht abstellen.[857]

Somit ist der Begriff des Nutzungsberechtigten unabhängig von einer Missbrauchsabsicht oder der Durchführung von treaty shopping zu bestimmen.

---

[853] So auch du Toit, Beneficial Ownership, Seite 209.

[854] Tipke, Steuerrechtsordnung, Seite 206.

[855] S.o. 3.2.3.4.3.1.

[856] Heintschell von Heinegg, in: Ipsen, Völkerrecht, § 11, Rz 15, Seite 125.

[857] Heintschell von Heinegg, in: Ipsen, Völkerrecht, § 11, Rz 15, Seite 125.

3.2.3.4.4.7. Allgemeine Definition des Begriffs des Nutzungsberechtigten für Art. 10 und 11 OECD-MA

Nutzungsberechtigt ist, wer:

unabhängig von der Frage, ob eine treaty shopping Situation vorliegt oder nicht,

und unabhängig von einer Missbrauchsabsicht,

und ohne unbedingt die Verfügungsmacht an dem Vermögensgegenstand innezuhaben,

den Ertrag aus einem Vermögensgegenstand

auf Grund einer rechtlich durchsetzbaren Position bezieht,

ohne notwendigerweise zivilrechtlich Eigentümer zu sein.

Im Falle des Dividendenartikels muss die Nutzungsberechtigung an der Dividendenforderung bestehen.

3.2.3.4.5. Erläuterung der Nutzungsberechtigung anhand der wichtigsten Zweifelsfälle

Die gerade aufgestellte Definition soll nun anhand einiger Zweifelsfälle näher erläutert werden:

3.2.3.4.5.1. Stellvertretung (offen und verdeckt)

Die Beurteilung der Nutzungsberechtigung im Rahmen eines Vertretungsverhältnisses fällt leicht. Schon der Musterkommentar merkt an, dass Vertreter oder sonstige Beauftragte nicht Nutzungsberechtigte sind.[858] An diesem Beispiel wird aber deutlich, dass die Verteilung der Entscheidungsbefugnisse nicht entscheidend für die Anerkennung der Nutzungsberechtigung sein kann. Ein Vertreter kann von dem Vertretenen weite Entscheidungsbefugnisse eingeräumt bekommen und der Vertretene damit von Entscheidungen ausgeschlossen werden. Zwar liegt es in der Macht des Vertretenen, die Vollmacht zurückzuziehen. Dies gilt aber nur für rechtsgeschäftliche Vertretungsverhältnisse und auch dort kann der Widerruf der Vollmacht ausgeschlossen werden.[859] Bei gesetzlichen Vertretungsverhältnissen (Sorgerecht, Vormundschaft) ist eine Abberufung des Vertreters nur in engen Grenzen möglich. Stellt man hier auf die Entscheidungsbe-

[858] OECD - Musterkommentar, Art. 12, Ziffer 4.

[859] Zum deutschen Recht vgl. Heinrichs, in: Palandt, BGB, § 168, Rz 6.

fugnisse ab, dann wären die Vertreter nutzungsberechtigt. Dies ist aber nach wohl allgemeiner Meinung nicht denkbar.[860]

Das Gleiche gilt auch für die Fälle der verdeckten Stellvertretung, wie z.B. das Kommissionsverhältnis nach §§ 383 ff. HGB. Der Kommissionär handelt zwar nach außen hin im eigenen Namen und kann damit zunächst auch Eigentum an einer gekauften Sache erlangen.[861] Er handelt jedoch auf fremde Rechnung, d.h. zu Gunsten und zu Lasten der Kommittenten. Damit ist der Kommittent nutzungsberechtigt.

3.2.3.4.5.2. Treuhandverhältnisse

Eine allgemeine Beurteilung der Nutzungsberechtigung von Treuhandverhältnissen ist nicht möglich, da es einen allgemeinen Begriff der Treuhand nicht gibt.[862] Es kommt daher auf jedes Treuhandverhältnis im Einzelnen an. Steht der Nutzen des fraglichen Vermögensgegenstands dem Treugeber zu, dann ist er auch nutzungsberechtigt. Dies wird bei den meisten Sachverhalten zutreffen.

3.2.3.4.5.3. Die Behandlung so genannter Conduits (Basisgesellschaften)

Die entscheidende Frage ist, ob das Beneficial - Owner - Konzept die Verwendung der Conduits beschränkt. Der Unterschied zu den zuvor beschriebenen Fällen liegt darin, dass nun eine juristische Person beteiligt ist und diese juristisch betrachtet nicht dieselben Einnahmen an einen Hintermann weiterleitet, sondern die Einnahmen indirekt und in Form von Dividenden weitergeleitet werden.

Die *niederländische Finanzverwaltung* hat vertreten, dass alleine die Tatsache, dass eine Gesellschaft ihr gesamtes Einkommen an ihre Gesellschafter ausschüttet, dazu führt, dass diese nicht mehr als Nutzungsberechtigte gelten könne.[863] Der Auffassung liegt eine wirtschaftliche Betrachtungsweise zu Grunde. Einnahmen der Körperschaft und Dividendenausschüttungen können wirtschaftlich betrachtet dieselben Mittel sein. Ob der Begriff des Nutzungsberechtigten aber eine solche wirtschaftliche Betrachtungsweise trägt, muss bezweifelt werden. Die Vertragsparteien hätten ansonsten den Begriff wirtschaftlicher Eigentümer / economic owner verwendet. Der Begriff des Nutzungsberechtigten ist daher ein rechtlicher Begriff.

Vogel und der *OECD-Bericht* über Conduit - Gesellschaften[864] stellen auf die Befugnisse der zwischengeschalteten Kapitalgesellschaft ab. Sind diese begrenzt auf

---

860 Ein interessanter Gestaltungsspielraum würde sich ansonsten ergeben: man müsste nur einen in einem günstigen Drittland ansässigen Vertreter unwiderruflich mit der Betreuung des Depots beauftragen und schon wäre dieser als nutzungsberechtigt anzusehen.

861 Baumbach / Hopt, HGB, § 383, Rz 15.

862 Gernhuber, JuS 1988, Seite 355.

863 IBFD, ET 1981, Seite 150.

864 OECD - Report, Tax Avoidance and Evasion, Seite 93, Vogel, DBA, vor Art. 10 - 12, Rz. 10.

die eines Vertreters, dann kann die Kapitalgesellschaft nicht als nutzungsberechtigt angesehen werden. Alleine die Tatsache, dass eine Kapitalgesellschaft ihre Gewinne an ihre Gesellschafter ausschüttet, kann ihre Nutzungsberechtigung genauso wenig ausschließen wie jene, dass die Gesellschaft nur Vermögensgegenstände hält und über keinen aktiven Geschäftsbetrieb verfügt. Letzteres sei lediglich ein Anfangsverdacht für die Finanzbehörden, um den Sachverhalt weiter zu ermitteln.

Allerdings wurde bereits nachgewiesen, dass Entscheidungsbefugnisse und Nutzen auseinander fallen können und jene daher kein wesentliches Anzeichen für die Lage der Nutzungsberechtigung sind (s.o. 3.2.3.4.4.4.4). Außerdem wird im Einzelfall ein Nachweis der Entscheidungskompetenzen schwer fallen, gerade dann, wenn diese nicht einer Person vollkommen zufallen, sondern sich auf mehrere verteilen. Des Weiteren kann ein Unterschied darin bestehen, wem nach vertraglichen Vereinbarungen Kompetenzen zufallen und wer diese wirklich ausübt. Das Abstellen auf die Entscheidungsbefugnisse ist daher mit einigen Unsicherheiten verbunden.

Die Behandlung der Conduit - Situationen muss alleine anhand des Begriffs der Nutzungsberechtigung erfolgen. Lässt sich ihre Verwendung durch das Beneficial - Owner - Konzept nicht einschränken, dann muss auf die anderen Maßnahmen zurückgegriffen werden, die in dem OECD-Bericht aufgeführt werden. Die Zwischenschaltung einer Körperschaft führt dazu, dass die Einnahmen der Körperschaft und die Dividendeneinnahmen ihrer Anleger wesensverschieden sind.[865] Die Zwischenschaltung der Körperschaft ist eine steuerrelevante Tatsache. Die Einnahmen der Körperschaft werden regelmäßig dieser selbst und nicht ihren Anlegern zugerechnet. Die Körperschaft nutzt die Einnahmen und sei es nur dazu, sie an ihre Anteilseigner weiter auszuschütten. Auch eine natürliche Person, die Dividendeneinnahmen als Nutzungsberechtigter bezieht, wird das aus ihnen stammende Geld vielleicht zum Kauf anderer Vermögensgegenstände verwenden ohne dadurch die Nutzungsberechtigung an den Dividendeneinnahmen zu verlieren. Freilich kann sich auch eine Körperschaft verpflichten, die Einnahmen in Form von Dividenden an die Anteilseigner weiterzuleiten.

Natürlich gibt es Maßnahmen, die diese Zuordnung aufheben ("to pierce the corporate veil"[866], den Schleier der Körperschaft durchstechen), wie z.B. die Durchblicksmethode. Der Durchblick wird aber hierbei ausdrücklich angeordnet. Geschieht dies aber auch bei dem Begriff des Nutzungsberechtigten? Dafür spricht, dass der Begriff das formale Eigentum außer Acht lässt und somit auch die formale Zuordnung der Einnahmen einer Körperschaft zu dieser als Rechtsperson beeinträchtigen könnte. Die Anerkennung einer Körperschaft mit der Folge der Zurechnung ihrer Einnahmen ist aber die Regel, die Durchbrechung dieses Prinzips ist die Ausnahme. Eine Ausnahme muss aber explizit angeordnet werden. Die Folge der Missachtung der Körperschaft durch den Begriff des Nutzungsberechtigten wäre, dass man grundsätzlich alle Einnahmen von Körperschaften direkt ihren Anlegern

---

[865] IBFD, ET 1981, Seite 150, Hinnekens, Intertax 1989, Seite 359.

[866] IBFD, ET 1981, Seite 150;

zurechnen müsste. Schließlich schütten alle Kapitalgesellschaften Dividenden aus. Zweck einer Kapitalgesellschaft ist es ja gerade, Gewinne zu erwirtschaften und diese auszuschütten. Die Verpflichtung zur Zahlung einer Dividende ergibt sich aus dem Gesetz und der Satzung. Folgt man der oben genannten Auffassung, dann dürfte eine Kapitalgesellschaft niemals nutzungsberechtigt sein.

Dies geht aber zu weit. Daher müsste man Unterscheidungskriterien aufstellen, die entscheiden, wann dieser Durchblick vollzogen werden soll und wann nicht. Mögliche Unterscheidungskriterien wären Missbrauch oder ein gewisses Maß an Entscheidungsbefugnissen der Körperschaft. Der Begriff des Nutzungsberechtigten trägt eine solche Unterscheidung aber nicht. Er enthält keine Anzeichen dafür, wann eine Körperschaft in ihrer Existenz missachtet werden soll und wann nicht. Im Gegensatz dazu sieht die limitation - of - benefits Regelung des Art. 28 DBA-USA eine explizite Regelung vor, wann eine Körperschaft zu negieren ist. Das Beneficial - Owner - Konzept enthält so etwas nicht.

Der Schleier der Körperschaft wird daher nicht gelüftet. Legt man diese Auffassung zu Grunde, dann erschließt sich auch, warum nach Einführung des Begriffs des Nutzungsberechtigten die Bemühungen, Conduit - Situationen zu verhindern, nicht nachgelassen haben. Dies geschieht wohl in der Erkenntnis, dass der Begriff hiergegen kein wirksames Mittel bietet. Eine Körperschaft ist daher nutzungsberechtigt, auch wenn sie ihre Einnahmen in Rahmen von Dividendenausschüttungen an ihre Anleger weiterleitet. [867]

3.2.3.4.5.4. Konzerne

In Konzern- und Holdingstrukturen treten ähnliche Probleme auf wie bei den conduits. Die Konzernmutter kann gezielt eine Tochtergesellschaft in einem Staat gründen und über diese Beteiligungen in einem dritten Staat halten. Die Konzernmutter kontrolliert die Geschäfte der Tochter vollkommen. Die Tochtergesellschaft schüttet Dividenden an die Mutter aus.[868] Sicherlich handelt es sich hierbei um ein bewusstes Ausnutzen von Abkommensvorteilen. Der Begriff des Nutzungsberechtigten kann diesen Missbrauch aber nicht verhindern. Auch hier ist die Tochtergesellschaft Eigentümerin der Einnahmen aus ihren Beteiligungen. Die Dividendenzahlungen an die Muttergesellschaft sind nicht identisch mit den Einnahmen der Tochtergesellschaft aus den Beteiligungen.[869]

3.2.3.4.5.5. Personengesellschaften

Personengesellschaften unterscheiden sich von Körperschaften in der Besteuerung dadurch, dass sie zumeist als transparent angesehen werden und ihre Einnahmen

---

[867] In diesem Sinne siehe bereits die Rodwell Entscheidung.

[868] Vgl. zu der Entscheidung der indischen Steuerverwaltung, in Mauritius ansässigen Tochtergesellschaften von Unternehmen aus Drittstaaten die Nutzungsberechtigung zu verweigern: Tillinghast, TNI 1996, Seite 79 und 80.

[869] In diesem Sinne siehe bereits die Rodwell Entscheidung, s.o.

nicht ihnen, sondern ihren Gesellschaftern zugerechnet und auch bei diesen besteuert werden. Damit ist auch die Nutzungsberechtigung bereits geklärt. Sie liegt, so weit die Einnahmen den Gesellschaftern zugerechnet werden, bei diesen. Wird die Personengesellschaft hingegen als Steuersubjekt anerkannt und ihre Einnahmen ihr zugerechnet, dann gleicht sie einer juristischen Person und ist selber nutzungsberechtigt. Probleme entstehen bei einem Qualifikationskonflikt. Wird die Personeneigenschaft in den Vertragsstaaten unterschiedlich beurteilt, dann ist zu klären, welche Auffassung die für das Abkommen maßgebliche sein soll. Dies erfolgt anhand derselben Kriterien, die bereits zur Klärung der Personeneigenschaft herangezogen wurden.

3.2.3.4.5.6. (Einfache) Trusts

Auch ein U.S. trust ist eine conduit entity. Der Unterschied zu einer Körperschaft liegt darin, dass er keine Dividende zahlt, sondern dieselben Einnahmen an die beneficiaries weiterleitet. Die Einkunftsart ändert sich durch seine Zwischenschaltung nicht.[870] Diese Ausführungen gelten nur für einfache Trusts und nicht etwa für business trusts, die später noch behandelt werden.

Die Bezeichnung der Berechtigten als beneficiaries könnte zu der Annahme führen, diese seien immer die beneficial owner eines trusts. Dies ist aber falsch.[871] Vielmehr kommt es auch hier darauf an, ob sie nach dem oben Gesagten als nutzungsberechtigt anzusehen sind. Grundsätzlich können bei einem Trustverhältnis entweder der trust selbst oder aber die beneficiaries oder aber der grantor nutzungsberechtigt sein. Der trustee hingegen scheidet aus, denn es ist niemals derjenige, dem der Nutzen an einer Sache zukommen soll.[872]

Die beneficiaries können nur dann nutzungsberechtigt sein, wenn ihr rechtlich durchsetzbarer Anspruch bereits entstanden ist. Hängt ihr Anspruch hingegen von einer Entscheidung des trustee ab, dann ist diese Rechtsposition noch nicht entstanden und sie sind auch nicht nutzungsberechtigt.[873] Dies ist v.a. bei so genannten discretionary trusts der Fall, bei dem die Zuteilung der Einnahmen an die beneficiaries im Ermessen des trustees steht. Bei einem Investmenttrust steht den Anlegern immer ein Anspruch auf Auszahlung der Einnahmen zu. Sie sind kein discretionary trusts.

Allerdings kann auch ein starrer trust als Steuersubjekt im Abkommensrecht anzuerkennen sein. So wird das deutsche Steuerrecht den trust als Person anerkennen. Stimmt diese Qualifikation mit der des Ansässigkeitsstaates überein, dann ist der trust nutzungsberechtigt. U.S. trusts scheitern aber bereits an der Ansässigkeit.

---

870 Avery Jones u.a., ET 1989, Seite 384.

871 Du Toit, Beneficial Ownership, Seite 116, Avery Jones u.a., ET 1989, Seite 390.

872 Beachte bei Avery Jones u.a., ET 1989, Seiten 390, 391, der trustee hier wohl mit dem trust gleichsetzt, so wie hier: du Toit, Beneficial Ownership, Seite 117.

873 Du Toit, Beneficial Ownership, Seiten 116 und 117, Avery Jones u.a., ET 1989, Seiten 390 und 391.

3.2.3.4.6. Dividenden-Stripping

Wie bereits oben hingewiesen wurde, ist die Frage der Nutzungsberechtigung in den Fällen des Dividenden-Strippings besonders entscheidend, da festgestellt werden muss, ob die Nutzungsberechtigung an dem Stammrecht oder an der Dividendenforderung besteht (s.o. 3.2.3.4.4.4.3.). Hier sei nochmals darauf hingewiesen, dass nach der hier vertretenen Auffassung der Inhaber der Dividendenforderung die Dividende bezieht und daher auch er hinsichtlich der Forderung nutzungsberechtigt sein muss.

3.2.3.5. Investmentfonds als Nutzungsberechtigte

3.2.3.5.1. Deutsche Investmentfonds (KAGG-Sondervermögen)

3.2.3.5.1.1. Nutzungsberechtigung nach den Abkommensregelungen, die auf die steuerlichen Zurechnungsvorschriften des deutschen innerstaatlichen Rechts verweisen

Einige deutsche Abkommen verweisen auf die steuerlichen Zurechnungsvorschriften des nationalen Rechts (s.o. 3.2.3.4.1.). Der abkommensrechtliche Begriff des Nutzungsberechtigten ist dann nicht einschlägig. Hier soll geklärt werden, ob deutsche Sondervermögen nach diesen Abkommen nutzungsberechtigt sind.

3.2.3.5.1.1.1. Nutzungsberechtigung nach dem DBA - USA

Das Protokoll zum DBA - USA enthält eine Sonderregelung zur Bestimmung der Nutzungsberechtigung (s.o. 3.2.3.4.1.1.2). Demnach ist die Nutzungsberechtigung nach den Zurechnungsvorschriften des nationalen Rechts des Quellenstaates zu bestimmen. Die Nutzungsberechtigung eines Sondervermögens ist daher nach U.S.-amerikanischem Steuerrecht zu bestimmen..[874]

Demnach ist hier der Begriff des beneficial owner aus den neuen Quellensteuerrichtlinien heranzuziehen (s.o. 3.2.3.4.2.2). Nutzungsberechtigt ist demnach, wem eine Einnahme nach den allgemeinen Regeln des U.S. Steuerrechts, zu denen auch die Conduit Financing Regulations zählen, zuzurechnen ist. Für so genannte "flow - through - entities" sind Sonderregelungen zu beachten.

Das Sondervermögen wird wie eine corporation besteuert (s.o. 3.2.1.2.1.2.2.2.2). Ihm sind daher auch die Einnahmen zuzurechnen. Die Conduit Financing Regulations treffen das Sondervermögen nicht, zumindest, wenn es Dividendeneinnahmen bezieht, da kein Finanzierungsgeschäft vorliegt (s.o. 3.2.3.4.2.2.). Es ist auch keine flow - through - entity, da es nicht als partnership angesehen wird. Damit ist das Sondervermögen nutzungsberechtigt.

---

[874] Die Rückverweisung auf das Recht des Sitzstaates in 26 CFR Section 1.1441-1 (c) (6) (ii) gilt nur für die Festlegung der Nutzungsberechtigung innerhalb von partnerships, Wolff, in: Debatin / Wassermeyer, DBA, Art. 10 DBA-USA, Rz 59, etwas unklar Apelt, IStR 1997, Seite 235.

Zu einem anderen Ergebnis kommt man, wenn man die Grundsätze der Aiken Entscheidung anwendet (s.o. 3.2.3.4.2.2). Danach müsste das Sondervermögen "dominium and control" über die Dividendeneinnahmen besitzen. Da ein ausschüttender Investmentfonds die Einnahmen an die Anleger weiterleiten muss, wäre er nicht nutzungsberechtigt. Ein thesaurierender Fonds hingegen muss die Einnahmen erneut nach seinem Ermessen anlegen. Er wäre dann als nutzungsberechtigt anzusehen. Allerdings ist zu beachten, dass die U.S. Gerichte die Aiken - Grundsätze nicht anwenden und eine Gesellschaft daher nicht negieren, wenn dieser eine Zinsmarge verbleibt, [875] also wenn nicht die gesamte Einnahme weitergeleitet wird. Der Gesellschaft verbleibt dann etwas "Substanz", die eine Negierung nicht rechtfertigen. Auch die Investmenteinnahmen eines Sondervermögens werden nicht vollständig weitergeleitet. Sie werden um die Kosten der Fondsverwaltung gekürzt (s.o. 2.2.4.6.1.1). Daher könnte man auch bei deutschen Investmentfonds erwägen, die Aiken - Grundsätze nicht anzuwenden und damit das Sondervermögen als nutzungsberechtigt ansehen.

Deutsche KAGG-Sondervermögen sind daher nach dem DBA-USA nutzungsberechtigt.

3.2.3.5.1.1.2. Nutzungsberechtigung nach dem DBA - Italien

Nach dem Protokoll zum DBA - Italien ist nutzungsberechtigt, wem die Einnahmen nach dem Steuerrecht beider Staaten zuzurechnen sind und wem das den Zahlungen zu Grunde liegende Recht zusteht (s.o. 3.2.3.4.1.1.3). Demnach ist das Sondervermögen nutzungsberechtigt, wenn die Dividendeneinnahmen nach deutschem und italienischem Recht diesem zuzurechnen sind und dem Sondervermögen auch die den Dividendeneinnahmen zu Grunde liegenden Wertpapiere gehören.

3.2.3.5.1.1.2.1. Zurechnung der Einnahmen nach deutschem Recht

Die Zurechnung von Dividendeneinnahmen nach deutschem Recht richtet sich nach § 20 Abs. 2 a EStG.[876] Demnach erzielt die Dividendeneinnahmen der "Anteilseigner." Der Begriff des Anteilseigner ist in § 20 Abs. 2 a Satz 2 EStG legaldefiniert. Abzustellen ist auf denjenigen, dem nach § 39 AO die zu Grunde liegenden Anteile zuzurechnen sind. Das deutsche Recht knüpft daher die Zurechnung der Einnahmen an die Zurechnung der Anteile. Nicht von Bedeutung ist somit, wem die Dividendeneinnahmen zufließen. Alleine die Zuordnung des Stammrechtes ist von Bedeutung.[877]

---

[875] U.S. Court of Appeals in Northern Indiana Public Service Co., 7th Circuit, zitiert nach: Fink, Intertax 1997, Seite 325.

[876] Wassermeyer, in: Kirchhof / Söhn, EStG, § 20, Rn B 18c.

[877] Die Zurechnung der Dividendeneinnahmen war vor Einfügung des § 20 Abs. 2 a EStG Gegenstand eines erheblichen Streits, vgl. dazu: Wassermeyer, in: Kirchhof / Söhn, EStG, § 20, Rn B 11 ff.

Das Sondervermögen ist somit aus deutscher Sicht nutzungsberechtigt, wenn ihm nach § 39 AO die im Portefeuille gehaltenen Wertpapiere zuzurechnen sind. Nach § 39 Abs. 1 AO sind Wirtschaftsgüter prinzipiell dem zivilrechtlichen Eigentümer zuzurechnen. Zivilrechtlich betrachtet sind die Anleger bei der Miteigentümerlösung Eigentümer der im Portefeuille gehaltenen Wertpapiere. Bei der Treuhandlösung ist das Sondervermögen Eigentümer.

So weit die Treuhandlösung gilt, ist § 39 Abs. 2 Nr. 1 Satz 2 AO zu beachten. Demnach sind Wirtschaftsgüter prinzipiell dem Treugeber, also den Anlegern zuzurechnen. Allerdings setzt diese Zurechnung voraus, dass der Treuhänder hinsichtlich des Wirtschaftsgutes im Innenverhältnis Weisungen des Treugebers unterliegt.[878] Die Anleger können solche Weisungen allerdings nicht erteilen, da die Kapitalanlagegesellschaft alle Entscheidungen bezüglich der Zusammensetzung des Portefeuilles trifft (siehe dazu ausführlich unten 3.2.3.5.1.2). Bei der Treuhandlösung sind die Wertpapiere im Rahmen von § 39 AO daher dem Sondervermögen zuzurechnen.

Bei Anwendung von § 39 AO kommt man daher eigentlich zu dem seltsamen Ergebnis, dass die Wertpapiere bei der Miteigentümerlösung den Anlegern und bei der Treuhandlösung dem Sondervermögen zuzurechnen sind.

Allerdings ist hier § 38 Abs. 1 Satz 1, § 6 KAGG zu beachten. Die letztgenannten Vorschriften weisen die Vermögensgegenstände und die daraus stammenden Einnahmen dem Sondervermögen zu und erklären dieses dann für steuerlich rechtsfähig (s.o. 2.2.4.3.) Der Anwendungsbereich des § 39 AO ist durch Auslegung zu ermitteln und kann durch andere Gesetze eingeschränkt werden. Hier wird er durch die Vorschriften des KAGG eingeschränkt.[879] Demnach ist die Zurechnung der Wertpapiere nicht nach § 39 AO vorzunehmen.

Nach deutschem Steuerrecht sind die Einnahmen des Investmentfonds (wie auch die Wertpapiere) daher dem Sondervermögen zuzurechnen. Es ist dann als nutzungsberechtigt anzusehen.

3.2.3.5.1.1.2.2. Zurechnung der Einnahmen nach italienischem Recht

Trotz der Regelung des Protokolls neigen die italienischen Steuerbehörden dazu, die Nutzungsberechtigung nach dem Recht des Ansässigkeitsstaates zu beurteilen.[880] Jedenfalls akzeptieren die italienischen Steuerbehörden, wenn das ausländische Recht die Wertpapiere dem Investmentfonds zurechnet. Damit gelten ausländische Investmentfonds, denen nach dem Recht des Ansässigkeitsstaat die

---

[878] Klein, AO, § 39 Nr. 5.

[879] Tipke / Kruse, AO, § 39 AO, Rz. 3, Fischer, in: Hübschmann / Hepp / Spitaler, AO, § 39, Rz. 14.

[880] Ludovici, Nationalbericht Italien zum IFA - Kongress 1997, Seite 551.

Wertpapiere und die daraus stammenden Dividendeneinnahmen zustehen, als nutzungsberechtigt.[881]

3.2.3.5.1.1.2.3. Ergebnis

Nach übereinstimmender Auffassung des italienischen und deutschen Steuerrechts sind die im Portefeuille eines Investmentfonds gehaltenen Wertpapiere sowie die daraus stammenden Einnahmen dem Sondervermögen selber zuzurechnen. Dieses gilt daher im DBA - Italien als nutzungsberechtigt.

3.2.3.5.1.1.3. Nutzungsberechtigung nach dem DBA - Norwegen

Das Protokoll zum DBA - Norwegen enthält eine dem Protokoll des DBA - Italien entsprechende Regelung (s.o. 3.2.3.4.1.1.3). Die Nutzungsberechtigung deutscher Sondervermögen nach diesem DBA könnte nur daran scheitern, dass nach norwegischem Recht dem Sondervermögen die Wertpapiere und die Dividendeneinnahmen nicht zuzurechnen sind.

Norwegen behandelt seine eigenen Fonds als juristische Personen und hält diese für abkommensberechtigt.[882] Des Weiteren werden in Norwegen ausländische Vermögensmassen, die unter einer selbstständigen Geschäftsleitung stehen, als Steuersubjekte anerkannt.[883] Vieles spricht somit dafür, dass die deutschen Sondervermögen dort als Steuersubjekte anerkannt werden und ihnen auch die Wertpapiere und die daraus fließenden Dividendeneinnahmen zugerechnet werden.

3.2.3.5.1.1.4. Nutzungsberechtigung nach dem DBA - Schweden

Die Nutzungsberechtigung des Sondervermögens nach dem DBA - Schweden könnte ebenfalls nur daran scheitern, dass die Dividendeneinnahmen nach schwedischem Recht nicht dem Sondervermögen zuzurechnen sind (s.o. 3.2.3.4.1.1.1). Schwedische Investmentfonds weisen eine Miteigentümerstruktur auf, dennoch gilt für steuerliche Zwecke der Investmentfonds selbst als Eigentümer der Anlagegegenstände.[884] Vieles spricht daher dafür, dass aus schwedischer Sicht auch das Sondervermögen als Eigentümerin der Anlagegegenstände und damit als nutzungsberechtigt angesehen wird.

3.2.3.5.1.2. Beurteilung der Nutzungsberechtigung des Sondervermögens bei abkommensautonomer Auslegung

Als Nutzungsberechtigte von Fondseinnahmen kommen theoretisch die Kapitalanlagegesellschaft, der Anleger oder aber das Sondervermögen selbst in Betracht. Nutzung und Entscheidungsbefugnis sind zwischen Kapitalanlagegesellschaft und

---

[881] Ludovici, Nationalbericht Italien zum IFA - Kongress 1997, Seite 556.
[882] Wikborg, Nationalbericht Norwegen IFA - Kongress 1997, Seite 694.
[883] Sedlmayr, Steuern in Norwegen, Seite26, Rn 103 und 104.
[884] Gunne, Nationalbericht Schweden zum IFA - Kongress 1997, Seite 782.

dem Sondervermögen, bzw. den Anlegern aufgeteilt. *Roth* spricht in diesem Zusammenhang von der quantitativen Aufteilung des Eigentums zwischen Vorteil und Verantwortung.[885]

Die Aufteilung der Kompetenzen zwischen den drei genannten Personen macht die Beurteilung der Nutzungsberechtigung nicht einfach. Dabei kommen zwei Fragen auf: Zunächst ist zu klären, ob für die Nutzungsberechtigung die Entscheidungsbefugnis eine Rolle spielen. Sollte man dies bejahen, dann liegt die Nutzungsberechtigung bei der Kapitalanlagegesellschaft. Sollte man dies verneinen, dann stellt sich die Frage, ob nun das Sondervermögen oder der einzelne Anleger selbst nutzungsberechtigt ist.

Die Kapitalanlagegesellschaft trifft als Fondsmanagement alle Investmententscheidungen: Die Mustervertragsbedingungen für Wertpapier-Publikumsfonds und für Wertpapier-Spezialfonds (Wertpapier-Sondervermögen)[886] sehen in §§ 3 und 4 vor, dass die Kapitalanlagegesellschaft, die ja für das Sondervermögen die Geschäftsführung übernimmt, in den Besonderen Vertragsbedingungen festlegen muss, welche Vermögensgegenstände erworben werden dürfen. Dabei muss sie im Interesse der Anleger handeln und die Sorgfalt eines ordentlichen Kaufmanns beachten. Begrenzt ist sie auch durch die gesetzlichen Vorschriften der Risikomischung. Dennoch bleibt ihr im Rahmen der gesetzlichen Vorschriften ein erheblicher Spielraum. Sie kann die Besonderen Vertragsbedingungen einseitig festlegen und die Anleger haben nur einen Anspruch darauf, dass diese Bedingungen eingehalten werden, können jedoch die Ausgestaltung dieser nicht beeinflussen. Sind die Besonderen Vertragsbedingungen weit gehalten, dann verbleibt dem Fondsmanagement auch innerhalb dieser ein weiter Spielraum. Die Anleger können auch hier nur über den Anlageausschuss versuchen, Einfluss auszuüben. Dieser kann dem Fondsmanagement aber keine verbindlichen Weisungen erteilen, § 4 Nr. 3 der Vertragsbedingungen. Eine Weisungsbefugnis ergibt sich auch nicht direkt aus dem Kapitalanlagevertrag zwischen Anleger und der Kapitalanlagegesellschaft. Zweck dieses Vertrags ist es ja gerade, dem Anleger die mit der Wertpapieranlage verbundenen Schwierigkeiten abzunehmen.[887] Eine Weisungsbefugnis der Anleger widerspräche gerade diesem Zweck.

Auch die Bindung an die Sorgfalt eines ordentlichen Kaufmanns[888] und an das Interesse der Anleger ist keine wirkliche Beschränkung des Fondsmanagements. Hier wird nur ein allgemeiner Sorgfaltsmaßstab festgelegt und klargestellt, dass das Fondsmanagement nicht im eigenen Interesse handeln darf.

Damit trifft eine Kapitalanlagegesellschaft bei der Ausgestaltung des Portefeuilles des von ihr verwalteten Sondervermögens auf keine fremdgesetzten Grenzen und Weisungsbefugnisse der Anleger. Im Rahmen ihrer Sorgfaltspflicht steht ihr ein er-

---

[885] Roth, Treuhandmodell, Seite 149.

[886] Abgedruckt bei Baur, Investmentgesetze, Anhang, Seite 1743 ff.

[887] Ebner-von Eschenbach, Die Rechte des Anteileigners nach dem KAGG, Seite 94.

[888] Schäcker, Investmentsparen, Seite 112.

heblicher Ermessensspielraum zu, um über die Zusammensetzung des Portefeuilles zu entscheiden.[889] Die Anleger bleiben darauf beschränkt, bei Missfallen an dem Fondsmanagement sich von ihren Anteilen zu trennen.

Damit steht zugleich fest, dass die wesentlichen Entscheidungsbefugnisse bei der Kapitalanlagegesellschaft liegen. Ein Teil der für einen Eigentümer typischen Befugnisse fallen ihr zu. Der Begriff der Nutzungsberechtigung ist von dem zivilrechtlichen Eigentumsbegriff unabhängig. Es ist zu fragen, ob der für die Nutzungsberechtigung entscheidende Teil der Eigentümerrechte bei der Kapitalanlagegesellschaft liegt. Maw. es stellt sich die Frage, ob die Entscheidungsbefugnis die Nutzungsberechtigung ausmacht. Bereits festgestellt wurde, dass die Entscheidungsbefugnis ein wichtiger Teil der Nutzungsberechtigung sein kann. Allerdings wurde ebenfalls nachgewiesen, dass er, wenn Entscheidungsbefugnis und Nutzungsziehung auseinander fallen, von sekundärer Bedeutung ist (s.o. 3.2.3.4.4.4.4.). Außerdem kann die Kapitalanlagegesellschaft zwar frei über die Zusammensetzung des Portefeuilles entscheiden. Hinsichtlich der Verwendung der daraus stammenden Beträge ist sie allerdings gebunden. Bei einem ausschüttenden Fonds muss sie diese an die Anleger weiter reichen. Daher hat sie nicht den Nutzen an den Vermögensgegenständen, über deren Zusammensetzung sie entscheidet. Sie ist damit nicht nutzungsberechtigt.

Übrig bleiben damit nur das Sondervermögen selbst oder die Anleger. Die Entscheidung, ob das Sondervermögen oder der einzelne Anleger nutzungsberechtigt ist, ist keine Frage der Abgrenzung von Entscheidung und Nutzen. Beide Einheiten haben keine Entscheidungsbefugnisse und stehen gegenüber der Kapitalanlagegesellschaft auf der Seite derjenigen, die den Nutzen aus der Kapitalanlage ziehen.

Das Sondervermögen bezieht zunächst die Dividendeneinnahmen. Dann fließen diese im Form der Ausschüttungen den Anlegern zu. Es geht daher um die Frage, ob das Sondervermögen in seiner Eigenschaft als quasi - juristische Person anerkannt wird oder ob die Tatsache, dass die Investmenteinnahmen am Ende den Anlegern zufließen, von größerer Bedeutung ist.

Für die Nutzungsberechtigung der Anleger spricht, dass diesen letztendlich die Einnahmen aus dem Investmentfonds zufließen. Zwar gelangen Dividendeneinnahmen aus den Beteiligungen des Fonds zunächst in das Sondervermögen. Bein einem ausschüttenden Fonds werden sie jedoch alsbald an die Anleger weitergeleitet.

Auch mit dem Argument der Transparenz könnte man die Nutzungsberechtigung des Sondervermögens ausschließen. Schließlich ist das Sondervermögen zivilrechtlich gesehen nicht selbstständig. Die Konstruktion des Sondervermögens dient ja lediglich dazu, um die Vermögensmassen der Kapitalanlagegesellschaft und die der Mittel der Anleger voneinander zu trennen. Da die Kapitalanlagegesellschaft

---

[889] Ebner-von Eschenbach, Die Rechte des Anteileigners nach dem KAGG, Seite 95, Schäcker, Investmentsparen, Seite 100.

als Nutzungsberechtigte ausscheidet, können nur die Anleger nutzungsberechtigt sein.

Diese zivilrechtliche Sichtweise kann in das Abkommensrecht nicht übernommen werden. Dort gilt nämlich eine steuerrechtliche Beurteilung. Dies zeigt bereits Art. 3 Abs. 2 OECD-MA.

Ist das Sondervermögen nach dem jeweiligen Abkommen als eines einer juristischen Person gleichgestelltes Gebilde zu qualifizieren, dann sind ihm auch die Investmenteinnahmen als Nutzungsberechtigter zuzurechnen. Sie steht dann einer Körperschaft gleich. Die Zurechnung der Einkünfte zu einer Körperschaft werden durch das Erfordernis der Nutzungsberechtigung nicht beeinträchtigt (s.o. 3.2.3.4.5.3). Dasselbe muss dann für das Sondervermögen gelten. Die Dividendeneinnahmen aus den Beteiligungen des Investmentfonds sind dem Sondervermögen zuzurechnen, die Ausschüttungen aus dem Investmentfonds dann den Anlegern.

Für diese Annahme spricht auch, dass das Sondervermögen in den hier entscheidenden Punkten gerade nicht transparent ist. Die Anordnung der Steuerrechtsfähigkeit, die ja durch Anerkennung der Eigenschaft als einer juristischen Person gleichgestelltes Gebilde in das Abkommensrecht übernommen wird, durchbricht die Transparenz. Auch die Tatsache, dass die Ausschüttungen aus dem Sondervermögen im innerstaatlichen deutschen Steuerrecht und auch in einigen Abkommen wie Dividenden behandelt werden, durchbricht den Grundsatz der Transparenz.

Außerdem sind die Ausschüttungen aus dem Sondervermögen auch wirtschaftlich betrachtet etwas anderes, als die weiter gereichten Einnahmen des Sondervermögens. Die Ausschüttungen aus dem Sondervermögen sind ihrer Höhe nach von dem Erfolg der Anlagestrategie des Fonds abhängig. In ihnen spiegelt sich die Entscheidung des Managements, gewisse Wertpapiere anzuschaffen oder zu veräußern, wieder. Schließlich sind sie ein Abbild des Grundsatzes der Risikomischung, der die Zusammensetzung des Portefeuilles bestimmt. Das Fondsinvestment ist eine andere Anlageform als das Direktinvestment. Selbst wenn ein Einzelanleger auch ein diversifiziertes Portefeuille schafft, dann unterscheiden sich die beiden Anlageformen dadurch, dass dieser die Wertpapiere selbst auswählt, während der Fondsinvestor sich auf das Fondsmanagement verlässt. Durch die Verwendung des Fondsmanagements erhält die Kapitalanlage einen anderen Charakter als die Direktanlage, auch wenn diese dem Grundsatz der Risikomischung nach auf mehrere Anlagegegenstände verteilt wird.

Wird das Sondervermögen daher als quasi juristische Person anerkannt, dann ist es auch nutzungsberechtigt.

Wird das Sondervermögen hingegen gar nicht als quasi juristische Person anerkannt, dann ist es einer Körperschaft nicht vergleichbar. Das Abkommen trägt dann die Entscheidung des deutschen Gesetzgebers, das Sondervermögen einer Körperschaft gleichzustellen und die Einnahmen diesem zuzurechnen, nicht mit. Das Sondervermögen ist dann nicht nutzungsberechtigt. An seine Stelle treten dann die Anleger. Dieser Fall ist dann von praktischer Bedeutung, wenn das Abkommen Personenvereinigungen als Personen des Abkommensrechts zulässt und das Sondervermögen dann die Hürde des Personenartikels "nimmt". Sollte dies nicht der Fall sein, dann scheitert die Abkommensberechtigung bereits am Personenartikel und die Nutzungsberechtigung muss nicht überprüft werden.

3.2.3.5.1.3. Kollision mit dem Begriff des Anteilseigners nach § 20 Abs. 2 a EStG

Ein deutsches Sondervermögen ist demnach zumeist als nutzungsberechtigt anzusehen. Probleme können entstehen, wenn das nationale deutsche Recht die Einnahmen einer anderen Person zurechnen, da der zentrale Begriff des Anteilseigners in § 20 Abs. 2 a EStG zu einer anderen Beurteilung gelangt. Dies ist v.a. in den Fällen des Dividenden-Strippings der Fall. Sollte daher ein deutscher Investmentfonds Dividendenscheine halten, dann gilt er nach den Abkommen zwar als nutzungsberechtigt, muss diese aber nicht nach deutschem Recht versteuern, da er nicht Anteilseigner ist.

Ansonsten sind Kollisionen aber weit gehend ausgeschlossen. Bezüglich der Dividendeneinnahmen gilt der Investmentfonds auch nach deutschem Recht als Anteilseigner, auch unter Berücksichtigung der deutschen Zurechnungsvorschriften, s.o. 3.2.3.5.1.1.2.1

3.2.3.5.2. U.S. - amerikanische Regulated Investment Company (Gesellschaftstyp)

Legt man die abkommensautonome Definition zu Grunde, dann ist die regulated investment company ebenfalls abkommensberechtigt. Sie ist eine Körperschaft. Die Vermögensgegenstände und die Einnahmen hieraus sind ihr zuzurechnen. Die Tatsache, dass sie die Einnahmen an ihre Anleger ausschüttet und damit eine conduit entity ist, verhindert die Nutzungsberechtigung nicht.

Sollte nach dem Protokoll zu dem DBA - USA deutsches innerstaatliches Recht zur Anwendung kommen, dann ist die Nutzungsberechtigung der regulated investment company nach den Zuordnungsvorschriften des deutschen Steuerrechts zu beurteilen. Hier ist dann grundsätzlich wieder auf § 39 AO zurückzugreifen. Allerdings ist dieser in seinem Anwendungsbereich auch gegenüber den Grundsätzen der ordnungsgemäßen Buchführung beschränkt. Diese gehen als lex specialis dem § 39 Abs. 2 Nr. 1 AO vor.[890] Die regulated investment company wird nach dem Typenvergleich einer deutschen Körperschaft gleichgestellt. Da im Falle einer corporation die Vermögensgegenstände bilanziell dieser zugerechnet werden, ist die corporation auch als Nutzungsberechtigte anzusehen. Dasselbe Ergebnis ergibt sich auch unter Anwendung von § 39 AO. Nach Absatz 1 dieser Vorschrift ist die corporation als zivilrechtlicher Eigentümer grundsätzlich Nutzungsberechtigter. Da

---

[890] Knobbe-Keuk, Bilanz- und Unternehmenssteuerrecht, Seite 76, Tipke / Kruse, AO, § 39, Rz 4a, Fischer, in: Hübschmann / Hepp / Spitaler, AO, § 39, Rz. 17.

sich auch nichts abweichendes aus Absatz 2 ergibt, ist die regulated investment company auch nach § 39 AO Nutzungsberechtigter.

3.2.3.5.3. Regulated Investment Company als Business Trust

Die Feststellung der Nutzungsberechtigung bei der Körperschaftslösung war eindeutig. Business trusts zeigen erhebliche Ähnlichkeiten mit der Sondervermögen-Lösung des KAGG,[891] so dass ihre Beurteilung schwieriger ist.

Auch bei ihnen wird man die Nutzungsberechtigung des trustees ausschließen können, denn dieser kann zwar über die Zusammensetzung des Portefeuilles entscheiden, zieht aber nicht den Nutzen der Kapitalanlage.[892]

Nutzungsberechtigt ist daher entweder der trust selber oder aber die beneficiaries. Wie bei einem Sondervermögen auch, erhalten die Ausschüttungen eines business trusts als regulated investment company einen anderen Charakter als die ursprünglichen Einnahmen des trusts. Die Entscheidung, wer von beiden Nutzungsberechtigter ist, hängt daher auch hier von der Anerkennung des trust als Person des Abkommensrechts ab. Es kann daher auf die Ausführungen über Sondervermögen verwiesen werden. Wird der trust als einer juristischen Person gleichgestelltes Gebilde anerkannt, dann ist er auch für dieses Abkommen nutzungsberechtigt.

Ist deren Nutzungsberechtigung nach deutschem Recht zu entscheiden, so wie es das Protokoll zu dem DBA-USA vorsieht, dann ist der business trust nutzungsberechtigt, da er als Körperschaftsteuersubjekt anerkannt wird.[893]

3.2.3.5.4. Starrer Investmenttrust

Für den einfachen trust kann auf das oben gesagte verwiesen werden (3.2.3.4.5.6). Es kommt damit auf die Rechtsposition des Anlegers an. Sobald er die Weiterreichung der Investmenterträge fordern kann, ist er als Nutzungsberechtigter anzusehen. Ansonsten ist der trust selbst nutzungsberechtigt. Da im Fall eines Investmenttrusts die Weitergabe der Investmenterträge verlangt werden kann, sind dort grundsätzlich die Anleger nutzungsberechtigt. Allerdings kann der trust von den Vertragsparteien übereinstimmend als quasi - juristische Person zu qualifizieren sein. In diesem Fall ist er dann nutzungsberechtigt.

---

[891] Roth, Treuhandmodell, Seite 149.

[892] Vgl. Roth, Treuhandmodell, Seite 149.

[893] Anders offenbar in England, s.o. 3.1.3.3.

3.2.3.5.5. Die anderen Investmentfonds

Ist ein Investmentfonds vollkommen transparent, dann ist er kein Steuersubjekt und die Einnahmen werden direkt den Anlegern zugerechnet. Diese sind dann nutzungsberechtigt.

Bei allen anderen Konstruktionen, bei denen der Investmentfonds eine Körperschaft ist, die von beiden Staaten als solche für Zwecke des Abkommensrechts anzuerkennen ist, wird der Fonds nutzungsberechtigt sein.

3.2.3.5.6. Ergebnis: Die Nutzungsberechtigung von Investmentfonds

Der Begriff des Nutzungsberechtigten / beneficial owner wurde in das Muster eingeführt, um treaty shopping zu verhindern. Er greift allerdings nur in einer begrenzten Zahl von Fällen ein. Er ist kein wirksames Mittel gegen Conduit - Situationen, da er die Zuordnung von Anlagegegenständen zu einer Körperschaft nicht durchbricht.

Einige deutsche Abkommen umgehen den Begriff und verweisen auf die Zuordnungsvorschriften des innerstaatlichen Rechts der Vertragspartner.

Da der Begriff nur in wenigen Ländern geläufig ist, ist eine abkommensautonome Klärung und Definition notwendig. Diese orientiert sich an den Auslegungsmaßstäben des WÜRV. Demnach ist nutzungsberechtigt, wer auf Grund einer rechtlichen Position die Erträge aus einem Vermögensgegenstand zieht.

KAGG - Sondervermögen sind, wenn die deutschen Zuordnungsvorschriften zur Anwendung kommen, nutzungsberechtigt.

Gleiches gilt, wenn deren Nutzungsberechtigung nach U.S.-amerikanischem Recht zu entscheiden ist.

Legt man den abkommensautonomen Begriff zu Grunde, dann ist das Sondervermögen nutzungsberechtigt so weit es in dem entsprechenden Abkommen als quasi juristische Person anerkannt wird.

Gleiches gilt für U.S. - amerikanische regulated investment companies.

Eine regulated investment company des corporate types sind nach deutschem Recht nutzungsberechtigt, da ihnen die Investmenteinnahmen zuzurechnen sind.

Ein business trust ist aus deutscher Sicht ebenfalls nutzungsberechtigt, da er als Körperschaftsteuersubjekt anerkannt wird und ihm daher die Investmenteinnahmen zugerechnet werden.

Bei abkommensautonomer Auslegung gilt für einen Business trust das Gleiche wie bei einem Sondervermögen (s.o. 6).

Ein starrer U.S. Investmenttrust ist nutzungsberechtigt, wenn er von den Vertragsstaaten als quasi - juristische Person anerkannt wird. Dann steht er einer Körperschaft gleich. Im Abkommen zwischen der Bundesrepublik und den U.S.A. kann der Abkommenszugang aber bereits an Art. 4 Abs. 1 lit. b. scheitern.

Vollkommen transparente Fonds, die keine Steuersubjekte sind und denen die Einnahmen nicht zuzurechnen sind, sind nicht nutzungsberechtigt.

3.2.4. Regelungen zur Beschränkung der Abkommensvorteile

3.2.4.1. Subject - to - tax - Klausel (Rückfallklausel) des DBA-Großbritannien

Das Abkommen mit Großbritannien enthält nicht den Ausdruck des Nutzungsberechtigten. Dies ist darauf zurückführen, dass das Abkommen zuletzt 1970, also vor Aufnahme des Begriffs des Nutzungsberechtigten in das OECD-MA, überarbeitet wurde. Es enthält allerdings in Art. VI Abs. 1 Satz 2 eine Rückfallklausel (subject - to - tax- Klausel), die die Quellensteuerreduktion davon abhängig macht, dass die Dividende im Sitzland des Gläubigers besteuert wird. Zwar ist demnach eine effektive Besteuerung der Einnahme nicht erforderlich. Die Einnahme muss aber der Steuerpflicht in Sitzland unterliegen.[894]

Ein deutsches KAGG-Sondervermögen muss für ausländische Dividendeneinnahmen weder Ausgleichssteuer noch Kapitalertragsteuer einbehalten. Die Dividendeneinnahme wird erst auf Ebene des Anlegers als Teil der Investmentfondsausschüttung versteuert. Dies gilt nur bei einem unbeschränkt steuerpflichtigen Anleger (s.u. 5.3.5). Die britische Steuerverwaltung wird daher die Quellensteuerreduktion nur auf Antrag des Anlegers gewähren. Der Investmentfonds kann im eigenen Namen eine Quellensteuerreduktion nicht verlangen.[895]

3.2.4.2. Art. 28 DBA - U.S.A.

Eine zusätzliche Einschränkung für die Abkommensberechtigung von Investmentfonds schafft die Regelung des Art. 28 DBA - USA 1989. Sie wurde 1989 in das Abkommen eingefügt und beschränkt u.a. die Quellensteuerbegrenzung im Quellenland.[896] Die Regelung basiert auf dem U.S. Musterabkommen, wurde allerdings mit erheblichen Abstrichen übernommen.[897]

3.2.4.2.1. Normzweck der Regelung

Die Regelung will den Abkommenszugang von Kapitalgesellschaften, die zur ungerechtfertigten Inanspruchnahme von Abkommensvorteilen zwischengeschaltet

---

[894] Mettenheimer, in: Debatin / Wassermeyer, DBA, Art. VI DBA-GB, Rz 23, FG Köln, RIW 1987, Seite 640 / 641.

[895] Vgl. Hurley, Nationalbericht U.K. IFA - Kongress 1997, Seiten 833 und 834.

[896] Debatin, DB 1990, Seite 654 (660).

[897] Debatin, DB 1990, Seite 660, zu der Umsetzung des U.S.-Musterabkommens in andere jüngere Abkommen siehe für Italien: Valente / Magenta, BIFD 2000, Seite 44.

werden (so genannte conduits), beschränken. Sie ist somit eine Regelung zur Einschränkung des treaty shoppings.[898] Die Vorschrift wirkt damit ergänzend zu dem ebenfalls im DBA - USA verankerten Beneficial - Owner - Prinzip. Die Vorschrift ist überschrieben mit "limitation of benefits" oder "Schranken für die Abkommensvergünstigungen".

Im Grundsatz sollen nur solche Kapitalgesellschaften in den Genuss der Quellensteuerbegrenzung kommen, die mit ihrem Sitzstaat ein gewisses Maß an "Verwurzelung" aufweisen.[899] Verwurzelt ist eine Kapitalgesellschaft in ihrem Sitzstaat, wenn sie dort entweder einen aktiven Geschäftsbetrieb aufrechterhält oder dort an einer Börse notiert ist. Auch eine steuerbefreite Körperschaft, hinter der ein abkommensberechtigter Rechtsträger steht, weist diese Verwurzelung auf. Schließlich ist jede Kapitalgesellschaft abkommensberechtigt, deren überwiegender Teil der Gesellschafter nach dieser Regelung selbst abkommensberechtigt ist.[900]

Damit setzt die Regelung zugleich mehrere Maßnahmen zur Verhinderung des treaty shoppings um, wovon die des Abstellens auf die Abkommensberechtigung der Gesellschafter ("look-through-approach") auch in dem OECD - Bericht genannt ist.[901] Der Aktivitätsvorbehalt ist ebenfalls eine aus der Abkommenspraxis bekannte Maßnahme.[902]

---

[898] Debatin, DB 1990, Seite 660.

[899] Debatin, DB 1990, Seite 661.

[900] Vgl. Becker / Thömmes, DB 1991, Seite 566.

[901] OECD - Report, Tax Avoidance and Evasion, Seite 95.

[902] Vgl. Schaumburg, Internationales Steuerrecht, 16.134, Seite 829 und 14.25, Seite 611.

3.2.4.2.2. Auswirkungen auf ein deutsches Sondervermögen

Damit ein deutsches Sondervermögen im Rahmen des DBA - USA die Quellensteuerreduktion in Anspruch nehmen kann, muss es alternativ eine der folgenden Bedingungen erfüllen:

3.2.4.2.2.1. Aktivitätsvorbehalt, Art. 28 Abs. 1 lit. c DBA - USA

Der Aktivitätsvorbehalt setzt voraus, dass eine Person aktiv gewerblich tätig ist und dass die betreffenden Einnahmen aus dieser Tätigkeit stammen, bzw. aus deren Anlass anfallen.

3.2.4.2.2.1.1. Gewerblichkeit, engaged in the conduct of a trade or business

Demnach ist erste Voraussetzung, dass die Tätigkeit des Sondervermögens eine gewerbliche ist. Die englische Fassung spricht von "engaged in the conduct of a trade or business". Weder das Abkommen noch der Notenwechsel klären den Begriff der Gewerblichkeit und es liegt auch nicht fern, dass die Vertragsstaaten diesen Begriff anhand von Art. 3 Abs. 2 DBA - USA, der dem Muster weitesgehend folgt, im Sinne des nationalen Rechts ausgelegt haben wollten. Im Rahmen des deutschen Rechts ist damit auf den bekannten Begriff des Gewerbebetriebs, im Rahmen des U.S.-amerikanischen Rechts ist auf den dort häufig verwendeten und definierten Begriff des "conduct of a trade or business" zurückzugreifen.

3.2.4.2.2.1.1.1. Conduct of a trade or business nach U.S.-amerikanischem Steuerrecht

Der Begriff des "conduct of a trade or business" ähnelt dem des deutschen Gewerbebetriebs entfernt. Ganz allgemein wird darunter eine regelmäßige und fortgesetzte Tätigkeit in Gewinnerzielungsabsicht verstanden.[903] Damit ist im Grundsatz jede nachhaltige Erwerbstätigkeit von gewissem Umfang trade or business. Das U.S.-amerikanische Recht kennt nicht die Abgrenzung zwischen Gewerbebetrieb einerseits und Land- und Forstwirtschaft und freiem Beruf andererseits. Lediglich passive Vermögensverwaltung, "investment" wird von dem Begriff ausgeschlossen. Der Begriff des "investments" unterscheidet sich nach U.S.-amerikanischer Vorstellung von dem des "trade or business" durch den geringeren Aufwand an Personal und Material.[904]

Der Begriff trade or business wird in vielen Sections des Internal Revenue Code verwendet und die Gerichte haben immer darauf hingewiesen, dass die Bedeutung des Begriffs von der jeweiligen Verwendung abhängt.[905] Das internationale Steuer-

---

903 Shepard's Mc Graw - Hill Tax Dictionary for Business, Seite 450 "trade or business".

904 Shepard's Mc Graw - Hill Tax Dictionary for Business, Seite 206, "investment".

905 Vgl. Mc Daniel / Ault, United States International Taxation, Seite 50.

recht der U.S.A. kennt den Begriff "trade or business within the United States"[906] in Bezug auf ausländische Körperschaften in Section 864 (b) Internal Revenue Code und schließt dort das Handeln von Wertpapieren in eigenem Namen grundsätzlich von dem Begriff aus.[907] Diese Regelung bezieht sich aber bei genauem Lesen nicht auf die Tatsache, dass das Handeln von Wertpapieren in eigenem Namen "trade or business" darstellt, sondern darauf, unter welchen Voraussetzungen diese Handlungen in den U.S.A. vorgenommen werden.

Die Kapitalanlagegesellschaft, die Verwaltungsgebühren und Ausgabeaufschläge für Verwaltung und Fondsmanagement verlangt, ist sicherlich gewerblich tätig. Aber sowohl nach deutschem als auch nach U.S.-amerikanischen Steuerrecht ist das Sondervermögen als von ihr unabhängige Einheit anzusehen. Fraglich ist daher, ob das Halten und Verwalten der Wertpapiere in dem Sondervermögen für sich betrachtet eine gewerbliche Tätigkeit darstellt oder nur passive Vermögensverwaltung ist. Der Anleger betreibt sicherlich passive Vermögensverwaltung, wenn er in einem Investmentfonds seine Gelder anlegt. Hier ist allerdings nach dem Auftreten des Fonds zu fragen. Dieser zeichnet sich durch einen hohen Grad an professionellem Management aus. Das Fondsmanagement betreibt einen erheblichen Aufwand, um die Anlagegegenstände auszusuchen und zu beurteilen. Zwar ist das Fondsmanagement zunächst der Kapitalanlagegesellschaft zuzurechnen. Diese handelt jedoch auf Rechnung des Sondervermögens. Die Grenze passiver Vermögensverwaltung ist durch den Einsatz des professionellen Fondsmanagements damit wohl überschritten.[908]

3.2.4.2.2.1.1.2. Gewerbebetrieb nach deutschem Recht

Ob ein Sondervermögen gewerblich tätig ist, ist für die nationale Besteuerung in Deutschland nicht von relevanter Bedeutung und die Frage führt daher ein Schattendasein in der akademischen Diskussion.[909] Dies liegt daran, dass auf Grund der Steuerbefreiung die Einordnung der Einkünfte des Sondervermögens in die sieben Einkunftsarten nicht erforderlich ist.

Eindeutig ist, dass die Kapitalanlagegesellschaft gewerblich tätig ist.[910] Dennoch sind Kapitalanlagegesellschaft und Sondervermögen voneinander getrennt zu betrachten.[911] Dies muss auch für die Beurteilung der Einkünfteart gelten.[912] Ein-

---

[906] Dies ist eine Voraussetzung des "effectively connected" concepts, demnach alle Einnahmen ausländischer Körperschaften oder natürlicher Personen, die "effectively connected with trade or business in the U.S." sind, der vollen Besteuerung in den U.S.A. unterliegen, Mc Daniel / Ault, U.S. International Taxation, Seite 55.

[907] Section 864 (b) (2) (A) (ii) IRC.

[908] Für Immobilienfonds so Schmidt / Dendorfer, IStR 2000, Seite 48.

[909] Siehe Scholtz, in: Beckmann / Scholtz, Investmenthandbuch, § 38 KAGG, Rz 9.

[910] Dies ergibt sich bereits daraus, dass diese als Kapitalgesellschaft ausgestaltet sein muss und daher über § 8 Abs. 2 KStG nur gewerbliche Einnahmen erzielen kann.

[911] Scholtz, FR 1991, 198.

deutig ist auch die Einkunftsart der Anleger. Sie beziehen nach § 39 Abs. 1 KAGG Einkünfte aus Kapitalvermögen.

Scholtz lehnt die Gewerblichkeit des Sondervermögens mit Hinweis auf ein *BFH - Urteil*[913] bezüglich der Inanspruchnahme einer Investitionszulage nach dem Investitionszulagengesetz 1982 (InvZulG) für ein in einem Sondervermögen gehaltenes Grundstück ab.[914] Der *BFH* lehnte darin die Investitionszulage ab, da das Sondervermögen[915] nicht steuerpflichtig und nicht Anlagevermögen der Kapitalanlagegesellschaft sei (Voraussetzung des InvZulG ist nämlich, dass ein Grundstück im Anlagevermögen der Gesellschaft gehalten wird und diese ein steuerpflichtiges Steuersubjekt ist).[916] An diesem Urteil verwundert, dass der *BFH* offenbar zuerst die Berechtigung der Kapitalanlagegesellschaft und dann die des Sondervermögens prüft. Wird das Grundstück in dem Sondervermögen gehalten, und ist das Sondervermögen im Steuerrecht ein eigenes Rechtssubjekt, dann kann nur geprüft werden, ob das Sondervermögen berechtigt bezüglich der Investitionszulage ist. Dies hat der BFH zurecht mit Hinweis auf die mangelnde Steuerpflicht abgelehnt. So weit *Scholtz*[917] aus diesem Urteil schließt, dass das Sondervermögen kein Betriebsvermögen haben kann und deswegen auch keine gewerblichen Einnahmen erzielt, ist dem nicht zu folgen, da dies aus dem Urteil nicht hervorgeht. Der BFH hat vielmehr zu dem Verhältnis der beiden Vermögensmassen zueinander nicht aber zu der Natur des Sondervermögens oder der Einkünftequalifikation Stellung genommen.

Die Klärung der Einkunftsart einer Kapitalgesellschaft erübrigt sich zumeist auf Grund von § 8 Abs. 2 KStG, der alle ihre Einkünfte als gewerblich qualifiziert und damit die Aufteilung in die sieben Einkünftearten des EStG umgeht. Voraussetzung dafür ist aber, dass die betreffende Person nach den Regeln des Handelsrechts buchführungspflichtig ist. Bei einem Sondervermögen gilt diese Regelung nicht. Das Sondervermögen ist handelsrechtlich gesehen keine Person und ist daher nach HGB auch nicht buchführungspflichtig. Die Buchführungspflichten des Sondervermögens sind in § 24 a KAGG besonders geregelt. Buchführung der KAG und des Sondervermögens sind voneinander zu unterscheiden.[918] Für das Sondervermögen wird ein Rechenschaftsbericht aufgestellt, dessen Inhalt § 24 a KAGG genau festlegt. Der Ertrag des Sondervermögens wird im Rahmen einer Überschussrechnung ermittelt.[919] Sondervermögen und KAG werden gemeinsam

---

912 Die Kapitalanlagegesellschaft erzielt die Einnahmen aus Verwaltungsgebühren und Ausgabeaufschlägen, während das Sondervermögen Einnahmen aus den Investitionen bezieht.

913 BFH, BStBl. II 1990, Seite 395.

914 Scholtz, in: Beckmann / Scholtz, Investmenthandbuch, § 38 KAGG, Rz 9.

915 Der BFH spricht hier (BStBl II 1990, Seite 395) von der Steuerfreiheit der KAG, bezieht sich offensichtlich aber auf die des Sondervermögens, klarstellend Scholtz, FR 1991, 198.

916 BFH, BStBl. II 1990, Seite 395.

917 Scholtz, in: Beckmann / Scholtz, Investmenthandbuch, § 38 KAGG, Rz 9.

918 Baur, Investmentgesetze, § 24 a, Rz 1.

919 Bölter / Linner / Otto, Handbuch, Seite 3;

geprüft, § 24 a Abs. 4 KAGG.[920] Man kann auch sagen, dass sich die Prüfung der Kapitalanlagegesellschaft auf das Sondervermögen erstreckt. Die Qualifizierung der Einnahmen des Sondervermögens bestimmt sich, da § 8 Abs. 2 KStG nicht eingreift, demnach über § 8 Abs. 1 KStG nach den Vorschriften des Einkommensteuergesetzes.

Die Einkünfte des Sondervermögens sind somit dann gewerblich, wenn die Voraussetzungen des § 15 Abs. 1, Abs. 2 EStG erfüllt sind. Dabei ist der private Charakter der Fondsanlage genauso wie die Verwendung professionellen Fondsmanagements zu berücksichtigen.

Ein Gewerbebetrieb nach §§ 15 Abs. 1 Nr. 1, Abs. 2 EStG ist gegeben, wenn eine Tätigkeit selbstständig, nachhaltig, mit Gewinnerzielungsabsicht und unter Beteiligung am allgemeinen wirtschaftlichen Verkehr betrieben wird, die nicht zu Land- und Forstwirtschaft oder den freien Berufen zu zählen ist und die den Rahmen der privaten Vermögensverwaltung überschreitet.

Selbstständig ist eine Tätigkeit dann, wenn sie auf eigene Rechnung und Gefahr betrieben wird. Der Steuerpflichtige muss Risiko und Initiative[921] der Betätigung tragen und darf nicht einem Dritten gegenüber in persönlicher Abhängigkeit stehen. Bei Wertpapieren kommt es darauf an, wen das Gewinn- und Kursrisiko der Geschäfte trifft und wer verbindlich über Kauf und Verkauf der Wertpapiere entscheidet.[922] Gewinn- und Kursrisiko trägt das Sondervermögen und die dahinterstehenden Investoren. Die Entscheidungen über die Zusammensetzung des Portefeuilles trifft das Fondsmanagement, das der Kapitalanlagegesellschaft zuzurechnen ist. Dabei handelt es allerdings auf Rechnung des Sondervermögens. Selbstständigkeit ist daher gegeben.

Nachhaltigkeit bedeutet Handeln in Wiederholungsabsicht.[923] Auf Grund der ständigen Änderungen des Portefeuilles ist die Absicht, Wertpapiere zu kaufen und zu verkaufen, offensichtlich und das Erfordernis der Nachhaltigkeit ist erfüllt. Ebenso steht es mit der Gewinnerzielungsabsicht, die die gewerbliche Tätigkeit von der Liebhaberei abgrenzen will.[924] Fonds werden aufgelegt, um durch Veräußerungsgewinne und Ausschüttungen Gewinne zu erzielen. Investmentfonds sind auch am allgemeinen wirtschaftlichen Verkehr beteiligt. Darunter versteht man die Erbringung von Leistungen gegen Entgelt oder den allgemeinen Austausch von Wirtschaftsgütern. Erwerb und Veräußerung von Wertpapieren erfüllt diese Voraussetzung und begründet damit eine Teilnahme am wirtschaftlichen Verkehr.[925]

---

[920] Clemm / Huber, WPg 1989, Seite 289, Schidrich, Prüfung der Kapitalanlagegesellschaften, Seite 928.

[921] Stuhrmann, in: Blümich, EStG, § 15, Rz 19.

[922] Weber, DStZ 1991, Seite 355.

[923] Stuhrmann, in: Blümich, EStG, § 15, Rz 32.

[924] Stuhrmann, in: Blümich, EStG, § 15, Rz 36.

[925] Weber, DStZ 1991, Seite 356.

Die eigentliche Hürde zur Gewerblichkeit von Wertpapierhandeln und -verwaltung durch Private ist auch im deutschen Recht die Abgrenzung zur privaten Vermögensverwaltung. Gewöhnliche Vermögensumschichtungen können nämlich eine Gewerblichkeit nicht begründen. Die Grenzziehung zwischen gewerblichem Vermögensmanagement und privater Vermögensverwaltung ist im Einzelfall und nach der Verkehrsanschauung vorzunehmen, wobei für private Vermögensverwaltung spricht, wenn der Steuerpflichtige aus dem Kapital lediglich die üblichen Früchte (Dividenden, Zinsen) ziehen will und die Gewerblichkeit dann gegeben ist, wenn er Ertrag aus der Veräußerung der Substanz ziehen will.[926] Jedenfalls besteht Einigkeit darüber, dass der Bereich der privaten Vermögensverwaltung dann verlassen wird, wenn der Steuerpflichtige eine Organisation betreibt, die dem Bild eines Börsenmaklers oder -händlers entspricht.[927] Investmentfonds verfügen über professionelles Fondsmanagement. Sie holen Analystenmeinungen ein und beschäftigen selber im Umgang mit Kapital erfahrene Mitarbeiter.[928] Ihr Organisationsgrad übersteigt bei weitem den eines einfachen Börsenmaklers. Der Bereich der privaten Vermögensverwaltung wird damit verlassen.

Gegen dieses Ergebnis lässt sich einwenden, Investmentfonds seien für den einzelnen Anleger nur eine besondere Anlageform und auf Seiten des Anlegers könne man nicht von Gewerblichkeit sprechen. Dieser Einwand ist insoweit richtig, als dass er die Einkunftsart des Anlegers anspricht. Diese hat § 39 Abs. 1 KAGG abschließend geregelt, so dass jede Diskussion darüber überflüssig ist. Erkennt man dem Sondervermögen aber Steuersubjekteigenschaft zu, wie es das KAGG tut, dann ist es für alle Fragen des Ertragssteuerrechts mehr als nur der Zusammenschluss der Mittel vieler Anleger. Die steuerrechtliche Selbstständigkeit muss dazu führen, die Einnahmen alleine nach den Handlungen des Sondervermögens zu beurteilen.

Damit erzielt ein Sondervermögen gewerbliche Einnahmen. Davon ging offensichtlich auch der Gesetzgeber aus, als er das Sondervermögen in § 38 Abs. 1 Satz 2 KAGG von der Gewerbesteuer ausdrücklich befreite. Die Gewerbesteuerpflicht des Sondervermögens könnte nur auf Grund von § 2 Abs. 1 Satz 2 GewStG entstehen. Es gehört weder zu denen in § 2 Abs. 2 GewStG genannten Kapitalgesellschaften und auch nicht zu denen in § 2 Abs. 3 GewStG aufgeführten sonstigen juristischen Personen des Privatrechts.[929] Die Begriffe des Gewerbebetriebs in § 2 Abs. 1 GewStG und § 15 Abs. 2 EStG sind deckungsgleich.[930] Der Gesetzgeber

---

926 BFH, BStBl. II 1968, Seite 775 (777).

927 Weber, DStZ 1991, Seite 358.

928 Schmidt / Dendorfer, IStR 2000, Seite 46.

929 Zu denen zählen nämlich nicht die nicht rechtsfähigen Zweckvermögen, Obermeier, in: Blümich GewStG, § 2 GewStG, Rz 735.

930 Stuhrmann, in: Blümich, EStG, § 15, Rz 12.

ging damit offenbar davon aus, dass das Sondervermögen ein Gewerbebetrieb nach den Regeln des EStG ist und befreite es ausdrücklich von der Gewerbesteuer.[931]

Damit steht fest, dass das Sondervermögen übereinstimmend im U.S.-amerikanischem als auch im deutschen Recht gewerbliche Einkünfte erzielt. Die erste Voraussetzung der Aktivitätsklausel ist damit erfüllt.

3.2.4.2.2.1.2. Aktive gewerbliche Tätigkeit, engaged in the active conduct of a trade or business

Zu klären bleibt nun, ob die gewerbliche Tätigkeit auch eine aktive ist. Aus dem Abkommen selbst ergibt sich bereits, dass das reine Verwalten und Platzieren von Kapitalanlagen keine aktive Tätigkeit sein soll, solange es sich dabei nicht um eine Bank- oder Versicherungstätigkeit handelt. Die Unterscheidung zwischen aktiven und passiven Einkünften ist dem U.S.-amerikanischem Recht nicht unbekannt. Die Passive Foreign Investment Company Rules (Sections 1291 ff. IRC) enthalten eine Unterscheidung von aktiven und passiven Einkünften in Sections 1296 (b) (1) und 954 (c) Internal Revenue Code. Demnach sind vor allem Einnahmen aus Dividenden, Zinsen und Lizenzgebühren passive Einnahmen. In verblüffender Ähnlichkeit zu Art. 28 Abs. 1 lit. c DBA - USA sind auch hier diese Einnahmen dennoch aktive, wenn sie aus der aktiven Tätigkeit einer Bank stammen, Section 1296 (b) (2) (A) Internal Revenue Code.

Da Sondervermögen Kapitalanlagen verwalten, betreiben sie jedenfalls kein aktives Gewerbe. Der Aktivitätsvorbehalt kann daher nur dann eingreifen, wenn der Investmentfonds einer Banktätigkeit nachgeht.

3.2.4.2.2.1.3. Banktätigkeit

Diese Ausnahme ist an drei Voraussetzungen geknüpft. Die betroffene Person muss eine Bank (Versicherungen sollen hier außer Betracht bleiben) sein, die Platzierung und Verwaltung der Kapitalanlagen ist eine Banktätigkeit und die Einkünfte stehen im Zusammenhang mit dieser Tätigkeit oder fallen aus deren Anlass an.

Immerhin zählt nach deutschem Recht das Investmentgeschäft der Kapitalanlagegesellschaften zu den Bankgeschäften, § 1 Abs. 1 Nr. 6 KWG. Die Kapitalanlagegesellschaften gelten folglich auch als Kreditinstitute, § 1 Abs. 1 KAGG. Bezieht eine Kapitalanlagegesellschaft Einnahmen im Sinne von Verwaltungsgebühren, Ausgabezuschlägen, usw., dann erwirtschaftet sie, legt man die Regelungen des KWG und des KAGG zu Grunde, als Kreditinstitut Einnahmen, die im Zusammenhang mit ihrer bankmäßigen Tätigkeit stehen.

Weder das Abkommen selbst noch der Notenwechsel vom 28.09. 1989, der nicht im Zustimmungsgesetz erfasst ist und daher nur als Auslegungshilfe in Betracht

---

931 Vgl. den Bericht des Abgeordneten Neuburger, BT - Drucksache 2 / 1585 (2973 neu), zitiert nach Beckmann / Scholtz, Investmenthandbuch, Materialien A, Seite 5.

kommt,[932] enthält eine nähere Definition des Begriffs der bankmäßigen Tätigkeit oder des einer Bank. Auch der allgemeine Definitionsartikel des Art. 3 Abs. 1 DBA - USA gibt keine Erläuterung. Im Ergebnis ist daher die Auslegung des abkommensrechtlichen Begriffs anhand von Art. 3 Abs. 2 DBA - USA vorzunehmen. Nach der hier vertretenen vermittelnden Auffassung ist dabei das Recht des Anwendestaates und das des Sitzstaates in einem ersten Schritt miteinander zu vergleichen, um festzustellen, ob eine Abweichung besteht. Sollte dies der Fall sein, dann ist eine abkommensautonome Auslegung zu bemühen.

Zu fragen ist also zunächst nach der Beurteilung der Tätigkeit einer Kapitalanlagegesellschaft als Bankgeschäft nach U.S.-amerikanischem Steuerrecht. Eine steuerrechtliche Definition von Bankgeschäften bzw. Banken enthält der Internal Revenue Code in Section 581. Ähnlich wie im KWG ergibt sich die Bankeigenschaft aus der Art der durchgeführten Bankgeschäfte.[933] Bankgeschäfte sind nach dieser Definition v.a. das Einlage- und das Kreditgeschäft. Das Investmentgeschäft ist in der Definition genauso wenig enthalten wie das Emmissionsgeschäft. Dies ist auf die im U.S.-amerikanischen Recht nach dem Glass-Steagall-Act[934] eingeführte und zum Teil auch heute noch bestehende Trennung zwischen Investment- und Commercialbanking[935] zurückzuführen, die das KWG nicht kennt und die in Deutschland und Europa auch traditionell nicht existiert. Die Bankdefinition der Section 581 Internal Revenue Code umfasst nur das Commercialbanking, während die des KWG auch Investmentbanking und Investmentgeschäft umfasst. Zur Unterstützung der These, dass Investmentfonds nicht unter den U.S.-amerikanischen Bankbegriff fallen, kann auch auf den Investment Company Act zurückgegriffen werden. Dabei handelt es sich zwar nicht um steuerrechtliche Regelungen wie es Art. 3 Abs. 2 DBA - USA verlangt. Dennoch kann der Investment Company Act als kapitalmarktrechtliche Regelung hilfsweise zur Auslegung herangezogen werden, da die Regelungen des Internal Revenue Code, die sich mit Investmentfonds befassen, an die Definition des Investment Company Act anknüpfen. Nach Section 80a-3 lit. c (3) Investment Company Act sind Banken und Versicherungsgesellschaften ausdrücklich von der Definition der investment company ausgenommen. Daran lässt sich erkennen, dass Investmentfonds und Banken im U.S.-amerikanischen Recht nicht unter denselben Begriff fallen.

Die deutsche und die U.S.-amerikanische Auslegung des Begriffs Bank und Bankgeschäft weichen voneinander ab, so dass eine abkommensautonome Auslegung den Ausschlag geben muss.

Die Auslegung nach dem Wortlaut führt zu keinem Ergebnis, da der Begriff sowohl das Investmentgeschäft umfassen kann oder nicht. Allerdings gibt die systematische Auslegung der Vorschrift einen Hinweis. Nach Art. 28 Abs. 1 lit. c DBA - USA soll grundsätzlich die gewerbliche Platzierung und Verwaltung von Kapi-

---

932 Wassermeyer, in: Debatin / Wassermeyer, DBA, Art. 28 DBA - USA, Rz. 24;

933 Wheeler, International Bank Taxation, Seite 519.

934 Vgl. Büschgen, Bank-Lexikon, Seite 571, unter "Glass-Steagall-Act".

935 Zu den Begriffen vgl. Schwintowski / Schäfer, Bankrecht, Vorwort.

talanlagen und damit auch das Investmentgeschäft dem Aktivitätsvorbehalt nicht genügen. Diese Tätigkeiten werden gewerblich in Deutschland aber hauptsächlich von Kreditinstituten durchgeführt. Es macht daher keinen Sinn, die Personen, die hauptsächliche ein bestimmte auszuschließende Tätigkeit wahrnehmen, zunächst auszuschließen und dann wieder, im Rahmen einer Unterausnahme, zuzulassen. Vielmehr ist davon auszugehen, dass die Vertragsparteien mit der Banken - und Versicherungsklausel die Institutionen ansprechen wollten, die das traditionelle Bank und Versicherungsgeschäft betreiben und im Rahmen oder bei Anlass dieser Tätigkeit, Kapitalanlagen verwalten oder platzieren und nicht aber solche Institutionen, die nur eine solche Tätigkeit vornehmen. Der Begriff Bank und Bankgeschäft ist damit im Sinne der U.S.-amerikanischen Auslegung auf das traditionelle Bankgeschäft und nicht auf den Bankbegriff des KWG zu beschränken.

Darüber hinaus muss berücksichtigt werden, dass hier nicht die Tätigkeit der Kapitalanlagegesellschaften beurteilt werden soll, sondern die des Sondervermögens. Dieses ist auch aus deutscher Sicht keinesfalls eine Bank. Somit sind deutsche Investmentfonds keine Banken. Sie erfüllen damit nicht den Aktivitätsvorbehalt des Art. 28 Abs. 1 lit. c DBA - USA.[936]

3.2.4.2.2.2. Börsennotierung, Art. 28 Abs. 1 lit. d und Abs. 3 DBA - USA

Eine Gesellschaft gilt auch dann als mit dem Sitzstaat "verwurzelt", wenn ihre Aktien in dem Sitzstaat an der Börse gehandelt werden. Im Einzelnen wird vorausgesetzt, dass die Hauptgattung der Aktien regelmäßig und wesentlich und an einer anerkannten Börse gehandelt werden.[937] Da die deutschen Investmentfondsanteile nicht an einer Börse gehandelt werden, sondern auf Wunsch von der Kapitalanlagegesellschaft zurückgenommen werden, können sie nicht unter diese begünstigende Regelung fallen. Zwar sind auch in Deutschland die ersten Zeichen der Bildung eines Sekundärmarktes für Fondsanteile zu erkennen.[938] Dieser Sekundärhandel findet aber bisher nicht an einer anerkannten Börse, sondern über Banken statt.

Im Interesse der Investmentfonds, die ihre Anteile zurücknehmen, sollte die Börsenklausel auch auf die öffentliche Rücknahme dieser Anteile erweitert werden. Die Regeln über Publicly Traded Partnerships stellen den Handel an der Börse mit der Rücknahmeverpflichtung von Anteilen durch die Gesellschaft gleich (s.o. 3.2.1.2.1.2.2.2.2). Nimmt eine Investmentgesellschaft auf Grund gesetzlicher Verpflichtung in ihrem Sitzstaat ihre Anteile auf Verlangen der Anleger wieder zurück, dann entsteht ein Handel, der einem börslichen Handel dem Umfang nach

---

936 Im Ergebnis ebenso: Debatin / Walter, DBA - USA, Art. 28 DBA - USA, Seite 17, Fußnote 7.

937 Wassermeyer, in: Debatin / Wassermeyer, DBA, Art. 28 DBA - USA, Rz. 33.

938 Die DG Bank errichtete eine Zweitmarkt für den Handel von Fondsanteilen der Union Investment Fonds, wobei fraglich ist, ob dieser überhaupt zulässig ist und nicht gegen die Vorschriften des KAGG verstößt, Frankfurter Allgemeine Zeitung vom 03. 11. 1999, Finanzmarkt, Seite 31.

gleichsteht. Der Unterschied liegt freilich darin, dass der Börsenhandel von Fondsanteilen wertbildende Faktoren außerhalb der in dem Fonds eingelegten Wertpapiere berücksichtigt. Dies wollte man in Deutschland verhindern (2.2.3.3.). Dennoch sind Fondsgesellschaften, die ihre Anteile in dieser Weise in ihrem Sitzstaat zurücknehmen, genauso in diesem Staat "verwurzelt" wie ein Unternehmen, dessen Anteile dort an einer Börse gehandelt werden. Eine Gleichbehandlung wäre damit gerechtfertigt.

3.2.4.2.2.3. Durchblick auf Anteilseigner, Art. 28 Abs. 1 lit. e DBA - USA

Dieser Abschnitt des Art. 28 DBA - USA verwirklicht den von der OECD vorgeschlagenen look - through - approach und möchte das treaty shopping sowohl durch direct - conduit - companies als auch durch stepping - stone - conduits[939] verhindern. Dementsprechend fordert die Vorschrift zunächst als Maßnahme gegen direct conduits, dass das wirtschaftliche Eigentum von mehr als 50 % der Anteile abkommensberechtigten Personen, nämlich inländischen natürlichen Personen, dem Vertragsstaat oder einer Gebietskörperschaft, einer börsennotierten oder steuerbefreiten Gesellschaft im Sinne von Art. 28 (s.o.). zusteht, lit. aa.[940] Um die stepping- stone - conduits zu bewältigen, darf vom Rohgewinn nicht mehr als 50 % zur Tilgung von Verbindlichkeiten an andere als die eben genannten Personen geleistet werden, lit. bb.

Wie bereits festgestellt, können deutsche Sondervermögen mit dem Vorwurf konfrontiert werden, direct conduits zu sein. Die U.S.-amerikanischen Behörden können und werden daher von der Kapitalanlagegesellschaft den Nachweis verlangen, dass 50 % ihrer Anteilscheine den oben genannten abkommensberechtigten Personen gehören.

Dieser Nachweis wird von der Kapitalanlagegesellschaft nicht einfach zu erbringen sein. Die Anteilscheine an dem Sondervermögen können sowohl auf Namen als auch auf den Inhaber lauten, § 18 Abs. 1 KAGG. Die meisten Kapitalanlagegesellschaften geben jedoch Inhaberpapiere aus.[941] Während bei auf den auf Namen lautenden Papieren nach § 18 Abs. 1 KAGG und §§ 67, 68 AktG eine Anteilscheinbuch geführt wird und bei Übertragung der Anteilscheine der Vorgang der Kapitalanlagegesellschaft zu melden ist[942], können Inhaberpapiere wie echte Wertpapiere durch Übereignung des Anteilsscheins übertragen werden ("das Recht aus dem Papier folgt dem Recht an dem Papier").

---

[939] OECD - Report, Tax Avoidance and Evasion, Seite 88.

[940] In dieser Aufzählung fehlen die aktiven gewerblichen Gesellschaften, die zwar selbst den Aktivitätsvorbehalt erfüllen, aber einer anderen Gesellschaft, an der sie mehrheitlich beteiligt ist, den Abkommenszugang damit nicht "eröffnet".

[941] Beckmann, in: Beckmann / Scholtz, Investmenthandbuch, § 18 KAGG, Rz. 4.

[942] Beckmann, in: Beckmann / Scholtz, Investmenthandbuch, § 18 KAGG, Rz. 4.

3.2.4.2.2.4. Billigkeitsmaßnahme nach Art. 28 Abs. 2 DBA - USA

Kann eine Person die Voraussetzungen des Art. 28 Abs. 1 DBA - USA nicht erfüllen, dann steht es den Behörden des Quellenstaates zu, die Abkommensvorteile gleichwohl zu gewähren. Dabei handelt es sich um eine Billigkeitsmaßnahme.[943] Die Behörde hat eine Ermessensentscheidung zu treffen. Die Gesichtspunkte, die sie bei der Ausübung ihres Ermessens berücksichtigen soll, sind in dem nicht in das Zustimmungsgesetz aufgenommenen Notenwechsel vom 29. 08. 1989 eingegangen. Dennoch bleibt der Ermessensspielraum der zuständigen Behörde groß.[944] Der Steuerpflichtige kann eine Vorabentscheidung beantragen.

Die genannten Ermessenskriterien sind ein hinreichender Geschäftszweck für Errichtung und Standort der Gesellschaft, die Ausübung einer aktiven gewerblichen Tätigkeit, die sich nicht bloß in Investitionen erschöpft und ein ausreichender Zusammenhang zwischen der Geschäftstätigkeit der Gesellschaft und der Beteiligung. Außerdem sollen Aspekte der internationalen wirtschaftlichen Integration berücksichtigt werden.

Auf Grund der reinen Investitionstätigkeit des Investmentfonds sind diese Kriterien nicht vorteilhaft für deren Anerkennung. Während ein hinreichender Geschäftszweck für die Errichtung und auch für den Standort der Gesellschaft leicht nachzuweisen ist, wird eine aktive Tätigkeit und auch ein ausreichender Zusammenhang zwischen Anlage und Geschäftsaktivität der Gesellschaft der Kapitalanlagegesellschaft nicht nachzusagen sein. Allerdings entspricht es der Förderung der internationalen wirtschaftlichen Integration, wenn Investmentfonds grenzüberschreitend investieren können. Das Anstreben einer Billigkeitsmaßnahme ist daher nicht aussichtslos.

3.2.4.2.2.5. Verhältnis zu den Quellensteuerrichtlinien 26 CFR Section 1.1441- 6

Das nationale Steuerrecht der U.S.A. enthält Vorschriften, die die Quellensteuerreduktion einschränken, 26 CFR 1.1441-6., (dazu bereits oben 3.2.3.4.2.2). Diese Vorschriften wiederholen die allgemeinen Abkommensvoraussetzungen. Darüber hinaus enthalten sie spezielle Regeln für Personenvereinigungen. Diese können eine Quellensteuerreduktion nur dann verlangen, wenn sie in dem Vertragsstaat ansässig sind und die Einnahme dort der Steuer unterliegt ("subject-to-tax"). Für Gebilde, die nach dem Recht des Sitzstaates als transparent angesehen werden, ist die Ansässigkeit der Anleger entscheidend, bei nicht transparenten Gebilden ist entscheiden, ob dieses selbst ansässig ist. Da das Sondervermögen nach deutschem Recht als nicht transparent angesehen wird, ist auf die Steuerpflicht auf der Ebene des Sondervermögens abzustellen. Deutsche Sondervermögen unterliegen mit ausländischen Dividendeneinnahmen keiner Steuer in Deutschland. Sie erfüllen damit nicht die Voraussetzungen des Quellensteuerabzugs.

---

[943] Wassermeyer, in: Debatin / Wassermeyer, DBA, Art. 28 DBA - USA, Rz. 43.

[944] Debatin / Walter, DBA - USA, Art. 28 DBA - USA, Seite 36.

Die Einführung der subject-to-tax-Klausel ist eine Verschärfung gegenüber der Regelung des Art. 28 DBA-USA. Zu klären ist aber, ob diese Regelung im Hinblick auf die explizite Regelung in Art. 28 DBA-USA überhaupt anzuwenden ist. Werden abkommensrechtliche Vorteile durch nationale Regelungen eingeschränkt, dann spricht man von einem treaty override (siehe 3.2.6.2). Ein solcher ist zulässig, wenn der Gesetzgeber die Vorteile bewusst und ausdrücklich beschneidet. Die Quellensteuerrichtlinien sind Verwaltungsvorschriften, die nicht den Status eines Gesetzes haben. Auch der Gesetzgeber hat die Verwaltung nicht ermächtigt, diese Vorschriften zu erlassen und dabei Abkommensvorteile zu beschneiden.[945] Sie treten daher, so weit das DBA-USA anwendbar ist, hinter diesem zurück.

3.2.4.2.3. Auswirkungen auf eine Regulated Investment Company (Gesellschaftstyp)

Auch eine regulated investment company, die bereits zivilrechtlich als corporation organisiert ist, muss die Hürde des Art. 28 DBA - USA überwinden und deswegen entweder aktiv gewerblich tätig oder aber börsennotiert sein oder aber nachweisen, dass sie überwiegend inländische abkommensberechtigte Investoren hat.

Hinsichtlich des Aktivitätsvorbehalts ergeben sich keine Unterschiede zu der Behandlung eines deutschen Sondervermögens. Ihre Einnahmen werden zwar gewerblich sein. Aber auch die regulated investment companies platzieren und verwalten Kapital-anlagen. Sie gelten nicht als Bank.

Hinsichtlich der Börsennotierung ergeben sich allerdings Unterschiede. Die Börsenklausel erfüllt eine U.S.-amerikanische Gesellschaft dann, wenn die Hauptgattung ihrer Anteile an einer der NASDAQ[946] unterstellten oder von der SEC als nationale Effektenbörse[947] im Sinne des Securities Exchange Act (SEA) von 1934 registrierten Börse wesentlich und regelmäßig gehandelt werden.

Da die Anteile an einer regulated investment company unabhängig davon, ob diese als offener oder geschlossener Fonds ausgestaltet ist, an einer Börse gehandelt werden können, kommt es nur noch auf die Regelmäßigkeit, die Wesentlichkeit und die Börse, an der die Anteile gehandelt werden, an.

Die Begriffe "wesentlich" und "regelmäßig" werden in dem Abkommen nicht definiert. Auch ein Rückgriff auf das nationale Recht im Rahmen von Art. 3 Abs. 2 DBA - USA bringt kein Ergebnis, da die Ausdrücke, so weit das nationale Steuerrecht sie kennt,[948] mit einem anderen Inhalt verbunden sind.[949] Kommt die Auslegung nach innerstaatlichem Recht zu keinem Ergebnis, dann ist eine abkommensautonome Auslegung vorzunehmen. Eine teleologische Auslegung bietet sich hier

[945] Cooper, TNI 1996, Seite 1322.

[946] NASDAQ = National Association of Securities Dealer Inc..

[947] Section 6 SEA.

[948] Das deutsche Steuerrecht kennt den Begriff der "wesentlichen Beteiligung" in § 17 EStG.

[949] Wassermeyer, in: Debatin / Wassermeyer, DBA, Art. 28 DBA - USA, Rz. 33.

an. Die Einschränkung versucht zu verhindern, dass solche Gesellschaften als börsennotiert gelten, deren Anteile nur zu einem kleinen Teil oder nur gelegentlich an der Börse gehandelt werden. [950] Die übrigen Aktien könnten die Anteilseigner ansonsten in ihrem Besitz halten, so dass im Ergebnis eine direct conduit vorläge, die durch den Handel einiger weniger Anteile an der Börse die Abkommensberechtigung erschleichen könnte. Auch wenn nun der Sinn der Einschränkung offen gelegt wurde, kann man daraus für die Wesentlichkeit noch keine in Prozentzahlen ausdrückbare Grenze ziehen und für die Regelmäßigkeit ebenfalls keinen genauen Maßstab aufstellen. Jedenfalls dürfte eine regulated investment company, die als corporation ausgestaltet ist und deren Anteile weit gestreut sind (Publikumsfonds), diese Anforderungen regelmäßig erfüllen. Die Anteile an einem solchen Publikumsfonds werden auf Grund des Streubesitzes relativ häufig den Anteilseigner wechseln.

Offen bleibt dann nur noch die Frage, ob die Anteile an einer anerkannten Börse gehandelt werden. Die meisten regulated investment companies lassen ihre Anteile an einer anerkannten Börse handeln.[951]

Sollte die Börsenklausel nicht eingreifen, dann muss auch die regulated investment company nachweisen, dass ihr Gesellschafterstamm überwiegend abkommensberechtigt ist oder sie muss eine Billigkeitslösung anstreben. Für die Billigkeitsentscheidung gilt dasselbe wie für die deutschen Investmentfonds (s.o.).

3.2.4.2.4. Auswirkungen auf eine Regulated Investment Company als Business Trust

Für den business trust gilt dasselbe wie für die corporation. Werden die Trustanteile an einer anerkannten Börse gehandelt, dann ist der trust auch nach Art. 28 DBA - USA abkommensberechtigt. Ansonsten muss er den Nachweise führen, dass seine Gesellschafter abkommensberechtigt sind (s.o.) oder eine Billigkeitsmaßnahme anstreben.

3.2.4.2.5. Auswirkungen auf einen starren Investmenttrust

Bei einem starren Investmenttrust ergibt sich ein Unterschied insoweit, dass seine Anteile zwar an einem Sekundärmarkt gehandelt werden, doch dieser wird idR. keine anerkannte Börse sein. In diesem Fall wird er die Ansässigkeit seiner Investoren nachweisen müssen. Bereits die Ansässigkeitsregel des Art. 4 Abs. 1 lit. b DBA-USA führt dazu, dass der starre Trust nur als thesaurierender selbstständig abkommensberechtigt ist (s.o. 3.2.2.3.2.2), während ausschüttende Trusts ihre Anlegerschaft nachweisen müssen.

---

[950] Wassermeyer, in: Debatin / Wassermeyer, DBA, Art. 28 DBA - USA, Rz. 33.

[951] Rachofsky / Cohn / Baker, Nationalbericht U.S.A. IFA - Kongress 1997, Seite 864 und 865.

3.2.4.2.6. Zusammenfassung: Auswirkungen von Art. 28 DBA-USA auf deutsche und U.S.-amerikanische Investmentfonds

Keiner der hier untersuchten Investmentfonds erfüllt die Aktivitätsklauel oder den Bankenvorbehalt. Vollen Abkommenszugang erhält daher nur ein Investmentfonds, dessen Anteile an einer anerkannten Börse gehandelt werden. Alle anderen erhalten partiellen Abkommenszugang.

Deutsche Investmentfonds sind demnach partiell abkommensberechtigt. Regulated investment companies und business trusts, deren Anteile an einer anerkannten Börse gehandelt werden, sind voll abkommensberechtigt. Werden ihre Anteile hingegen nicht an einer anerkannten Börse gehandelt, dann sind sie, so wie starre trusts auch, nur partiell abkommensberechtigt.

3.2.4.2.7. Übersicht: Die Auswirkungen von Art. 28 DBA-USA auf die Investmentfonds

Regelung ------------ - Investmentfonds	Aktivitätsklausel	Börsenklausel	Durchblick auf die Anleger/ partieller Abkommenszugang	Billigkeitsmaßnahme	Ergebnis
KAGG – Sondervermögen	nein, keine aktive Tätigkeit keine Bank	nein, da Anteile von der KAG zurückgenommen werden	ja Abkommenszugang, soweit ansässige Anleger beteiligt sind	evtl.	partieller Abkommenszugang
Regulated Investment Company	dito	ja, soweit Anteile an einer anerkannten Börse gehandelt werden	soweit Börsenklausel eingreift nein	-	voller Abkommenszugang, soweit Börsenklausel eingreift

Business Trust	dito	dito	soweit Börsen-klausel eingreift nein	nur, wenn Börsen-klausel nicht ein-greift	voller Ab-kom-menszu-gang, so-weit Bör-senklausel eingreift
starrer Trust	dito	nein	ja	evtl.	partieller Ab-kommens-zugang, bereits we-gen Art. 4 Abs. 1 lit. b DBA-USA

3.2.4.3. Art. 25 b Abs. 4 DBA - Frankreich

Das DBA - Frankreich regelt ausdrücklich, unter welchen Bedingungen ein Investmentfonds die Quellensteuerreduktion in Anspruch nehmen kann. Investmentfonds, die unter diese Regelung fallen, erhalten die Quellensteuerreduktion nur insoweit, als ihre Investoren im Sitzstaat des Fonds ansässig sind. Der Investmentfonds ist also nur partiell abkommensberechtigt.

Die Regelung gilt für Einrichtungen der kollektiven Anlage in Wertpapieren, die in einem der Vertragsstaaten liegen, dort nicht der Körperschaftsteuer unterliegen und aus dem anderen Vertragsstaat Dividenden oder Zinsen beziehen. Grundsätzlich ist die Regelung daher für Investmentfonds beider Vertragsstaaten anzuwenden. Ob die deutschen Sondervermögen dieser Regelung unterliegen, scheint aber zweifelhaft, da diese Körperschaftsteuersubjekte sind. Art 25 b Abs. 4 setzt nämlich voraus, dass der Investmentfonds nicht der Körperschaftsteuer "unterliegt".

Damit ist zu fragen, wie der Begriff "unterliegen" auszulegen ist. Ähnlich wie bereits bei der Ansässigkeit ist zu klären, ob die Steuersubjekteigenschaft ausreicht oder ob darüber hinaus Voraussetzung ist, dass das Sondervermögen nicht steuerbefreit ist.

Anders als bei Beurteilung der Ansässigkeit dürfte hier die Steuersubjekteigenschaft nicht ausreichen. Ein Sondervermögen "unterliegt" daher nicht der Körperschaftsteuer und fällt unter die Regelung des Art. 25 b Abs. 4 DBA - Frankreich.

Dieses Ergebnis ergibt sich nicht aus dem Wortlaut, sondern aus dem Sinn und Zweck dieser Vorschrift. Eine Auslegung aus dem Wortlaut ist mit Unsicherheiten belastet, da der Begriff "unterliegen" bereits in Art. 2 Abs. 1 Nr. 3 lit. b DBA - Frankreich verwendet wird. Dort dürfte aber die Steuersubjekteigenschaft ausreichen.

Etwas anderes gilt aber im Rahmen von Art. 25 b Abs. 4. Lässt man hier die Steuersubjekteigenschaft ausreichen, so dass Sondervermögen der Regelung nicht unterliegen, dann wird nicht schlüssig, warum diese Regelung so formuliert ist, dass sie prinzipiell nicht nur für französische, sondern für Investmentfonds beider Staaten anwendbar ist. Die Vertragsparteien wollten daher den Abkommenszugang für Investmentfonds beider Staaten regeln. Damit gilt die Regelung auch für deutsche Sondervermögen. Diese sind daher im DBA - Frankreich nur partiell abkommensberechtigt.[952]

---

[952] Im Ergebnis wohl ebenso: Frankowski, DBA - Frankreich, Art. 9, Rn 9190 ff., Seiten 91 und 92, Wingert / Krause, DBA, Art. 25 b DBA - Frankreich, Seite 181, Kramer, in: Debatin / Wassermeyer, DBA, Art. 25 b DBA - Frankreich, Rz 15.

3.2.4.4. Art. 23 DBA - Schweiz

Auch das DBA - Schweiz enthält in Art. 23 eine eigenständige Regelung, die die Quellensteuerreduktion der Artikel 10 - 12 einschränkt. Es handelt sich hierbei ebenfalls um eine Regel, die das so genannte treaty shopping verhindern soll.[953] Sie enthält eine interessante Zweiteilung. Zunächst wird ein look-through-approach auf die Anteilseigner durchgeführt. Stellt sich demnach heraus, dass an der Gesellschaft überwiegend in dem Vertragsstaat ansässige Personen beteiligt sind, dann ist die Prüfung beendet und die Gesellschaft wird anerkannt. Sollte dieser Test hingegen negativ ausfallen, dann müssen in einem zweiten Schritt eine Reihe von Voraussetzungen kumulativ erfüllt sein, um den Abkommenszugang zu erreichen. Die Kriterien richten sich dabei ganz im Zuge des Ergebnisses des OECD - Berichts gegen die direct-conduit- als auch gegen die stepping-stone-Strategien.

Allerdings ist darauf hinzuweisen, dass diese Regelung im Verhältnis zur Bundesrepublik nicht zur Beurteilung von Investmentfonds herangezogen wird. Diese werden vielmehr anhand der oben beschriebenen Erlasse der Steuerverwaltungen beider Länder behandelt, nach denen die Abkommensvorteile den Investmentfonds beider Staaten nur insoweit zustehen, als an diesen inländische Investoren beteiligt sind (s.o. 3.1.3.5).

3.2.5. Allgemeine abkommensrechtliche Missbrauchsvorschrift

Um die ungerechtfertigte Inanspruchnahme von Abkommensvorteilen zu verhindern, können einerseits spezielle Regelungen geschaffen werden, die einen bestimmten Missbrauch bekämpfen. Allerdings wird es kaum gelingen, alle Umgehungsversuche tatbestandlich zu erfassen.[954] Deswegen ist eine allgemeine Missbrauchsvorschrift von Vorteil, die immer dann anzuwenden ist, wenn die spezielleren Vorschriften nicht eingreifen. Missbrauchsvorschriften sind in vielen innerstaatlichen Rechtssystemen, v.a. denen des Römischen Rechts[955] vorhanden, während sie im angelsächsischen Rechtskreis[956] kaum vorkommen.[957] Es besteht ein Bedürfnis, Missbrauchsvorschriften auch im Abkommensrecht anzuwenden.[958] Dies ist unstrittig. In Rechtsprechung und Literatur wird aber seit langem diskutiert, ob dabei die innerstaatlichen Missbrauchsregeln von dem Anwendestaat auch auf internationale Sachverhalte angewandt werden können oder ob die allgemeinen Missbrauchsvorschriften ungeschriebenes Abkommensrecht sind. Entscheidet man

---

[953] Zwosta, in: Debatin / Wassermeyer, DBA, Art. 23 DBA - Schweiz, Rz. 1.

[954] Vgl. zu ähnlichen Erwägungen bei Erlass der RAO , Fischer, DB 1996, Seite 644.

[955] Zur Rechtslage in Österreich vgl. Zöchling, SWI 1991, Seite 268, für das europäische Steuerrecht: Schön, IStR 1996, Seite 609, für die Niederlande: van Brunschot, BIFD 1988, Seite 355, Italien hat einige spezialgesetzliche Regelungen erlassen: Uckmar / Giuliani, Intertax 1994, Seite 441.

[956] Das englische Recht bemüht sich um eine Missbrauchsbekämpfung anhand spezieller Abkommensvorschriften, Tomsett, BIFD 1990, Seite 107.

[957] Ward, Intertax 1995, Seite 176 ff (179).

[958] OECD - Musterkommentar, Art. 1, Ziffer 7.

sich für abkommensrechtliche Missbrauchsvorschriften, dann stellt sich weiterhin die Frage, wie diese zu formulieren sind.

Die praktischen Konsequenzen beider Lösungen liegen auf der Hand. Für die Anwendung des nationalen innerstaatlichen Rechts sprechen dieselben Gründe, die bereits bei Art. 3 Abs. 2 OECD - MA für die landesrechtliche Lösung angeführt wurden. Die nationalen Behörden des Anwendungsstaates dürfen das ihnen bekannte nationale Recht anwenden, was zu einer erhöhte Rechtssicherheit und Praktikabilität führt.[959] Der Nachteil liegt darin, dass die betroffenen Vertragsstaaten unterschiedliche Auffassung bezüglich der Tragweite einer Missbrauchsvorschrift haben und es so zu Unstimmigkeiten kommen kann. Diesen Nachteil umgeht die Verwendung einer abkommensrechtlichen Missbrauchsvorschrift (so weit Einigkeit über deren Anwendungsumfang erzielt wird).[960] Weiterhin kann die Anwendung der nationalen Vorschriften dem grundsätzlichen Anliegen der Doppelbesteuerungsabkommen, eine Doppelbesteuerung zu vermeiden, entgegenlaufen.[961]

Neben den praktischen Auswirkungen beider Lösungen spielen dogmatische Argumente in der Diskussion die Hauptrolle. Gegen eigenständige ungeschrieben abkommensrechtliche Missbrauchsregeln wird angeführt, dass für den Steuerpflichtigen nachteilige Regelungen sich nur aus dem geschriebenem Recht ergeben können.[962] Grenze der Auslegung sei der mögliche Wortsinn. Dies gelte auch für die Abkommen. Da diese keinen Hinweis auf eine allgemeine Missbrauchsvorschrift enthalten, könne diese auch nicht zu Lasten des Steuerpflichtigen herangezogen werden. Dies wäre eine Analogie zu Lasten des Steuerpflichtigen, die im Steuerrecht unzulässig sei.[963] Darin läge auch ein Verstoß gegen das verfassungsrechtliche Prinzip der Bestimmtheit.[964] Deswegen sei eine Einschränkung der abkommensrechtlichen Vorteile nur auf Grund der nationalen, geschriebenen Missbrauchsvorschriften denkbar.[965]

Gegen eine Anwendung der innerstaatlichen Vorschriften spricht aber, dass die Abkommen zu diesen leges speciales sind.[966] Eine Anwendung der nationalen Missbrauchsvorschriften sei eine Verletzung der völkerrechtlichen Abkommen.[967] Völkerrechtliche Vorschriften unterliegen nicht denselben Einschränkungen wie nationales Recht. Sie werden nicht, wie früher angenommen wurde, in nationales

---

[959] Ward, Intertax 1995, Seite 181.

[960] Ward, Intertax 1995, Seite 181.

[961] Ward, Intertax 1995, Seite 181.

[962] Piltz, BB 1987, Beilage 14 zu Heft 18 1987, 1. Halbjahr, Seite 5, Merthan, RIW 1992, Seite 927 (928).

[963] Piltz, BB 1987, Beilage 14 zu Heft 18 1987, 1. Halbjahr, Seite 5.

[964] Piltz, BB 1987, Beilage 14 zu Heft 18 1987, 1. Halbjahr, Seite 5.

[965] So wohl auch der BFH, BStBl. II 1976, Seite 513.

[966] Fahrholz, Zinsen im internationalen Steuerrecht, Seite 53, Vogel, Stuw 1985, Seite 378.

[967] Vogel, Stuw 1985, Seite 378.

Recht transformiert, so dass sie neben dem innerstaatlichen Recht stünden.[968] Nicht überzeugend ist der dagegen vorgebrachte Einwand, § 42 AO beträfe nur die Zurechnung von Einkünften und diese sei in den Abkommen nicht geregelt.[969] Wie bereits festgestellt wurde, ist gerade das Beneficial - Owner - Prinzip eine Zurechnungsregel.

Zweifel ergeben sich auch aus dem Prinzip der eingeschränkten Territorialität. Dieses erfordert für die Anwendung innerstaatlicher Vorschriften auf internationale Sachverhalte eine hinreichende Beziehung zu dem Staat, dessen Normen angewandt werden sollen.[970] Teilweise wird vertreten, dass die Negierung einer ausländischen Kapitalgesellschaft und der Durchgriff auf deren Gesellschafter auf Grund nationaler Missbrauchsnormen diesem Grundsatz widerspricht.[971] So hatte auch der BFH in dem so genannten *Monaco-Urteil*[972] die Anwendung des § 42 AO auf ausländische Kapitalgesellschaften, an denen Ausländer beteiligt sind,[973] abgelehnt, da "jede Beziehung zum Inland und damit zu den inländischen Steuergesetzen" fehlt.[974] Diese Rechtsprechung hat der BFH mittlerweile allerdings ausdrücklich aufgegeben.[975]

Daher wird hier vertreten, dass eine ungeschriebene, abkommensrechtliche Missbrauchsvorschrift besteht. Zu klären bleibt jetzt noch, wie diese ungeschriebene Missbrauchsvorschrift zu bestimmen ist. Während *Vogel* sich auf die von "den zivilisierten Nationen anerkannten allgemeinen Rechtsgrundsätze"[976] beruft, konkretisiert *Mössner* diese Vorstellung auf die "übereinstimmende Vertragspraxis der Staaten" [977] So weit die Vertragsstaaten einen deckungsgleichen Missbrauchstatbestand kennen, kann auf Grundlage dieser Deckung ein von beiden Seiten erkannter Missbrauch angegangen werden.[978] Sollte der eine Staat einen solchen Tatbestand nicht kennen oder nur einen weniger strengen, dann wird man den kleinsten gemeinsamen Nenner heranziehen und im ersten Fall auf die Anwendung von Missbrauchsregeln verzichten oder im zweiten Fall die weniger strenge Vorschrift anwenden. Damit ist sichergestellt, dass die Anwendung der Missbrauchsvorschriften

---

[968] Vogel, Stuw 1985, Seite 378, auch Fischer - Zernin, RiW 1987, Seite 366.

[969] Vgl. Fischer - Zernin, RiW 1987, Seite 366.

[970] Merthan, RiW 1992, Seite 927.

[971] Crezelius, DB 1984, Seite 534.

[972] BFH, BStBl. II 1982, Seite 150 = FR 1982, Seite 101.

[973] Eine Anwendung der Missbrauchsvorschriften komme nur dann in Betracht, wenn ein Steuerinländer eine ausländische Kapitalgesellschaft zwischenschaltet, um eine niedrigere steuerliche Belastung zu erreichen BFH, a.a.O.

[974] BFH, a.a.O., FR 1982, Seite 101 (102).

[975] BFH, FR 1998, Seite 572 (573).

[976] Vogel, StuW 1985, Seite 375.

[977] Mössner, in: Mössner, Steuerrecht international tätiger Unternehmen, Seite 211, derselbe in: Vogel, Grundfragen, Diskussion (2. Teil), Seite 264 und 265 und ihm folgend Fischer, DB 1996, Seite 645.

[978] Fischer, DB 1996, Seite 645.

im Einvernehmen der Vertragsstaaten stattfindet. Dies entspricht dem Konsensprinzip. Für den Steuerpflichtigen ist es auch zumutbar, sich im internationalen Verkehr dem kleinsten Nenner der Missbrauchsvorschriften ausgesetzt zu sehen, die ihn auf nationaler Ebene der Staaten, zu denen er Anknüpfungspunkte schafft, ebenfalls entgegenstehen. Er wird dann nie strenger behandelt als nach dem Recht seines Ansässigkeitsstaates. Damit ist auch der Bestimmtheit Genüge getan, denn die innerstaatliche Missbrauchsvorschrift ist kodifiziert.

Die Einigung auf den kleinsten Nenner führt dazu, dass, so weit die Bundesrepublik einer der Vertragsstaaten ist, die Missbrauchsabsicht immer Voraussetzung für das Eingreifen der abkommensrechtlichen Missbrauchsvorschrift ist.[979] Diese ist aber dann nicht gegeben, wenn der Steuerpflichtige für seine Gestaltung eine plausible Erklärung geben kann.[980] Ein Investmentfonds wird, auch wenn er hauptsächlich ausländische Anleger haben sollte, immer den Grund der Risikostreuung als Grund für das indirekte Investment angeben können. Zwar kann eine Risikostreuung auch durch Anlage in einen inländischen Fonds erreicht werden. Zu beachten ist jedoch, dass ein internationaler Fondsmarkt bereits besteht. Investmentfonds verschiedener Länder sind vergleichbar geworden. Rating Agencies, wie Standard & Poors u.a., bewerten die Performance der wichtigsten Fonds und empfehlen damit indirekt gewisse Fonds dem Privatanleger, der die Entwicklung einzelner Fonds kaum nachvollziehen kann, zum Kauf. Des Weiteren ist die Kapitalanlage ein vertrauenssensibles Geschäft. Vertrauen schaffen regelmäßig Gesellschaften mit bekannten traditionellen Namen. Gerade in den letzten Jahren sind viele Traditionsnamen grenzüberschreitend bekannt geworden. Es kann daher nicht verwundern, dass der Anleger gerne Fondsanteile einer international bekannten Fondsgesellschaft erwerben will. Demnach gibt es genügend Gründe, um in ausländische Fonds zu investieren. Mögliche Steuerersparnis tritt, zumindest bei einem Publikumsfonds, in den Hintergrund. Eine Missbrauchsabsicht wird daher in der Regel nicht nachzuweisen sein.

Die allgemeine Missbrauchsvorschrift behindert grenzüberschreitendes Fondsinvestment in der Regel nicht. Selbstverständlich greift sie aber ein, wenn ein Investmentfonds nachweislich nur aus Gründen der Steuerersparnis in einem bestimmten Land gegründet wird.

3.2.6. Die innerstaatliche deutsche Regelung des § 50 d Abs. 1 a EStG

Eine weitere Regelung, die treaty shopping verhindern soll, ist § 50 d Abs. 1 a EStG. Sie schränkt die Vorteile, die sich für Kapitalgesellschaften auf Grund der Mutter - Tochter - Richtlinie oder auf Grund eines Abkommens ergeben können, ein. Die Regelung verfolgt den gleichen Zweck wie Art. 28 DBA - USA und richtet sich gegen die so genannten conduits oder Basisgesellschaften. Dabei verwen-

---

979 Tipke / Kruse, AO, § 42, Rz. 44 ebenso in Österreich: Loukota, ÖStZ 1990, Seite 3 und in den Niederlanden: van Brunschot, BIFD 1988, Seite 355, besonders zur Anwendung des § 42 auf internationale Fälle: Kramer, Intertax 1991, Seite 96 (100).

980 Tipke / Kruse, AO, § 42, Rz 44.

det sie die bereits bekannte look - through - Methode und einen Aktivitätsvorbehalt. Der Gesetzgeber knüpft damit an die in dem OECD - Bericht aufgeführten Maßnahmen an.[981] Da Abkommensvorteile, die nach dem Wortlaut desselben eigentlich zu gewähren werden, abgelehnt werden, weil sie dem Sinn und Zweck des Abkommens widersprechen, ist die Regelung des § 50 d Abs. 1 a EStG eine teleologische Reduktion der abkommensrechtlichen Vorschriften, die diese Vorteile gewähren.[982]

Hintergrund der Einführung dieser Vorschrift in das EStG im Jahre 1994 war die Tatsache, dass der *BFH* in Zuge seiner *"Monaco-Entscheidung"*[983] die Anwendung von § 42 AO auf ausländische Kapitalgesellschaften mit ausländischen Gesellschaftern verweigerte[984] und der Gesetzgeber sich gezwungen sah, gegen treaty shopping vorzugehen.

Ein ausländischer Investmentfonds, der die Quellensteuerreduktion in Anspruch nehmen will, wird an dieser Vorschrift gemessen werden.

3.2.6.1. Tatbestand und Voraussetzungen

Im Gegensatz zu Art. 28 DBA - USA ist § 50 d Abs. 1 a EStG nicht kasuistisch in dem Sinne, dass die Kriterien, die zu einer ausreichenden "Verwurzelung" einer Gesellschaft führen, ausdrücklich in der Vorschrift genannt werden. § 50 d Abs. 1 a EStG ist abstrakter formuliert und verweigert die Abkommensvorteile dann, wenn die Gesellschafter selbst nicht abkommensberechtigt wären und für die Verwendung der Gesellschaft kein Grund besteht und diese auch nicht aktiv ist. Da die Tatbestandsvoraussetzungen alle unter dem Vorbehalt des "so weit" stehen, kann es zu einer entsprechenden Aufspaltung der Abkommensvorteile kommen.[985]

Entgegen dem Wortlaut der Vorschrift wird teilweise vertreten, dass die Abkommensvorteile bereits dann versagt werden können, wenn für die Zwischenschaltung der Gesellschaft zwar ausreichend Gründe vorhanden sind, die Gesellschaft aber nicht aktiv ist.[986] Ausreichende Gründe und Aktivitätsvorbehalt stünden dann alternativ nebeneinander.[987] Da es sich um negativ formulierte Tatbestandsmerkmale handelt, bedeutet dies, dass bereits der Mangel entweder der Aktivität oder der beachtlichen Gründe zu einer Versagung der Abkommensvorteile führt. Gerade für ausländische Investmentfonds wäre diese Aus-

---

[981] Mössner, Treaty shopping, Seite 87.

[982] Mössner, in: Mössner, Steuerrecht international tätiger Unternehmen, Seite 91.

[983] BStBl. II 1982, Seite 150.

[984] Küsell, RiW 1998, Seite 217 ff. (224), Sagasser / Schüppen, DStR 1994, Seite 311 (312).

[985] Mössner, in: Mössner, Steuerrecht international tätiger Unternehmen, Seite 97 und Seite 104, a.A.: Küsell, RiW 1998, Seite 225, der sich für eine totale Verweigerung der Abkommensvorteile ausspricht.

[986] Höppner, IWB Fach 3, Gruppe 3 Deutschland, Seite 1153 (1161).

[987] Mössner, Treaty Shopping, Seite 100, Flick, IStR 1994, Seite 223 (224 und 225).

legung mit erheblichen Nachteilen verbunden, da diese wohl als passiv gelten und ihnen damit immer die Abkommensvorteile versagt werden müssten.

Diese Auslegung ist mit *Mössner* allerdings auf Grund des eindeutigen Wortlauts ("und" anstatt "oder") zurückzuweisen.[988] Beachtliche Gründe und Aktivitätsvorbehalt stehen kumulativ nebeneinander.[989] Die Abkommensvorteile werden nur dann negiert, wenn die Gesellschafter nicht abkommensberechtigt sind, für die Einschaltung der Gesellschaft keine beachtlichen Gründe bestehen und die Gesellschaft nicht aktiv ist.

Die Einschränkung des § 50 d Abs. 1 a EStG betrifft ausländische Gesellschaften,[990] die in Deutschland als Quellenland Abkommensvorteile, v.a. die Quellensteuerreduktion in Anspruch nehmen wollen.[991] Sie ist somit einschlägig, wenn ein ausländischer Investmentfonds sich auf die Quellensteuerreduktion eines Abkommens berufen möchte.

Die Beteiligung an der Gesellschaft muss gesellschaftsrechtlicher Art sein.[992] Darlehen usw. reichen daher nicht aus.[993] Die Beurteilung der Frage, ob eine gesellschaftsrechtliche Beteiligung vorliegt, hat dabei nach dem Zivilrecht des Sitzstaates zu erfolgen.[994]

Schließlich ist Voraussetzung, dass die ausländische Gesellschaft grundlos zwischengeschaltet wurde, also kein wirtschaftlich oder sonst beachtlicher Grund für die Zwischenschaltung besteht. Dabei wird man auf die Rechtsprechung des BFH zu den so genannten Basisgesellschaften zurückgreifen können.[995] Vor allem darf die Steuerersparnis nicht alleiniger Zweck sein. Auch das Halten und Verwalten von Vermögensgegenständen reicht nicht als beachtlicher Zweck aus. [996]

Auch der Aktivitätsvorbehalt beruht auf der Basisgesellschaften Rechtsprechung des BFH.[997] Er ist unscharf und bedarf der Auslegung. Dennoch ist eine reine Beteiligungsgesellschaft wohl nicht aktiv.

---

[988] Mössner, Treaty Shopping", Seite 100, Thömmes / Eicker, ET 1999, Seite 10.

[989] Höppner, IWB Fach 3, Gruppe 3 Deutschland, Seite 1162, Thömmes / Eicker, ET 1999, Seite 10.

[990] Mössner, Treaty Shopping, Seite 98.

[991] Dabei ist umstritten, ob die Vorschrift sich darin erschöpft, die Quellensteuerreduktion zu verhindern oder ob sie allgemein auch für andere Abkommensvorteile gilt, vgl. Küsell, RiW 1998, Seite 225, Fußnote 116 mwN sowie Mössner, in: Mössner, Steuerrecht international tätiger Unternehmen, Seite 98.

[992] Zur mittelbaren Beteiligung, vgl. Krabbe, IStR 1998, 76 und Flick IStR 1994, 224.

[993] Küsell, RiW 1998, Seite 225, Höppner, IWB, Fach 3, Gruppe 3 Deutschland, Seite 1153 (1158).

[994] Mössner, in: Mössner, Steuerrecht international tätiger Unternehmen, Seite 101.

[995] Höppner, IWB Fach 3, Gruppe 3 Deutschland, Seite 1159.

[996] Höppner, IWB Fach 3, Gruppe 3 Deutschland, Seite 1159.

[997] Mössner, Treaty Shopping", Seite 103.

3.2.6.2. Vereinbarkeit mit den DBA / Treaty Override

Da § 50 d Abs. 1 a EStG als Regelung des nationalen Rechtes den Abkommenszugang beschneidet und bestimmte Personen um die ihnen in den Doppelbesteuerungsabkommen zuerkannten Abkommensvorteile bringt, stellt sich die Frage der Kollision von Abkommensrecht und innerstaatlichem Recht. § 50 d Abs. 1 a EStG könnte einen so genannten treaty override unternehmen.

Als treaty override wird eine Praxis bezeichnet, nach der abkommensrechtliche Normen durch innerstaatliche Gesetze eingeschränkt werden.[998] Fraglich ist, ob hier überhaupt ein Fall des treaty overridings vorliegt. Grundsätzlich kommt es zum Konflikt zwischen Abkommensrecht und nationalem Recht, wenn der Staat nach seinem nationalem Steuerrecht etwas in Anspruch nimmt, auf das er in einem Abkommen verzichtet hat.[999] Der Verzicht auf den Differenzbetrag zwischen normaler Quellensteuer und der nach dem Doppelbesteuerungsabkommen reduzierten Quellensteuer könnte aber unter einem Missbrauchsvorbehalt stehen. Dargelegt wurde bereits, das ein solcher besteht und nach dem übereinstimmenden Recht der Vertragspartner auszulegen ist (s.o. 3.2.5.). Entspricht nun § 50 d Abs. 1 a EStG diesem Vorbehalt, dann kann es zu keinem treaty overriding kommen.[1000] Um dies festzustellen, müsste - nach der hier zu Grunde gelegten Auffassung - aber zunächst die allgemeine Missbrauchsvorschrift aus der übereinstimmenden Rechtsauffassung der Vertragsstaaten bestimmt werden, bevor ein Vergleich durchgeführt werden kann. Damit lässt sich auch die Frage des Verhältnisses zu beiden Normen nur für das jeweilig betroffene Doppelbesteuerungsabkommen festlegen. Zumindest für den Fall, dass die Bundesrepublik mit einem Staat, der keinen Missbrauchsvorbehalt kennt, ein Abkommen ohne explizite Missbrauchsvorschrift abgeschlossen hat, kollidiert § 50 d Abs. 1 a EStG mit dem Abkommensrecht.

Da die Vertragsstaaten völkerrechtlich durch den Grundsatz "pacta sunt servanda" an die von ihnen geschlossenen Abkommen gebunden sind,[1001] wird das treaty overriding in den Fällen, in denen § 50 d Abs. 1 a EStG nicht durch die Missbrauchsvorschrift gedeckt ist, gegen Völkerrecht verstoßen und die völkerrechtlichen Sanktionen auslösen, z.B. Kündigungsgrund für den anderer Vertragsstaat.[1002] Damit ist allerdings nicht gesagt, ob die Regelung im nationalen Recht weiter wirksam bleibt oder nicht. Dies ist anhand des Verhältnisses zwischen Völkerrecht und dem nationalen Recht zu entscheiden.

Das Verhältnis beider Rechtskreise zueinander wird nicht völkerrechtlich, sondern durch das Recht der Einzelstaaten geregelt.[1003] Das Völkerrecht verpflichtet die

---

[998] Mössner, Rechtsschutz bei Treaty Overriding, Seite 115 ff.

[999] Mössner, Rechtsschutz bei Treaty Overriding, Seite 127.

[1000] Mössner, Treaty Shopping, Seite 105.

[1001] Küsell, RiW 1998, Seite 224.

[1002] Schaumburg, Internationales Steuerrecht, § 3.26, Seite 27.

[1003] Mössner, Rechtsschutz bei Treaty Overriding, Seite 118.

Staaten zur Einhaltung der von ihnen eingegangenen Verpflichtungen, lässt allerdings das "wie" der Umsetzung in der Gewalt der Staaten. Dementsprechend haben sich unterschiedliche Verfahren der Umsetzung herausgebildet,[1004] wobei in Deutschland das Zustimmungsverfahren gilt. Demnach wird das Parlament schon vor Abschluss des Vertrags um die Zustimmung ersucht. Mit der Zustimmung wird die Executive ermächtigt, den Vertrag abzuschließen und das Parlament bringt zugleich zum Ausdruck, dass der Vertrag auch innerstaatlich umgesetzt werden soll.[1005] Die Natur dieses letzten Aktes ist im Detail umstritten.

Nach der *Transformationslehre* sind Völkerrecht und innerstaatliches Recht strikt voneinander zu trennen. Völkerrecht entfaltet keine Wirkung im nationalen Rechtskreis. Allerdings erlässt das Parlament im Rahmen seiner Zustimmung zu einem völkerrechtlichen Vertrag ein innerstaatliches Gesetz gleichen Inhalts, das dann neben das übrige innerstaatliche Recht tritt und den gleichen Regeln unterliegt wie dieses.[1006] Es bestehen dann zwei Normen selben Inhalts und unterschiedlichen Geltungsgrundes. Folgt man dieser Auffassung, dann ist ein treaty override grundsätzlich möglich. Nationales Recht ändert nationales Recht. Diese Abänderung ist dann zwar ein Verstoß gegen den völkerrechtlichen Grundsatz "pacta sunt servanda", [1007] die Regelung entfaltet dennoch Wirksamkeit. Allerdings muss der Gesetzgeber explizit zum Ausdruck bringen, dass er die Abkommensregel einschränken will.[1008]

Demgegenüber steht die so genannte *Inkorporations- oder Adaptionslehre*. Nach ihr tritt neben das Abkommen kein weiterer Regelungsmechanismus. Das Abkommen behält seine völkerrechtliche Natur. Das Zustimmungsgesetz bewirkt nur, das eben gerade das Abkommensrecht zur unmittelbar innerstaatlich anwendbaren Norm wird.[1009] Es ist ein Anwendungsbefehl. Der Rang dieser Norm im Verhältnis zum innerstaatlichen Recht bestimmt sich nach Art. 59 Abs. 2 GG, der diesem genau wie die Transformationslehre den Rang eines (einfachen) Gesetzes einräumt.[1010] Auch nach dieser Auffassung kann daher eine nachträgliche Abänderung stattfinden und die Regelung wird wirksam.

Zusammenfassend bleibt festzuhalten, dass treaty overriding zwar gegen Völkerrecht verstößt. Dennoch bleiben die Regelungen im nationalen Recht wirksam, so

---

[1004] Mössner, Rechtsschutz bei Treaty Overriding, Seite 118.

[1005] Mössner, Rechtsschutz bei Treaty Overriding, Seite 119.

[1006] Mössner, Rechtsschutz bei Treaty Overriding, Seite 119.

[1007] Küsell, RiW 1998, Seite 224.

[1008] Küsell, RiW 1998, Seite 224.

[1009] Mössner, Rechtsschutz bei Treaty Overriding, Seite 120 und derselbe in Auslegungsfragen, Seite 6.

[1010] Mössner, Rechtsschutz bei Treaty Overriding, Seite 122, a.A. Eckert, RiW 1992, Seite 386, der nach Art. 25 GG von einem Vorrang der Abkommen gegenüber dem nationalen Recht ausgeht, da das treaty overriding ein Verstoß gegen den Grundsatz "pacta sunt servanda" ist und dieser Grundsatz von Art. 25 GG geschützt wird.

weit der Gesetzgeber seine Absicht, die Abkommen auszuhebeln, ausdrücklich bekannt gegeben hat. Dies ist bei § 50 d Abs. 1 a EStG geschehen.

3.2.6.3. Verhältnis zu speziellen in DBA enthaltenen Missbrauchsregeln, z.B. Art. 28 DBA - USA

Enthält ein Abkommen aber eine spezielle Missbrauchsvorschrift vergleichbaren Inhalts, dann stellt sich die Frage der Wirksamkeit der innerstaatlichen Regelung erneut.

Diese Frage kann man zunächst an den oben dargestellten Grundsätzen lösen. Eine Regelung, die auf einem treaty override beruht, ist nur dann wirksam, wenn der Gesetzgeber seinen entsprechenden Willen ausdrücklich manifestiert hat und wenn die nationale Regelung der abkommensrechtlichen zeitlich nachfolgt. Nach diesen Grundsätzen kann der nationale Gesetzgeber eine abkommensrechtliche Missbrauchsvorschrift umgehen. Allerdings läge darin ein besonders schwerwiegender Verstoß gegen die Bindungswirkung völkerrechtlicher Verträge.[1011] Ist die Regelung des Abkommens weiter, d.h. strenger als die des § 50 d Abs. 1 a EStG, dann tritt letzterer zurück. Ist die des Abkommens dagegen enger, d.h. großzügiger, dann setzt sich das Abkommen als lex specialis durch. § 50 d Abs. 1 a EStG ist dann ebenfalls nicht anzuwenden.[1012] Demnach ist § 50 d Abs. 1 a EStG im Rahmen des DBA - USA nicht anzuwenden, da Art. 28 dieses Abkommens bereits eine besondere Mißbrauchsvorschrift enthält.

3.2.6.4. Investmentfonds und § 50 d Abs. 1 a EStG

So weit § 50 d Abs. 1 a EStG demnach nicht verdrängt ist, ist die entscheidende Frage für ausländische Investmentfonds, die die Quellensteuerreduktion in Deutschland in Anspruch nehmen, ob auf die Abkommensberechtigung der Investoren abgestellt werden muss und der Fonds diese dann nachweisen muss oder ob wirtschaftliche oder andere beachtliche Gründe für die Einschaltung des Investmentfonds sprechen. Nach der hier vertretenen Auffassung kommt es, so weit beachtliche Gründe für die Einschaltung des Investmentfonds sprechen, nicht mehr auf Aktivität desselben an, denn beide Voraussetzungen müssen kumulativ erfüllt sein, damit die Beschränkung eingreift.

Welche Gründe die Zwischenschaltung einer Gesellschaft rechtfertigen, lässt die Vorschrift offen. Festzustellen ist aber zunächst, dass wirtschaftliche als auch "sonst beachtliche" Gründe hierfür ausreichen. Dies spricht für eine weite Auslegung dieses Tatbestandsmerkmals, das häufig als Anknüpfungspunkt der Rechtsprechung zum Rechtsmissbrauch angesehen wird.[1013] Demnach liegen beachtliche

---

[1011] Mössner, Treaty Shopping, Seite 106.

[1012] Mössner, Treaty Shopping, Seite 106.

[1013] Heinicke, in: Schmidt, EStG, § 50 d, Rz. 32, Mössner Treaty Shopping", Seite 103.

Gründe nicht vor, wenn steuerliche Gründe für die Gestaltung maßgebend sind.[1014] Reine Vermögensverwaltung begründet keine beachtlichen Gründe.

Investmentfonds halten und verwalten Vermögensgegenstände. Aus diesem Grunde alleine sollte man ihnen den Abkommenszugang allerdings nicht versperren. Die beachtliche Gründe für die Verwendung eines Investmentfonds ergeben sich aus dem Sinn des Investmentsparens. Risikostreuung und Ausnutzung eines professionellen Fondsmanagements bewegen den Investor zur Anlage seines Vermögens in einem Investmentfonds. Einen steuerlichen Vorteil wird er dadurch zumeist nicht erlangen. Somit ist die Regelung des § 50 d Abs. 1 a EStG in der Regel kein Hindernis für ausländische Investmentfonds.[1015]

3.2.7. Zwischenergebnis: Auswirkungen der Regelungen zur Beschränkung von Abkommensvorteilen auf Investmentfonds

Art. 28 DBA - USA ist ein ernst zu nehmendes Hindernis für deutsche Sondervermögen. Sondervermögen sind zwar gewerblich tätig, betreiben aber keine aktive Tätigkeit und sind auch keine Banken, so dass die Aktivitätsklausel nicht eingreift. Sie sind auch nicht börsennotiert. Sie müssen, um abkommensberechtigt zu sein, die Ansässigkeit ihrer Investoren nachweisen. Es besteht allerdings die Möglichkeit, eine Billigkeitsmaßnahme zu beantragen.

U.S.-amerikanische Investmentfonds trifft diese Regelung nicht so weit ihre Anteile an einer anerkannten Börse gehandelt werden. Ist dies nicht der Fall, dann müssen auch sie den oben angesprochenen Nachweis führen.

Auf Grund von Art. 25 b Abs. 4 DBA - Frankreich sind Sondervermögen im DBA - Frankreich nur partiell abkommensberechtigt.

Die Rückfallklausel des DBA - Großbritannien verhindert den Abkommenszugang der Sondervermögen.

Es gibt einen allgemeinen ungeschriebenen abkommensrechtlichen Missbrauchstatbestand, dessen Umfang sich aus der Schnittmenge der innerstaatlichen Missbrauchsvorschriften der beteiligten Staaten ergibt. Er stellt in der Regel für Investmentfonds kein Hindernis dar. Die Verwendung eines Investmentfonds lässt sich mit dem anzuerkennenden Bedürfnis der Risikostreuung für eine weite Anlegerschaft rechtfertigen. Diese Funktion ist auch in den meisten Staaten anerkannt, so dass sie als Argument auch von den Steuerverwaltungen akzeptiert werden wird.

Die spezielle Missbrauchsvorschrift des § 50 d Abs. 1a EStG stellt einen treaty override dar, ist aber dennoch wirksam, solange das einschlägige Abkommen keine spezielle Regelung zur Verhinderung des Abkommensmissbrauchs enthält. Sie ist

---

[1014] Mössner Treaty Shopping, Seite 103.

[1015] Im Ergebnis ebenso allerdings ohne Begründung, Täske, Nationalbericht Deutschland IFA - Kongress 1997, Seite 461.

aber kein Hindernis für ausländische Investmentfonds, die in der Bundesrepublik investieren, da beachtliche Gründe die Einschaltung eines Investmentfonds rechtfertigen.

3.2.8. Ergebnis: Abkommenszugang der Investmentfonds in ihren verschiedenen rechtlichen Ausgestaltungen

Deutsche KAGG-Sondervermögen sind ansässige Personen und nutzungsberechtigt, so dass ihnen nach den Regeln des OECD - MA die Abkommensvorteile offen stehen. Die teilweise Transparenz ist somit kein Hindernis für den Abkommenszugang. Allerdings wird die Personeneigenschaft z.B. von der schweizerischen Steuerverwaltung verneint. Auch eine subject-to-tax-Klausel, wie z.B. die des DBA-Großbritannien verhindert den Abkommenszugang. Bedrohlich ist ebenfalls die Regelung des Art. 28 DBA - USA und des Art. 25 b Abs. 4 DBA - Frankreich, die den Abkommenszugang davon abhängig machen, dass der Investmentfonds die Herkunft seiner Anlegerschaft nachweist. Dieser Nachweis ist äußerst schwer zu führen. Diese Regelungen wurden zur Verhinderung des Abkommensmissbrauchs geschaffen und treffen aber auch Investmentfonds, die nicht missbräuchlich agieren, sondern lediglich für die Anleger Risikostreuung und Beteiligung an den internationalen Kapitalmärkten anstreben. Wünschenswert wäre aus deutscher Sicht eine Erweiterung der Börsenklausel des Art. 28 DBA - USA um die öffentliche Rücknahme von Investmentanteilen durch Investmentgesellschaften. Deutsche Investmentfonds sind daher zumeist nur partiell abkommensberechtigt.

Regulated investment companies des Gesellschaftstyps sind ebenfalls abkommensberechtigt. Da ihre Anteile an einer Börse gehandelt werden, bereitet ihnen die Limitation - of - benefits - Regelung des Art. 28 DBA - USA keine Probleme. Subject - to - tax - Klauseln können allerdings den Abkommenszugang verhindern.

Business trusts sind im DBA-USA abkommensberechtigt. Werden ihre Anteile aber nicht öffentlich gehandelt, dann müssen sie nach Art. 28 DBA - USA ihre Anlegerschaft nachweisen. Sie sind dann nur partiell abkommensberechtigt.

Starre U.S. trusts müssen bereits auf Grund des Art. 4 Abs. 1 lit. b DBA-USA die Herkunft ihrer Anleger nachweisen. Sie haben nur partiellen Abkommenszugang. Ausnahmsweise kann ein thesaurierender, starrer trust, der von dieser Regelung nicht betroffen wird den vollen Abkommenszugang erhalten, wenn seine Anteile an einer anerkannten Börse gehandelt werden.

Vollkommen transparente Investmentfonds sind nicht abkommensberechtigt. Ihre Abkommensberechtigung kann bereits an der Personeneigenschaft scheitern, so weit das einschlägige Abkommen auch Personenvereinigungen nicht als Personen zulässt. Ansonsten scheitern sie an der Ansässigkeit und an der Nutzungsberechtigung.

Der Grundsatz der Transparenz verhindert, bei vollkommener Umsetzung, den Abkommenszugang. Die teilweise Transparenz hingegen lässt den Abkommenszugang häufig unberührt.

3.2.9. Übersicht: Abkommenszugang deutscher und U.S.-amerikanischer Investmentfonds

Voraus-setzung ----------- - Invest-ment-fonds	Person	Ansäs-sigkeit	Nutzungs-berech-tigung / beneficial owner	Rückfall-klausel / subject-to-tax (DBA-GB)	Art. 28 DBA-USA	§ 50 d Abs. 1 a EStG	allgemei-ner Miss-brauchs-tatbe-stand	Ergebnis
KAGG-Sonder-ver-mögen	ja, Aus-nahme: DBA-Schweiz	ja, a.A: Steuer-verwal-tung GB und Frank-reich	ja, im DBA-USA, Italien	verhindert Ab-kommens-zugang im DBA-GB	→ partieller Ab-kommens-zugang	-	keine Auswir-kungen	partieller Ab-kommens-zugang nach DBA-USA, Frankreich Schweiz, kein Abkom-menszu-gang nach DBA-GB

Regulated Invest-ment Company	ja, nach DBA-USA	ja, nach DBA-USA	ja, nach DBA-USA	-	kein Hindernis, da Börsenklausel eingreift	kein Hindernis	keine Auswirkungen	voller Abkommenszugang nach DBA-USA
Business Trust	dito	dito	dito	-	kein Hindernis, soweit Börsenklausel eingreift	dito	dito	voller Abkommenszugang nach DBA-USA, soweit Börsenklau-sel eingreift
starrer Trust	dito	ausschüttende Fonds nur partiell, thesaurier-ende dagegen vollen	dito	-	greift ein, wenn Anteile nicht an der Börse gehandelt werden	dito	dito	partieller Abkommenszugang, A.: thes. F., Anteile werden an einer anerkannten Börse gehandelt --> voller Zugang

4. Internationale Besteuerung beim Bezug von Veräußerungsgewinnen

4.1. Bedeutung von Veräußerungsgewinnen

Der Ertrag eines Investmentfonds kann sich neben Dividenden- und Zinseinnahmen auch aus Veräußerungsgewinnen zusammensetzen. In den U.S.A. spielen Veräußerungsgewinne eine immer größere Rolle.[1016] Während 1950 noch 90 % der Unternehmen Dividenden auszahlten, sind es heute lediglich 20 %.[1017] Dieser Trend ist zum einen darauf zurückzuführen, dass viele junge technologieorientierte Unternehmen auf Grund hoher Anlaufverluste gar nicht in der Lage sind, Dividenden zu zahlen. Zum anderen erwarten die Anleger, dass die Gewinne nicht ausgeschüttet, sondern sinnvoll reinvestiert werden[1018] Schließlich spielen steuerliche Gründe auch eine Rolle. Dividenden werden in den USA mit 39,6 %, dem höchsten Steuersatz, besteuert, [1019] während Veräußerungsgewinne zu niedrigeren Steuersätzen je nachdem, wie lange der Anlagegegenstand sich in dem Portefeuille befindet, angesetzt werden. Die Investoren verzichten daher auf die Auszahlung einer Dividende und hoffen, dass das Geld, das dann in dem Unternehmen verbleibt, sinnvoll investiert wird und zu einer Erhöhung des Kurswertes der Aktie führt. Die Steigerung des Kurswerts kann dann realisiert werden.

Investieren deutsche Investmentfonds in U.S.-amerikanische Aktien, dann wird also die Erwartung der Auszahlung einer Dividende eine immer geringere Rolle spielen. Das Fondsmanagement wird gerade bei einem technologieorientierten Portefeuille versuchen, seinen Ertrag aus Veräußerungsgewinnen zu speisen.

4.2. Innerstaatliche Regelungen zur Besteuerung von Veräußerungsgewinnen

4.2.1. U.S.A.

Im Gegensatz zum deutschen Steuerrecht sind Veräußerungsgewinne in den U.S.A. generell steuerpflichtig.[1020] Sie sind von dem gewöhnlichen Einkommen abzugrenzen und unterliegen anderen Steuersätzen, [1021] deren Höhe von der Haltensdauer des Gegenstandes abhängt. Umso länger ein Gegenstand gehalten wird, desto geringer ist der Steuersatz.[1022] Veräußerungsgewinne von Körperschaften

---

[1016] The Economist, Shares without the other bit, The Economist vom 20. 11. 1999, Finance and Economics, Seite 111.

[1017] The Economist, a.a.O., Seite 111.

[1018] The Economist, a.a.O., Seite 111.

[1019] The Economist, a.a.O., Seite 111.

[1020] Mertens, The Law of Federal Income Taxation, § 22, Seite 1.

[1021] U.S. Master Tax Guide, § 1736, Seite 433.

[1022] Zu den Steuersätzen siehe: U.S. Master Tax Guide, § 1736, Seite 433.

werden allerdings nach den gleichen Steuersätzen besteuert wie das gewöhnliche Einkommen.[1023]

Investoren müssen Veräußerungsgewinne, die aus dem Verkauf von Wertpapieren entstehen grundsätzlich versteuern.[1024]

Die Besteuerung der Veräußerungsgewinne gilt allerdings nur für Inländer und für solche Ausländer, die den "trade or business" Status besitzen, vgl. Section 881 (a) Internal Revenue Code. Ist der deutsche Investmentfonds in den U.S.A. nicht unbeschränkt steuerpflichtig, dann bleibt nur die beschränkte Steuerpflicht, die sich auf aus U.S. Quellen stammendes Einkommen beschränkt. Während Dividenden einer Quellensteuer von 30 % unterliegen, sind Veräußerungsgewinne im Rahmen der beschränkten Steuerpflicht bei Körperschaften steuerfrei.[1025] Investmentfonds müssen Veräußerungsgewinne in den U.S.A. daher nicht versteuern.[1026]

4.2.2. Bundesrepublik Deutschland

So weit ein U.S. Investmentfonds nach Durchführung des Typenvergleichs in Deutschland als juristische Person nach § 1 Abs. 1 Nr. 1 KStG zu behandeln ist, unterliegt er nach §§ 2 Nr. 1 KStG und 49 Abs. 1 und Abs. 2 EStG der beschränkten Steuerpflicht in Deutschland. Da eine U.S. corporation nach den U.S. - amerikanischen Buchführungsgrundsätzen der Buchführungspflicht unterliegt und § 8 Abs. 2 KStG die ausländische Buchführungspflicht ausreichen lässt,[1027] erzielt er Einnahmen aus Gewerbebetrieb.

Der Investmentfonds erfüllt allerdings nicht die Voraussetzungen der Einkünfte aus Gewerbebetrieb nach § 49 Abs. 1 Nr. 2 EStG, solange er keine Betriebsstätte unterhält oder einen ständigen Vertreter in Deutschland bestellt, § 49 Abs. 1 Nr. 2 lit. a EStG. Auch eine wesentliche Beteiligung nach § 49 Abs. 1 Nr. 2 lit. e iVm. § 17 EStG wird er auf Grund der Diversifizierungsregeln nur in Ausnahmefällen halten.

Nach den Grundsätzen der in § 49 Abs. 2 EStG verankerten isolierenden Betrachtungsweise kann aber die Tatsache, dass der Investmentfonds in den U.S.A. einen Gewerbebetrieb unterhält, missachtet werden.[1028] Damit stehen auch die anderen in § 49 Abs. 1 EStG genannten Einkunftsarten für die Begründung der beschränkten Steuerpflicht zur Verfügung. Von ihnen kommt § 49 Abs. 1 Nr. 8 iVm. §§ 22 Nr. 2 und 23 EStG in Betracht. Demnach sind Veräußerungen aus Wertpapieren aber nur dann steuerpflichtig, wenn eine wesentliche Beteiligung bestand.

[1023] U.S. Master Tax Guide, § 1737, Seite 436.

[1024] Mertens, The Law of Federal Income Taxation, § 22.232, Seite 434.

[1025] Section 881 (a) Internal Revenue Code, Mc Daniel / Ault, U.S. International Taxation, Seiten 54 und 68.

[1026] Newberg, Taxation of Mutual Investment Funds, Seite 162.

[1027] Streck, KStG, § 8, Rz 25.

[1028] Streck, KStG, § 2 Nr. 4.

Das wird aber bei Investmentfonds in der Regel nicht der Fall sein. Damit sind auch für den U.S.-amerikanischen Investmentfonds die Veräußerungsgeschäfte im Ergebnis steuerfrei.

Auch in Großbritannien und in der Schweiz hat ein ausländischer Investmentfonds Veräußerungsgewinne nicht zu versteuern.[1029]

4.3. Grundzüge der Regelung von Veräußerungsgewinnen im OECD - MA und den einzelnen Abkommen

Diese Bewertung des nationalen Steuerrechts entspricht der des Abkommensrechts. Auch hier werden die Veräußerungsgewinne dem Sitzstaat des Investmentfonds zugeteilt, vgl. Art. 13 Abs. 4 OECD-MA:

Innerhalb des Art. 13 OECD - MA kommt die Regelung des Art. 13 Abs. 4 OECD - MA zur Anwendung, da keine der voranstehenden Absätze auf die Veräußerung von Wertpapieren anzuwenden ist.[1030] Die Besteuerung wird damit dem Ansässigkeitsstaat des Veräußerers zugestanden.

Das UN - Musterabkommen sieht hingegen in Art. 13 Abs. 4 UN-MA vor, dass der Gewinn aus der Veräußerung einer von den Vertragsstaaten als wesentlich betrachteten Beteiligung in dem Sitzstaat der Gesellschaft zu besteuern ist. Einige der deutschen Abkommen folgen diesem Ansatz.[1031]

Im Gegensatz zu dem Dividendenartikel sieht jedoch keine mir bekannte Regelung der Veräußerungsgewinne aus Wertpapieren eine Aufteilung des Steueraufkommens zwischen den beiden Staaten vor. Der andere Vertragsstaat kann dann den Veräußerungsgewinn nicht besteuern.[1032]

Die Abkommen mit Frankreich, Großbritannien, U.S.A. und der Schweiz sehen einhellig eine Besteuerung des Veräußerungsgewinns im Ansässigkeitsstaat vor, Art. 7 Abs. 1 DBA-Frankreich, Art. VIII Abs. 2 DBA-Großbritannien, Art. 13 Abs. 5 DBA-USA, und Art. 13 Abs. 3 DBA-Schweiz.

Veräußert ein Unternehmen Gegenstände, die seinem Geschäftszweck dienen, dann stellt sich die Frage der Abgrenzung zwischen den Regelungen zur Besteuerung von Unternehmensgewinnen und denen zur Besteuerung von Veräußerungsgewinnen.

[1029] Großbritannien: Hurley, Nationalbericht U.K. zum IFA - Kongress 1997, Seite 838, Schweiz: Scherer / Burgy, Nationalbericht Schweiz zum IFA - Kongress 1997, Seite 813.

[1030] OECD - Musterkommentar, Art. 13, Ziffer 30, Wassermeyer, in: Debatin / Wassermeyer, DBA Art. 13 OECD - MA, Rz. 125.

[1031] Vgl. die Übersicht bei Vogel, DBA, Art. 13, Rz. 98.

[1032] Fischer-Zernin, in: Becker / Höppner / Grotherr / Kroppen, DBA, Art. 13 OECD - MA, Rz. 41.

4.3.1. Ist der Investmentfonds ein Unternehmen?

Voraussetzung für das Konkurrenzverhältnis ist, dass der Investmentfonds ein Unternehmen betreibt, so dass Art. 7 OECD - MA überhaupt einschlägig sein kann.

Dabei ist umstritten, ob der Begriff des Unternehmens nach dem Recht des Anwendestaates oder autonom abkommensrechtlich (aus dem Zusammenhang des Abkommens) auszulegen ist.[1033] *Vogel* bemüht sich um eine abkommensautonome Auslegung. Auf Grund der Unschärfe des Begriffs im innerstaatlichen Recht sei diese geboten. Ansatzpunkt könne die gemeineuropäische Herkunft des Begriffs sein, der sich über die Grenzen Europas hinweg ausgebreitet habe.[1034] *Wassermeyer* hingegen möchte wiederum über Art. 3 Abs. 2 OECD - MA dem Recht des Anwendestaates Geltung verschaffen.[1035] Im Ansatzpunkt ist *Wassermeyer* zuzustimmen, denn so weit das Abkommen keine ausdrückliche Definition eines Begriffs enthält, ist die Lösung anhand von Art. 3 Abs. 2 OECD - MA zu suchen. Dann ist aber am Einzelfall zu überprüfen, ob das nationale Recht der beteiligten Staaten zu unterschiedlichen Einschätzungen kommt. Nur in diesem Falle ist eine Auslegung aus dem Abkommen zu bemühen. Ausgangspunkt ist daher die Auslegung nach dem innerstaatlichen Recht.

Nach deutschem Verständnis ist der Begriff "Unternehmen" nicht etwa nach § 2 UStG auszulegen, sondern entspricht dem innerstaatlichen Begriff des "Gewerbebetriebs".[1036] Denn die umsatzsteuerrechtliche Definition ist für die Auslegung eines abkommensrechtlichen Begriffs, der sich auf Ertragssteuern bezieht, nicht hilfreich. In diesem Zusammenhang ist auch auf eine Abweichung des DBA - USA hinzuweisen. Dieses Abkommen spricht nicht von "Unternehmensgewinnen", sondern von "gewerblichen Gewinnen" oder in der englischen Version von "business profits", Art 7 Abs. 1 DBA - USA. Damit wird ausdrücklich auf den deutschen Begriff des Gewerbebetriebs verwiesen, so weit deutsches Recht anwendbar ist.[1037]

Nach U.S.-amerikanischem Verständnis ist der dort bekannte Begriff des "conduct of a trade or business" heranzuziehen,[1038] der wesentlich weiter als der des Gewerbebetriebs ist, aber passive Investmenteinkünfte ausschließt (s.o. 3.2.4.2.2.1.1.1).

Bereits festgestellt wurde, dass Sondervermögen aus deutscher Sicht einen Gewerbebetrieb unterhalten (s.o. 3.2.4.2.2.1.1.2.). Gleiches gilt für regulated investment companies des Gesellschaftstyps. Aus deutscher Sicht sind diese Investmentfonds daher Unternehmen. Auch das U.S. Recht qualifiziert deutsche Sondervermögen als "conduct of a trade or business" (s.o. 3.2.4.2.2.1.1.1). Insoweit betreiben In-

---

[1033] Siehe zum Streitstand: Vogel, DBA, Art. 7, Rn 22 c.

[1034] Vogel, DBA, Art. 7, Rz 23.

[1035] Wassermeyer, in: Debatin / Wassermeyer, DBA, Art. 7 OECD - MA, Rz 16.

[1036] Vogel, DBA, Art. 7, Rz 23, Wassermeyer, in: Debatin / Wassermeyer, DBA, Art. 7 OECD - MA, Rz 7.

[1037] Wolff, in: Debatin / Wassermeyer, DBA, Art. 7 DBA - USA, Rz 8.

[1038] Wolff, in: Debatin / Wassermeyer, DBA, Art. 7 DBA - USA, Rz 24.

vestmentfonds daher ein Unternehmen und können Unternehmensgewinne nach Art. 7 OECD-MA beziehen.

4.3.2. Kriterien der Abgrenzung zwischen Unternehmens- und Veräußerungsgewinnen

Der Musterkommentar will eine Unterscheidung gar nicht vornehmen, da Unternehmensgewinne und Veräußerungsgewinne ohnehin gleich zu behandeln seien.[1039]

Andererseits wird vorgeschlagen, einen Veräußerungsgewinn bei der Veräußerung von Anlagevermögen und einen Unternehmensgewinn bei der Veräußerung von Umlaufvermögen anzunehmen.[1040] Zum Anlagevermögen gehören solche Wirtschaftsgüter, die bestimmt sind, dem Betrieb dauernd zu dienen. Wertpapiere gehören je nach ihrer wirtschaftlichen Funktion entweder zum Anlage- oder zum Umlaufvermögen. Zum Umlaufvermögen gehören sie, wenn sie nur kurzfristig als Liquiditätsreserve gehalten werden.[1041]

Folgt man diesem Vorschlag, dann wird man gegen eine Einstufung der in einem Sondervermögen gehaltenen Vermögensgegenstände als Anlagevermögen einwenden müssen, dass diese nicht auf Dauer, sondern nur für einen gewissen Zeitraum gehalten werden, und dass eine Veräußerung dieser Wertpapiere auf Grund geänderter Kurserwartungen zum Inhalt des Vorgehens eines Investmentfonds gehört. Andererseits werden die Wertpapiere auch in der Erwartung angeschafft, dass diese Dividenden abwerfen, so dass eine längerfristige Beteiligung (über ein Jahr) durchaus gewollt sein kann. Die Entscheidung, ob Anlagevermögen oder Umlaufvermögen gegeben ist, fällt daher sehr schwer.

Im speziellen Fall von Investmentfonds halte ich auf Grund der Tatsache, dass am Bilanzstichtag noch nicht feststehen muss, welche Wertpapiere verkauft werden, eine Anwendung des Art. 13 für geboten. Da dieser grundsätzlich dem Art. 7 vorgeht, ist im Zweifelsfall auch diese Vorschrift anzuwenden.

4.3.3. Wem ist ein Veräußerungsgewinn zuzurechnen?

Ebenso wie bei der Beurteilung der Dividenden- oder Zinseinnahmen stellt sich auch bei Veräußerungsgewinnen die Frage, ob diese dem Investmentfonds oder dem Investor zuzurechnen sind. Erst nach Entscheidung dieser Frage ergibt sich in einem Drei-Länder-Fall, ob das Doppelbesteuerungsabkommen zwischen Quellenstaat und Sitzstaat des Investmentfonds oder jenes zwischen Quellenstaat und Wohnsitzstaat des Investors anzuwenden ist. Auf Grund der unterschiedlichen Re-

---

[1039] OECD - Musterkommentar, Art. 13, Ziffer 4, kritisch dazu Wassermeyer, in: Debatin / Wassermeyer, DBA, Art. 13 OECD - MA, Rz 2.

[1040] Wassermeyer, in: Debatin / Wassermeyer, DBA, Art. 13 OECD - MA, Rz. 2.

[1041] Knobbe-Keuk, Bilanz- und Unternehmenssteuerrecht, Seite 62.

gelungen oder auf Grund der Tatsache, dass ein Abkommen nicht in beiden Fällen bestehen muss, kann diese Frage von entscheidender Bedeutung sein.

Art. 13 Abs. 4 OECD-MA bestimmt nur, dass die Gewinne in dem Ansässigkeitsstaat des Veräußerers besteuert werden können. Im Gegensatz zu Art. 13 Abs. 1 OECD-MA verwendet die Vorschrift nicht das Wort "beziehen" und im Gegensatz zu Art. 10 - 12 OECD-MA auch nicht den Begriff des Nutzungsberechtigten. Somit kann nicht ausgeschlossen werden, dass ein Veräußerungsgewinn jemand anderem zugerechnet wird als z.B. die Dividendeneinnahme aus demselben Wertpapier. Auf Grund der unterschiedlichen Verwendung der Begriffe lässt sich dies unter Umständen nicht verhindern.

Die Zurechnung erfolgt daher anhand des Wortes "Veräußerer". Geklärt werden muss daher, ob der Investmentfonds, bzw. das Sondervermögen selbst als "Veräußerer" gilt. Veräußerung im abkommensrechtlichen Sinne ist die Übertragung des wirtschaftlichen Eigentums von einem Rechtsträger auf den anderen.[1042] Demnach ist Veräußerer derjenige Rechtsträger, von dem das wirtschaftliche Eigentum auf den Erwerber übertragen wird, also diejenige Person, die vor der Veräußerung wirtschaftlicher Eigentümer war. Das wirtschaftliche Eigentum an den Anlagegegenständen steht dem Investmentfonds zu, so weit er nicht vollkommen transparent ist (vgl. oben 3.2.3.5.1.1.2.1.). Damit erzielt auch der Investmentfonds den Veräußerungsgewinn.

4.4. Ergebnis

Nach dem OECD-MA steht die Besteuerung von Veräußerungsgewinnen dem Sitzstaat des Investmentfonds zu. Die U.S.A. machen von dieser Befugnis Gebrauch und besteuern die Veräußerungsgewinne ihrer inländischen Investmentfonds als Ansässigkeitsstaat. Die Bundesrepublik besteuert die Veräußerungsgewinne inländischer Investmentfonds nur soweit, als diese aus Termingeschäften stammen. Dem OECD-MA entsprechend verzichten die U.S.A. auf eine Besteuerung der Veräußerungsgewinne ausländischer Investmentfonds als Quellenstaat, in Deutschland erfolgt eine solche Besteuerung nur, soweit der Investmentfonds eine wesentliche Beteiligung hält.

1042 Wassermeyer, in: Debatin / Wassermeyer, DBA, Art. 13 OECD-MA, Rz 22.

4.5. Übersicht: Besteuerung von Veräußerungsgewinnen bei Investmentfonds

Gesamtübersicht

OECD-MA, DBA-USA, GB, Frankreich, Schweiz	Besteuerung inländischer Investmentfonds als Ansässigkeitsstaat		Besteuerung ausländischer Investmentfonds als Quellenstaat	
	U.S.A.	Deutschland	U.S.A.	Deutschland
die Besteuerung erfolgt ausschließlich im Sitzstaat	ja-	nur bei Termingeschäften	nein	nur bei wesentlicher Beteiligung

Besteuerung von deutschen Sondervermögen, die in den U.S.A. Veräußerungsgewinne erzielen

Ansässigkeitsstaat Deutschland	Quellenstaat U.S.A.	Ergebnis
nein, nur bei Termingeschäften	nein	nur in D. bei Termingeschäften

Besteuerung von U.S.-amerikanischen Investmentfonds, die in der Bundesrepublik Veräußerungsgewinne erzielen

Ansässigkeitsstaat U.S.A.	Quellenstaat Deutschland	Ergebnis
ja	nein, nur bei wesentlicher Beteiligung	Besteuerung in den U.S.A., in D. nur bei wesentlicher Beteiligung

5. Dreiecksfälle

5.1. Einführung

Die bisherigen Betrachtungen gehen von einem Zwei-Länder-Fall aus, d.h. die ausschüttende Gesellschaft liegt in dem einen Staat, der Investmentfonds und der Investor liegen in demselben anderen Staat. In dem folgenden Kapitel werden zwei Fälle behandelt, an denen drei Staaten beteiligt sind:

Zum einen kann der Investmentfonds innerhalb eines Drittstaates, der nicht der Quellenstaat ist, eine Betriebsstätte begründen (so genannter Permanent Establishment Triangular Case, s.u. 5.2.4). Untersucht werden muss daher, unter welchen Voraussetzungen er eine solche begründet (s.u. 5.2.2.). Die Voraussetzungen dafür sind in den U.S.A. und in der Bundesrepublik unterschiedlich. Begründet der Investmentfonds in einem Drittstaat eine Betriebsstätte, dann ist die Anrechnung der Quellenlandsteuer in Gefahr. Untersucht werden muss daher, ob der Betriebsstättenstaat zur Anrechnung der Quellenlandsteuer verpflichtet ist (s.u. 5.2.4).

Zum anderen können Investmentfonds, Investor und ausschüttende Gesellschaft in jeweils verschiedenen Staaten ansässig sein (so genannter "Drei-Länder-Fall", s.u. 5.3.). Der bereits erörterte Abkommenszugang des Investmentfonds wird hierbei zur entscheidenden Frage. Bejaht man den Abkommenszugang, dann ist für den Quellenstaat die Ansässigkeit der Investoren im Wohnsitzstaat ohne Bedeutung. Die Quellensteuerreduktion erfolgt nach dem Abkommen zwischen Quellenstaat und dem Sitzstaat des Investmentfonds. Hat dieser hingegen keinen Abkommenszugang, dann ist die Ansässigkeit der einzelnen Investoren entscheidend und die Quellensteuerreduktion richtet sich nach dem Abkommen zwischen deren Wohnsitzstaat und dem Quellenstaat. Die Investoren müssen sich um die Quellensteuerreduktion bemühen.

Jedoch stellt sich beim Drei-Länder-Fall noch ein weiteres Problem, das dem des Permanent Establishment Triangular Case ähnelt und rechtfertigt, beide Fälle in einem Kapitel zu behandeln. Der Sitzstaat des Investmentfonds muss die Quellenlandsteuer grundsätzlich anrechnen, der Wohnsitzstaat wiederum die des Sitzstaates. Bei dieser "Anrechnungskette" geht allerdings das Anrechnungsguthaben der Quellenlandsteuer "verloren" (s.u. 5.3.4.4).

5.2. Dezentralisiertes Fondsmanagement: Die Betriebsstättenproblematik

5.2.1. Bedeutung des dezentralisierten Fondsmanagements

In der Fondsbranche sind in letzter Zeit verstärkt Tendenzen erkennbar, das Fondsmanagement vor Ort im Quellenstaat oder von einem Drittstaat aus zu betreiben.[1043] Entscheidungen über die Zusammensetzung des Portefeuilles in Aktien des Quellenstaates werden von Managern getroffen, die besondere Kenntnisse der Kapitalmärkte des Quellenstaates besitzen. Ein weiterer Trend ist es, das Portefeuille eines Investmentfonds nach Branchen[1044] grenzübergreifend zusammenzusetzen (z.B. ein Chemie - Fonds hält die Top 20 Werte der weltweiten Chemiebranche). Denkbar ist, dass einzelne Fondsmanager für die Chemiewerte ihres nationalen Bereichs zuständig sind und dass damit aus unterschiedlichen Staaten dasselbe Portefeuille gehandelt wird (so genanntes "Global Trading").[1045] Ein Investmentfonds, der in mehreren Quellenstaaten investiert, kann daher in diesen Quellenstaaten je über eigene Fondsmanager verfügen oder aber auch aus einem Quellenstaat, das Fondsmanagement für diesen Quellenstaat und dritte Quellenstaaten betreiben. Hingegen wird die Verwaltung des Investmentfonds, also v.a. das Anlegerverzeichnis und die Berechnung der Ausschüttungen, weiterhin zentral im Sitzstaat des Investmentfonds betrieben.

Hinzukommt, dass Investmentfonds vielleicht auf die Errichtung eines Büros verzichten, sich aber im Quellenstaat einheimischer Berater, broker, etc. bedienen. Das Engagement dieser Personen kann sich auf rein beratende Tätigkeiten beschränken oder aber auch auf Vertretungshandlungen und Entscheidungsfindung erstrecken. Das Einschalten dieser Personen kann ein Einzelfall bleiben oder aber zur Gewohnheit werden.

Die Errichtung des Büros könnte eine Betriebsstätte, die Einschaltung der oben genannten Personen könnte einen ständigen Vertreter im Sinne des Abkommensrechts begründen. Beides ermöglicht dem Quellenstaat einen weitreichenderen Zugriff auf die Einnahmen des Investmentfonds. Anknüpfungspunkt ist nämlich nicht mehr alleine die Tatsache, dass die Einnahmen des Fonds aus dem Quellenstaat stammen, sondern dass der Fonds wirtschaftlich in dem Quellenland tätig wird. Der Investmentfonds ist mit dem Quellenland weitergehend verknüpft als wenn er nur Dividenden oder Zinsen, die von Personen des Quellenlandes stammen, bezieht.

Nach dem Abkommensrecht kann ein Quellenstaat dann die volle Besteuerung einer wirtschaftlichen Aktivität einer ausländischen Person verlangen, wenn diese eine Betriebsstätte auf seinem Territorium betreibt oder dort einen ständigen Ver-

---

[1043] Reports of Proceedings in Subject II " The taxation of Investment Funds", IFA - Yearbook 1997, Seiten 68 und 69.

[1044] Wenserski, Betriebsstättenproblematik ausländischer Fondsgesellschaften, Seite 147.

[1045] Zum Begriff und der Behandlung des Global Trading: Portner, IStR 1995, Seite 356, Sieker, IStR 1994, Seite 432, Flick, Hans, F. W., IStR 1995, 125, Wagner, StBp 1991, 154.

treter bestellt. Hinzukommen muss, dass die Einnahmen auch der Betriebsstätte zuzurechnen sind. Für diesen Fall sehen der Dividenden-, der Zins- und der Veräußerungsgewinnartikel eine Ausnahme (so genannter Betriebsstättenvorbehalt) zu Gunsten der Betriebsstättenbesteuerung vor. Die Folge ist, dass das Ergebnis der Betriebsstätte im Betriebsstättenstaat besteuert werden kann.

Zu untersuchen ist daher, ob, und wenn ja, unter welchen Voraussetzungen die Dezentralisierung des Fondsmanagements eine Betriebsstätte in dem Quellenstaat begründen kann (s.u. 5.2.2). Erkennt das Abkommensrecht einem Staat das Besteuerungsrecht bestimmter Einnahmen zu, dann ist zu überprüfen, ob der Staat von diesem Recht auch Gebrauch macht (s.u. 5.2.3.1 und 5.2.3.2.), maW. es wird hier erst gefragt, ob der Betriebsstättenstaat nach dem Abkommensrecht besteuern darf und dann ob er auch wirklich besteuert.

Nachdem geklärt wurde, wann eine Betriebsstätte begründet wird, kann dann auf den Triangular Case eingegangen werden. Hier kommt lediglich hinzu, dass von der Betriebsstätte aus, Wertpapiere eines Drittstaates gehandelt werden.

5.2.2. Voraussetzungen des Betriebsstättenvorbehalts nach dem OECD - MA

Die Voraussetzungen des Betriebsstättenvorbehalts in Art. 10 Abs. 4, 11 Abs. 4 und 13 Abs. 2 OECD - MA lassen sich in zwei Komponenten unterteilen. Zunächst muss in dem Quellenstaat eine wirtschaftliche Tätigkeit entfaltet werden, die eine Betriebsstätte oder einen ständigen Vertreter begründet. Die Ausnahme von dem allgemeinen Besteuerungsregime dieser Einnahmen tritt aber nur dann ein, wenn die Einnahmen, die der Quellenstaat besteuern will, auch dieser Betriebsstätte zuzurechnen sind. Nicht etwa werden alle Einnahmen des Unternehmens, die aus dem Betriebsstättenstaat stammen, alleine auf Grund der Existenz der Betriebsstätte dort besteuert. Dies entspräche dem so genannten Attraktionsprinzip, dem damit eine Absage erteilt wird.[1046] Wohl aber können nun auch Erträge besteuert werden, die aus anderen Ländern als dem Betriebsstättenstaat stammen und der Betriebsstätte zuzurechnen sind. MaW. die Betriebsstättenbesteuerung ist unabhängig von der Quelle der Einnahmen. Entscheidend ist alleine die Zurechnung zu der Betriebsstätte.

[1046] Schröder, in: Mössner, Steuerrecht international tätiger Unternehmen, C 9, Seite 239: als einziges deutsches Abkommen sah das DBA - USA 1954 das Attraktionsprinzip vor.

5.2.2.1. Der Begriff der Betriebsstätte

Der Begriff der Betriebsstätte ist im OECD - MA in Art. 5 einheitlich für alle Abkommensvorschriften definiert. Im Gegensatz zu §§ 12 und 13 AO sind die Begriffe Betriebsstätte und ständiger Vertreter in Art. 5 OECD - MA zusammengefasst. Ein ständiger Vertreter wird nach Art. 5 Abs. 5 OECD - MA so behandelt als sei er eine Betriebsstätte. Man spricht daher auch von sachlichen (eigentliche Betriebsstätte) und persönlichen Anknüpfungspunkten (ständiger Vertreter, so genannte Vertreter-Betriebsstätte).[1047]

Der Begriff setzt zunächst die Tätigkeit eines Unternehmens voraus. Denn nur ein Unternehmen kann eine Betriebsstätte unterhalten. Der Unternehmensbegriff ist zwar in Art. 3 Abs. 1 lit. c OECD - MA angesprochen. Er wird dort aber nicht definiert.[1048] Es ist daher auf Art. 7 OECD - MA zurückzugreifen.[1049] Bereits geklärt wurde, dass Investmentfonds Unternehmen im Sinne von Art. 7 sind (s.o. 4.3.1). Sie können damit auch eine Betriebsstätte begründen.

5.2.2.1.1. Sachliche Anknüpfungspunkte

Eine feste Geschäftseinrichtung ist die Sachgesamtheit der dem Unternehmen dienenden Gegenstände.[1050] Sie ist geeignet, den örtlichen Bezug zwischen der wirtschaftlichen Aktivität und dem Betriebsstättenstaat herzustellen. Das Unterhalten eines Büros im Quellenstaat ist eine feste Geschäftseinrichtung.[1051] Unterhält der Investmentfonds daher ein Büro, aus dem er das Fondsmanagement betreibt, dann ist eine feste Geschäftseinrichtung vorhanden.

Gefordert wird zusätzlich, dass der Unternehmer nicht nur vorübergehend die Verfügungsmacht über die Geschäftseinrichtung innehat.[1052] Davon ist auszugehen, wenn er die Büroräume gemietet oder gepachtet hat oder aber ihm gehören.[1053] Entscheidend ist, dass dem Unternehmer die Verfügungsmacht nicht ohne seinen Willen entzogen werden kann.[1054] Dies wird im Einzelfall natürlich Tatfrage sein.

In der Betriebsstätte muss eine Tätigkeit des Unternehmens ausgeübt werden. Der Betriebsstättenbegriff der Abkommen ist dabei enger als der des § 12 AO, der lediglich voraussetzt, dass die Geschäftseinrichtung dem Unternehmenszweck

---

[1047] Schaumburg, Internationales Steuerrecht, 16.236, Seite 888.

[1048] Was van Raad dazu bewegt, für eine Streichung dieses Begriffs zu plädieren, van Raad, Intertax 1994, 491.

[1049] Vogel, DBA, Art. 5 Rz. 21 c, Wassermeyer, in: Debatin / Wassermeyer, DBA, Art. 5 OECD - MA, Rz 26.

[1050] Wassermeyer, in: Debatin / Wassermeyer, DBA, Art. 5 OECD-MA, Rz 30.

[1051] Wassermeyer, in: Debatin / Wassermeyer, DBA, Art. 5 OECD-MA, Rz 32.

[1052] Kritisch dazu Wassermeyer, in: Debatin / Wassermeyer, DBA, Art. 5, Rz 42.

[1053] Mössner, in: Mössner, Steuerrecht international tätiger Unternehmen, B 85, Seite 98.

[1054] Mössner, in: Mössner, Steuerrecht international tätiger Unternehmen, B 85, Seite 98.

"dient".[1055] Nicht die gesamte Tätigkeit des Unternehmens muss von der Betriebsstätte ausgehen. Es reicht vielmehr aus, dass ein Teil dort ausgeübt wird. [1056] Werden die Entscheidungen zum Kauf oder Verkauf zumindest eines Teils der das Portefeuille zusammensetzenden Wertpapiere von dem Fondsmanagement in dem jeweiligen Quellenstaat getroffen, dann ist diese Voraussetzung erfüllt.

In Art. 5 Abs. 2 OECD - MA werden beispielhaft Einrichtungen aufgeführt, die dem Begriff der Betriebsstätte genügen. Dazu gehört auch die Geschäftsstelle. Diese ist definiert als eine feste Geschäftseinrichtung, in der büromäßige Aufgaben des Managements verrichtet werden, wozu auch Planung, Kontrolle und Information gehören.[1057] Ein Büro, aus dem das Fondsmanagement für Wertpapiere, die an den Börsen des Quellenstaates gehandelt werden, stattfindet, kann demnach eine Geschäftsstelle sein.

5.2.2.1.2. Persönliche Anknüpfungspunkte

Sollten diese Voraussetzungen nicht erfüllt sein, dann ist zu überprüfen, ob die Fondsmanager vor Ort den Investmentfonds mit Abschlussvollmacht[1058] verteten können und rechtlich oder wirtschaftlich von diesem abhängig sind und damit eine Vertreter-Betriebssätte begründen.

Voraussetzung ist, dass die Abschlussvollmacht sich auf die Unternehmenstätigkeit und nicht nur auf den internen Geschäftsbetrieb erstreckt.[1059] Außerdem muss sie wiederholt und nicht nur gelegentlich verwendet werden.[1060] Durch dieses Erfordernis scheiden Personen aus, die im Betriebsstättenstaat nur beratende Funktionen wahrnehmen oder nur vereinzelt für den Vertretenen auftreten. Sollten jedoch die Fondsmanager gewöhnlich Wertpapiere im Namen des Investmentfonds erwerben und veräußern oder engagiert der Fonds fremde Personen, die diese Tätigkeit gewöhnlich betreiben, dann sind sie Vertreter mit Abschlussvollmacht.

Der Vertreter muss darüber hinaus rechtlich und wirtschaftlich von dem Unternehmen abhängig sein.[1061] Mit diesem Kriterium werden selbstständige Gewerbetreibende, die für das Unternehmen im Rahmen ihrer ordentlichen Geschäftstätigkeit auftreten, ausgeschlossen. Betroffen sind v.a. Makler, Kommissionäre, usw.[1062] Zu diesen Personen dürften auch broker zu zählen sein. Wie die Merkmale der rechtlichen und wirtschaftlichen Abhängigkeit auszufüllen sind, ist in Deutschland umstritten.[1063] Während die Rechtsprechung[1064] auf sachliche

---

[1055] Gersch, in: Klein, AO, § 12, Nr. 8.

[1056] Wassermeyer, in: Debatin / Wassermeyer, DBA, Art. 5 OECD-MA, Rz 52.

[1057] Wassermeyer, in: Debatin / Wassermeyer, DBA, Art. 5 OECD-MA, Rz 74.

[1058] Wassermeyer, in: Debatin / Wassermeyer, DBA, Art. 5 OECD-MA, Rz 204.

[1059] OECD - Musterkommentar, Art. 5, Ziffer 33.

[1060] OECD - Musterkommentar, Art. 5, Ziffer 32.

[1061] OECD - Musterkommentar, Art. 5, Ziffer 38.

[1062] Schaumburg, Internationales Steuerrecht, 16.257, Seite 898.

[1063] Wassermeyer, in: Debatin / Wassermeyer, DBA, Art. 5 OECD-MA, Rz. 203.

und persönliche Abhängigkeit abstellt, wobei sachliche Abhängigkeit Weisungsbindung und persönliche Abhängigkeit Eingliederung in den Betrieb bedeutet, hält die Literatur Entscheidungsspielraum und wirtschaftliches Risiko des Vertreters für maßgeblich.[1065] Dem ist zu folgen, denn die Auffassung der Rechtsprechung überträgt mit dem Erfordernis der betrieblichen Eingliederung die Vorstellungen des deutschen Arbeitsrechts auf das Abkommensrecht. Abhängige Vertreter können aber auch Personen sein, die nicht Arbeitnehmer sind, aber auf Grund einer anderen persönlichen Bindung von dem Unternehmen abhängig sind und nicht im Rahmen ihrer ordentlichen Geschäftstätigkeit auftreten. Entscheidungsspielraum und wirtschaftliches Risiko sind damit die entscheidenden Unterscheidungsmerkmale. Sollte der Fonds sich angestellter Manager bedienen, die zwar grundsätzlich über die Zusammensetzung eines Teils des Portefeuilles selber bestimmen, dennoch aber der Geschäftsleitung im Heimatstaat unterstellt sind, dann wird eine Vertreter-Betriebsstätte begründet. Ein wirtschaftliches Risiko tragen solche Personen nicht. Dieses tragen vielmehr die Investoren.

Personen, die außerhalb des Unternehmens stehen und einen eigenen Geschäftsbetrieb unterhalten, können eine Vertreter-Betriebsstätte hingegen nur unter der Voraussetzung bilden, dass sie nicht im Rahmen ihrer ordentlichen Geschäftstätigkeit auftreten.[1066] Sollte ein Berater des Investmentfonds sich nicht auf Analysen der Marktlage oder einzelner Anlagemöglichkeiten beschränken, sondern häufig als Vertreter für den Fonds auftreten, dann verlässt er den Bereich seiner ordentlichen Geschäftstätigkeit und kann eine Vertreter-Betriebsstätte begründen.

5.2.2.1.3. Keine Vorbereitungs- und Hilfstätigkeiten

Eine wirtschaftliche Tätigkeit im Quellenstaat begründet keine Betriebsstätte, wenn eine der in Art. 5 Abs. 4 OECD - MA genannten Ausnahmen eingreift. Diese Ausnahmen erfassen Vorbereitungs- und Hilfstätigkeiten, die alleine keinen ausreichenden Bezug zum Quellenstaat herstellen können.[1067] Sie gelten für die persönlichen als auch für die sachlichen Anknüpfungsmerkmale der Betriebsstätte, Art. 5 Abs. 5 OECD - MA. Zu diesen Hilfstätigkeiten zählt das Abkommen den Einkauf von Waren, die Informationsbeschaffung sowie sonstige Vorbereitungs- und Hilfstätigkeiten.

Der Warenbegriff ist ein sehr weiter, der alle Wirtschaftsgüter und damit auch Wertpapiere umfasst. Allerdings greift die Ausnahmeregelung nur, wenn die wirtschaftliche Betätigung sich ausschließlich auf den Einkauf von Waren beschränkt. Die Fondsmanager des Quellenstaates werden aber Wertpapiere des Portefeuilles nicht nur einkaufen, sondern auch verkaufen.

[1064] BFH, BStBl. II 1975, Seite 626.

[1065] Mössner, in: Mössner, Steuerrecht international tätiger Unternehmen, Rz. B 125, Seite 122.

[1066] Schaumburg, Internationales Steuerrecht, 16.257, Seite 898.

[1067] Wassermeyer, in: Debatin / Wassermeyer, DBA, Art. 5 OECD-MA, Rz 152.

Entscheidend für die Einordnung des dezentralisierten Fondsmanagements als Betriebsstätte ist damit, ob die dort beschäftigten Fondsmanager oder abhängigen Vertreter sich auf Vorbereitungs- und Hilfstätigkeiten beschränken oder darüber hinaus tätig werden. Kern der Geschäftsführung eines Investmentfonds ist die Zusammensetzung des Portefeuilles. Das Fondsmanagement wird über einzelne Wertpapiere Informationen und Bewertungen der Analysten einholen und anhand dieser entscheiden. Sollte ein Teil dieser Entscheidungsbefugnis in den Betriebsstättenstaat verlagert werden in dem Sinne, dass die dort beschäftigten Angestellten des Fonds oder dessen abhängige Vertreter abschließend über Kauf und Verkauf einzelner Wertpapiere entscheiden, dann handelt es sich hierbei nicht mehr um Vorbereitungs- und Hilfstätigkeiten und eine Betriebsstätte wird begründet.[1068] Von solchen Handlungen hingegen wird man ausgehen können, wenn die im Betriebsstättenstaat Handelnden sich auf Marktauswertungen und Empfehlungen beschränken und die Managemententscheidungen im Sitzstaate des Investmentfonds getroffen werden.

5.2.2.1.4. Besonderheiten auf Grund der Fremdgeschäftsführung bei Investmentfonds

Bei der Vertragslösung und bei der Trustlösung muss beachtet werden, dass die Geschäftsführung nicht von eigenen Organen des Investmentfonds, sondern von denen des trustees oder der Kapitalanlagegesellschaft wahrgenommen wird. Fremdgeschäftsführung ist aber auch beim Gesellschaftstyp üblich. Denn dort wird die Geschäftsführung zumeist von einer management company ausgeführt.[1069] Eine Geschäftsstelle, die mit Fondsmanagern besetzt ist, ist streng genommen eine Geschäftsstelle des trustees, der management company oder der Kapitalanlagegesellschaft und nicht eine des trusts, der Investmentgesellschaft oder des Sondervermögens. Diese üben auch keine tatsächliche Verfügungsgewalt über die Büroräume aus. Sachliche Anknüpfungspunkte sind daher nicht gegeben.

In Betracht kommt aber eine Vertreter-Betriebsstätte. So weit die Fondsmanager von der Kapitalanlagegesellschaft, der Investmentgesellschaft oder dem trust beauftragt werden, Wertpapiere auf Rechnung des Fonds zu erwerben oder zu veräußern, haben sie Abschlussvollmacht bezüglich des Fonds. Freilich sind sie nicht von dem trust, der Investmentgesellschaft oder dem Sondervermögen abhängig, aber sie unterstehen der Weisungsbefugnis der Kapitalanlagegesellschaft, der Managementgesellschaft oder des trustees. Sie sind damit nicht unabhängig. Das wirtschaftliche Risiko ihrer Tätigkeit trägt hingegen der Investmentfonds, bzw. die Anleger, nicht aber die Fondsmanager persönlich. Damit sind sie abhängige Vertreter im Abkommenssinne und begründen eine Betriebsstätte des Sondervermögens, der Investmentgesellschaft oder des trusts.

[1068] So auch Wenserski, Betriebsstättenproblematik ausländischer Fondsgesellschaften, Seite 149.

[1069] S.o., 2.3.4.1.

5.2.2.2. Zurechnung von Wirtschaftsgütern zu der Betriebsstätte

Nachdem festgestellt wurde, dass die Dezentralisierung des Fondsmanagements grundsätzlich eine Betriebsstätte begründen kann, müssen, damit der Betriebsstättenvorbehalt auch wirklich eingreift, die zu besteuernden Einnahmen der Betriebsstätte zuzurechnen sein. Die Betriebsstättenvorbehalte in Art. 10 Abs. 4 und 11 Abs. 4 fordern, dass die Beteiligung, aus der der Ertrag strömt, tatsächlich zu der Betriebsstätte gehört. Art. 13 Abs. 2 OECD- MA setzt voraus, dass die veräußerten Gegenstände zu dem Betriebsvermögen der Betriebsstätte gehören.

Es gibt nun zwei Möglichkeiten, wie ein Anlagegegenstand tatsächlich zu einer Betriebsstätte gehören kann. Eine Möglichkeit ist, dass der der betreffenden Einnahme zu Grunde liegende Vermögensgegenstand dem Betriebsvermögen der Betriebsstätte zuzurechnen ist. Die andere Möglichkeit ist, dass ein funktionaler Zusammenhang zwischen der Tätigkeit der Betriebsstätte und den Einnahmen besteht.[1070]

Im Übrigen gilt für die Zurechnung die eingeschränkte Selbstständigkeitsfiktion, d.h. einer Betriebsstätte wird der Gewinn zugerechnet, der sich ergibt, wenn man sie, so weit möglich, als vom Stammhaus selbstständiges Unternehmen betrachtet (so genanntes "dealing-at-arm's-length-Prinzip").[1071]

Die Selbstständigkeitsfiktion hat ihren Eingang in Art. 7 Abs. 2 OECD - MA gefunden. Die folgenden Absätze 3 und 4 sprechen die Methoden der Gewinnzuordnung an, direkte und indirekte Methode. Die indirekte Methode geht von dem Gesamtgewinn des Unternehmens aus und teilt diesen nach bestimmten Schlüsseln auf Betriebsstätte und Stammhaus auf, während die direkte Methode den Betriebsstättengewinn auf Grund einer eigenen Buchführung ermittelt.[1072] Zwar ist die direkte Methode nicht in Art. 7 OECD - MA angesprochen. Da sie aber dem dealing-at-arm's-length-Prinzip am ehesten entspricht, ist sie der Ausgangspunkt.[1073]

Ausgehend vom dealing-at-arm's-length-Prinzip und der direkten Methode sind der Betriebsstätte daher die Erträge zuzuordnen, die auf die Wertpapiere entfallen, die nach Entscheidung der Betriebsstätte für das Portefeuille angeschafft wurden. Dies wird aus der Buchführung des Managementbüros im Betriebsstättenstaat hervorgehen.[1074] Das Abkommensrecht gesteht daher dem Quellenland als Betriebsstättenstaat die Besteuerung der Investmentfondserträgnisse zu, die auf Managementent-

---

[1070] Vogel, DBA, vor Art. 10, Rz 25.

[1071] Schaumburg, Internationales Steuerrecht, 16.262, Seite 901.

[1072] Schaumburg, Internationales Steuerrecht, 16.265, Seite 904.

[1073] Siehe: Schröder, in: Mössner, Steuerrecht international tätiger Unternehmen, C 20, Seiten 243 und 244.

[1074] Schwieriger ist die Lage, wenn Betriebsstätte und das Stammhaus gleichzeitig in denselben Wertpapieren handeln, siehe zu Lösungsvorschlägen: Athanas, Generalbericht zum IFA - Kongress 1996, Seite 38 ff.

scheidungen der Fondsmanager oder sonstiger abhängiger Vertreter im Quellenland beruhen.

5.2.3. Beurteilung von Betriebsstättengewinnen nach innerstaatlichem Recht

5.2.3.1. Annahme wirtschaftlicher Betätigung im Quellenstaat nach U.S.-amerikanischem Recht

Die U.S.A. besteuern Körperschaften, und als solche gilt ein deutsches Sondervermögen in den U.S.A., unbeschränkt mit dem gesamten Welteinkommen, wenn diese als inländisch gelten. Eine Körperschaft gilt als inländisch, wenn sie in den U.S.A. gegründet wurde.[1075] Die U.S.A. folgen damit der Gründungstheorie, während in Deutschland die unbeschränkte Steuerpflicht an inländischen Sitz oder Geschäftsleitung geknüpft ist, § 1 Abs. 1 KStG. Die Bundesrepublik folgt der Sitztheorie. Deutsche Sondervermögen werden in den U.S.A. immer als ausländisch gelten.

Das U.S.-amerikanische Steuerrecht trifft eine weitere Unterscheidung danach, ob die ausländische Körperschaft in den U.S.A. einer Geschäftstätigkeit nachgeht oder nicht (trade or business within the U.S.).[1076] Einnahmen, die mit dieser Tätigkeit im Zusammenhang stehen ("effectively connected"),[1077] werden in den U.S.A. wie Einnahmen einer inländischen Gesellschaft besteuert.[1078] Man spricht von "Class - II - taxpayers".[1079] Darin liegt eine Relativierung der Gründungstheorie. Es ist nicht zu rechtfertigen, dass ein im Ausland gegründetes Unternehmen, das im Inland einer Geschäftstätigkeit nachgeht, steuerlich anders behandelt wird, wie ein im Inland gegründetes.

Ob ein ausländischer Wertpapierinvestor in den U.S.A. einer Geschäftstätigkeit nachgeht ("trade or business within the U.S."), ist speziell in Section 864 (b) (2) (A) Internal Revenue Code geregelt. In dieser Vorschrift wird unterschieden zwischen Wertpapierhandel im allgemeinen[1080] und dem Handeln auf eigene Rechnung ("Trading for taxpayer's own account").[1081] Letzteres ist privilegiert, da es auch dann nicht den trade-or-business-Status begründet, wenn der Handel über einen Angestellten oder sonstigen Vertreter[1082] abgewickelt wird, der einen weiten Spielraum hinsichtlich der Investmententscheidung hat oder wenn ein Büro in den U.S.A. betrieben wird. Der sonstige Wertpapierhandel (auf fremde Rechnung) darf

---

[1075] Mc Daniel / Ault, International Taxation, Seite 33.

[1076] Section 864 (b) IRC.

[1077] Section 864 (c) IRC.

[1078] Section 882 (a) IRC.

[1079] Von Thülen / Langer, Income Taxation of Foreign Related Transactions, § 2.11, Seite 2-8.

[1080] Z.B. durch eine Broker oder Dealer, 26 CFR Section 1.864-2 (c) (1).

[1081] Section 864 (b) (2) (A) (ii).

[1082] 26 CFR Section 1.864-2 (c) (2).

nur über einen unabhängigen Vertreter abgewickelt werden. Es darf kein Büro unterhalten werden.[1083]

Die Unterscheidung zwischen Handeln auf eigene Rechnung und sonstigem Wertpapierhandel ist daher für die Frage, ob ein Investmentfonds in den U.S.A. den trade-or-business-Status erhält, von entscheidender Bedeutung. Die Regulations enthalten am Rande einen Hinweis, wie die Abgrenzung vorzunehmen ist. Demnach liegt Handeln auf eigene Rechnung vor, wenn der Steuerzahler selbst das Risiko der Transaktionen trägt.[1084] Handelt er Aktien für einen Kunden, dann trägt er dieses Risiko nicht.

Im Falle eines deutschen Investmentfonds ist das Sondervermögen der betreffende Steuerzahler, denn das U.S.-amerikanische Steuerrecht erkennt das Sondervermögen als Körperschaft und damit als Steuersubjekt an. Ein Handeln auf eigene Rechnung ist damit dann gegeben, wenn es auf Rechnung des Sondervermögens stattfindet. Zweifel an dem Erfordernis des Handelns auf eigenen Namen können aufkommen, da § 10 Abs. 1 Satz 1 KAGG bestimmt, dass die Kapitalanlagegesellschaft das Fondsvermögen "für gemeinschaftliche Rechnung der Anteilsinhaber" verwaltet. Diese Vorschrift muss jedoch in ihrem Zusammenhang gesehen werden. Es handelt sich um eine privatrechtliche Vorschrift und nicht um eine steuerrechtliche. Im deutschen Privatrecht wird das Sondervermögen als nicht rechtsfähig angesehen und damit ist es unmöglich festzustellen, dass die Kapitalanlagegesellschaft das Fondsvermögen für Rechnung des Sondervermögens verwaltet. Diese Sichtweise wird aber durch die steuerlichen Vorschriften des KAGG für das Steuerrecht derogiert. Demnach ist das Sondervermögen (steuer-) rechtsfähig. Dem folgt auch die U.S.-amerikanische Einschätzung. Aus steuerlicher Sichtweise verwaltet die Kapitalanlagegesellschaft die Anlagegegenstände daher für das Sondervermögen und damit für den Steuerzahler. Es wird auf Rechnung des Sondervermögens und damit auf Rechnung des Steuerzahlers gehandelt.

Das Sondervermögen wird von den Fondsmanagern der Kapitalanlagegesellschaft vertreten. Diese Art der Geschäftsführung ist insofern eigenartig, da das Fondsmanagement keinerlei Weisung durch die Anlegerschaft unterliegt (s.o. 5.2.2.1).[1085] Die Natur dieser Geschäftsführungsbefugnis ist aber kein Hindernis für den Investmentfonds. Der Internal Revenue Code sieht nämlich ausdrücklich vor, dass der Vertreter, sei er abhängig oder unabhängig, Angestellter oder selbstständig, die Entscheidungsbefugnis haben darf "whether or not such employee or agent has discretionary authority to make decisions effecting the transaction".[1086]

Zu beachten ist aber weiterhin, dass die begünstigte Behandlung des Handelns auf eigene Rechnung unter dem Vorbehalt steht, dass die Person, die sie ausführt, nicht

---

[1083] Section 864 (b) (C) IRC.

[1084] 26 CFR Section 864 (c) (2) (c) "for the account and risk of the taxpayer".

[1085] Beckmann, in: Beckmann / Scholtz, Investmenthandbuch, § 10 KAGG, Rz 2.

[1086] Section 864 (b) (2) (A) (ii) Satz 1 IRC.

ein Wertpapierhändler ist, dessen "principal office"[1087] in den U.S.A. unterhalten wird.[1088] Was ein Wertpapierhändler ist, definieren die Regulations.[1089] Ausgeschlossen werden dort solche Personen, die Wertpapiere als Investment oder zur Spekulation halten. Damit gelten Investmentfonds nicht als Wertpapierhändler. Vor 1997 waren neben den Wertpapierhändlern auch ausländische Investmentgesellschaften unter denselben Voraussetzungen ("principal office" in den U.S.A.) von der begünstigenden Regelung ausgeschlossen.[1090] Diese Regelung wurde aber abgeschafft, so dass sie nunmehr kein Hindernis mehr für ausländische Fonds darstellt.

Zusammengefasst unterfallen ausländische Investmentfonds damit den günstigen Regelungen, nach denen sie den trade-or-business-Status selbst dann nicht erreichen, wenn sie ein Büro in den U.S.A. betreiben oder dort sogar ihr "principal office" unterhalten oder dort einen Vertreter mit umfangreichen Befugnissen bestellen. Die U.S.A. haben damit von dem ihnen in den Abkommen zustehenden Recht der Besteuerung keinen Gebrauch gemacht.

Für die weitere Betrachtung scheiden die U.S.A. als Betriebsstättenstaat daher aus.

5.2.3.2. Bundesrepublik Deutschland

Betreibt ein U.S.-amerikanischer Investmentfonds sein Management in den U.S.A. und investiert er in deutsche Werte, dann unterliegen Dividenden- und Zinseinnahmen einer Quellenbesteuerung, während die Veräußerungsgewinne steuerfrei bleiben (s.o. 4.2). Er erzielt trotz Vorliegen eines Gewerbebetriebs in den U.S.A. auf Grund der isolierenden Betrachtungsweise (bei Einnahme von Dividenden und Zinsen) Einkünfte aus Kapitalvermögen. Betreibt er aber in Deutschland eine Betriebsstätte oder bestellt er dort einen ständigen Vertreter, dann erzielt er inländische Einkünfte aus Gewerbebetrieb, so weit die Einnahmen der Betriebsstätte zuzurechnen sind. Dabei werden auch Veräußerungserlöse berücksichtigt. Die Betriebsstätteneinnahmen unterliegen dann nicht mehr der Abgeltungswirkung und die Körperschaftsteuer einer inländischen Körperschaft kann, solange das Anrechungsverfahren fortgilt, angerechnet werden, § 50 Abs. 5 Satz 3 iVm. Satz 1 und iVm. Satz 2.[1091]

Die Betriebsstätte unterliegt der Gewerbesteuer.[1092] Gerade die Gewerbesteuer und die Besteuerung der Veräußerungsgewinne werden den Investmentfonds dazu be-

---

[1087] Ob das "principal office" in den U.S.A. unterhalten wird, ist unabhängig von der Bestimmung des Gesellschaftssitzes durch Vergleich der Aktivitäten innerhalb und außerhalb der U.S.A. anhand einer in den Regulations enthaltenen Liste zu entscheiden, 26 CFR Section 1.864-2 (c) (iii).

[1088] Section 864 (b) (2) (A) (ii) Satz 2 IRC.

[1089] 26 CFR Section 864 (c) (iv) (a).

[1090] Siehe Mc Daniel / Ault, U.S. International Taxation, Seite 51, Fußnote 6.

[1091] Kumpf, in: Herrmann / Heuer / Raupach, EStG, § 49, Rn 170.

[1092] § 2 Abs. 1 Satz 3 GewStG, dazu Obermeier, in: Blümich, GewStG, § 2 GewStG, Rn 841.

wegen, die Gründung einer Betriebsstätte oder die Bestellung eines ständigen Vertreters zu vermeiden.[1093]

Der Begriff der Betriebsstätte ist für § 49 Abs. 1 Nr. 2 lit. a EStG in § 12 AO und der des ständigen Vertreters in § 13 AO verbindlich niedergelegt.[1094] Die Abkommen enthalten einen eigenen Betriebsstättenbegriff, der das Besteuerungsrecht der Bundesrepublik einschränken kann, maW. der Betriebsstättenbegriff der Abkommen geht im Ergebnis vor.[1095] Der deutsche Betriebsstättenbegriff ist insofern weiter, da er es ausreichen lässt, dass die Geschäftseinrichtung der Unternehmenstätigkeit "dient" und nicht ein Teil der Unternehmenstätigkeit in der Betriebsstätte ausgeübt werden muss. Eine Betriebsstätte wird somit eher begründet. Denkt man an die zuvor vorgeschlagene Aufteilung zwischen Beratung und Entscheidung, dann ist diese für den deutschen Betriebsstättenbegriff nicht haltbar, denn auch Hilfstätigkeiten dienen dem Unternehmenszweck.[1096] Dasselbe gilt auch für den Begriff des ständigen Vertreters, der eigenständig in § 13 AO geregelt ist. Auch hier ist es ausreichend, dass die von ihm vorgenommenen Geschäfte dem Unternehmenszweck unmittelbar dienen.[1097] Vorbereitende Tätigkeiten eines Analysten werden zur Begründung einer Betriebsstätte schon ausreichen. Damit reicht das nationale deutsche Steuerrecht weiter als das Abkommensrecht. Letzteres setzt sich aber im Endeffekt gegen das deutsche Recht durch, so dass es bei dem oben beschriebenen Ergebnis bleibt (s.o. 5.2.2).

Somit kann ein Investmentfonds unter den oben genannten Bedingungen eine Betriebsstätte begründen. Im Gegensatz zu den U.S.A. ist die Bundesrepublik als Betriebsstättenstaat daher für die weitere Betrachtung von Bedeutung.

5.2.4. Betriebsstätte investiert in einem Drittland (Permanent Establishment Triangular Cases)[1098]

5.2.4.1. Problemstellung

Sollte das Fondsmanagement eines ausländischen Investmentfonds eine Betriebsstätte in einem Land begründen und von dieser Betriebsstätte aus, nicht nur in im Betriebsstättenland ansässige Gesellschaften investieren, sondern auch in solche, die in Drittstaaten ansässig sind, ergeben sich Probleme hinsichtlich der Quellensteueranrechnung und der Quellensteuerrückerstattung. Beispielsfall für das hier beschriebene Problem ist die regulated investment company, die in europäischen

---

[1093] Wenserski, Betriebsstättenproblematik ausländischer Fondsgesellschaften, Seiten 147 und 148.

[1094] Heinicke, in: Schmidt, EStG, § 49, Rn 17.

[1095] BMF, Betriebsstätten-Verwaltungsgrundsätze, IStR 2000, Beihefter 1, Seite 2 unter 1.1.

[1096] Tipke / Kruse, AO, § 12, Rz 19.

[1097] Tipke / Kruse, AO, § 13, Rz 4.

[1098] Zu dem ganzen Bereich vgl.: Staringer, Triangular Cases, Seite 73 ff. und die Übersicht über die umfangreiche Literatur zu diesem Thema bei: García Prats, Intertax 1994, Seite 478, Fußnote 38.

Aktien investieren will und dazu in Frankfurt ein Büro zur Durchführung des Fondsmanagements gründet. Die Frankfurter Fondsmanager kaufen und verkaufen nun auch Aktien aus Deutschland und anderen europäischen Ländern.

An diesem Sachverhalt sind drei Staaten beteiligt: der Sitzstaat des Investmentfonds, der Betriebsstättenstaat und der Quellenstaat. Der Quellenstaat wird sich auf sein Besteuerungsrecht an den inländischen Dividendeneinnahmen im Rahmen der beschränkten Steuerpflicht berufen. Der Betriebsstättenstaat kann sich auf das Betriebsstättenprinzip berufen, das es ihm gestattet die Einnahmen einer Betriebsstätte, zu denen auch die Dividendeneinnahme aus einem Drittstaat zählt, zu besteuern. Schließlich wird der Sitzstaat des Investmentfonds diesen und / oder den Investor im Rahmen der unbeschränkten Steuerpflicht besteuern. Die Folge ist eine dreifache Besteuerung derselben Dividende.

Besteht zwischen allen Staaten ein Abkommen, dann wird eine Dreifachbesteuerung bereits durch die Zuteilung der Betriebsstättengewinne zum Betriebsstättenstaat vermieden. Die Einnahme der Betriebsstätte wird im Sitzstaat nicht der Besteuerung unterworfen, da er die Betriebsstätteneinnahmen zumeist der Vorlage des Art. 23 A Abs. 1 OECD - MA folgend freistellt.

5.2.4.2. Die Gefahr der Doppelbesteuerung

Die Gefahr der Dreifachbesteuerung ist somit abgewandt.[1099] Es droht jedoch eine Doppelbesteuerung: Bei Dividendeneinnahmen ist die Anrechnungsmethode anzuwenden, Art. 23 A Abs. 2 OECD - MA. Das Anrechnungsverfahren funktioniert aber im Verhältnis von Quellen- zu Betriebsstättenstaat nicht. Der Quellenstaat wird sich nicht zur Quellensteuerreduktion verpflichtet sehen, da die Betriebsstätte nicht abkommensberechtigt im Sinne von Art. 10 Abs. 1 ist (sie ist keine Person im Sinne des Abkommensrechts). Zwar ist der Investmentfonds als Person anzuerkennen (s.o. 3.2.1.3). Ihm ist aber die Dividendeneinnahme nicht zuzurechnen, da sie bereits der Betriebsstätte zugerechnet wird. Der Quellenstaat kann daher die Quellensteuerreduktion verweigern und die volle Quellensteuer auf die Dividendeneinnahmen ansetzen. Nun wird auch der Betriebsstättenstaat in der Regel nicht bereit sein, die nicht auf den Abkommenssatz reduzierte Quellensteuer auf die Steuerlast anzurechnen. Voraussetzungen der Anrechnung nach Art. 23 B OECD - MA sind nämlich Personeneigenschaft und Ansässigkeit in dem Anrechnungsstaat. Die Betriebsstätte ist aber keine Person im Sinne der Doppelbesteuerungsabkommen.[1100]

Denkbar wäre jetzt noch, dass der Sitzstaat des Investmentfonds die ausländische Steuer auf die Steuerlast des Investmentfonds oder auf die seines Investors anrechnet. Doch dazu ist er nicht verpflichtet.[1101] Eine Anrechnungsverpflichtung besteht

---

[1099] Staringer, Triangular Cases, Seite 75.

[1100] Wassermeyer, in: Debatin / Wassermeyer, DBA, Art. 1 OECD - MA, Rz 38, Art. 23 A OECD - MA, Rz 16 und 23 B OECD - MA, Rz 12.

[1101] Schaumburg, Internationales Steuerrecht, 16.175, Seite 855.

nämlich nur insoweit, als die betreffenden Einkünfte im Ansässigkeitsstaat auch wirklich der Besteuerung unterliegen.[1102] Auf Grund der Freistellung des Betriebsstättengewinns ist dies aber nicht der Fall.

Ist die Bundesrepublik Sitzstaat des Investmentfonds, dann ist auf § 34 c Abs. 3, 3. Var., Abs. 6 Satz 4, Abs. 1 EStG hinzuweisen, der über § 26 Abs. 6 Satz 1 KStG auch für körperschaftsteuerpflichtige Steuersubjekte Anwendung findet. Nach dieser Vorschrift können ausländische Steuern vom Einkommen eines unbeschränkt Steuerpflichtigen abgezogen werden, auch wenn sie von einem Staat erhoben werden, aus dem nicht die Einkünfte herrühren. Nach der Gesetzesvorlage der Bundesregierung wird diese Möglichkeit konsequenterweise auf den Dividendenbetrag eingeschränkt, der nach dem Halbeinkünfteverfahren der deutschen Steuer unterliegt.[1103]

Die Vorschrift ist ein Auffangstatbestand für Doppelbesteuerungen, die sich im Rahmen einer Dreieckssituation ergeben, bei der einem Staat die Einkünfte zuzurechnnen sind, während ein dritter Staat diese ebenfalls besteuert. Aus der Begründung des Gesetzesentwurfs[1104] geht hervor, dass der Gesetzgeber diese Regelung für den Fall geschaffen hat, dass eine Betriebsstätte Einnahmen aus einem Drittstaat bezieht, die der Quellenbesteuerung in diesem unterliegen. Als Rechtsfolge ordnet die Vorschrift an, dass die Quellensteuer des Drittstaates bei der Ermittlung der Einkünfte abzuziehen ist.[1105]

Allerdings ist die Vorschrift des § 34 c Abs. 3 EStG nur beschränkt anwendbar, wenn ein Abkommen zwischen Betriebsstätten- und Sitzstaat besteht. Die Anwendbarkeit beschränkt sich dann auf den in § 34 c Abs. 6 Satz 4 EStG[1106] angeordneten Umfang. Demnach kommt eine Anrechnung nicht in Betracht, wenn beachtliche Gründe für die steuerliche Gestaltung nicht vorliegen oder wenn das Abkommen dem Betriebsstättenstaat die Besteuerung der Einkünfte erlaubt. Der Betriebsstättenstaat darf die Dividendeneinnahmen auch aus Drittstaaten besteuern. Eine Anrechnung kommt daher nicht in Betracht.

[1102] Staringer, Triangular Cases, Seite 75.

[1103] Bundesregierung, Entwurf zum Steuersenkungsgesetz, Artikel 1 (EStG), Nr. 19, lit. b, Seite 12: Es soll ein neuer Absatz 7 eingefügt werden, der die nach dem neuen § 3 Nr. 40 EStG befreiten Anteile an den Dividenden von einer Anrechnung ausschließt.

[1104] BT-Drucksache 8/ 3648, Seite 21.

[1105] Umstritten ist in diesem Zusammenhang, wie zu verfahren ist, wenn der Betriebsstättenstaat einen Teil der Quellensteuer berücksichtigt. Teilweise wird vertreten, dass dann nur noch der im Betriebsstättenstaat nicht berücksichtigte Teil der Quellensteuer in Deutschland bei der Ermittlung der Einkünfte abzuziehen ist (Krabbe, in: Blümich, EStG, § 34 c, Rz 72), während andere auf Grund des Wortlautes den Abzug der gesamten Quellensteuer zulassen wollen (Probst, in: Herrmann / Heuer / Raupach, EStG, § 34 c, Rz 120).

[1106] Diese Vorschrift wurde eingeführt durch das Steuerbereinigungsgesetz 1999: Gesetz zur Bereinigung von steuerlichen Vorschriften vom 22. 12. 1999, BGBl. I 1999, Seite 2601, dazu, Fraktionen der SPD und Bündnis 90 / Die Grünen, Gesetzesentwurf Steuerbereinigungsgesetz 1999, BT Drucksache 14 / 1514, Seite 30, siehe auch Kippenberg, IStR 1999, Seite 574.

Außerdem ist ein Abzug nur insoweit möglich, als die ausländische Quellensteuer auf Einnahmen entfällt, die der deutschen Einkommensteuer (Körperschaftsteuer) "unterliegen", § 34 c Abs. 3 EStG a.E.. Zu beachten ist, dass die Einnahmen aus dem Quellenstaat nicht der Besteuerung in Deutschland unterliegen können, da das Betriebsstättenprinzip mit einer Freistellung der Einkünfte im Sitzstaate verbunden ist. Das Wort "unterliegen" wird von *Wassermeyer* dennoch so verstanden, als ob es ausreicht, dass die Einnahmen zu den Einkunftsarten des § 2 EStG zu zählen sind. Nicht erforderlich soll sein, dass diese in Deutschland auch wirklich steuerpflichtig sind.[1107]

Dieser an dem Wortlaut orientierten Auslegung ist nicht zuzustimmen. Vielmehr ist der Normzweck des § 34 c Abs. 3 EStG als Auffangvorschrift für die vorangehenden zwei Absätze zu berücksichtigen. Verhindert werden soll die Doppelbesteuerung in Konstellationen, in denen Doppelbesteuerungsabkommen keine Abhilfe schaffen. Freilich kann eine innerstaatliche Maßnahme nur dann Abhilfe der Doppelbesteuerung schaffen, wenn die Bundesrepublik Ursache dieser Doppelbesteuerung ist. Nicht aber will die Bundesrepublik dann von Steuer entlasten, wenn der Betriebsstättenstaat diese verursacht und die Bundesrepublik nicht, da dort die Einnahmen auf Grund der Freistellung gar nicht steuerpflichtig sind.[1108]

5.2.4.3. Lösungsvorschläge

Im Ergebnis bleibt es daher bei einer Doppelbesteuerung der Erträge, die nach dem bisherigen OECD - MA nicht vermieden werden kann. Da dieses Ergebnis nicht befriedigen kann,[1109] mangelt es nicht an Vorschlägen, die diesen Missstand beseitigen wollen.

Ein Lösungsvorschlag will den Abkommenszugang für Betriebsstätten erweitern.[1110] Damit wäre dann der Quellenstaat zur Quellensteuerreduktion verpflichtet und der Betriebsstättenstaat müsste die Quellensteuer auf die Steuerschuld der Betriebsstätte anrechnen. Eine solche Regelung hat ihren Platz in dem Abkommen zwischen Quellen- und Betriebsstättenstaat. Beide Staaten verpflichten sich dabei, Abkommensvorteile auch Betriebsstätten zu gewähren, deren Unternehmen in keinem der beiden Vertragsländer ansässig sind. Damit einigen sich zwei Staaten darauf, den Unternehmen eines jeweils dritten Staates Vorteile zukommen zu lassen. Dies entspricht nicht dem den Abkommen immanenten Gegenseitigkeitsverhältnis.[1111] Denn Staaten verzichten in Abkommen auf ein Besteuerungsrecht zu Gunsten von Personen des Vertragspartners, damit dieser die eigenen

---

[1107] Wassermeyer, in: Flick / Wassermeyer / Baumhoff, Außensteuerrecht, § 34 c EStG, Rz 175.

[1108] Im Ergebnis ebenso: Schaumburg, Internationales Steuerrecht, 15.92, Seite 664, wohl auch Krabbe, BB 1980, Seite 1148.

[1109] und nach Meinung von Schaumburg das Leistungsfähigkeitsprinzip verletzt, Schaumburg, Internationales Steuerrecht, 16.176, Seite 856.

[1110] So z.B. im DBA Frankreich - Italien, Staringer, Triangular Cases, Seite 78.

[1111] Staringer, Triangular Cases, Seite 78.

Personen ebenfalls nicht der Besteuerung unterzieht. Dieser Vorschlag macht daher nur Sinn, wenn alle OECD - Staaten ihn verwirklichen würden. Da die Abkommen jedoch bilateral ausgehandelt werden, ist dies eher unwahrscheinlich.

Der Musterkommentar schlägt daher vor, die Verpflichtung der Quellensteueranrechnung in dem Abkommen zwischen Sitz- und Betriebsstättenstaat festzuschreiben.[1112] Das Gegenseitigkeitsverhältnis wäre dann gewahrt. Außerdem wäre dies ganz im Sinne der von Art. 24 Abs. 3 OECD - MA geforderten Gleichbehandlung ausländischer Betriebsstätten mit inländischen Unternehmen und verwirklicht auch die Anforderungen der Niederlassungsfreiheit.

Staringer vertritt sogar, dass der Vorschlag des Musterkommentars durch Gleichbehandlungsgebot und EU - Niederlassungsfreiheit bereits verbindlich geworden sei und der Betriebsstättenstaat daher die Quellensteuer genau wie bei inländischen Unternehmen anrechnen muss.[1113] Der Kommentarstelle käme damit nur noch deklaratorische Bedeutung zu.[1114] Natürlich darf der Betriebsstättenstaat nicht verpflichtet werden, die nicht reduzierte Quellensteuer anzurechnen, sondern nur den geminderten Abkommenssatz. Ansonsten wäre der Quellenstaat der Nutznießer der Einschaltung der Betriebsstätte. Deswegen muss der Quellenstaat verpflichtet werden, nur einen geminderten Abkommenssatz zu verlangen. *Staringer* tritt deswegen dafür ein, dass der Abkommenssatz des Abkommens zwischen Sitz- und Quellenstaat anzuwenden sei,[1115] maW. der Quellenstaat ist auf Grund des Abkommens mit dem Sitzstaat zur Quellensteuerreduktion verpflichtet.[1116]

5.2.4.3.1. Gleichbehandlungsgebot der Abkommen

Diese Auslegung des Gleichbehandlungsgebotes bedeutet, dass nicht nur die Vorteile des innerstaatlichen Rechts, sondern zusätzlich jene der Abkommen des Betriebsstättenstaates mit Drittstaaten der Betriebsstätte zustehen. *Staringer* leitet dies aus dem weit gefassten Wortlaut des Art. 24 Abs. 3 Satz 1 OECD - MA her, der nicht zwischen den Quellen der Ungleichbehandlung unterscheide.[1117]

[1112] OECD - Musterkommentar, Ziffer 52, Staringer, Triangular Cases, Seite 78.

[1113] Staringer, Triangular Cases, Seiten 84 und 85, zustimmend Wassermeyer, in: Debatin / Wassermeyer, DBA, Art. 24 OECD - MA, Rz 52 und 21 und García Prats, Intertax 1994, Seite 478, a.A. Vogel, DBA, Art. 24, Rz 132 b.

[1114] Staringer, Triangular Cases, Seite 80.

[1115] Staringer, Triangular Cases, Seite 86.

[1116] García Prats, Intertax 1994, Seite 481, hält es aus Missbrauchsvermeidungsgründen für notwendig, die im Vergleich der Abkommen zwischen Sitzstaat und Quellenstaat und Sitzstaat und Betriebsstättenstaat geringere Quellensteuerreduktion anzuwenden, da ansonsten die Betriebsstätte verwendet werde könnte, um in den Genuss der günstigere Quellensteuerreduktion des Abkommens zwischen Betriebsstätten- und Quellenstaat zu gelangen, siehe auch van Raad, ET 1993, Seite 300.

[1117] Staringer, Triangular Cases, Seite 82.

Diese weite Auslegung des Gleichbehandlungsgebotes verstößt aber gegen den bilateralen Charakter der Abkommen. Das Gleichbehandlungsgebot des Abkommens zwischen Sitz- und Betriebsstättenstaat würde damit die Regelungen des Abkommens zwischen letzterem und dem Quellenstaat beeinflussen. Dies ist aber äußerst zweifelhaft.[1118] Es ist nicht davon auszugehen, dass die Vertragsparteien eine solche Verknüpfung zwischen den einzelnen Abkommen gewollt haben. Vielmehr soll die Gleichbehandlungsklausel nur gewährleisten, dass Betriebsstätten nicht auf Grund spezieller, auf Betriebsstätten zugeschnittener Regeln einer Diskriminierung unterworfen sind.[1119]

5.2.4.3.2. Die EU Niederlassungsfreiheit

Die Niederlassungsfreiheit des EU - Vertrages garantiert Schutz vor steuerlichen Diskriminierungen, die sich aus der Gründung von Betriebsstätten von Unternehmen anderer Mitgliedstaaten ergeben. *Staringer* vertritt neben anderen, dass der Permanent Establishment Triangular Case auf Grund der Niederlassungsfreiheit in dem Sinne gelöst werden muss, dass der Betriebsstättenstaat zur Anrechnung der Quellensteuer verpflichtet wird.[1120] Dabei beruft man[1121] sich zum einen auf Urteile des EUGH, die eine Gleichbehandlung von Betriebsstätten mit inländischen Unternehmen im Rahmen des innerstaatlichen Steuerrechts fordern[1122] und zum anderen auf Äußerungen des EUGH hinsichtlich des Vorrangs des Gemeinschaftsrechts vor bilateralen Verträgen eines Mitgliedsstaates mit einem Drittstaat.[1123]

Bezieht eine Betriebsstätte passive Einnahmen aus einem Drittstaat, dann sei sie insoweit vergleichbar mit einem Unternehmen, das in dem Betriebsstättenstaat ansässig ist. Diese Vergleichbarkeit sei für das Eingreifen der Niederlassungsfreiheit entscheidend.[1124] Vergleichbar seien Betriebsstätte und ansässiges Unternehmen,

---

[1118] Avery Jones, ET 1991, 337 und Vogel, DBA, Art. 24, Rz 132 b.

[1119] Vgl. Mössner / Strobl, Nationalbericht Deutschland IFA - Kongress 1991, IWB Fach 1 IFA Mitteilungen Seite 1339.

[1120] Staringer, Triangular Cases, Seite 85, Jann, Die Auswirkungen des EU-Rechts auf die Abkommenspflicht von beschränkt Steuerpflichtigen, Seiten 65 und 72, Toifl, Die EU-Grundfreiheiten und die Diskriminierungsverbote der Doppelbesteuerungsabkommen, Seite 169 ff.

[1121] Jann, Die Auswirkungen des EU-Rechts auf die Abkommenspflicht von beschränkt Steuerpflichtigen, Seiten 60 ff. und 72 ff.

[1122] So genannte "avoir-fiscal-Entscheidung" des EUGH, Slg 1986 / 1, Seiten 285 ff., Rz 11 ff.: Verstoß gegen die Niederlassungsfreiheit, wenn Betriebsstätten die Anrechnung der Körperschaftsteuer aus dem Betriebsstättenstaat verweigert wird, und "Commerzbank-Entscheidung" des EUGH, Slg 1993, 7, Seite 4017: Verstoß gegen die Niederlassungsfreiheit, wenn einer Betriebsstätte ein Anspruch auf Steuererstattung zusteht, aber ihr im Gegensatz zu inländischen Unternehmen der darauf beruhenden Zinsanspruch verweigert wird.

[1123] "Conegate-Entscheidung" des EUGH, Slg. 1986 / II, Seite 1007, Seite 1025, Rz. 26, und "Deserbais-Entscheidung" des EUGH, Slg. 1988 V, Seite 4907 ff., Seite 4926, Rz 18.

[1124] Jann, Die Auswirkungen des EU-Rechts auf die Abkommenspflicht von beschränkt Steuerpflichtigen, Seite 61.

da bei beiden der Gewinn, unabhängig der Quelle aus der er stammt, besteuert wird. Das bilaterale Gleichgewicht, das gegen das Eingreifen der Gleichbehandlungsregelung des Art 24 Abs. 3 Satz 1 OECD - MA angeführt wird, könne sich nicht gegen die Niederlassungsfreiheit als Rechtfertigungsgrund durchsetzen, da diese unbedingt sei und sich als Grundfreiheit des EU-Vertrags gegen bilaterale Abkommen durchsetze.[1125]

Die in diesem Zusammenhang angeführten Urteile des EUGH[1126] betreffen allerdings nicht die Doppelbesteuerungsabkommen, sondern bilaterale Abkommen zur Einschränkung des Handels. Die Urteile hinsichtlich der Gleichbehandlung von Betriebsstätten[1127] sagen zwar aus, dass die Abkommen zwischen Sitz- und Betriebsstättenstaat nicht die Niederlassungsfreiheit einschränken können, beziehen sich aber nicht auf den hier zu entscheidenden Fall der Einwirkung der Niederlassungsfreiheit auf Abkommen des Betriebsstättenstaates mit dem Quellenstaat, maW. der EUGH hat diese Frage noch nicht entschieden. Dennoch will *Jann* mit einem Erst - Recht - Schluss begründen, dass die Niederlassungsfreiheit auch in diesem Fall berührt wird und diese Beschränkung durch das Argument des abkommensrechtlichen Gleichgewichts nicht zu rechtfertigen sei.[1128] Dieses Gleichgewicht sei in dem *avoir-fiscal-Fall*[1129], durch den der Betriebsstätte die Teilnahme am Körperschaftssteueranrechnungsverfahren in Frankreich ermöglicht wird, in größerem Umfang berührt.[1130]

Im *avoir-fiscal-Fall* sind allerdings lediglich zwei Staaten betroffen und das Gegenseitigkeitsverhältnis ist nicht berührt. Das Urteil verpflichtet mittelbar auch den anderen Vertragsstaat, so weit er ein Anrechnungsverfahren kennt, die Betriebsstätten französischer Unternehmen auf eigenem Boden ebenso an dem Anrechnungsverfahren teilnehmen zu lassen. Das Urteil wirkt demnach gleich einer Vereinbarung der beteiligten Staaten, nun auch Betriebsstätten in das Anrechnungsverfahren einzubeziehen. Das Gegenseitigkeitsverhältnis ist damit im Ergebnis nicht beeinträchtigt.

Der Unterschied zum Permanent Establishment Triangular Case liegt darin, dass nun drei Staaten beteiligt sind. Der Betriebsstättenstaat soll eine Steuer eines dritten Staates, nämlich die des Quellenstaates, anrechnen. Entgegen der Auffassung von *Jann*, ist das Gegenseitigkeitsverhältnis, bzw. die bilaterale Natur der Abkommen, im Gegensatz zum avoir-fiscal-Fall angetastet. Die Niederlassungsfrei-

---

[1125] Jann, Die Auswirkungen des EU-Rechts auf die Abkommenspflicht von beschränkt Steuerpflichtigen, Seite 73.

[1126] Siehe Fußnote 1123.

[1127] Siehe Fußnote 1122.

[1128] Jann, Die Auswirkungen des EU-Rechts auf die Abkommenspflicht von beschränkt Steuerpflichtigen, Seite 73.

[1129] Siehe Fußnote 1122.

[1130] Jann, Die Auswirkungen des EU-Rechts auf die Abkommenspflicht von beschränkt Steuerpflichtigen, Seite 72.

heit nimmt direkten Einfluss auf ein Rechtsverhältnis, das zwischen Quellen- und Betriebsstättenstaat besteht.

Dennoch ist auch hier die Verpflichtung des Betriebsstättenstaates, die Quellenlandsteuer anzurechnen eine gegenseitige. Denn auch seine, in dem anderen Mitgliedsstaat gelegenen Betriebsstätten würden davon profitieren. Beide Staaten werden durch die Niederlassungsfreiheit gegenseitig verpflichtet, Betriebsstätten des anderen Staates die Quellensteueranrechnung zu gewähren. Die Niederlassungsfreiheit wirkt damit gegenseitig auf die Mitgliedsstaaten ein. Wie im avoir-fiscal-Fall wirkt die Niederlassungsfreiheit daher auch im Permanent Establishment Triangular Case vornehmlich zwischen zwei Staaten. Mit guten Gründen kann man somit vertreten, dass die EU - Niederlassungsfreiheit einen Mitgliedstaat verpflichtet, die Quellenlandsteuer auf das Ergebnis der in seinem Territorium gelegenen Betriebsstätte anzurechnen.

Zwar wird dadurch auch ein fremdes Rechtsverhältnis, nämlich das zwischen Betriebsstättenstaat und Quellenstaat berührt. Dies ist aber ein Reflex der Verpflichtung des Betriebsstättenstaates gegenüber dem Sitzstaat.

Die EU - Niederlassungsfreiheit ist damit weiter als das abkommensrechtliche Gleichbehandlungsgebot, das sich nur gegen auf Betriebsstätten zugeschnittene Diskriminierungen bezieht.

5.2.5. Ergebnis: Folgen des dezentralisierten Fondsmanagements

Investmentfonds können durch die Verlagerung eines Teils des Fondsmanagements eine Vertreter-Betriebsstätte begründen. Dazu müssen die dort tätigen Fondsmanager Abschlussvollmacht und einen Entscheidungsspielraum haben. Vorbereitende Tätigkeiten, wie z.B. die Analyse einzelner Anlagemöglichkeiten begründen keine Betriebsstätte. Gleiches gilt für Personen, die nicht dem Fondsmanagement zuzurechnen sind, aber häufig als Vertreter für dieses auftreten.

In diesem Fall gewähren die Abkommen dem Betriebsstättenstaat ein umfassendes Besteuerungsrecht an den Fondseinnahmen, die auf die von dem Betriebsstättenmanagement ausgewählten Wertpapieren beruhen.

Die U.S.A. verzichten auf das ihnen von den Abkommen gewährte Recht, Einnahmen eines Investmentfonds, der auf eigene Rechnung handelt, über die Quellenbesteuerung hinaus auf Grund einer Betriebsstätte zu besteuern.

Die Bundesrepublik hingegen macht von ihrem Recht Gebrauch und besteuert diese Einnahmen.

Werden einer Betriebsstätte auch Investmenteinnahmen aus einem Drittland zugerechnet, dann kommt es zu einer Doppelbesteuerung. Eine Quellensteuerreduktion und eine Anrechnung der Quellenlandsteuern im Betriebsstättenstaat entfällt. Allerdings verpflichtet die Niederlassungsfreiheit des EU-Vertrages, einen Mitgliedstaat zur Anrechnung der Quellenlandsteuer auf das Ergebnis der Betriebsstätte.

5.3. Der Drei-Länder-Fall: Investmentfonds, ausschüttende Gesellschaft und Investor sind in einem jeweils anderem Staat ansässig

5.3.1. Problemstellung

Ein weiterer Dreiecksfall kann sich ergeben, wenn Schuldner der Kapitalerträge, Investmentfonds und Investor in jeweils unterschiedlichen Staaten ansässig sind. Investiert z.B. ein deutsches Sondervermögen in U.S.-amerikanische Aktien und hat dabei einen Investor aus einem Drittland, so führt dies zu besonderen Problemen bezüglich der Anrechnung der Quellenstaatsteuern aus den U.S.A.[1131] Dies gilt obwohl zwischen allen beteiligten Staaten Doppelbesteuerungsabkommen bestehen.

Des Weiteren verfügen sowohl die Bundesrepublik als auch die U.S.A. über besondere Regeln, die das Anbieten ausländischer Fondsanteile auf dem heimischen Kapitalmarkt betreffen.

Außerdem spielt auch hier der Abkommenszugang des Investmentfonds im Quellenstaat eine herausragende Rolle. Nur wenn der Abkommenszugang besteht, wird der Quellenstaat auf Grund des Abkommens mit dem Sitzstaat des Investmentfonds die Quellensteuerreduktion gewähren.

Ein weiteres Problem ergibt sich aus der Qualifizierung der Ausschüttungen aus dem Investmentfonds. Viele deutsche Abkommen stellen allerdings ausdrücklich klar, dass diese wie Dividenden zu behandeln sind, so v.a. das DBA-USA und das DBA-Frankreich und das DBA-Schweiz. Daher soll an dieser Stelle auf die Qualifikationsproblematik nicht näher eingegangen werden.

Zusammengefasst ergeben sich folgende drei Problemkreise:

Abkommenszugang des Investmentfonds (bereits behandelt, s.o. 0),

verlorenes Anrechnungsguthaben im Quellenstaat,

Sonderregeln bezüglich des Vertriebs ausländischer Investmentanteile im Wohnsitzstaat.

[1131] Vgl. OECD - Report, Taxation of Cross-Border Portfolio Investment, Seite 64.

5.3.2. Die zu behandelnden Fallgruppen

Folgende Fallgruppen werden hier behandelt, bzw. angesprochen:

Staat - Fall Nr.	Quellenstaat	Sitzstaat des Investment-fonds	Wohnsitzstaat
1.	U.S.A.	Deutschland	Drittland
2.	Drittland	Deutschland	U.S.A.
3.	Drittland	U.S.A.	Deutschland

Der Schwerpunkt der Betrachtung liegt bei Fall 1. Fall 2 wird nur kurz behandelt, da der Vertrieb ausländischer Investmentanteile in den U.S.A. stark reglementiert ist und daher ausländische Investmentfonds keine attraktiven Investmentvehikel für U.S. Investoren sind (s.u. 5.3.3.1). Hingegen hat Fall 3 eine erhebliche Bedeutung, da U.S. Investmentfonds in anderen Staaten sehr beliebt sind.[1132]

5.3.3. Besondere Regelungen, die den Vertrieb ausländischer Investmentfondsanteile im Wohnsitzstaat regeln

5.3.3.1. U.S.A. (als Wohnsitzstaat des Investors)

Der Vertrieb ausländischer Investmentfondsanteile wird in den U.S.A. sowohl durch kapitalmarktrechtliche als auch durch steuerrechtliche Regelung erheblich erschwert.

Section 7 (d) des Investment Company Act macht das öffentliche Anbieten der Anteile von einer Genehmigung der SEC abhängig. Ein öffentliches Anbieten wird bereits dann angenommen, wenn mehr als 100 Investoren an einem Investmentfonds beteiligt sind.[1133] Eine Ausnahme gilt nur dann, wenn lediglich institutionelle Anleger beteiligt sind, Section 3 (c) (7) ICA. Das Genehmigungsverfahren schreckt die meisten ausländischen Investmentfonds davor ab, ihre Anteile in den U.S.A. anzubieten. Die Zahl der ausländischen Fonds ist daher äußerst gering. Zumeist handelt es sich dabei um kanadische Fonds.[1134]

U.S.-amerikanische Investoren eines ausländischen Fonds unterliegen den strengen Passive Investment Company Rules ("PFIC") der Sections 1291-1297 IRC. Diese Regeln richten sich gegen das investment U.S.-amerikanischer Bürger in ausländi-

---

[1132] OECD - Report Taxation od Cross-Border Portfolio Investment, Seite 47, Baur, Investmentgesetze,vor § 1 AuslInvestmG, Rz 11 ff.

[1133] Newberg, Taxation of mutual investment funds, Seite 22.

[1134] Newberg, Taxation of mutual investment funds, Seite 22.

schen Investmentfonds.[1135] Dazu werden unter anderem überdurchschnittlich hohe Ausschüttungen auf die Haltenszeit der Anteile verteilt und zum normalen Einkommen gerechnet. Der höchste Steuersatz wird angesetzt. Fiktive Säumniszinsen werden erhoben. Gewinne aus der Veräußerung der Anteile sind steuerpflichtig.[1136]

Die geringe Anzahl der registrierten ausländischen Investmentfonds, die nachteilige steuerliche Behandlung und die Stärke der einheimischen Investmentindustrie führen dazu, dass U.S. Bürger nur in Ausnahmefällen in ausländische Investmentfonds investieren. Daher kann Fall 2 (U.S.A. als Wohnsitzland) vernachlässigt werden.

5.3.3.2. Deutschland (als Wohnsitzstaat des Investors)

Der Vertrieb ausländischer Investmentanteile in Deutschland ist im AuslInvestmG geregelt. Es enthält sowohl die kapitalmarkt- als auch steuerrechtlichen Regelungen, die beide dieselben Anwendungsvoraussetzungen haben. Ziel des Gesetzes ist es - ganz anders als in den U.S.A. - Anlegerschutz zu gewährleisten und steuerlich eine Gleichbehandlung mit dem Investment in deutsche Fonds zu erreichen.[1137] Der Anwendungsbereich des Gesetzes ist eröffnet, sobald die Anteile in Deutschland öffentlich angeboten werden, § 1 Abs. 1 AuslInvestmG. Die Verwaltungsgesellschaft muss dann den Vertrieb den deutschen Behörden anzeigen, § 8 AuslInvestmG. So weit ein Fonds registriert ist, erfolgt die steuerliche Behandlung überwiegend gleich wie bei einem inländischen Fonds, v.a. sind Veräußerungsgewinne im selben Umfang steuerfrei, § 17 Abs. 2. Ist der Fonds nicht registriert, dann sind die Veräußerungsgewinne steuerbar, § 18 Abs. 1.

Auf Grund der überwiegenden Gleichbehandlung mit inländischen Fondsanteilen, ist die Anlage in ausländischen Investmentfonds für deutsche Bürger sinnvoll. Deutschland kommt damit als Wohnsitzland eines Investors in Betracht. Daher wird Fall 3 näher zu betrachten sein.

[1135] Mc Daniel / Ault, U.S. International Taxation, Seiten 132 und 133.

[1136] Mc Daniel / Ault, U.S. International Taxation, Seiten 134.

[1137] Baur, Investmentgesetze, vor § 16 AuslInvestmG, Rz 1.

5.3.4. Fall 1: deutscher Investmentfonds hat einen ausländischen Anleger, Quellenland U.S.A.

5.3.4.1. Besteuerung der Fondserträge im Quellenstaat (U.S.A.)

Ob an einem ausländischen Investmentfonds Investoren eines Drittlandes beteiligt sind, macht aus Sicht des Quellenstaates bezüglich des Abkommenszugangs einen Unterschied. Wird dort der Investmentfonds als transparent betrachtet, dann ist ohnehin die Abkommensberechtigung der Investoren nach den jeweiligen Abkommen mit dem Wohnsitzstaat entscheidend. Wird der Investmentfonds dagegen als abkommensberechtigt angesehen, dann ist die Beteiligung ausländischer Investoren nicht von Bedeutung.

So weit die U.S.A. Quellenland sind, wird deutschen Investmentfonds die Abkommmensberechtigung auf Grund von Art. 28 DBA-USA nur partiell eröffnet, d.h. Investoren aus Drittländern müssen sich selbst um die Quellensteuerreduktion nach Maßgabe des Abkommens zwischen ihrem Wohnsitzstaat und den U.S.A. bemühen.

Im weiteren soll davon ausgegangen werden, dass die Quellensteuerreduktion auf diese Art verwirklicht wurde und die U.S.A. die Quellensteuer auf den DBA-Satz iHv. 15 % gewähren.

5.3.4.2. Besteuerung der Fondserträge im Ansässigkeitsstaat des Investmentfonds (Deutschland)

Im Ansässigkeitsstaat des Investmentfonds (Sitzstaat) ist zunächst zu prüfen, ob der Investmentfonds mit seinen ausländischen Einnahmen einer eigenen Steuer unterliegt. In Deutschland entfällt - nach bisheriger Gesetzeslage - die Ausgleichssteuer nur auf inländische Einnahmen. Fällt die Ausgleichssteuer weg, dann unterliegt der Investmentfonds keiner eigenen Steuer mehr.

Es ist zu prüfen, ob der Investor der Steuerpflicht im Sitzstaat des Fonds unterliegt. Da er in einem Drittstaat ansässig ist, kommt nur eine beschränkte Steuerpflicht in Betracht. In der Bundesrepublik ist die beschränkte Steuerpflicht für Einnahmen aus deutschen Investmentfonds in § 49 Abs. 1 Nr. 5 lit. a, 2. Hs. EStG angesprochen. Um die Bedeutung dieser Vorschrift besteht Streit.

Einige Stimmen in der Literatur[1138] gehen davon aus, dass dieser Vorschrift konstitutive Bedeutung zukommt und damit nur in den dort genannten Fällen eine beschränkte Steuerpflicht entsteht. Andere Einkünfte aus inländischen Investmentfonds begründen demnach keine beschränkte Steuerpflicht. Die in der Vorschrift genannten Einnahmen sind jene, die nach § 38 b KAGG der Kapitalertragsteuer bei unbeschränkt Steuerpflichtigen unterliegen und die aus einem Tafelgeschäft (Nicht

---

[1138] Heinicke, in: Schmidt, EStG, § 49, Rz 61, Krabbe, in: Blümich, EStG, § 49, Rz 159, Lüdicke, in: Lademann, EStG, vor § 49, Rz 34.

- Depotfall) hervorgehen, § 44 Abs. 1 Satz 4 Nr. 1 EStG. Der Begriff Tafelgeschäft betrifft die Art der Einlösung der Kapitalerträge. Werden diese gegen Vorlage des Wertpapiers, das sich im Besitz des Kunden und nicht im Depot der Bank befindet, ausgehändigt, dann spricht man von einem Tafelgeschäft (oder Nicht-Depotfall). Nach dieser Auffassung wären demnach nur die in § 38 b KAGG genannten Zinsen im Nicht - Depotfall beschränkt einkommenssteuerpflichtig.

Eine andere Meinung gesteht der Regelung des § 49 Abs. 1 Nr. 5 lit. a, 2. Hs. EStG nur deklaratorische und einschränkende Wirkung zu.[1139] Ausgangspunkt dieser Auffassung ist, dass nach Halbsatz 1 grundsätzlich alle unter § 20 Abs. 1 Nr. 1 EStG fallenden Einnahmen der beschränkten Steuerpflicht unterliegen, so weit deren Schuldner Wohnsitz, Geschäftsleitung oder Sitz im Inland hat. Da § 39 Abs. 1 KAGG ausdrücklich anordnet, dass Ausschüttungen aus Sondervermögen als Einnahmen nach § 20 Abs. 1 Nr. 1 EStG zu versteuern sind, lässt sich aus der Zusammenschau dieser beiden Vorschriften schließen, dass die unbeschränkte Steuerpflicht für Ausschüttungen aus Sondervermögen grundsätzlich besteht. Sie wird eingeschränkt durch die Anordnung des § 49 Abs. 1 Nr. 5 lit. a, 2. Hs. EStG, der die in § 38 b KAGG genannten Ausschüttungsbestandteile (bestimmte Zinsen) nur dann der beschränkten Steuerpflicht unterliegen lässt, wenn es sich um Tafelgeschäfte handelt.

Vom Wortlaut und der Gesetzessystematik lassen sich beide Auffassungen mit gutem Grund vertreten. Ein eindeutige Lösung ist auf Grund der an dieser Stelle ausartenden Verweisungstechnik des Gesetzes nicht möglich. Eine am Wortlaut und der Gesetzessystematik orientierte Auslegung führt zu keinem Ergebnis. Daher ist es gerechtfertigt, auf den Willen des Gesetzgebers zurückzugreifen, der die Ausschüttungen inländischer Investmentfonds wohl grundsätzlich nicht der beschränkten Steuerpflicht unterliegen lassen wollte.[1140]

5.3.4.2.1. Neufassung durch das Steuerentlastungsgesetz 1999 / 2000 / 2002[1141]

Der Streit erhält durch die Änderungen des KAGG zum 1.4.1999[1142] neue Bedeutung hinsichtlich der beschränkten Steuerpflicht an dem inländischen Dividendenanteil. Die Kapitalertragsteuerpflicht des Dividendenanteils ist nämlich nicht in § 38 b, sondern in § 39 Abs. 2 KAGG angeordnet. Geht man von der konstitutiven Wirkung des § 49 Abs. 1 Nr. 5 lit. a, 2. Hs. EStG aus, dann bedeutet dies letztlich, dass für den inländischen Dividendenanteil nicht die beschränkte Steuerpflicht begründet wird. Dies lässt sich im Ergebnis dadurch rechtfertigen, dass der Dividendenanteil für den ausländischen Anleger (für den inländischen Dividendenanteil) schon mit definitiver Ausgleichssteuer belastet ist und deswegen nicht mit der Ka-

---

[1139] Klein, in: Herrmann / Heuer / Raupach, EStG, § 49, Rz. 822.

[1140] Lüdicke, in: Lademann, EStG, vor § 49, Rz 34.

[1141] Steuerentlastungsgesetz 1999 / 2000 / 2002 vom 24. 03. 1999, BGBl. I 1999, Seite 402.

[1142] Steuerentlastungsgesetz 1999 / 2000 / 2002 vom 24. 03. 1999, BGBl. I 1999, Seite 402.

pitalertragsteuer belastet werden soll. Allerdings entspricht es der Abkommenspraxis, Dividenden dennoch auch im Quellenland zu besteuern.

Im Falle des Bezugs ausländischer Dividenden durch den Investmentfonds fällt die Ausgleichssteuer nicht an. § 39 Abs. 2 KAGG verknüpft Kapitalertragsteuer und Ausgleichssteuer miteinander, d.h. die Kapitalertragsteuer fällt nur für die Dividendeneinnahmen an, die auch der Ausgleichssteuer unterliegen. Ausländische Dividenden werden damit weder mit Ausgleichssteuer noch mit Kapitalertragsteuer belastet.

5.3.4.2.2. Neufassung durch das Steuersenkungsgesetz[1143]

Das Steuersenkungsgesetz bringt auch hier wesentliche Änderungen mit sich, die zu einer Klarstellung des unter 5.3.4.2.1 genannten Problems führt. Die Kapitalertragsteuer für den Dividendenanteil wird nun von der gestrichenen Ausgleichssteuer gelöst und in § 38 b Abs. 5 angesiedelt.[1144] Damit trifft die Verweisung des § 49 Abs. 1 Nr. 5 lit. a EStG nun auch die Besteuerung des Dividendenanteils, so dass nach der hier vertretenen Auffassung die beschränkte Steuerpflicht in Nicht-Depotfällen auch bei inländischen Dividendeneinnahmen besteht.

5.3.4.2.3. Beschränkung auf inländische Einkünfte des Investmentfonds

Der Verweis auf § 38 b a.F. und geplante Fassung und dessen Weiterverweisung auf die Regeln der Kapitalertragsteuer in § 43 EStG führt aber dazu, dass ausländische Einnahmen des Investmentfonds mit Ausnahme der in § 38 b Abs. 1 Nr. 3 KAGG, § 43 Abs. 1 Satz 1 Nr. 7 und 8 EStG genannten (Zinsen aus in einem Schuldbuch eingetragenen Forderungen, Einnahmen aus der Veräußerung von Zinsscheinen) nicht der Kapitalertragsteuer unterliegen. Sie unterliegen damit auch nicht der beschränkten Steuerpflicht.

5.3.4.2.4. Kritik

Die Bundesrepublik unterwirft damit Einnahmen aus Investmentfonds nur im Ausnahmefall von Tafelgeschäften der beschränkten Steuerpflicht. Diese erstreckt sich auch nur auf die inländischen Einkünfte des Sondervermögens. Die Befreiung ausländischer Investoren soll das Fondsinvestment in Deutschland attraktiv machen. Dies ist aber, so weit ein Abkommen mit dem Wohnsitzstaat des Investors besteht und darin die Ausschüttungen aus einem Investmentfonds dem Dividendenartikel unterstehen, gar nicht nötig. In diesem Fall wird eine Doppelbesteuerung durch Anrechnung der in Deutschland reduzierten Quellensteuer im Wohnsitzstaat vermieden. Die Bundesrepublik verzichtet aber auf dieses Besteuerungsrecht und der Wohnsitzstaat wird nun die Einnahme aus dem Investmentfonds besteuern, ohne dabei die deutsche Steuer anrechnen zu müssen. Die Belastung des Investors bleibt damit unverändert.

[1143] Steuersenkungsgesetz, Artikel 10 (KAGG), Nr. 4, § 38 b Abs. 5, Seite 61.

[1144] Steuersenkungsgesetz, Artikel 10 (KAGG), Nr. 4, § 38 b Abs. 5 und Nr. 5 lit. b, Seite 62.

Fraglich ist auch, ob der Verzicht auf die Besteuerung ausländischer Investoren bezüglich derer ausländischen Einnahmen systemwidrig ist. Dem Quellengrundsatz folgend unterliegen Kapitaleinkünfte dann der Besteuerung, wenn der Schuldner der Kapitaleinkünfte, also die Quelle, im Inland Wohnsitz, Geschäftsleitung oder Sitz hat, vgl. § 49 Abs. 1 Nr. 5 EStG. Systemwidrig wäre der Verzicht auf die Besteuerung dann, wenn man den Investmentfonds als die Quelle der Einkünfte betrachtet. Sieht man diesen hingegen als transparent an, dann ist nicht er, sondern die ausschüttende Gesellschaft die Quelle und es ist systemtreu, ausländische Investoren dann nicht zu besteuern.

Wie bereits ausführlich nachgewiesen wurde, ist der Transparenzgrundsatz in Deutschland nur zum Teil umgesetzt worden (s.o. 2.2.5). Da der Gesetzgeber sich weder eindeutig für, noch eindeutig gegen den Transparenzgrundsatz entschieden hat, kann man es nicht als systemwidrig betrachten, dass es hier den Fonds als transparent betrachtet und in ihm nicht die Quelle der Einkünfte sieht. Der Verzicht auf die Besteuerung ausländischer Einnahmen ausländischer Investoren ist daher nicht systemwidrig.

Allerdings wird die Bundesrepublik dadurch dem Vorwurf ausgesetzt, eine ausreichende Besteuerung der aus dem Quellenland stammenden Dividendeneinnahmen, die an einen Investor aus einem Drittland weitergeleitet werden, nicht zu gewährleisten. Das Quellenland wird dann nicht bereit sein, die Quellensteuerreduktion einem deutschen Investmentfonds einzuräumen, so weit ausländische Investoren an ihm beteiligt sind. MaW. die Befolgung des Transparenzgrundsatzes erschwert den Abkommenszugang der deutschen Investmentfonds, die auch im Ausland ihre Anteile anbieten wollen.

5.3.4.3. Die Anrechnung der Quellenstaatsteuer im Wohnsitzstaat des Anlegers (Drittstaat)

Ist der Investor in Deutschland nicht steuerpflichtig, dann wird der Investmentfonds die um die U.S.-amerikanische Quellensteuer reduzierte Ausschüttung an den Investor weitergeben. Eine Anrechnung dieser Quellensteuer kommt nach § 40 Abs. 4 KAGG nicht in Betracht, da der Investor in Deutschland nicht der unbeschränkten Steuerpflicht unterliegt.

Das Drittland wird auf Grund des Welteinkommensprinzips die Ausschüttung besteuern. Eine Anrechnung deutscher Steuern kommt nicht in Betracht, da solche gar nicht angefallen sind. Das Drittland wird die Netto-Ausschüttung (um die U.S. Steuern reduzierten Betrag) besteuern. Eine Anrechnung der U.S.-amerikanischen Quellensteuer kommt nicht in Betracht, so weit das Drittland das deutsche Sondervermögen als nicht transparent, sondern als steuerlich existent betrachtet. Die Quellensteuer ist nämlich auf die ausgeschütteten Dividenden oder auf die gezahlten Zinsen entfallen. Ist der deutsche Investmentfonds aber abkommensberechtigt (s.o. 3.2.7), dann sind diese Einnahmen ihm zuzurechnen, denn er ist der Nutzungsberechtigte. Im Ergebnis wird der Investor daher mit der Quellensteuer endgültig belastet. Geht man davon aus, dass das Drittland nur die Netto-Dividende veranschlagt, dann wird dieses Ergebnis insofern gemildert, als dass die Bemessungsgrundlage für die Einkommensteuer des Investors gemindert wird (Ausschüttung 100,- Quellensteuer U.S.A. - 15,-, Bemessungsgrundlage 85,- , angenommener Steuersatz 50 % = Netto Einnahme von 42,50). Dennoch steht er schlechter als im Fall einer Direktinvestition, bei der er auf Grund der Anrechnung der U.S. Quellensteuer eine Netto-Einnahme von 50,- verbuchen kann.

Ist der Investor in dem Sitzstaate des Investmentfonds beschränkt steuerpflichtig (in Deutschland nur bei Tafelgeschäften), dann wird die Dividendeneinnahme dort besteuert, da der Schuldner der Ausschüttung, der Investmentfonds, seinen Sitz in diesem Staate hat. Viele deutsche Abkommen unterwerfen Ausschüttungen aus Sondervermögen ausdrücklich dem Dividendenartikel, so dass eine Reduzierung des Steuersatzes auf zumeist 15 % die Folge ist. Eine Anrechnung der U.S. Quellensteuer im Sitzstaat Bundesrepublik kommt auch hier nicht in Betracht, da der Investor nur der beschränkten Steuerpflicht und nicht, wie von § 40 Abs. 4 KAGG gefordert, der unbeschränkten Steuerpflicht unterliegt. Die deutsche Steuer wird allerdings in dem Drittland auf die Einkommensteuer des Investors angerechnet, Art 23 B OECD - MA. Eine Anrechnung der U.S. Quellensteuer kommt auch in diesem Fall aus den oben genannten Gründen nicht in Betracht. Die steuerliche Belastung bleibt dieselbe.

Unabhängig von der Steuerpflicht des Investors im Sitzstaat des Investmentfonds, geht das Quellensteueranrechnungsguthaben damit verloren. Bei völlig transparenten Investmentfonds, die von allen beteiligten Staaten auch als solche behandelt werden, kann dieses Problem nicht auftreten. Hier werden die Einnahmen aus dem Quellenland direkt dem Investor zugerechnet. Das Abkommen zwischen Wohnsitzstaat und Quellenstaat kommt zur Anwendung und verhindert eine Mehrfachbesteuerung der Investmenterträge. Die beschriebenen Probleme können nicht auftreten. Trotz dieser Vorteile muss aber beachtet werden, dass der Aufwand des Investors, sich um die Quellensteuerreduktion zu bemühen, diese Vorteile wieder aufwiegt.

5.3.4.4. Ursachen des Verlusts des Anrechnungsguthabens und Lösungsvorschläge

Die Ursache dieser Unstimmigkeit kann zum einen bei der Versagung der Anrechnung ausländischer Steuern für beschränkt Steuerpflichtige liegen. Zum anderen könnte die Anordnung der Anrechnung ausländischer Quellensteuern beim Anleger und nicht beim Investmentfonds Grund des Missstandes sein.

Zu überprüfen ist daher, ob das zu missbilligende Ergebnis dadurch gelöst werden kann, dass man die Anrechnung der Quellenlandsteuer entgegen § 40 Abs. 4 KAGG auch bei beschränkt Steuerpflichtigen zulässt oder aber die Quellensteuer gegen eine Steuer des Investmentfonds anrechnet.

Die Anrechnung der ausländischen Quellensteuer auf die Steuerschuld des Investmentfonds in seinem Sitzstaat erscheint als eine konsequente Lösung, denn der Investmentfonds wird als abkommensberechtigt und damit als anspruchsberechtigt hinsichtlich der Quellensteuerreduktion erachtet. Konsequent ist es daher auch, nicht dem Investor, sondern ihm die Anrechnung der Quellensteuer zu ermöglichen. Inkonsequent ist es hingegen, den Investmentfonds hinsichtlich der Quellensteuerreduktion als anspruchsberechtigt zu erachten, ihn aber von der Anrechnung der Quellensteuer auszuschließen. In der Bundesrepublik ist jedoch zunächst zu beachten, dass auf ausländische Einnahmen des Investmentfonds gar keine Ausgleichssteuer anfällt, so dass eine Anrechnung schon gar nicht möglich ist. Fällt die Ausgleichssteuer ganz weg, dann existiert erst Recht keine Steuer des Investmentfonds, auf die die ausländische Steuer angerechnet werden könnte.

Des Weiteren hätte eine Anrechnung der ausländischen Steuer auf die Ausgleichssteuer, die der deutsche Investor wiederum auf seine Steuerschuld anrechnen kann die Folge, dass das Quellensteuerguthaben verlorenginge, da die Investmenterträge zwar mit einer um die ausländische Quellensteuer geminderten Ausgleichssteuer belastet werden, sich das Anrechnungsguthaben aber gleichzeitig vermindert. Auch im Dreiecksfall, unterstellt die Ausgleichssteuer fällt auch für ausländische Erträge des Sondervermögens an, führt dies zu keiner Beseitigung des Problems, da die Anrechnung der Körperschaftsteuer einer ausschüttenden Gesellschaft (eines ausschüttenden Investmentfonds) in den Abkommen nur vereinzelt möglich ist. Immerhin würde dann aber die Belastung der Investmenterträge durch die Körperschaftsteuer gemindert.

Denkbar wäre auch, die Quellensteuer auf die Kapitalertragsteuer anzurechnen und somit § 40 Abs. 4 KAGG zu streichen. Dies ist nach der hier vertretenen Auffassung nur bei den Tafelgeschäften möglich, da ansonsten keine beschränkte Steuerpflicht besteht. Besteht die beschränkte Steuerpflicht, dann reduziert sich die Kapitalertragsteuer nach dem Abkommenssatz zumeist auf 15 %. Rechnet man nun die U.S. Quellensteuer von ebenfalls 15 % auf die an, dann ergibt sich eine Steuerlast von Null in Deutschland. Folglich wird der Investor in seinem Wohnsitzstaat auch keine deutsche Quellensteuer auf seine Einkommensteuer anrechnen können. Auch bei dieser Lösung geht das Quellensteueranrechnungsguthaben daher verloren.

Daher ist weder die Beschränkung der Anrechenbarkeit der Quellensteuer für unbeschränkt Steuerpflichtige noch die unvollkommene Umsetzung des Transparenzgrundsatzes Ursache für die unbefriedigende Lösung des Dreiecksfalls. Im Gegensatz zum Permanent Establishment Triangular Case, bei dem Anrechnungs- und Freistellungsverfahren zur Anwendung kommen (Sitzstaat stellt Betriebsstättengewinne frei, Betriebsstättenstaat soll Quellensteuer des Quellenstaates anrechnen), ist die eigentliche Ursache des Problems die doppelte Anwendung des Anrechnungsmechanismus. Die Anrechnung der Quellenstaatsteuer auf die Steuer des Sitzstaates des Investmentfonds (Kapitalertragssteuer) mindert automatisch das Anrechnungsguthaben im Wohnsitzstaat.

Eine denkbare Lösung dieses Problems kann nur in dem Verhältnis des Wohnsitz- zu dem Quellenstaat gelöst werden. Der Wohnsitzstaat müsste das verloren gegangene Quellensteuerguthaben anrechnen, obwohl auf Grund der Zurechnung der U.S. Erträge zu dem Sitzstaat das Abkommen zwischen Wohnsitzstaat und Quellenstaat gar nicht zur Anwendung kommt. Denkbar wäre auch die Anrechnung einer fiktiven Quellensteuer des Sitzstaates des Investmentfonds auf die Einkommensteuer des Wohnsitzstaates. Schließlich kann das Problem im Rahmen des nationalen Steuerrechts gelöst werden, denn die Anrechnung ausländischer Quellensteuer kann auch im Rahmen des nationalen Steuerrechts geregelt werden.[1145] Es ist die Entscheidung des Wohnsitzstaates, ob er die Herabsenkung seiner Steuereinnahmen in diesem Fall zulassen möchte.

5.3.5. Fall 3: Regulated Investment Company bietet Anteile in Deutschland an, Deutschland als Wohnsitzstaat, Drittland als Quellenstaat

5.3.5.1. Besteuerung im Quellenstaat (Drittland)

Da regulated investment companies zumeist abkommensberechtigt sind, werden sie ohne Rücksicht auf die Anlegerschaft in den Genuss der Quellensteuerreduktion kommen. Geht man von einem DBA-Satz von 15 % aus, dann werden die Dividenden mit diesem belastet.

5.3.5.2. Besteuerung in den U.S.A. als Sitzstaat

Die Besteuerung der regulated investment company erfolgt nach den bereits oben dargestellten Grundsätzen (s.o. 2.3.3.3). Die Beteiligung ausländischer Investoren führt zu keinen Änderungen.

Auf Ebene des Investors wird von den U.S.A. ein Steuerabzug (withholding tax) in Höhe von 30% erhoben, Sections 871, 881, 1441 und 1442 Internal Revenue Code. Auf Grund von Art. 10 Abs. 2 Satz 2 DBA-USA wird der Steuersatz auf 15 % reduziert. Während Zinseinnahmen und kurzfristige Veräußerungsgewinne im Falle einer Direktinvestition nicht diesem Steuerabzug unterliegen, besteht diese Steuerpflicht für Ausschüttungen einer regulated investment company so weit darin Zinsen und kurzfristige Veräußerungsgewinne enthalten sind.[1146]

Auf diesen Steuerabzugsbetrag kann die Quellenlandsteuer nicht angerechnet werden. Die Anrechnung ausländischer Steuern (so genannter "Foreign Tax Credit", Sections 901 ff. IRC) ist nach dem nationalen Steuerrecht der U.S.A. beschränkt auf Bürger der U.S.A. und Ausländer, die "engaged in trade or business" in den U.S.A. sind und mit den damit zusammenhängenden Einnahmen einer umfassenden Besteuerung in den U.S.A. unterliegen, vgl. Sections 906 (a), 874 (c) und 882 (c) (3) Internal Revenue Code.[1147] Da die ausländischen Investoren mit ihren Einnahmen aus dem Investmentfonds nicht den "trade or business" Status besitzen,[1148] kommt der foreign tax credit für sie nicht in Betracht.

Ein großer Teil der Ausschüttungen, v.a. der Dividendenanteil, wird damit mit einem Steuersatz von 15 % in den U.S.A. belastet.

[1145] Siehe § 34 c Abs. 6, Abs. 1 und 2 EStG.

[1146] Newberg, Taxation of mutual investment funds, Seiten 162 und 163.

[1147] Mertens, Law of Federal Income Taxation, § 45 D.03, Seite 39.

[1148] Vgl. Section 864 (b) (2) (A) (i) Internal Revenue Code.

5.3.5.3. Deutschland als Wohnsitzstaat

Die Dividendeneinnahme aus dem ausländischen Investmentfonds wird zu dem Einkommen des Investors hinzugerechnet. Der Investor erzielt Einnahmen aus Kapitalvermögen, § 17 Abs. 1 Satz 1 AuslInvestmG.

Die U.S. Steuern werden nach Maßgabe von Art. 23 Abs. 2 lit. b, aa, lit. a Satz 3 DBA-USA auf die deutsche Steuerschuld angerechnet.

Eine Anrechnung der Quellenlandsteuer kommt hingegen nicht in Betracht. Hierbei ist wieder (s.o. 5.2.4) an § 34 c Abs. 3, 3. Var., Abs. 6 Satz 4, Abs. 1 EStG zu denken. Ist Deutschland Wohnsitzland des Investors, dann könnte die Bundesrepublik die Drittlandsteuer bei Veranlagung des unbeschränkt steuerpflichtigen Investors bei der Ermittlung der Einkünfte abziehen. Allerdings ist auch hier zu beachten, dass die Anwendbarkeit dieser Regelungen dann eingeschränkt ist, wenn ein Doppelbesteuerungsabkommen besteht (s.o. 5.2.4.2). Sie ist nicht anzuwenden, wenn das Abkommen dem Vertragsstaat die Besteuerung gestattet. Der Sitzstaat des Investmentfonds darf aber die Investmenteinnahmen besteuern, so dass hier eine Anwendung ausscheidet.

5.3.5.4. Ergebnis

Damit kommt es zu selben Ergebnis wie in Fall 1. Die Quellenlandsteuer bleibt eine endgültige Belastung, unabhängig davon, ob sie im Sitzstaat des Investmentfonds angerechnet wird oder nicht (Zu den Lösungsvorschlägen s.o. 5.3.4.4).

5.3.6. Exkurs: die U.S.A. als Wohnsitzstaat

Bereits oben wurde festgestellt, dass U.S. Bürger nur selten in ausländische Investmentfonds investieren werden (s.o. 5.3.3.1). Sollten die U.S.A. dennoch Wohnsitzstaat sein, dann stellt sich die Frage, inwieweit dort eine Anrechnung der Quellenlandsteuer möglich ist, wenn U.S. Bürger Ausschüttungen aus deutschen Sondervermögen beziehen. Die Anrechnung ausländischer Steuern (Foreign Tax Credit) ist in Sections 901 ff. Internal Revenue Code geregelt.[1149] Nach *Mc Daniel* und *Ault* können Investoren einer ausländischen Gesellschaft die Anrechnung der Quellenlandsteuer dann verlangen, wenn diese Gesellschaft nach den check-the-box-regulations als transparent betrachtet wird.[1150] Ein deutsches Sondervermögen wird aber nicht als transparent betrachtet (s.o.3.2.1.2.1.2.2). Damit dürften die U.S.-amerikanischen Investoren ebenfalls nicht die Quellensteueranrechnung verlangen können.

[1149] Allgemein dazu: Mc Daniel / Ault, U.S. International Taxation, Seite 88.

[1150] Mc Daniel / Ault, U.S. International Taxation, Seite 86, Fußnote 6, so auch, Mertens, Law of Federal Income Taxation, § 45 D.03, Seite 36.

5.3.7. Ergebnis: "das verlorene Anrechnungsguthaben"

Dieses Unterkapitel hat gezeigt, dass das Anrechnungsguthaben aus dem Quellenland " "verloren geht". Eine Anrechnung dieses Guthabens im Wohnsitzstaat des Investors ist eine Möglichkeit, um diese Konsequenz zu verhindern.

6. Entwurf eines Systems der Besteuerung grenzüberschreitender Fondsinvestitionen

Die vorangegangenen Kapitel haben die Probleme grenzüberschreitenden Fondsinvestments im einzelnen beleuchtet. Hier sollen diese noch einmal zusammengefasst werden (s.u. 6.1). Dann soll ein System entworfen werden, das solche Investitionen möglichst steuerneutral ermöglicht. Hauptproblem in diesem Zusammenhang bleibt der Abkommenszugang. Daher soll nach einer Regelung gesucht werden, die diesen den Investmentfonds sichert (s.u. 0).

6.1. Zusammenfassung: Probleme international operierender Investmentfonds

Der Abkommenszugang ist v.a. für transparente Investmentfonds ein Problem (s.o.3.2.9).

U.S. Investmentfonds müssen beachten, dass sie in Deutschland keine Betriebsstätte gründen. Ansonsten unterliegen sie dort einer umfassenden Besteuerung (s.o. 5.2.3.2).

So weit dennoch eine Betriebsstätte begründet wird und diese Wertpapiere aus anderen Staaten als dem Betriebsstättenstaat hält, ist die Anrechnung der Quellenlandsteuer auf das Ergebnis der Betriebsstätte problematisch (s.o. 5.2.5).

So weit das Fondsinvestment drei Länder berührt, entsteht das Problem, dass die Quellenlandsteuer nicht angerechnet werden kann. Das Anrechnungsguthaben geht verloren (s.o. 5.3).

Besondere Regelungen, wie z.B. die U.S.-amerikanischen SEC - Rules, verschließen ausländischen Investmentfonds den Zugang zu der inländischen Anlegerschaft.

Es kann fraglich sein, wie die Ausschüttungen aus Investmentfonds abkommensrechtlich zu qualifizieren sind. Die deutschen Abkommen sehen aber zumeist vor, dass diese wie Dividenden zu behandeln sind.

6.2. Zielvorstellungen und Lösungsansätze

Wünschenswert ist es, dass grenzüberschreitende Fondsinvestitionen nahezu steuerneutral möglich sind und dass Investmentfonds ihre Anteile grenzüberschreitend anbieten können. Letzteres stärkt den internationalen Wettbewerb der Investmentfonds untereinander und ermöglicht dem Fondsinvestor eine größere Auswahl an Anlagemöglichkeiten. Ersteres ermöglicht dem einzelnen Investmentfonds zu Gunsten seiner Anleger steuerneutral an der Wertentwicklung der verschiedenen Unternehmen und Volkswirtschaften teilzunehmen. Schließlich ist zu beachten, dass ein Fonds sowohl grenzüberschreitend investieren kann und zugleich ausländische Investoren haben kann (Drei-Länder-Fall). Auch hier wäre eine möglichst steuerneutrale Behandlung wünschenswert.

Um diese Ziele zu erreichen, sind folgende Maßnahmen notwendig:

Investmentfonds müssen abkommensberechtigt sein, um die Quellensteuerreduktion der Abkommen in eigenem Namen durchsetzen zu können. Dazu ist es sinnvoll, die Abkommensberechtigung in den Abkommen explizit zu regeln.

Der Sitzstaat des Investmentfonds sollte für eine ausreichende Besteuerung der Investmenterträge in seinem Land sorgen, auch so weit ausländische Investoren betroffen sind. Damit werden treaty shopping Situationen verhindert. Die U.S.A. verwirklichen dies bereits, indem sie ausländische Fondsinvestoren der withholding tax unterwerfen (s.o. 5.3.5.2). Diese Maßnahme muss im nationalen Steuerrecht umgesetzt werden.

Damit in dem Drei-Länder-Fall das Anrechnungsguthaben nicht "verloren geht", sollte der Wohnsitzstaat das Quellenlandguthaben auf die Steuerschuld seines Investors anrechnen.

Gründet der Investmentfonds eine Betriebsstätte, dann sollte der Betriebsstättenstaat die Quellenlandsteuer auf das Ergebnis der Betriebsstätte anrechnen.

Regeln, die das Anbieten ausländischer Fondsanteile unnötig erschweren, wie z.B. die SEC-Rules oder die Passive Foreign Investment Company Rules, sollten abgeschafft werden.

Ausschüttungen aus Investmentfonds sollten im Abkommensrecht wie Dividenden behandelt werden. Eine entsprechende Regelung sollte in die Abkommen aufgenommen werden. Viele deutsche Abkommen enthalten eine solche bereits.

Sollten alle diese Maßnahmen umgesetzt werden, dann wäre grenzüberschreitendes Fondsinvestment steuerneutral möglich. Allerdings richten sich viele dieser Maßnahmen (Nr. 2, 3 und 5) an den nationalen Gesetzgeber. Handfeste nationale Interessen (v.a. bei Fall 5: Schutz der einheimischen Fondsindustrie) stehen einer Verwirklichung dieser Maßnahmen im Wege. Damit ist eine Verwirklichung des Ziels einer möglich steuerneutralen internationalen Fondsbesteuerung zurzeit unwahrscheinlich.

Aus abommensrechtlicher Sicht ist der Mittelpunkt dieses Systems die Sicherung des Abkommenszugangs des Investmentfonds. Ist dieser sichergestellt, dann erfolgt zumindest die Behandlung des Zwei-Länder-Falles steuerneutral. Die Abkommensberechtigung ist aber zugleich der Schlüssel für die Lösung des Drei-Länder-Falles (s.o. 5.3.1). Daher soll im folgenden versucht werden, eine Regelung, die diesen Abkommenszugang sichert, zu entwerfen.

6.3. Entwurf einer Regelung, die den Abkommenszugang sichert

6.3.1. Erfordernis einer solchen Regelung

Die vorangegangene Untersuchung hat gezeigt, dass der Abkommenszugang für Investmentfonds von Schwierigkeiten und Unsicherheiten begleitet ist. Transparente Investmentfonds können die Abkommensvorteile nicht geltend machen. Qualifikationskonflikte erschweren die Beurteilung der Investmentfonds. Auch wenn deutsche Sondervermögen als teilweise transparente Gebilde abkommensberechtigt sind, zeigt die Aufnahme von Sonderregelungen in die deutschen Abkommen mit der Schweiz und Frankreich, dass ihre Abkommensberechtigung von diesen Staaten nicht akzeptiert wurde. Die mit diesen Staaten getroffenen Regelungen im Sinne eines partiellen Abkommenszugangs sind für deutsche Investmentfonds nicht von Vorteil, da sie auf Grund derer die Ansässigkeit ihrer Anlegerschaft nachweisen müssen.

Die Aufnahme einer speziellen Regelung in die Abkommen, die die Gewährung von Abkommensvorteilen regelt, wäre daher von Vorteil. Sie wäre zusätzlich auch eine Vereinfachung für die Verwaltung, die dann nicht mehr auf Grund jedes Einzelfalls über die Quellensteuerreduktion entscheiden müsste.

6.3.2. Vorschlag der International Fiscal Association

Die Besteuerung von Investmentfonds war auf dem 51. Kongress der International Fiscal Association in New Delhi 1997 bereits zum dritten Mal eines der Kongressthemen. Der Kongress folgte im Ansatz seinem Vorgängerkongress von 1971 und betonte die Notwendigkeit, dass der Investmentfonds selbst die Abkommensvorteile in eigenem Namen in Anspruch nehmen können muss.[1151] Im Gegensatz dazu hatte noch der Kongress von 1962 sich vor allem um die nationale Besteuerung besorgt und die Durchsetzung des Transparenzgrundsatzes und damit die Gleichstellung von Fondsinvestment und Direktinvestment gefordert.[1152] In der Folge wurden auch die Anleger und nicht der Investmentfonds selbst als abkommensberechtigt angesehen.[1153]

Die Festlegung auf den Transparenzgrundsatz hatte bereits der Kongress des Jahres 1971 kritisiert.[1154] Der Kongress des Jahres 1997 folgt ihm insoweit. Während der Diskussion kam zum Ausdruck, dass der Transparenzgrundsatz, der zum Abkommenszugang des Investors führt, die Inanspruchnahme von Abkommensvorteilen seitens des Investmentfonds aber ausschließt, sowohl für die Investoren als auch

---

[1151] IFA Kongress 1997: Resolution des 51. IFA-Kongresses, Neu-Delhi, 1997, Thema 2: "Die Besteuerung von Investmentfonds", IFA Yearbook 1997, Seite 83, für den IFA Kongress 1971: Ammon, Generalbericht zum IFA - Kongress 1971, Seite I / 6.

[1152] Renk, Generalbericht zum IFA - Kongress 1962, Seite 41 (XLI).

[1153] Renk, Generalbericht zum IFA - Kongress 1962, Seite 25 (XXV).

[1154] Ammon, Generalbericht zum IFA - Kongress 1971, Seite I/6.

für die Behörden unpraktisch sei.[1155] Da mit dem Transparenzgrundsatz auch die Gleichbehandlung von Investmentanlage und Direktanlage praktisch aufgegeben wurde, begnügt sich der Generalbericht zu fordern, dass die steuerliche Belastung einer Investmentanlage nicht wesentlich höher sein dürfe als die der Direktanlage.[1156]

Der Kongress widmet sich insbesondere der mannigfaltigen rechtlichen Ausgestaltung von Investmentfonds in den einzelnen Berichtländern und versucht mehrmals und unter verschiedenen Gesichtspunkten eine Kategorisierung.[1157] Gesucht wird nach einer allgemeinen Definition des Begriffs "Investmentfonds". Findet man eine solche Definition, dann könnte man allen Investmentfonds, die unter diese Definition fallen, den Abkommenszugang gewähren. Dazu müsste eine besondere Vorschrift in die Abkommen aufgenommen werden. Die bisher bestehenden Voraussetzungen des Abkommenszugangs wären hinfällig. Die neue Regelung ginge den allgemeinen Vorschriften des Abkommenszugangs als lex specialis vor.

Die Lösung steht im Spannungsfeld zweier gegenläufiger Tendenzen: zum einen sollen Investmentfonds den Abkommenszugang erhalten, zum anderen soll eine missbräuchliche Zwischenschaltung, ein treaty shopping, verhindert werden.[1158] Deswegen werden mehrere Maßnahmen zur Verhinderung des treaty shoppings vorgeschlagen.

6.3.3. Maximen einer solchen Regelung

Ist nun nachgewiesen, dass eine Regelung des Abkommenszugangs für Investmentfonds wünschenswert ist, dann sollten nun die Ziele einer solchen Regelung formuliert werden:

Die angestrebte Regelung sollte die Inanspruchnahme der Abkommensvorteile abschließend regeln. Die allgemeinen Regeln des Abkommenszugangs treten als allgemeinere Regeln hinter diese zurück. Eine Überprüfung des Abkommenszugangs anhand dieser erübrigt sich damit.

Die Regelung gewährt diese Vorteile allen Investmentfonds, unabhängig der rechtlichen Gestaltung und Besteuerung in ihrem Sitzstaate.[1159]

[1155] IFA Kongress 1997: Report of Proceedings in Subject II " The Taxation of Investment Funds, IFA - Yearbook 1997, Seite 82.

[1156] Ed / Bongaarts, Generalbericht zum IFA Kongress 1997, Seite 142.

[1157] So der Generalbericht hinsichtlich der nationalen Besteuerung, a.a.O., Seite 138 ff., als auch hinsichtlich der verschiedenen Rechtsformen: Ed, Diskussionsbeitrag, IFA - Yearbook 1997, Seite 68.

[1158] Ed / Bongaarts, Generalbericht zum IFA Kongress 1997, Seite 143.

[1159] So bereits die Resolution zum IFA - Kongress 1997, IFA Yearbook 1997, Seite 89 unter 2.

Wie die Quellensteuerreduktion verfahrenstechnisch durchgeführt wird, durch Erstattung der überschüssigen Steuer oder durch Einbehaltung des reduzierten Betrags, bleibt dem Quellenstaat vorbehalten.

Treaty shopping mit Hilfe von Investmentfonds muss verhindert werden. Die Verwendung von Investmentfonds zum grenzüberschreitenden Investment soll möglichst steuerneutral gestaltet werden können. Sie soll allerdings keine Steuervorteile eröffnen. Ansonsten ist die Akzeptanz solcher Regelungen in den Vertragsstaaten beeinträchtigt.[1160]

So weit möglich soll auch der Drei-Länder-Fall gelöst werden. Es muss- entgegen der Durchblickmethode - grundsätzlich möglich sein, dass der Anleger in einem Drittstaat ansässig ist und dennoch der Fonds die Quellensteuerreduktion in Anspruch nehmen kann.

Die Lösung des Drei-Länder-Falls und die Verhinderung des treaty shoppings durch Investmentfonds stehen im Gegensatz zueinander. Es muss daher ein Weg gefunden werden, in einem Drei-Länder-Fall die Besteuerung der Investmenterträge im Sitzstaat des Investmentfonds sicherzustellen, so dass der Vorwurf des treaty shoppings nicht aufkommt.

6.3.4. Ausgestaltung der Regelung im einzelnen

6.3.4.1. Lex-Specialis-Wirkung der Neuregelung

Ausgangspunkt des Vorschlags ist es, allen Investmentfonds die Abkommensvorteile, unabhängig von den allgemeinen Anforderungen des Abkommenszugangs: Person, Ansässigkeit und Nutzungsberechtigung, zuzugestehen. So weit ein Investmentfonds betroffen ist, gehen die neue Regelungen damit als lex specialis den allgemeinen Regelungen vor.

6.3.4.1.1. Abkommenszugang unabhängig von der Personeneigenschaft

Damit können Investmentfonds unabhängig davon, ob sie Personen des Abkommensrechts sind, die Quellensteuerreduktion verlangen. Der Generalbericht zum IFA - Kongress 1997 schlägt deswegen bereits vor, Investmentfonds ohne Rücksicht auf ihre Rechtsform (Körperschaft, trust, Vertragslösung, Personengesellschaft) als Steuersubjekte des Abkommensrechtes zu akzeptieren.[1161] Diese

---

[1160] Vgl. bereits die Resolution zum IFA - Kongress 1997, IFA Yearbook 1997, Seite 89 unter 4 lit. d.

[1161] Ed / Bongaarts, Generalbericht zum IFA Kongress 1997, Seite 145.

Auffassung setzte sich auch in der Diskussion durch[1162] und fand Eingang in die Resolution.[1163]

Es ist auch konsequent, den Abkommenszugang im Rahmen einer solchen Spezialregelung unabhängig von der zivilrechtlichen Rechtsform allen Investmentfonds zu gewähren. Sichergestellt werden muss nur, dass eine ausreichende Besteuerung der Investmenterträge gewährleistet ist. Dies hängt aber nicht von der Rechtsform des Investmentfonds ab. Gerade bei Investmentfonds weicht die Besteuerung von der zivilrechtlichen Gestaltung ab. Dies gilt für v.a. für deutsche Fonds, deren Rechtsfähigkeit im Steuerrecht abweichend vom Zivilrecht beurteilt wird. Weicht bereits das nationale Steuerrecht von der Beurteilung des Zivilrechts ab, dann ist die zivilrechtliche Rechtsform für den Abkommenszugang nicht von entscheidender Bedeutung. Dies ist im Grundsatz bereits in Art. 3 Abs. 2 OECD - MA festgelegt, der dem Zivilrecht für die Auslegung der Abkommen eine geringere Bedeutung zukommen lässt als dem innerstaatlichen Steuerrecht.

Der Vorschlag der Zuerkennung der Steuersubjekteigenschaft an alle Investmentfonds schafft eine Veränderung v.a. für die voll transparenten Investmentfonds. Aus Sicht des Musterabkommens ist dies auch keine Besonderheit, denn dort werden auch Personenvereinigungen als Steuersubjekte angesehen. Etwas anderes ergibt sich, wenn das betreffende Abkommen nur juristische Personen oder steuerlich gleichgestellte Gebilde als Personen zulässt. Die vorgeschlagene Regelung führt dann dazu, dass darüber hinaus auch solche Investmentfonds zu Personen werden, die nicht zu diesen gehören.

Der Ansässigkeitsstaat verliert damit die Möglichkeit, im Rahmen von Art. 3 Abs. 2 OECD - MA die Personeneigenschaft des ausländischen Investmentfonds nach seinem Recht zu beurteilen. In Deutschland entfiele die Durchführung des Typenvergleichs, was auf Grund der damit verbundenen Schwierigkeiten zu begrüßen wäre. Ebenfalls zu begrüßen wäre die Umgehung von Qualifikationskonflikten bei der Beurteilung von Investmentfonds. Die vorgeschlagene Regelung führt dazu, dass ausländische Investmentfonds unabhängig ihrer Ausgestaltung im Recht des Sitzstaates "akzeptiert" werden müssen. Der in Art. 3 Abs. 2 OECD - MA, v.a. von der landesrechtlichen Theorie, vorgesehene Vorbehalt der Regelungssouveränität des Anwendungsstaates wird berührt. Dies ist aber keine Besonderheit im Abkommensrecht. Denn die Regelung des Art. 3 Abs. 2 wird immer dann derogiert, wenn spezielle Regelungen durch die Vertragsparteien in die Abkommen aufgenommen werden.

[1162] Report of Proceedings in Subject II " The taxation of Investment Funds, IFA - Yearbook 1997, Seite 79.

[1163] Resolution IFA - Kongress 1997, IFA Yearbook 1997, Seite 83 unter 2.

6.3.4.1.2. Abkommenszugang unabhängig von der Ansässigkeit

Die Ansässigkeit ist eine der wichtigsten Hürden für Investmentfonds. Sie betrifft vor allem solche Investmentfonds, die den Transparenzgrundsatz voll verwirklichen und keine Steuersubjekte sind.

Auch transparente Investmentfonds sollten nicht von den Abkommensvorteilen ausgeschlossen werden. Daher wird im Generalbericht folgerichtig vorgeschlagen, dass ein Investmentfonds dann als ansässig gilt, wenn er in dem Sitzstaat der unbeschränkten Besteuerung unterliegt oder wenn er einen Quellensteuerabzug vornimmt[1164] und damit der Investor der Steuerpflicht unterliegt (die Quellensteuer ist eine Einkommensteuer des Investors). Die Resolution beschränkt sich darauf, die Ansässigkeit für unter die Definition fallende Investmentfonds zu fordern.[1165] und spricht die Besteuerung erst unter dem Gesichtspunkt der Vorteilsbegrenzung an.[1166] Systematisch ist das Erfordernis einer tatsächlichen Besteuerung oder gar einer Quellensteuer eher eine Frage der Verhinderung des Abkommensmissbrauchs denn der Ansässigkeit. Ansässigkeit setzt nämlich nur die Steuersubjekteigenschaft im Ansässigkeitsstaate voraus. Eine fremde Quellensteuer, für die der Fonds steuerentrichtungspflichtig ist, kann die Ansässigkeit überhaupt nicht begründen. Es ist daher richtig, diese Punkte als Frage der Vorteilsbegrenzung aufzufassen.

Sind alle, auch die vollkommen transparenten, Investmentfonds, die unter die Definition fallen, als ansässig zu betrachten, dann fällt das Erfordernis der Steuersubjekteigenschaft und damit die Ansässigkeit an sich weg.

Allerdings bedarf es nun eines Kriteriums, das die erforderliche persönlich-örtliche Beziehung zum Ansässigkeitsstaat herstellt. Dies vergisst der IFA - Kongress Deshalb muss gefordert werden, dass die die Ansässigkeit begründenden persönlich - örtlichen Merkmale gegeben sind. Der Investmentfonds muss daher seinen Sitz oder den Ort der Geschäftsleitung im Ansässigkeitsstaat haben (s.u. 6.3.4.3).

6.3.4.1.3. Abkommenszugang unabhängig von der Nutzungsberechtigung

Die Nutzungsberechtigung ist ebenfalls eine Hürde für Investmentfonds, v.a. für die transparenten (s.o. 3.2.3.5.6.).

Bereits der IFA - Kongress erkennt, dass der Begriff der Nutzungsberechtigung noch nicht geklärt ist und erhebliche Schwierigkeiten mit sich bringt.[1167] Die Äuße-

---

[1164] Ed / Bongaarts, Generalbericht zum IFA Kongress 1997, Seite 147, unter 3.2.

[1165] Resolution IFA - Kongress 1997, IFA Yearbook 1997, Seite 89 unter 2.

[1166] Resolution IFA - Kongress 1997, IFA Yearbook 1997, Seite 89 unter 4.

[1167] Ed / Bongaarts, Generalbericht zum IFA Kongress 1997, Seite 147, Report of Proceedings in Subject II " The taxation of Investment Funds, IFA - Yearbook 1997, Seite 78 unten.

rungen hierzu sind demnach auch sehr vage.[1168] Einige Investmentfonds sind nutzungsberechtigt, andere nicht. Der Generalbericht geht offenbar noch davon aus, dass die Nutzungsberechtigung als Hürde für Investmentfonds erhalten bleiben soll.[1169]

Während der Diskussion wird hingegen der Ruf laut, dass die Nutzungsberechtigung als ein zwischen den einzelnen rechtlichen Formen differenzierendes Kriterium des Abkommmenszugangs eingeschränkt werden soll.[1170] Nach der Resolution sollen vielmehr alle ansässigen Investmentfonds in den Genuss der Abkommensvorteile kommen.[1171] Das Erfordernis der Nutzungsberechtigung wurde offenbar als Hürde für den Abkommenszugang von Investmentfonds aufgegeben. Dies geschieht zu Recht. Andere Kriterien werden treaty shopping durch Investmentfonds verhindern, so dass die Nutzungsberechtigung nicht benötigt wird.

6.3.4.2. Definition des Begriffs "Investmentfonds"

Entscheidendes Kriterium für die Gewährung der Quellensteuerreduktion ist, dass der Antragsteller ein Investmentfonds ist. Dieses Erfordernis ersetzt die allgemeinen Voraussetzungen des Abkommenszugangs. Die Klärung des Begriffs "Investmentfonds" ist daher von großer Bedeutung. Es muss nach einer Definition gesucht werden, die nur solche Gebilde erfasst, die in den Genuss der Abkommensvorteile kommen sollen. Andererseits muss die Definition so weit sein, dass sie Investmentfonds in ihrer unterschiedlichen rechtlichen Ausgestaltungen erfasst.

6.3.4.2.1. Einheitliche Definition im Musterabkommen oder bilaterale Definition?

Berücksichtigt man diese Schwierigkeiten, dann ist die Frage berechtigt, ob eine solche Definition überhaupt anzustreben ist. Alternativ dazu wäre nämlich auch möglich, die Vertragsstaaten auf bilateraler Ebene eine Begriffsklärung vornehmen zu lassen. Dabei müssten diese gar nicht versuchen, eine Definition aufzustellen, unter die die Investmentfonds der Vertragsstaaten passten, sondern könnten die Investmentfonds beider Staaten genauer benennen und aufzählen. Im Gegensatz dazu müsste eine abkommensrechtliche Definition die Eigenarten aller OECD - Vertragsstaaten berücksichtigen und einen kleinsten gemeinsamen Nenner für die De-

---

[1168] Vgl. die Formulierung in: Ed / Bongaarts, Generalbericht zum IFA Kongress 1997, Seite 147 unter 3.3.: "Eine Bestimmung über die Zuweisung des wirtschaftlichen Eigentums ist vielleicht nicht erforderlich".

[1169] Ed / Bongaarts, Generalbericht zum IFA Kongress 1997, Seite 145 oben.

[1170] Report of Proceedings in Subject II " The taxation of Investment Funds", IFA - Yearbook 1997, Seite 79.

[1171] Resolution IFA - Kongress 1997, IFA - Yearbook 1997, Seite 89 unter 3.

finition suchen. Rechtsunsicherheit, die sich aus der Auslegung eines abkommensrechtlichen Begriffs ergibt, wäre die notwendige Folge.[1172]

Die hier aufgestellte Definition ist daher nur ein Ansatz, den die Vertragsparteien bei den bilateralen Verhandlungen zu Grunde legen sollten. Als solche könnte sie in das Muster oder in den Musterkommentar aufgenommen werden.

6.3.4.2.2. Definitionsversuche der International Fiscal Association

Der Generalbericht versucht ausführlich, eine allgemeine Definition für den Begriff "Investmentfonds" zu finden. Dabei analysiert er den Begriff nach dem Verständnis der einzelnen Berichtstaaten.[1173] Er nimmt allerdings nur solche Merkmale in den Begriffsvorschlag auf, die sich nicht auf die besondere rechtliche Ausgestaltung in den einzelnen Ländern beziehen. Die Definition sucht vielmehr einen kleinen gemeinsamen Nenner. Im Mittelpunkt steht der Zweck der Investmentfonds. Letztendlich bleiben drei Merkmale übrig:[1174]

Zentrales Kriterium ist der Geschäftszweck. Geschäftszweck eines Investmentfonds ist es, Erträge und Kapitalgewinne als Ergebnis einer normalen Geschäftsführung zu erzielen. Obwohl diese Definition zunächst wie eine Selbstverständlichkeit klingt, verbirgt sich hinter ihr die Abgrenzung zu den Holdinggesellschaften. Letztere investieren ebenfalls in andere Unternehmen, machen jedoch ihren herrschenden Einfluss auf die Geschäftsführung geltend.

Weiterhin muss der Investmentfonds dem breiten Anlegerpublikum offen stehen. Dazu müssen seine Anteile marktfähig sein. Ausgeschlossen werden damit alle Spezialfonds (auch die des KAGG) und vor allem die Hedgefonds.

Weiterhin muss er bezüglich seiner Ziele, seiner Betriebsweise, der Transparenz seiner Ziele und seiner Unabhängigkeit bestimmten nationalen Vorschriften unterliegen. Angesprochen wird hiermit, ob der Investmentfonds nach den Regeln seines Sitzstaates Sonderregeln des Kapitalmarktrechtes unterliegt.

Nicht in die Definition aufgenommen werden Rechtsform, Risikostreuung, Vermögensliquidität, Leverage - Praxis und das Nichtverfolgen einer Gewerbe - oder Geschäftstätigkeit.[1175]

Während der Diskussion betonten einige Teilnehmer, dass die Definition des Begriffs vom Sinn und Zweck eines Investmentfonds auszugehen habe.[1176] Schließlich

---

[1172] Reports of Proceedings in Subject II " The taxation of Investment Funds", IFA - Yearbook 1997, Seite 72.

[1173] Ed / Bongaarts, Generalbericht IFA - Kongress 1997, Seiten 119 ff.

[1174] Ed / Bongaarts, Generalbericht IFA - Kongress 1997, Seite 125 unter 3.

[1175] Ed / Bongaarts, Generalbericht IFA - Kongress 1997, Seite 125 unter 3.

[1176] Bongaarts und Prussen, Report of Proceedings in Subject II " The Taxation of Investment Funds", IFA - Yearbook 1997, Seite 72.

wurde auch vorgebracht, dass eine einheitliche Definition auf Grund der nationalen Unterschiede nutzlos sei.[1177]

Die Resolution enthält sich schließlich einer Definition und überlässt es den Vertragsstaaten, eine Definition in die jeweiligen Abkommen aufzunehmen. Diese Definition sollte auf dem nationalen Gesellschafts- und Kapitalmarktrecht beruhen.[1178]

6.3.4.2.3. Die einzelnen Merkmale

Um eine allgemeine Definition des Begriffs "Investmentfonds" aufzustellen, ist es notwendig, nationale Besonderheiten außer Acht zu lassen.[1179] Im Vergleich zu der Definition des deutschen KAGG fallen daher die Begriffsmerkmale "Anlage im eigenen Namen und für Rechnung der Anleger", Bildung eines Sondervermögens", Verbriefung der Rechte gegenüber dem Fonds und das Erfordernis des Kreditinstituts im Voraus weg. Diese sind spezifisch zugeschnitten auf die deutschen Sondervermögen des KAGG und können daher nicht übertragen werden auf Investmentfonds des Gesellschafts- oder Trusttyps. Des Weiteren berücksichtigen sie regulatorische Aspekte des deutschen Rechts (Erfordernis der Zulassung als Kreditinstitut), die in anderen Ländern keine Entsprechung finden (in den USA sind regulated investment companies keine Kreditinstitute). Natürlicherweise näher an einer abkommensrechtlichen Definition liegt aus deutscher Sicht die Begriffsdefinition des AuslInvestmentG, die ja für eine Vielzahl von ausländischen Investmentfonds zugeschnitten ist und sich als Ansatz oder Vergleichsobjekt für eine abkommensrechtliche Definition besser eignet.

Um eine Abgrenzung zu den ähnlichen Holdinggesellschaften zu erreichen, ist es erforderlich, auf den Geschäftszweck abzustellen (s.o. 6.3.4.2.2). Geschäftszweck eines Investmentfonds ist es, Erträge und Veräußerungsgewinne auf Grund normaler Geschäftsführung zu erzielen. Im Gegensatz dazu will die Holding auf die Geschäftsführung Einfluss nehmen.

Der Geschäftszweck bietet nur eine vage Abgrenzungsmöglichkeit im Einzelfall. Praktikabler ist es daher, sich die Tatsache, dass Investmentfonds speziellen Regelungen des Kapitalmarktrechts in ihrem Sitzstaat unterliegen, zu Nutze zu machen. Investmentfonds sind daher nur solche Gebilde, die in ihrem Sitzstaat besonderen kapitalmarktrechtlichen Vorschriften unterliegen. Damit erreicht man auch eine Angrenzung gegenüber nicht organisierten Investment-Clubs.

Wesentliches Merkmal eines Investmentfonds ist es auch, dass er die Vielzahl von Mitteln einer großen Anzahl von Anlegern vereint und diese Vermögensmasse

---

[1177] Report of Proceedings in Subject II " The Taxation of Investment Funds", IFA - Yearbook 1997, Seite 72.

[1178] Resolution IFA - Kongress 1997, IFA - Yearbook 1997, Seite 83 unter 2.

[1179] Ed / Bongaarts, Generalbericht IFA - Kongress 1997, Seite 120 ff.

gemeinsam anlegt, so genanntes "Pooling". Damit erreicht man eine Abgrenzung gegenüber Spezialfonds, die nur wenigen Investoren offen stehen.

Investmentfonds, die als Publikumsfonds eine grundsätzlich unbegrenzte Anzahl von Anlegern als Kunden hat, sollen in den Genuss der Abkommensvorteile kommen. Ausgeschlossen werden sollten Spezial- und Hedgefonds, die lediglich einigen institutionellen Anlegern dienen und damit einen anderen Zweck verfolgen. Daher sollte man fordern, dass die Anteile des Investmentfonds in dem Sitzstaate öffentlich gehandelt werden. Dabei sollte man sowohl den Handel über eine Börse als auch die Rücknahme durch die Kapitalanlagegesellschaft selbst erfassen (s.o. 3.2.4.2.2.2). Ausgeschlossen werden damit die geschlossenen deutschen Immobilienfonds und alle anderen Investmentvehikel, deren Anteile nicht auf dem Kapitalmarkt angeboten werden. Diese Klausel bewirkt daneben auch, dass eine genügende "Verwurzelung" mit dem Ansässigkeitsstaat nachgewiesen werden kann.

Die Generalberichtserstatter *Ed* und *Bongaarts* verzichten auf den Grundsatz der Risikomischung. Dieses Merkmal ist Bestandteil der Definition des KAGG und der die regulated investment companies betreffenden Vorschriften des Internal Revenue Code. Laut Generalbericht ist er darüber hinaus auch Bestandteil des Rechts der meisten Berichtstaaten.[1180] Der Generalbericht möchte das Kriterium der Risikostreuung nicht in die abkommensrechtliche Definition aufnehmen. Keiner der Berichtstaaten habe den Sinn dieser Einschränkung glaubhaft machen können. Es handele sich dabei vielmehr um eine Regelung, die auf die schlechten Erfahrungen mit Investmentfonds in den 1930'er Jahren zurückzuführen sei.[1181] Die Festlegung eines Fonds auf einige wenige Werte entspräche dem heutigen Trend, dass der Anleger seine Anlagen nach persönlichen Belieben auswählen möchte.[1182]

Ed und *Bongaarts* übersehen dabei, dass die Risikomischung der wesentliche Ansatzpunkt ist, der die nationalen Regierungen bewegte, Investmentfonds günstig zu regulieren. Die Risikostreuung sollte dem Kleinanleger dieselben Möglichkeiten eröffnen, die ein Großinvestor durch Stückelung seines Portefeuilles hat.

Der Grundsatz der Risikomischung ist in der Praxis darüber hinaus auch ein taugliches Kriterium, um Holdinggesellschaften von Investmentfonds abzugrenzen. Zu bezweifeln ist nämlich, ob das vorgeschlagene Abgrenzungskriterium der rein kapitalistischen Beteiligung sich in der Praxis als tauglich erweisen wird. Der Anstieg des in Fonds investierten Kapitals wird dem Fondsmanagement mehr Einfluss auf die Geschäftsleitung des Unternehmens geben und damit die Abgrenzung zwischen Holdinggesellschaften und Investmentgesellschaften erschweren.

Der Grundsatz der Risikomischung sollte daher auch in eine abkommensrechtliche Definition übernommen werden. Sollte es in einem Vertragsstaat Investmentfonds

---

[1180] Ed / Bongaarts, Generalbericht IFA - Kongress 1997, Seite 122.

[1181] Ed / Bongaarts, Generalbericht IFA - Kongress 1997, Seite 122.

[1182] Die Generalberichterstatter argumentieren mit einem ähnlichen Ansatz wie die Befürworter des shareholder value.

geben, die diesem Grundsatz nicht entsprechen, dennoch aber unter die Definition fallen sollen, dann steht es den Vertragsstaaten frei, dies durch eine entsprechende Anpassung zu ermöglichen.

Hinsichtlich der speziellen Ausformung der Risikomischung sollte auf das Recht des Sitzstaates verwiesen werden. Demnach wäre eine Gesellschaft, die nach dem Recht ihres Sitzstaates den Grundsatz der Risikomischung erfüllt, zugleich auch im abommensrechtlichen Sinne ein Investmentfonds. Würde man dies nicht klären, dann käme über Art. 3 Abs. 2 OECD - MA das Recht des Anwendungsstaates zu Anwendung. Ein international operierender Investmentfonds hätte dann das Problem, sich nach den höchsten Anforderungen richten zu müssen. Damit werden nicht etwa die kapitalmarktrechtlichen Regelungen zum Schutz der Anleger ausgeschaltet. Es geht hier nur um die Gewährung der Quellensteuerreduktion. Den Staaten bleibt es vorbehalten, das Anbieten ausländischer Fondsanteile auf seinem Markt an die strengen Voraussetzungen zu knüpfen.

Die Definition des Investmentfonds setzt sich somit aus dem Geschäftszweck des Investmentfonds, dem Unterliegen unter kapitalmarktrechtliche Sondervorschriften, dem Pooling, dem öffentlichen Handeln der Anteile und dem Grundsatz der Risikomischung zusammen.

6.3.4.3. Örtlicher Bezug zum Ansässigkeitsstaat

Ist das Ansässigkeitserfordernis durch die Einführung dieser speziellen Regelung weggefallen, dann bedarf es eines Kriteriums, das die ausreichende Beziehung des Fonds zu dem Vertragsstaat sichert. Dies übersieht der Kongress. Hier sollte man auf die für die Ansässigkeit verwendeten Kriterien zurückgreifen. Allerdings sollte man, um Missverständnisse zu vermeiden, direkt auf diese Merkmale verweisen und nicht Bezug nehmen auf die unbeschränkte Steuerpflicht im Sitzstaate. Ansonsten besteht die Gefahr, dass einige Staaten dieses Erfordernis als subject-to-tax-Klausel auslegen. Demnach ist zu fordern, dass Sitz oder Geschäftsleitung des Investmentfonds sich in dem Vertragsstaat befindet (s.o. 6.3.4.1.2).

Der ausreichende örtliche Bezug zu einem Vertragsstaat wird darüber hinaus noch dadurch gesichert, dass die Anteile in dem Sitzstaat öffentlich gehandelt werden und den dortigen kapitalmarktrechtlichen Regelungen unterliegen.

6.3.4.4. Vorteilsbeschränkung / Verhinderung des Treaty Shoppings

Der Generalbericht diskutiert die Frage, inwieweit Maßnahmen zur Beschränkung von Abkommensvorteilen, die auf Investmentfonds zugeschnitten sind, überhaupt erforderlich sind.[1183] Dies erklärt sich daraus, dass die Generalberichterstatter bereits im Rahmen der Ansässigkeit die Steuerpflicht des Investmentfonds oder die Quellensteuerentrichtungspflicht festlegen wollen. Systematisch ist es aber vorzuziehen, die Frage der tatsächlichen Besteuerung des Investmentfonds oder des

---

[1183] Ed / Bongaarts, Generalbericht IFA - Kongress 1997, Seite 147.

Quellensteuerabzugs für Fondserträge im Rahmen der Vorteilsbeschränkung und nicht bereits im Rahmen der Ansässigkeit anzusprechen.

Maßnahmen zur Vorteilsbeschränkung sind notwendig. Der Investmentfonds soll, zunächst unabhängig von der Ansässigkeit seiner Anleger, selbst und in eigenem Namen die Abkommensvorteile in Anspruch nehmen können. Der Quellenstaat wird einer Quellensteuerreduktion nur dann zustimmen, wenn gewährleistet ist, dass die Investmenterträge im Sitzstaat des Fonds ausreichend besteuert werden. Denn Vertragspartner des Quellenstaates ist der Sitzstaat. Mit dem Wohnsitzstaat hat der Quellenstaat vielleicht gar kein Abkommen geschlossen und will dessen Personen die Quellensteuerreduktion nicht gewähren. Der Sitzstaat muss daher die ausreichende Besteuerung gewährleisten.

Der Resolutionsentwurf schlägt daher folgerichtig mehrere Maßnahmen zur Vorteilsbeschränkung vor.[1184] Vorgeschlagen werden eine subject-to-tax-Klausel und eine look-through-Klausel,[1185] wie sie bereits aus den bilateralen Regelungen Schweiz - Deutschland, dem DBA - Frankreich oder dem DBA-USA bekannt sind.

6.3.4.4.1. Subject-To-Tax-Klausel

Ein Weg der Vorteilsbeschränkung ist die subject-to-tax-Klausel. Demnach wird eine Abkommensvergünstigung im Quellenland nur dann gewährt, wenn die Einnahme im Sitzland auch tatsächlich der Besteuerung unterliegt.[1186] In diesem Sinne liegt der begrüßenswerte Vorschlag des Kongresses, die Abkommensvorteile nur unter dem Vorbehalt zu gewähren, dass die Ausschüttungen des Fonds in seinem Sitzstaate einer Steuer des Fonds oder einer Quellenbesteuerung (Kapitalertragssteuer) des Investors unterliegen.

6.3.4.4.1.1. Besteuerung auf der Ebene des Investmentfonds

Die subject-to-tax-Klausel geht weiter als die Ansässigkeit, die nur die Steuersubjekteigenschaft fordert. Erstere fordert nämlich, dass eine Steuerpflicht bezüglich der konkreten Einnahme tatsächlich besteht, also keine Steuerbefreiung eingreift.[1187] Ansonsten ist es grundsätzlich nicht darüber hinaus erforderlich, dass eine Steuerzahlungspflicht besteht.[1188]

Investmentfonds, die keiner eigenen Steuer unterliegen, erfüllen dieses Kriterium nicht. Eine eigene Steuer des KAGG-Sondervermögens ist die noch existierende Ausgleichssteuer. Sie fällt allerdings nur für den inländischen Dividendenanteil an und spart ausländische Dividendeneinnahmen aus. Bezüglich der ausländischen

---

[1184] Resolution IFA - Kongress 1997, IFA - Yearbook 1997, Seite 89.

[1185] OECD-Report Tax Avoidance and Evasion, Seite 96.

[1186] Schaumburg, Internationales Steuerrecht, 16.194, Seite 864.

[1187] Vogel, DBA, vor Art. 6 - 22, Rz 19, FG Köln, RIW 1987, Seite 640 (rechts unten), OECD - Report Tax Avoidance and Evasion, Seite 98.

[1188] Vogel, DBA, vor Art. 6-22, Rz 19.

Einnahmen ist das Sondervermögen daher steuerfrei. Die Ausgleichssteuer kann zwar die Ansässigkeit, nicht aber den Abkommenszugang nach den vorgeschlagenen Regeln begründen. Ihr geplanter Wegfall ist daher auch in diesem Zusammenhang ohne Bedeutung.

Ganz von der Formulierung der Klausel hängt es ab, ob die conduits, die steuerpflichtige Steuersubjekte sind, deren Bemessungsgrundlage aber durch die Ausschüttungen an die Anteilseigner gekürzt wird, dieses Kriterium erfüllen werden oder nicht.[1189]

6.3.4.4.1.2. Besteuerung auf Ebene des Investors, Quellensteuerabzug

Die meisten Staaten sehen eine Besteuerung auf Ebene des Fonds nicht vor. Daher stellt der Vorschlag geschickterweise alternativ dazu darauf ab, ob die Investmenterträge auf der Ebene des Investors der Steuer in Form eines Steuerabzugs unterliegen. Die Regelung ähnelt sehr der des Art. 4 Abs. 1 lit. b DBA-USA.

Großer Vorteil dieser Maßnahme ist, dass nun gleichgültig ist, ob die Erträge bereits beim Fonds oder erst beim Investor besteuert werden. Auch dem steuerbefreiten Investmentfonds, der ausländische Anleger hat, ist der Abkommenszugang sicher. Sichergestellt wird, dass eine Besteuerung auf eine der beiden Ebenen stattfindet.

Auch ist das Abstellen auf die Steuerabzugspflicht der Investmenterträge sehr praktikabel, da dann nicht nachgewiesen werden muss, dass die Erträge bei dem Investor auch tatsächlich besteuert wurden. Schließlich kann auf diese Weise treaty shopping wirkungsvoll verhindert werden, denn der Investor wird unabhängig von seiner Herkunft im Sitzstaat des Investmentfonds besteuert. Der Quellenstaat kann die Quellensteuerreduktion gewähren, denn er ist sicher, dass eine Besteuerung der Investmenterträge stattfindet.

Der Nachteil der Regelung liegt darin, dass sie in Ländern, in denen die Fondserträge der veranlagten Besteuerung unterliegen, nicht greift. Alternativ könnte man es ausreichen lassen, dass die Fondserträge im Sitzstaate der Einkommensteuer unterliegen. Denn auch hier garantiert alleine die gesetzliche Anordnung der Steuerpflicht der Fondserträge auf Seiten des Investors, dass eine Besteuerung im Sitzstaat des Fonds eintritt.

Zumeist werden aber beschränkt steuerpflichtige Investoren nicht veranlagt, sondern unterliegen, vorausgesetzt die Fondserträge sind überhaupt steuerpflichtig, einem Quellensteuerabzug. Bei ausländischen Investoren wird damit auf die Quellenbesteuerung im Sitzstaat des Investmentfonds abzustellen sein. Daher ist die Regelung dahingehend zu formulieren, dass die Berücksichtigung der Ausschüt-

---

[1189] Der subject-to-tax-approach verhindert in seiner normalen Formulierung nicht die so genannten stepping-stone-strategy, die mit dem conduit-treatment gemein hat, dass Betriebsausgaben die tatsächliche Steuerlast mindern, OECD-Report Tax Avoidance and Evasion, Seite 98 unter Punkt 31.

tungen bei der Besteuerung des Investors entweder durch Quellensteuerabzug oder bei Veranlagung stattfinden muss.

Die Quellensteuerpflicht im Sitzstaate ist ein geeignetes Mittel, um treaty shopping mittels Investmentfonds zu verhindern. Zwar kann die Quellensteuer auf Grund eines Abkommens zwischen Sitz- und Wohnsitzstaat im Wohnsitzstaat auf die Steuer des Anlegers angerechnet werden, so dass sie keine zusätzliche Belastung darstellt. Dies setzt aber voraus, dass eine Steuerschuld in dem Wohnsitzstaat überhaupt entsteht, denn nur dann ist eine Anrechnung überhaupt möglich. Sollte der Wohnsitzstaat die Einnahme freistellen, dann bleibt der Investor mit der Quellensteuer des Sitzstaates endgültig belastet. Wendet man den Dividendenartikel auf die Ausschüttung des Investmentfonds an, dann wird die Quellensteuer des Sitzstaates auf den niedrigen DBA - Satz ermäßigt. Doch auch dies wird kein Anreiz für Steuersparmodelle sein. Im Drei-Länder-Fall geht nämlich das Anrechnungsguthaben der Quellenlandsteuer verloren (s.o. 5.3.4.4). Geht man von einem DBA-Satz von jeweils 15 % aus, dann wird die Dividende seitens des Quellenlandes um 15 %, seitens des Sitzstaates um weitere 15 % der Netto - Dividende (Ausschüttung ./. Quellenlandsteuer) besteuert, so dass nur eine geringfügig geringere Belastung als bei Anwendung des nicht durch ein Abkommen reduzierten Quellensteuersatzes entstehen dürfte. Etwas anderes gilt nur dann, wenn der Sitzstaat die Quellenlandsteuer auf seine Quellensteuer anrechnet. Dann entstünde keine endgültige Belastung für den Investor. Sollte ein Staat diese Anrechnung vorsehen, dann kann aber im Rahmen der bilateralen Verhandlungen vereinbart werden, dass eine effektive Besteuerung der Fondserträge im Sitzstaat stattfinden muss.

6.3.4.4.1.3. Auswirkungen auf Regulated Investment Companies

Die Erweiterung auf die veranlagte Einkommensteuer für inländische Investoren ist besonders interessant für die U.S.- amerikanischen regulated investment companies. Diese erheben einen Quellensteuerabzug nur für ausländische Investoren.[1190] Die inländischen Ausschüttungen unterliegen hingegen der veranlagten Einkommensteuer. Damit ist aber auch in den U.S.A. eine ausreichende Besteuerung des Investments sichergestellt, da inländische Anteilseigner die Fondserträge bei ihrer Veranlagung berücksichtigen müssen und ausländische Investoren dem Quellensteuerabzug unterliegen.

6.3.4.4.1.4. Auswirkungen auf deutsche Sondervermögen

In Deutschland unterliegen nun auch die Dividendeneinnahmen der Kapitalertragsteuer. Dies gilt allerdings nur für unbeschränkt steuerpflichtige Investoren, nicht aber für ausländische Investoren. Deren Erträge aus deutschen Investmentfonds sind weitgehend steuerfrei (Ausnahme: Tafelgeschäfte, s.o. 5.3.4.2). Außerdem unterliegen der Kapitalertragsteuer nur inländische Einkünfte des Sondervermögens. Eine umfassende Quellenbesteuerung ist in Deutschland daher nicht gewähr-

---

[1190] Rachofsky / Cohn / Baker, Nationalbericht U.S.A. IFA - Kongress 1997, Seite 859.

leistet. Ausländische Anleger unterliegen auch nicht der veranlagten Einkommensteuer. Deutsche Investmentfonds bestehen daher nicht den erweiterten subject-to-tax-Test.

6.3.4.4.2. Durchblickmethode / Look-Through-Approach

Die Resolution schlägt ebenfalls vor, die Abkommensvorteile für Investmentfonds proportional zu beschränken, so weit der Investmentfonds die an ihn gestellten Bedingungen nicht erfüllt.[1191] Der Generalbericht spricht explizit die Durchblickmethode an.[1192] Danach wäre der Investmentfonds von den Abkommensvorteilen in dem Umfange ausgeschlossen, indem an ihm ausländische Anteilseigner beteiligt sind. Dies entspricht weitgehend den Sonderregelungen, die die Bundesrepublik in einigen Abkommen eingegangen ist (s.o. 3.1.2.2). Der Nachteil dieser Methode ist allerdings, dass der Investmentfonds auf diese Weise gezwungen werden kann, die Herkunft seiner Anlegerschaft nachzuweisen, was mit erheblichen praktischen Schwierigkeiten verbunden sein kann und gerade den Einbezug ausländischer Anleger erschwert. Diese Lösung erschwert damit grenzüberschreitendes Investment erheblich. Berechtigung hat sie aber, wenn der Sitzstaat des Investmentfonds eine ausreichende Besteuerung auch der an seinem Fonds beteiligten Steuerausländer nicht sicherstellen kann (s.o. 6.3.4.4.1.4.). Diese Methode sollte daher nur dann Anwendung finden, wenn die Investmenterträge im Sitzstaat des Fonds weder auf Ebene des Fonds einer Steuer unterliegen noch ein Quellensteuerabzug stattfindet, maW. die Durchblickmethode sollte immer dann Anwendung finden, wenn die subject-to-tax-Klausel nicht eingreifen kann.

Deutsche Investmentfonds würden demnach nach Maßgabe der Durchblicksmethode die Abkommensvorteile erhalten. Im Ergebnis werden sie daher behandelt wie bereits bei den bestehenden Sonderregelungen, die die Verwaltung der Bundesrepublik mit der Schweiz und Frankreich geschlossen hat.

Das Eingreifen einer der beiden Regelungen führt dazu, dass einem treaty shopping durch Investmentfonds die Spitze genommen wird und zugleich der Investmentfonds trotz Verwirklichung der Transparenz im Inland weit möglichst abkommensberechtigt ist.

6.3.5. Vorschlag für einen Artikel bezüglich des Abkommenszugangs von Investmentfonds für das OECD - MA

Als Arbeitsgrundlage für die Aufnahme in das Muster oder für bilaterale Verhandlungen kann die folgende Formulierung dienen:

Investmentfonds sind unabhängig ihrer rechtlichen Ausgestaltung berechtigt, die abkommensrechltichen Vorteile, v.a. die Reduktion der Quellensteuer hinsichtlich ihrer Einnahmen aus Dividenden und Zinsen, in einem Vertragsstaat in eigenem

---

[1191] Resolution IFA - Kongress 1997, IFA - Yearbook 1997, Seite 89, unter 4 lit. e.

[1192] Ed / Bongaarts, Generalbericht IFA - Kongress 1997, Seite 143.

Namen geltend zu machen, wenn sie Sitz oder Geschäftsleitung in dem anderen Vertragsstaat unterhalten.

Dies gilt nur, wenn sie im Sitzstaate entweder selbst oder aber ihre Anteilseigner mit ihren Fondserträgen tatsächlich besteuert werden, sei es im Rahmen einer Veranlagung oder im Rahmen eines Quellensteuerabzugs. Sollten diese Voraussetzungen nicht erfüllt sein, dann kann der Investmentfonds die Abkommensvorteile nur in Anspruch nehmen, so weit die Anteilseigner dazu berechtigt wären.

Investmentfonds im Sinne dieser Vorschrift sind rechtliche Gebilde, die durch Zusammenlegung der Mittel einer großen Anzahl von Investoren Erträge und Veräußerungsgewinne als Ergebnis einer normalen Geschäftsführung erzielen, deren Anteile in ihrem Sitzstaate öffentlich gehandelt werden, die die ihnen zur Verfügung stehenden Mittel dem im Sitzstaate geltenden Grundsatz der Risikomischung entsprechend anlegen und dort besonderen kapitalmarktrechtlichen Vorschriften unterliegen.

Als öffentlicher Handel in dem Sitzstaate gilt sowohl der Handel an einer öffentlichen Börse als auch die Rücknahme der Fondsanteile durch den Investmentfonds selbst, so weit der Anleger diese jederzeit verlangen kann.

6.3.6. Folgen dieser Regelung für Abkommensberechtigung deutscher und U.S.-amerikanischer Investmentfonds

6.3.6.1. Abkommenszugang deutscher KAGG-Sondervermögen

Deutsche KAGG-Sondervermögen erfüllten die Definition des Investmentfonds nach Abs. 3 der vorgeschlagenen Regelung. Auch werden ihre Anteile öffentlich gehandelt, da nach Abs. 4 als öffentlicher Handel auch die Rücknahme der Anteile durch die Kapitalanlagegesellschaft gilt. Sie sind daher nach Abs. 1 grundsätzlich abkommensberechtigt, da sie ihren Sitz in der Bundesrepublik Deutschland haben.

Allerdings sind die Einschränkungen des Absatzes 2 zu beachten. Da nur die Fondserträge deutscher Investoren in Deutschland besteuert werden und ausländische Investoren zumeist nicht der Kapitalertragssteuer unterliegen, wird deutschen KAGG-Sondervermögen auch nur der partieller Abkommenszugang bleiben. Zwar ist der Verzicht auf die Besteuerung ausländischer Investoren mit deren Einnahmen aus dritten Quellenstaaten nicht systemwidrig, da Deutschland damit dem Transparenzgrundsatz folgt. Um den deutschen Fonds aber den vollen Abkommenszugang zu sichern, wäre die Besteuerung ausländischer Investoren in Deutschland wünschenswert. Wie bereits dargelegt wurde, führt dies zu keiner Mehrbelastung des Drei-Länder-Portfolio-Investments. Rechnet der Wohnsitzstaat dann neben der deutschen Steuer auch die Quellenlandsteuer auf die Steuerschuld seines Investors an, ist die steuerliche Gleichbelastung nationalen und internationalen Fondsinvestments auch über zwei Grenzen gewährleistet.

6.3.6.2. Regulated investment companies

Auch eine regulated investment company erhält den Abkommenszugang nach dieser Regelung. Die Einschränkungen des Abs. 2 greifen hier nicht, da in den U.S.A. eine withholding tax für ausländische Investoren erhoben wird und damit die ausreichende Besteuerung auch ausländischer Investoren sichergestellt ist.

6.3.6.3. Business Trusts und starre Trusts

Das gleiche gilt auch für Business Trusts. Hinsichtlich des öffentlichen Handels ihrer Anteile gilt dasselbe wie für die Sondervermögen. Auch sie wären voll abkommensberechtigt und die Einschränkungen des Abs.2 lassen die Abkommensberechtigung unberührt.

6.3.6.4. Zusammenfassung

Die vorgeschlagene Regelung ermöglicht allen Investmentfonds den Abkommenszugang, sofern der Sitzstaat eine ausreichende Besteuerung auch der ausländischen Investoren sicherstellt. Dann gibt es keinen Anlass für den Quellenstaat, eine Reduktion seiner Steuer zu verweigern. Treaty shopping wird ausgeschlossen. Die ausreichende Besteuerung hat der Sitzstaat sicherzustellen. Er wird dazu bereit sein, da dann der Abkommenszugang seiner Fonds gesichert ist.

Verzeichnis der zitierten Literatur, Rechtsprechung und Verwaltung

1. Literatur

A

Aigner, Dietmar / Bitzyk, Peter, Die steuerliche Behandlung von Erträgen aus Anteilen an ausländischen Investmentfonds, Steuer & Wirtschaft International (SWI) 1997, Seite 503,
zitiert: Aigner / Bitzyk, SWI 1997, 503

Ammon, Kurt, Generalbericht zum 25. IFA - Kongreß 1971 in Washington, Cahiers de Droit Fiscal International, Volume LVIa, Swets & Zeitlinger N.V., Amsterdam 1971, Seite I / 1 ff.,
zitiert: Ammon, Generalbericht IFA-Kongreß 1971

Apelt, Michael, Der abkommensrechtliche Nutzungsberechtigte aus US-Sicht - Neue Quellensteuerrichtlinien des IRS, Internationales Steuerrecht 1997, Seite 234,
zitiert: Apelt, IStR 1997, 234

Arthur Andersen & Co. (Herausgeber), Doppelbesteuerungsabkommen Deutschland - USA, Kommentar, Verlag Dr. Otto Schmidt KG, Köln 1990,
zitiert: Arthur Andersen, DBA-USA

Athanas, Peter, Generalbericht zum 50. IFA - Kongreß 1996 in Genf, Thema I, Cahiers de Droit Fiscal International, Volume LXXXIa, Kluwer Law International, The Haque, u.a., 1996, Seite 21 ff.,
zitiert: Athanas, Generalbericht IFA - Kongreß 1996

Avery Jones, John F., The interpretation of Tax Treaties with particular reference to Article 3 (2) of the OECD Model, The British Tax Review 1984, Seite 14 ff.,
zitiert: Avery Jones, BTR 1984, 14

Avery Jones, John F. u.a., The treatment of trusts under the OECD Model Convention, European Taxation 1989, Seite 379,
zitiert: Avery Jones u.a. , ET 1989, 379

B

Bähre, Inge / Schneider, Manfred, Kreditwesengesetz, Kommentar, 3. Auflage, C.H. Beck, 1986,
zitiert: Bähre / Schneider, KWG

Baumbach, Adolf / Hopt, Klaus, Handelsgesetzbuch, Kommentar, 29. Auflage, C.H. Beck, München 1995,
zitiert: Baumbach / Hopt, HGB

Baur, Investmentgesetze, 2. Auflage, Walter de Gruyter, Berlin, New York 1997,
zitiert: Baur, Investmentgesetze

Baur, Jürgen Fritz / Stürner, Rolf, Sachenrecht, 17. Auflage, C.H. Beck, München 1999,
zitiert: Baur / Stürner, Sachenrecht

Becker, Helmut / Höppner, Horst-Dieter / Grotherr, Siegfried / Kroppen, Heinz-Klaus, DBA- Kommentar, Verlag Neue Wirtschaftsbriefe Herne / Berlin, 1997,
zitiert: Bearbeiter, in: Becker / Höppner / Grotherr / Kroppen, DBA

Becker, Helmut, Treaty Shopping / Treaty Override, Bulletin of International Fiscal Documentation, 1988, Seite 383,
zitiert: Becker, BIFD 1988, 383

Becker, Helmut / Thömmes, Otmar, Treaty Shopping und EG-Recht - Kritische Anmerkungen zu Art. 28 des neuen deutsch-amerikanischen Doppelbesteuerungsabkommens, Der Betrieb 1991, Seite 566,
zitiert: Becker / Thömmes, DB 1991, 566

Beckmann, Klaus / Scholtz, Rolf-Detlev, Investment, Ergänzbares Handbuch für das gesamte Investmentwesen, Kommentar, Erich Schmidt Verlag, Berlin 1970,
zitiert: Bearbeiter, in: Beckmann / Scholtz, Investmenthandbuch

Berner, Roger, Partnerships, Truts, Foundations, and similar Entities - Treaty Resolution of Conflicting National Positions, Part III: The United Kingdom, Tax Planning International Review, Volume 19, No. 3 März 1992, Seite 11 ff.,
zitiert: Berner, TPI 1992, 11

von Beseler, Dora / Jacobs-Wüstefeld, Barbara, Law Dictionary, 4. Auflage, Walter de Gruyter, Berlin, u.a. 1991,
zitiert: von Beseler /Jacobs-Wüstefeld, Law Dictionary

Bittker, Boris J. / Eustice, James S., Federal Income Taxation of Corporations and Shareholders, 6th Edition, Warren, Gorham & Lamont, Boston, Massachusetts, 1998,
zitiert: Bittker / Eustice, Income Taxation of Corporations

Bippus, Birgit Elsa, Dividenden-Stripping, Recht der internationalen Wirtschaft 1994, Seite 945 ff.,
zitiert: Bippus, RIW 1994, 945

Blanco, Evan S. / Doernberg, Richard L., What One Hand Giveth, the Other Taketh Away: The Proposed Check-the-Box Regulations and the Proposed Section 1441 Regulations, Tax Notes International 1996, Seite 615,
zitiert: Blanco / Doernberg, TNI 1996, 615

Blanluet, Gauthier, Nationalbericht Frankreich zum 51. IFA-Kongreß in Neu Delhi 1997, Cahiers de Droit Fiscal International, Volume LXXXIIb, Seite 421 ff.,
zitiert: Blanluet, Nationalbericht Frankreich IFA-Kongreß 1997

Blümich, EStG, KStG, GewStG, Kommentar, Verlag Vahlen, München, Stand 1999,
zitiert: Bearbeiter, in: Blümich (Bearbeiter), EStG, KStG, GewStG

Bogert, George T., Trusts, Sixth Edition, Hornbook Series Student Edition, West Publishing Co., St. Paul, Minnesota, 1987,
zitiert: Bogert on Trusts

Boidman, Nathan, Canadian approach to treaty shopping, Intertax 1989, Seite 369 ff.,
zitiert: Boidman, Intertax 1989, 369

Bölter, Hendrick / Linner, Corinna / Otto, Lieselotte, Handbuch für die Besteuerung von Fondsvermögen, Luchterhand Verlag, Neuwied 1997,
zitiert: Bölter / Linner / Otto, Handbuch

Book, Leslie M. / Connors, Peter J. / May, Thomas R. / Woll, Glenn H.J., A Guide to the Proposed Withholding Tax Regulations, Tax Notes International 1997, Seite 55,
zitiert: Book / Connors / May / Woll, TNI 1997, 55

Born, Herman, Beneficial Ownership, European Taxation 1994, Seite 469,
zitiert: Born, ET 1994, 469

Brockkaus Wahrig, Deutsches Wörterbuch, herausgegeben von Gerhard Wahrig, F.A. Brockhaus, Wiesbaden 1982, *zitiert: Brockhaus Wahrig, Deutsches Wörterbuch*

van Brunschot, Frank, "Fraus Legis" and Multinational Enterprises, Bulletin for International Fiscal Documentation 1988, Seite 355,
zitiert: van Brunschot, BIFD 1988, 355

Burmester, Gabriele, Überlegungen zur Auflösung von Schweizer Zwischengesellschaften, Recht der Internationalen Wirtschaft 1987, Seite 298 ff.,
zitiert: Burmester, RIW 1987, 298

Büschgen, Hans E., Das Kleine Bank-Lexikon, 2. Auflage, Verlag Recht und Wirtschaft GmbH, Düsseldorf 1997,
zitiert: Büschgen, Bank-Lexikon

C

von Caemmerer, Ernst, Kapitalanlage- oder Investmentgesellschaften, Juristen-Zeitung 1958, Seite 54 ff.,
zitiert: von Caemmerer, JZ 1958, 54

Canaris, Claus-Wilhelm, Bankvertragsrecht, 3. Auflage, Walter de Gruyter, Berlin, New York, 1988,
zitiert: Canaris, Bankvertragsrecht

Clemm, Hermann / Huber, Klaus, Die Prüfung von Spezialfonds, Die Wirtschaftsprüfung 1989, Seite 289,
zitiert: Clemm / Huber, WPg 1989, 289

Coing, Helmut, Europäisches Privatrecht, C.H. Beck'sche Verlagsbuchhandlung, München 1985,
zitiert: Coing, Europäisches Privatrecht

Cooper, Michael, Interpretation of "Beneficial Ownership" under U.S. Tax Treaties, Tax Notes International 1996, Seite 1319,
zitiert: Cooper, TNI 1996, 1319

Crezelius, Georg, Beschränkte Steuerpflicht und Gestaltungsmißbrauch, Der Betrieb, 1984, Seite 534,
zitiert: Crezelius, DB 1984, 534

D

Debarre, Fabien, in: International Bureau of Fiscal Documentation, Investment Funds Guide to the taxation and regulation of mutual invesment funds and their investors, United Staates, IBFD Publications BV, Amsterdam 1998, Seite 15,
zitiert: Debarre, Taxation of Mutual Investment Funds

Debatin, Helmut / Wassermeyer, Franz, Doppelbesteuerung Kommentar zu allen deutschen
Doppelbesteuerungsabkommen, C.H. Beck Verlag, München 1999,
zitiert: Bearbeiter, in: Debatin / Wassermeyer, DBA

Debatin, Helmut / Walter, Otto, Handbook of the 1989 Double Taxation Convention between the Federal Republic of Germany and the United States of America, International Bureau of Fiscal Documentation, Amsterdam 1999,
zitiert: Debatin / Walter, DBA - USA

Debatin, Helmut, Anwendung von Doppelbesteuerungsabkommen als Gegenstand verfehlter Rechnungshofsrüge, DStZ 1989, Seite 421,
zitiert: Debatin, DStZ 1989, 421

Debatin, Helmut, Auslegungsmaximen zum internationalen Steuerrecht, Außenwirtschaftsdienst 1969, Seite 477,
zitiert: Debatin, AWD 1969, 477

Debatin, Helmut, Die Bilanzbündeltheorie im Spiegel des internationalen Steuerrechts, Der Betrieb 1978, Seite 2437,
zitiert: Debatin, DB 1978, 2437

Debatin, Helmut, Das Betriebsstättenprinzip der deutschen Doppelbesteuerungsabkommen, Der Betrieb 1989, Seiten 1692 ff. und 1739 ff. (1692.),
zitiert: Debatin, DB 1989, 1692

Debatin, Helmut, Subjektfähigkeit ausländischer Wirtschaftsgebilde im deutschen Steuerrecht, Betriebs-Berater, 1988, Seite 1155 (1157f.),
zitiert: Debatin, BB 1988, 1155

Debatin, Helmut, Zum Steuerstatus ausländischer Kapitalgesellschaften, Betriebs-Berater, 1990, Seite 1457,
zitiert: Debatin, BB 1990, 1457

Debatin, Helmut, Subjektiver Schutz unter Doppelbesteuerungsabkommen, Betriebs-Berater 1989, Beilage 2,
zitiert: Debatin, BB 1989, Beilage 2

Debatin, Helmut, Das neue Doppelbesteuerungsabkommen mit den USA (Teil II), Der Betrieb 1990, Seite 654,
zitiert: Debatin, DB 1990, 654

Deutsches Rechtswörterbuch, Heidelberger Akademie der Wissenschaften, Band X Heft 1/2, Verlag Hermann Böhlaus Nachfolger Weimar, Heidelberg 1997,
zitiert: Deutsches Rechtswörterbuch

Djanani, Christina, Internationales Steuerrecht, 2. Auflage, Verlag Linde, Wien 1998,
zitiert: Djanani, Internationales Steuerrecht

Doolin, Colleen J, Determining the taxable Status of Trusts that run Businesses, Cornell Law Review, Volume 70, August 1985, Nummer 6, Seite 1143 ff.,
zitiert: Doolin, Cornell Law Review, 1985, Seite 1143

Dötsch, Ewald, Körperschaftssteuerliche Behandlung der Verlegung des Sitzes bzw. der Geschäftsleitung einer Kapitalgesellschaft über die Grenze, Der Betrieb 1989, Seite 2296 ff.,
zitiert: Dötsch, DB 1989, 2296

Dötsch, Ewald / Eversberg, Horst / Jost, Werner F. / Witt, Georg, Die Körperschaftssteuer, Kommentar, Schäffer-Poeschel Verlag, Stuttgart, 1999,
zitiert: Bearbeiter, in: Dötsch / Eversberg / Jost, KStG

du Toit, s.u. T

E

Ebenroth, Carsten Thomas / Auer, Thomas, Grenzüberschreitende Verlagerung von unternehmerischen Leitungsfunktionen im Zivil- und Steuerrecht, Recht der Internationalen Wirtschaft 1992, Beilage 1 zu Heft 3,
zitiert: Ebenroth / Auer, RIW 1992, Beilage 1 zu Heft 3

Ebenroth, Carsten Thomas / Bippus, Birgit, Die staatsvertragliche Anerkennung ausländischer Gesellschaften in Abkehr von der Sitztheorie, Der Betrieb 1988, Seite 842 ff.,
zitiert: Ebenroth / Bippus, DB 1988, 842

Ebner-von Eschenbach, Hanns-Christoph, Die Rechte des Anteilinhabers nach dem Gesetz über Kapitalanlagegesellschaften, Dissertation, Erlangen, 1959,
zitiert: Ebner-von Eschenbach, Die Rechte des Anteilinhabers nach dem KAGG

Eckert, Ralf, Rechtsschutz gegen "Treaty Overriding", Recht der Internationalen Wirtschaft, 1992, Seite 386,
zitiert: Eckert, RIW 1992, 386

Eckert, Ralf, § 50 c Abs. 10 EStG zur Vermeidung des Dividendenstrippings verfassungsgemäß ?, Der Betrieb 1995, Seite 62,
zitiert: Eckert, DB 1995, 62

Ed, Lynne J. / Bongaarts, Paul, Generalbericht zum 51. IFA-Kongreß in Neu Delhi 1997, Cahiers de Droit Fiscal International, Volume LXXXIIb,
zitiert: Ed / Bongaarts, Generalbericht IFA - Kongreß 1997

Eisenmenger, Hartmut, Treuhandgeschäft und Vermögensverwaltung durch Kreditinstitute, Fritz Knapp Verlag, Frankfurt / Main, 1966,
zitiert: Eisenmenger, Treuhandgeschäft und Vermögensverwaltung

Elsing, Siegfried / Van Alstine, Michael P., US-amerikanisches Handels- und Wirtschaftsrecht, 2. Auflage, Verlag Recht und Wirtschaft, Heidelberg 1999,
zitiert: Elsing / Van Alstine

F

Fahrholz, Bernd, Schranken der Steuergestaltung bei grenzüberschreitenden Finanztransaktionen, in: Gaddum, Johann Wilhelm, Zinsen im internationalen Steuerrecht, Müncher Schriften zum internationalen Steuerrecht, Heft 9, C.H. Beck Verlag, München, 1985, Seite 51 (53),
zitiert: Fahrholz, Zinsen im internationalen Steuerrecht

Fink, Eli H., U.S. Tax Scene, Intertax 1997, Seite 325,
zitiert: Fink, Intertax 1997, 325

Firlinger, Robert, Die Personengesellschaften im internationalen Vermögenssteuerrecht Österreichs, SWI 1991, Seite 222,
zitiert: Firlinger, SWI 1991, 222

Firlinger, Robert, Die abkommensrechtliche Ansässigkeit und die Methoden zur Vermeidung der Doppelbesteuerung, in Gassner, Wolfgang / Lang, Michael, Lechner, Eduard, Die Methoden zur Vermeidung der Doppelbesteuerung, Linde Verlag, Wien 1995, Seite 307 ff., *zitiert: Firlinger, Die abkommensrechtliche Ansässigkeit und die Methoden zur Vermeidung der Doppelbesteuerung*

Fischer, Peter, Die Umgehung des Steuergesetzes, Der Betrieb 1996, Seite 644,
zitiert: Fischer, DB 1996, 644

Fischer - Zernin, Justus, Mißbrauch von Doppelbesteuerungsabkommen, Recht der Internationalen Wirtschaft, 1987, Seite 362,
zitiert: Fischer - Zernin, RIW 1987, 362

Fletcher, William Meade, Cyclopedia of the Law of private Corporations, Volume 16a, Callaghan & Company, Illinois, 1962,
zitiert: Fletcher on Corporations

Flick, Hans / Wassermeyer, Franz / Baumhoff, Hubertus, Außensteuerrecht, Kommentar, 6. Auflage, Verlag Dr. Otto Schmidt, Köln 1999,
zitiert: Bearbeiter, in: Flick / Wassermeyer / Baumhoff, Außensteuerrecht

Flick, Hans / Wassermeyer, Franz / Wingert, Karl-Dieter / Kempermann, Michael, Doppelbesteuerungsabkommen Deutschland / Schweiz, Kommentar, Verlag Dr. Otto Schmidt KG, Köln 1998,
zitiert: Flick / Wassermeyer / Wingert / Kempermann, DBA-Schweiz

Flick, Hans, Deutsche Aktivitäten von Ausländern über ausländische Zwischengesellschaften und die Mißbrauchsgesetzgebung des § 50 d Abs. 1 a EStG, Internationales Steuerrecht 1994, Seite 223,
zitiert: Flick, Hans, IStR 1994, 223

Flick, Hans F.W., NAFTA und Global Trading erhöhen Betriebsstättengefahr, Internationales Steuerrecht 1995, Seite 125 ff.,
zitiert: Flick, Hans F.W., IStR 1995, 125

Frankowski, Martin, Doppelbesteuerungsabkommen Frankreich, herausgegeben von der Deutsch-Französischen Handelskammer, W. Bertelsmann Verlag, Bielefeld 1994,
zitiert: Frankowski, DBA - Frankreich

G

Le Gall, Jean Pierre, Treaty Shopping : the French policy, Intertax 1989, Seite 364 ff.,
zitiert: Le Gall, Intertax 1989, 364

García Prats, Francisco Alfredo, Trinagular Cases and Residence as a Basis for Allevating International Double Taxation Rethinking the Subjective Scope of Double Tax Treaties, Intertax 1994, Seiten 473 ff.,
zitiert: García Prats, Intertax 1994, Seite 473

Gernhuber, Joachim, Die fiduziarische Treuhand, Juristische Schulung 1988, Seite 355,
zitiert: Gernhuber, JuS 1988, 355

(von) Gierke, Otto, Deutsches Privatrecht, Zweiter Band, Sachenrecht, Verlag von Duncker & Humboldt, Leipzig, 1905,
zitiert: Gierke, Deutsches Privatrecht

Gloria, Christian, Die Doppelbesteuerungsabkommen der Bundesrepublik Deutschland und die Bedeutung der Lex-Fori-Klausel für ihre Auslegung, Recht der Internationalen Wirtschaft, 1986, Seite 970 ff.,
zitiert: Gloria, RIW 1986, 970

Grams, Harald, Der Erstattungsanspruch im Steuerabzugsverfahren nach § 50 a Abs. 4 EStG, Betriebs-Berater 1997, Seite 70,
zitiert: Grams, BB 1997, 70

Granwell, Alan W. / Nauheim, Stephen A. / Dunahoo, Carol A., References to Foreign Law Principles in Proposed U.S. Withholding Tax Regs Should be Eliminated, Tax Notes International 1996, Seite 1383,
zitiert: Granwell / Nauheim / Dunahoo, TNI 1996, 1383

Grimm, Jacob und Wilhelm, Deutsches Wörterbuch, Sechzehnter Band, Verlag S. Hirzel, Leipzig 1954,
zitiert: Grimm, Deutsches Wörterbuch

Großfeld, Bernhard / Erlinghagen, Susanne, Internationales Unternehmensrecht und deutsche unternehmerische Mitbestimmung, Juristen Zeitung 1993, Seite 217 ff.,
zitiert: Großfeld / Erlinghagen, JZ 1993, 217

Gunne, Cecilia, Nationalbericht Schweden zum 51. IFA - Kongress in Neu Delhi 1997, Cahiers de Droit Fiscal International, Volume LXXXIIb, Seite 773 ff., *zitiert: Gunne, Nationalbericht Schweden IFA - Kongress 1997.*

Guttentag, Joseph H., Tax Treaty Shopping, Bulletin of International Fiscal Documentation, 1984, Seite 3,
zitiert: Guttentag BIFD 1984, 3

H

Haarmann, Wilhelm, Der Trust im deutschen Steuerrecht, in: Haarmann, Wilhelm, Unternehmensstrukturen und Rechtsformen im Internationalen Steuerrecht, Forum der internationalen Besteuerung, Band 7, Verlag Dr. Otto Schmidt, Köln 1996,
zitiert: Haarmann, Der Trust im deutschen Steuerrecht

Handwörterbuch des Steuerrechts, 2. Auflage, C.H. Beck, München 1981,
zitiert: Handwörterbuch des Steuerrechts

Hartmann, Udo B., Steuerliche Subjektfähigkeit ausländischer juristischer Personen mit inländischer Geschäftsleitung am Beispiel einer britischen "non-reisdent-limited", Der Betrieb, 1987, Seite 122 ff.,
zitiert: Hartmann, BB 1987, 122

Hauck, Michael, The Equity Market in Germany and its Dependency on the System of Old Age Pensions, in Baums, Theodor / Buxbaum, Richard M. / Hopt, Klaus J., Institutional Investors and Corporate Governance, Verlag Walter de Gruyter, Berlin, New York, 1994,
zitiert: Hauck, The Equity Market in Germany

Häuselmann, Holger, Zur Bilanzierung von Investmentanteilen, inbesondere von Anteilen an Spezialfonds, Betriebs-Berater, 1992, Seite 312 ff.,
zitiert: Häuselmann, BB 1992, 312

Henrich, Dieter, Einführung in das Englische Privatrecht, 2. Auflage, Wissenschaftliche Buchgesellschaft Darmstadt, 1993,
zitiert: Henrich, Englisches Privatrecht

Herbst, Robert, / Readett, Alan G., Dictionary of Commercial, Financial and Legal Terms, Translegal Ltd., Thun (CH), Vierte Auflage 1985,
zitiert: Herbst / Readett, Dictionary

Herrmann, Carl / Heuer, Gerhard / Raupach, Arndt, Einkommensteuer- und Körperschaftssteuergesetz, Kommentar, Verlag Dr. Otto Schmidt, Köln 1999,
zitiert: Bearbeiter, in: Hermann / Heuer / Raupach, KStG

Hinnekens, Luc, The application of anti-treaty shopping provisions to Belgian coordination centers, Intertax 1989, Seite 350 ff.,
zitiert: Hinnekens, Intertax 1989, 350

Hock, Bernhard, Personengesellschaften im Internationalen Steuerrecht, Recht der Internationalen Wirtschaft 1995, Seite 135 ff.,
zitiert: Hock, RIW 1995, 135

Höhn, Ernst, Handbuch des Internationalen Steuerrechts der Schweiz, 2. Auflage, Verlag Paul Haupt, Bern 1993,
zitiert: Höhn, Internationales Steuerrecht

Hoffmann-Riem, Wolfgang, Der Geltungsbereich der Investmentgesetze, Betriebs-Berater 1972, Seite 245,
zitiert: Hoffmann-Riem, BB 1972, 245

Honsell, Heinrich / Mayer-Maly, Theo / Selb, Walter, Römisches Recht, vierte Auflage, Springer Verlag, Berlin u.a. 1987,
zitiert: Honsell / Mayer-Maly / Selb, Römisches Recht

Höppner, Horst-Dieter, Ausländische Holdinggesellschaften mit deutschen Einkünften - Die neue Mißbrauchsregelung in § 50 d Abs. 1 a EStG, Internationale Wirtschaftsbriefe, Fach 3, Gruppe 3 Deutschland, Seite 1153,
zitiert: Höppner, IWB Fach 3 Gruppe 3 Seite 1153

Hübner, Gustav, Abuse of Double Taxation Conventions, Bulletin of International Fiscal Documentation, 1988, Seite 207,
zitiert: Hübner, BIFD 1988, 207

Hübschmann / Hepp / Spitaler, Abgabenordnung, Kommentar, 10. Auflage, Verlag Dr. Otto Schmidt, Köln 1995 (1999),
zitiert: Hübschmann / Hepp / Spilaler, AO

Hueck, Alfred / Canaris, Claus-Wilhelm, Recht der Wertpapiere, 12. Auflage, Verlag Franz Vahlen, München 1986,
zitiert: Hueck / Canaris, Wertpapierrecht

Hurley, Connor, Nationalbericht England zum 51. IFA-Kongreß in Neu Delhi 1997, Cahiers de Droit Fiscal International, Volume LXXXIIb, Seite 819 ff.,
zitiert: Hurley, Nationalbericht England IFA - Kongreß 1997

I

IBFD (International Bureau of Fiscal Documentation), Swiss Measures Against the Abuse of Tax Conventions, Bulletin of International Fiscal Documentation, 1979, Seite 51,
zitiert: IBFD, BIFD 1979, 51

IBFD, (International Bureau of Fiscal Documentation), Further Attacks on Treaty Shopping, European Taxation 1981, Seite 141,
zitiert: IBFD, ET 1981, 141

IFA-Yearbook 1997, Diskussion zum Thema II, The taxation of Investment Funds, auf dem 51. IFA-Kongreßß in New Delhi, Seite 68,
zitiert: IFA-Yearbook 1997

Ipsen, Knut, Völkerrecht, 3. Auflage, C.H. Beck, München 1990,
zitiert: Ipsen, Völkerrecht

J

Jacobs, Otto H. / Haun, Jürgen, Financial Derivates in International Tax Law - A Treatment of Certain Key Considerations, Intertax 1995, Seite 405,
zitiert: Jacobs / Haun, Intertax 1995, 405

Jacobs, Otto H., Internationale Unternehmensbesteuerung, 4. Auflage, C.H. Beck, München 1999,
zitiert: Jacobs, Internationale Unternehmensbesteuerung

Jann, Martin, Die Auswirkung des EU-Rechts auf die Abkommensberechtigung von beschränkt Steuerpflichtigen, Steuer & Wirtschaft International, 1996, Seite 400,
zitiert: Jann, SWI 1996, 400

Jann, Martin, Die Auswirkungen des EU-Rechts auf die Abkommensberechtigung von beschränkt Steuerpflichtigen, in: Gassner, Wolfgang / Lang, Michael / Lechner, Eduard, Doppelbesteuerungsabkommen und EU - Recht, Linde Verlag, Wien 1996, Seite 43 ff.,
zitiert: Jann, Die Auswirkungen des EU-Rechts auf die Abkommensberechtigung von beschränkt Steuerpflichtigen, Seite 43 ff.,

K

Kegel, Gerhard / Schurig, Klaus, Internationales Privatrecht, 8. Auflage, C.H. Beck, München 2000,
zitiert: Kegel / Schurig, Internationales Privatrecht

Kemp, A.M. / Stevens, A.J.A., Direktinvestition in der Tschechischen Republik über eine tschechische KG, Internationales Steuerrecht 1995, Seite 584,
zitiert: Kemp / Stevens, IStR 1995, 584

Killius, Jürgen, The concept of "beneficial ownership" of items of income under German tax treaties, Intertax 1989, Seite 340,
zitiert: Killius, Intertax 1989, 340

Kippenberg, Johannes, International relevante Neuerungen im Steuerbereinigungsgsetz-Entwurf, Internationales Steuerrecht 1999, Seite 573,
zitiert: Kippenberg, IStR 1999, 573

Kirchhof, Paul / Söhn, Hartmut, Einkommensteuergesetz, Kommentar, C.F. Müller, Heidelberg 1999,
zitiert: Bearbeiter, in: Kirchhof / Söhn, EStG

Klebau, Bodo, Einzelprobleme bei der Auslegung von Doppelbesteuerungsabkommen, Recht der internationalen Wirtschaft, 1985, Seite 125 ff.,
zitiert: Klebau, RIW 1985, 125

Klein, Franz Abgabenordnung, Kommentar, 6. Auflage, C.H. Beck, München, 1998,
zitiert: Bearbeiter, in: Klein, AO

Klein, Manfred, Trustbesteuerung nach deutschem Erbschaftssteuerrecht - Effekte auf Trusts und trustähnliche Institute verschiedener Rechtskreise, IStR 1999, Seite 377 ff.,
zitiert: Klein, IStR 1999, 377

Klenk, Friedrich Ernst, Die rechtliche Behandlung des Investmentanteils unter Berücksichtigung der Anteilberechtigung des Investmentsparers, in: Bankenrechtliche Sonderveröffentlichungen des Instituts für Bankwirtschaft und Bankrecht an der Universität zu Köln, Band 4, 1967,
zitiert: Klenk, Die rechtliche Behandlung des Investmentanteils

Kluge, Volker, Die Auslegung von Doppelbesteuerungsabkommen, Recht der internationalen Wirtschaft / Außenwirtschaftsdienst 1975, Seite 90 ff., *zitiert: Kluge, RIW / AWD 1975, 90*

Knobbe-Keuk, Brigitte, Umzug von Gesellschaften in Europa, Zeitschrift für das gesamte Handelsrecht und Wirtschaftsrecht 1990, Seite 325 f.,
zitiert: Knobbe-Keuk, ZHR 1990, 325

Knobbe-Keuk, Brigitte, Qualifikationskonflikte im Internationalen Steuerrecht der Personengesellschaften, Recht der internationalen Wirtschaft 1991, Seite 306 f.,
zitiert: Knobbe-Keuk, RIW 1991, 306

Knobbe-Keuk, Brigitte, Bilanz- und Unternehmenssteuerrecht, 9. Auflage, Verlag Dr. Otto Schmidt, Köln 1993,
zitiert: Knobbe-Keuk, Bilanz- und Unternehmenssteuerrecht

Kölner Kommentar zum Aktiengesetz, bearbeitet von Biedenkopf, Kurt H., Claussen, Carsten Peter, u.a., Carl Heymanns Verlag KG, Köln, Berlin, u.a., 1985,
zitiert: Bearbeiter, in: Kölner Aktiengesetzkommentar

Krabbe, Helmut, Berücksichtigung ausländischer Steuern vom Einkommen bei der deutschen Besteuerung, Betriebs-Berater 1980, Seite 1146,
zitiert: Krabbe, BB 1980, 1146

Krabbe, Helmut, Mittelbare Abkommensberechtigung nach § 50 d Abs. 1 a EStG, Internationales Steuerrecht 1998, Seite 76,
zitiert: Krabbe, IStR 1998, 76

Krabbe, Helmut, OECD-Musterabkommen 2000, Internationales Steuerrecht 2000, Seite 196,
zitiert: Krabbe, IStR 2000, 196

Kramer, Jörg-Dietrich, Abuse of law by tax saving devices, Intertax 1991, Seite 96,
zitiert: Kramer, Intertax 1991, 96

Kümpel, Siegfried, Bank- und Kapitalmarktrecht, Verlag Dr. Otto Schmidt KG, Köln 1995,
zitiert: Kümpel, Kapitalmarktrecht

Kumpf, Wolfgang, Betriebsstätte: Prinzip und Definition, in: Haarmann, Wolfgang, Die beschänkte Steuerpflicht, Forum der internationalen Besteuerung, Band 2, Verlag Dr. Otto Schmidt KG, Köln 1993,
zitiert: Kumpf, Betriebsstätte: Prinzip und Definition

Küsell, Felix, Mißbräuchliche Inanspruchnahme von Doppelbesteuerungsabkommen, Recht der Internationalen Wirtschaft 1998, Seite 217,
zitiert: Küsell: RIW 1998, 217

L

Lademann, Kommentar zum Körperschaftssteuergesetz, Verlag Richard Boorberg, Stuttgart, 1998,
zitiert: Bearbeiter, in: Lademann, KStG

Lang, Michael, "Treaty Shopping" - Der Mißbrauch von Doppelbesteuerungsabkommen, SWI 1991, Seite 55,
zitiert: Lang, SWI 1991, 55

Langbein, Volker, Doppelbesteuerungsabkommen im Spannungsfeld zwischen nationalem Recht und Völkerrecht, Recht der internationalen Wirtschaft, 1984, Seite 531 ff.,
zitiert: Langbein: RIW 1984, 531

Larenz, Karl, Methodenlehre der Rechtswissenschaft, Sechste Auflage, Springer Verlag, Berlin, u.a., 1991,
zitiert: Larenz, Methodenlehre

Laux, Manfred / Päsler, Rüdiger, Wertpapier-Investmentfonds, Fritz Knapp Verlag, Frankfurt am Main, 1992,
zitiert: Laux / Päsler, Wertpapier-Investmentfonds

Lehmann, Karl – Heinz, Die durch die Investment-Trusts oder Anlagefonds mit internationalem Charakter aufgeworfenen Fiskalprobleme, deutscher Bericht zum zweiten Thema des XVI. IFA- Kongresses in Athen, 1962, Cahiers de droit fiscal international, Volume 47 b, Swets & Zeitlinger N.V., Amsterdam 1970 (Nachdruck), Seite 3 ff.,
zitiert: Lehmann, Nationalbericht Deutschland IFA-Kongreß 1962

Lehner, Moris, Die steuerliche Ansässigkeit von Kapitalgesellschaften, Recht der Internationalen Wirtschaft 1988, Seite 201 ff.,
zitiert: Lehner, RIW 1988, 201

Linhardt, Hanns, Investmentgeschichte, in: Schuster, Leo, Investment Handbuch, Verlag C.E. Poeschel, Stuttgart, 1971, Seite 1 ff.,
zitiert: Linhardt, Investmentgeschichte

Locher, Peter, Einführung in das internationale Steuerrecht der Schweiz, Verlag Stämpfli + Cie AG Bern, 1996,
zitiert: Locher, Internationales Steuerrecht der Schweiz

Loukota, Helmut, Internationale Steuerplanung und "Treaty Shopping", Österreichische Steuerzeitung 1990, Seite 2 (4),
zitiert: Loukota, ÖStZ 1990, 2

Ludovici, Paolo, Nationalbericht Italien zum 51. IFA-Kongreß in Neu Delhi 1997, Cahiers de Droit Fiscal International, Volume LXXXIIb, Seite 543,
zitiert: Ludovici, Nationalbericht Italien IFA-Kongreß 1997

Lüthi, D., Countering the abuse of tax treaties - A Swiss view, Intertax 1989, Seite 336 ff.,
zitiert: Lüthi, Intertax 1989, 336

M

Masshardt, H., Die ungerechtfertigte Inanspruchnahme von Doppelbesteuerungsabkommen, Archiv für schweizerisches Abgabenrecht, 31. Band, 1962 / 63, Seite 225 ff.,
zitiert: Masshardt, ASA 31, 225

Mc Daniel, Paul R. / Ault, Hugh J., Introduction to United States International Taxation, Kluwer Law International, The Hague, London, Boston, 1998,
zitiert: Mc Daniel / Ault, U.S. International Taxation

Meilicke, Wienand, Sitztheorie und EWG - Vertrag nach Handels- und Steuerrecht, Recht der internationalen Wirtschaft, 1990, Seite 449,
zitiert: Meilicke, RIW 1990, 449

Mertens, The Law of Federal Income Taxation, Volume 10, Clark, Boardman, Callaghan, New York 1993,
zitiert: Mertens, Federal Income Taxation

Mertens, Code Commentary, Clark, Boardman, Callaghan, New York, 1990,
zitiert: Mertens, Code Commentary

Merthan, Rainer, Die Anwendung von § 42 AO bei Mißbrauch von DBA, Recht der Internationalen Wirtschaft, 1992, Seite 927,
zitiert: Merthan, RIW 1992, 927

Mol, Hans-Gerd, Investmentfonds ABC, 2. Auflage, Verlag C.H. Beck, München 1997,
zitiert: Mol, Investmentfonds

Monaco, Grace Powers / Monaco jr., Lawrence A., Outline of Trusts, Blackstone Law Summaries, Irvington-on-Hudson,
zitiert: Monaco / Monaco on Trusts

Mössner, Jörg Manfred, Steuerrecht international tätiger Unternehmen, 2. Auflage, Dr. Otto Schmidt Verlag, Köln 1998,
zitiert: Bearbeiter, in: Mössner, Steuerrecht international tätiger Unternehmen

Mössner, Jörg Manfred, Selbständigkeit juristischer Personen und Kapitalgesellschaften im internationalen Steuerrecht, Recht der internationalen Wirtschaft, 1986, Seite 208 ff.,
zitiert: Mössner, RIW 1986, 208

Mössner, Jörg Manfred, Rechtsschutz bei Treaty Overriding, in: Fischer, Lutz, Besteuerung internationaler Konzerne, Forum der internationalen Besteuerung, Band 3, Verlag Dr. Otto Schmidt Köln 1993, Seite 113 ff.,
zitiert: Mössner, Rechtsschutz bei Treaty Overriding

Mössner, Jörg Manfred, Probleme und Zweifelsfragen bei der Regelung des "treaty shopping" § 50 Abs. 1 a EStG, in: Fischer, Lutz, Besteuerung wirtschaftlicher Aktivitäten von Ausländern in Deutschland, Forum der internationalen Besteuerung, Band 8, Verlag Dr. Otto Schmidt, Köln 1995, Seite 85 ff. (87),
zitiert: Mössner, Treaty Shopping

Mössner, Jörg Manfred, Zur Auslegung von Doppelbesteuerungsabkommen, in: Völkerrecht, Recht der Internationalen Organisationen, Weltwirtschaftsrecht, Festschrift für Ignaz Seidl-Hohenveldern, Carl Heymanns Verlag, München u.a. 1988,
zitiert: Mössner, FS Seidl-Hohenveldern

Mössner, Jörg Manfred, Neue Auslegungsfragen bei Anwendung von Doppelbesteuerungsabkommen, Hefte zur Internationalen Besteuerung, Heft 38, Universität Hamburg, Institut für Ausländisches und Internationales Finanz- und Steuerwesen, Hamburg 1987,
zitiert: Mössner, Auslegungsfragen

Mössner, Jörg Manfred, Die Methoden zur Vermeidung der Doppelbesteuerung, in:Vogel, Klaus, Grundfragen des internationalen Steuerrechts, Deutsche Steuerjuristische Gesellschaft, Verlag Dr. Otto Schmidt, Köln 1985, Seite 135 ff.,
zitiert: Mössner, Methoden

Mössner, Jörg Manfred / Strobl, Jacob, Diskriminierungsverbote im Internationalen Steuerrecht, Deutscher Nationalbericht zum 47. IFA - Kongreß 1993 in Florenz, Thema II, Internationale Wirtschaftsbriefe, Fach 1, IFA - Mitteilungen, Seite 1335,
zitiert: Mössner / Strobl, Nationalbericht Deutschland IFA - Kongreß 1993, IWB, Fach 1, IFA - Mitteilungen, Seite 1335

Münchner Kommentar zum Handelsgesetzbuch, Verlag C.H. Beck, München, 1996,
zitiert: Bearbeiter, in: Münchner Kommentar HGB

N

Neu, Norbert, Die Aktivierung von Dividendenforderungen in Handels- und Steuerbilanz, Betriebs-Berater, 1995, Seite 399 ff.,
zitiert: Neu, BB 1995, 399

Newberg, Joseph, in: International Bureau of Fiscal Documentation, Investment Funds, Guide to the taxation and regulation of mutual invesment funds and their investors, United Staates, IBFD Publications BV, Amsterdam 1998,
zitiert: Newberg, Taxation of mutual invesment funds

North, Thomas P. / French, Mark H., Final Conduit Financing Regs Examined, Tax Notes International 1995, Seite 726,
zitiert: North / French, TNI 1991, 726

O

Oberson, Xavier / Hull, Howard R., Switzerland in International Tax Law, IBFD Publications, Amsterdam 1996,
zitiert: Oberson / Hull, Switzerland in International Tax Law

OECD, International Tax Avoidance and Evasion, in: Issues in International Taxation No. 1 , Paris 1987,
zitiert: OECD - Report Tax Avoidance and Evasion

OECD, Taxation of Cross-Border Portfolio Investment, Mutual Funds and Possible Tax Distortions, Paris 1999,
zitiert: OECD - Report Taxation of Cross-Border Portfolio Investment

P

Palandt, Kommentar zum Bürgerlichen Gesetzbuch, 58. Auflage, C.H. Beck Verlag, München 1999,
zitiert: Bearbeiter, in: Palandt, BGB

Panowitz, Rudolf, Kreditwesengesetz, deutsch-englischer Kommentar, Metzner, Frankfurt am Main 1988,
zitiert: Panowitz, KWG

Patrick, Robert J. junior, Tax Treaty Shopping, Bulletin of International Fiscal Documentation, 1983, Seite 105,
zitiert: Patrick, BIFD 1983, 105

Philipowski, Rüdiger, Verausgabte Stückzinsen und gezahlte Zwischengewinne - Rechtsfolgen und Gestaltungsmöglichkeiten bei ESt und ZASt, DStR 1994, Seite 1594,
zitiert: Philipkowski, DStR 1994, 1594

Piltz, Detlev Jürgen, Doppelbesteuerungsabkommen und Steuerumgehung unter besonderer Berücksichtigung des treaty-shopping, Betriebs-Berater 1987, Beilage 14 zu Heft 18 1987, 1. Halbjahr,
zitiert: Piltz, BB 1987, Beilage 14 zu Heft 18

Piltz, Detlev Jürgen, Die Personengesellschaft im Internationalen Steuerrecht der Bundesrepublik Deutschland, Verlagsgesellschaft Recht und Wirtschaft mbH, Heidelberg 1981,
zitiert: Piltz, Personengesellschaften im Internationalen Steuerrecht

Portner, Rosemarie, Zwischenstaatliche Gewinnabgrenzung - Profit Split in Sonderbereichen, Internationales Steuerrecht 1995, Seite 356,
zitiert: Portner, IStR 1995, 356

Pott, Hans-Michael, Die Kollision unterschiedlicher Formen der Gesellschaftsbesteuerung im Internationalen Steuerrecht, Köln 1982,
zitiert: Pott, Gesellschaftsbesteuerung im Internationalen Steuerrecht

Proß, Achim, Swap, Zins und Derivat, Münchner Schriften zum Internationalen Steuerrecht, Heft 22, C.H. Beck Verlag, München 1998,
zitiert: Proß, Zins, Swap und Derivat

R

van Raad, Kees, Dual Residence, European Taxation 1988, Seite 241,
zitiert: van Raad, ET 1988, 241

van Raad, Kees, Triangular Cases, European Taxation 1993, Seiten 298 ff,
zitiert: van Raad, ET 1993, 298

van Raad, Kees, The term "enterprise" in the Model Taxation Convention, seventy years of confusion, Intertax 1994, 491,
zitiert: van Raad, Intertax 1994, 491

Rachofsky, David J., Cohn, Ronald S., Baker, Adrianne M., National Report United Sates, 51st Congress of the International Fiscal Association, New Delhi 1997, Cahiers de droit fiscal international, Volume LXXXIIb, Seiten 847 ff.,
zitiert: Rachofsky / Cohn / Baker, National Report USA IFA Kongreß 1997

Rädler, Albert J., Entspricht die deutsche Besteuerung der Investmentfonds dem EG-Recht ?, in Bertl, Romuald (Herausgeber) Praxis und Zukunft der Unternehmensbesteuerung, Festschrift für Gerald Heidinger zum 70. Geburtstag, Orac Verlag, Wien 1995, Seite 53 ff.
zitiert: Rädler, in FS Heidinger, Seite 53

Ratner, David L., Securities Regulation in a Nutshell, sixth edition, West Group, St Paul, Minnesota, 1998,
zitiert: Ratner, Securities Regulation

Renk, E.G., Die durch die Investmenttrusts oder Anlagefonds mit internationalem Charakter aufgeworfenen Fiskalprobleme, Generalbericht zum zweiten Thema des XVI. IFA-Kongresses in Athen 1962, Cahiers de droit fiscal international, Volume 47b, Swets & Zeitlinger N.V., Amsterdam 1970 (Nachdruck), Seite X ff.,
zitiert: Renk, Generalbericht IFA-Kongreß 1962

Restatement of the Law, second, Trusts 2 d, Volume 1, American Law Institute Publishers, St. Paul, Minnesota, 1959,
zitiert: Restatement of the Law (Trusts)

Riegler, Bernhard, Entlastung von Abzugssteuern auf Dividenden und Zinsen durch die Doppelbesteuerungsabkommen und das Steueränderungsgesetz 1991, Der Betrieb 1992, Seite 1595,
zitiert: Riegler, DB 1992, 1595

Riegler, Bernhard / Salomon, Klaus, Der Dividenden- und der Zinsbegriff nach den Doppelbesteuerungsabkommen der Bundesrepublik Deutschland, Der Betrieb 1991, Seite 2205
zitiert: Riegler / Salomon, DB 1991, 2205

Rödder, Thomas, Unternehmenssteuerreform 2001 - Eine erste Analyse des Regierungsentwurfs aus Beratersicht, Deutsches Steuerrecht 2000, Seite 353 ff.,
zitiert: Rödder, DStR 2000, 353

v. Rosen, Rüdiger / Helm, Leonhard, Der Erwerb eigener Aktien durch die Gesellschaft, Die Aktiengesellschaft 1996, Seiten 434 ff.,
zitiert: v. Rosen / Helm, AG 1996, 434

Rosenbaum, Gerlinde, Das Mißbrauchsbekämpfungs- und Steuerbereinigungsgesetz (StMBG) im Überblick, DStZ 1994, Seite 97,
zitiert: Rosenbaum, DStZ 1994, 97

Roth, Günter H., Das Treuhandsmodell des Investmentrechts Eine Alternative zur Aktiengesellschaft ?, Athenäum Verlag, Frankfurt, 1972,
zitiert: Roth, Treuhandmodell

Rowland, Amanda, Beneficial Ownership in a Corporate Context: What is it ? When is it lost ? Where does it go ?, British Tax Review, 1997, Seite 178,
zitiert: Rowland, BTR 1997, 178

S (ohne Sch)

Sagasser, Bernd / Schüppen, Matthias, Änderungen im Ertragssteuerrecht durch das Mißbrauchsbekämpfungs- und Steuerbereinigungsgesetz, Deutsches Steuerrecht 1994, Seite 311,
zitiert: Sagasser / Schüppen, DStR 1994, 311

Salzmann, Stephan / Geibel, Stephan, Rechtsbehelfe und vorläufiger Rechtsschutz im Freistellungs- und Anrechnungsverfahren bei Quellensteuerabzug, Recht der internationalen Wirtschaft 1994, Seite 1033,
zitiert. Salzmann / Geibel, RIW 1994, 1033

Sarazin, Viktor, Bekämpfung unerwünschter Steuergestaltungen, DStZ 1994, Seite 289,
zitiert: Sarazin, DStZ 1994, 289

Sazgunn, Volkard / Wohlschieß, Karl, Gesetz über das Kreditwesen, Kommentar, 5. Auflage, W. Kohlhammer, Stuttgart, Berlin, Köln 1961, *zitiert: Sazgunn / Wohlschieß, KWG*

Scott, Austin Wakeman, The Law of Trusts, Second Edition, Litle Brown and Company, Boston und Toronto 1956, Volume I,
zitiert: Scott on Trusts

Sedlmayr, Ralf, Steuern in Norwegen, in: Mennel, Annemarie, Steuer in Europa, USA, Kanada und Japan, NWB Verlag, Herne / Berlin, 1995,
zitiert: Sedlmayr, Steuern in Norwegen.

Seibold, Felix, Die ertragsteuerliche Behandlung von Common Law Trusts, Internationales Steuerrecht 1993, Seite 545 ff.,
zitiert: Seibold, IStR 1993, 545

Seidl-Hohenveldern, Ignaz, Völkerrecht, 9. Auflage, Carl Heymanns Verlag, Köln u.a., 1997,
zitiert: Seidl-Hohenveldern, Völkerrecht

Sellers Smith, Robert, West's Tax Law Dictionary, West Publishing Co., St Paul, Minnesota, 1993,
zitiert: West's Tax Law Dictionary

Shannon III., Harry A., The general definition of residence under United States income tax treaties, Intertax 1988, Seite 205 ff.,
zitiert: Shannon, Intertax 1988, 205

Shannon III., Harry A. Die Doppelbesterungsabkommen der USA, Verlag C.H. Beck, München 1987,
zitiert: Shannon, DBA der USA

Shapiro, Alan / Davis, Debra / Dichter, Art / Joy, Julie, Comparative Analysis of Proposed Withholding Tax Regulations, Tax Notes International 1996, Seite 1611,
zitiert: Shapiro / Davis / Dichter / Joy, TNI 1996, 1611

Shepard's Mc Graw-Hill Tax Dictionary for Business, Minars, David / Westin, Richard A., Mc Graw-Hill Inc. New York, etc. 1994,
zitiert: Shepard's Mc Graw-Hill Tax Dictionary

Sieker, Klaus, Deutsche Ertragsbesteuerung von US-Trusts, Betriebs-Berater 1991, Seite 1975 ff. (1977),
zitiert: Sieker, BB 1991, 1975

Sieker, Klaus, Profit Split zur Abgrenzung der Einkünfte aus Global Trading, Internationales Steuerrecht 1994, Seite 432 ff., *zitiert: Sieker, IStR 1994, 432*

Sieker, Klaus, Der US-Trust: Instrument der Vermögensnachfolge und Steuerplanung eines deutschen Erblassers, 1. Auflage, Baden-Baden, Nomos Verlagsgesellschaft, 1991,
zitiert: Sieker, Der US-Trust

Small, David G., USA: Das neue Wahlrecht zur Klassifizierung von Kapital- und Personengesellschaften, IStR 1996, Seite 280 ff.,
zitiert: Small, IStR 1996, 280

Sohm, Rudolf / Mitteis, Ludwig / Wenger, Leopold, Institutionen, Geschichte und System des Römischen Privatrechts, 17. Auflage, Duncker & Humboldt, Berlin 1949,
zitiert: Sohm / Mitteis / Wenger, Institutionen

Sorgenfrei, Ulrich, Steuerlicher Transparenzgrundsatz und DBA - Berechtigung deutscher offener Investmentfonds, Internationales Steuerrecht 1994, Seite 465,
zitiert: Sorgenfrei, IStR 1994, 465

Staringer, Claus, Triangular Cases, in Aktuelle Entwicklungen im Internationalen Steuerrecht, Gassner, Wolfgang / Lang, Michael / Lechner, Eduard, Linde Verlag, Wien 1994,
zitiert: Staringer, Triangular Cases

Staudinger, Kommentar zum Bürgerlichen Gesetzbuch, J. Schweitzer Verlag, Berlin 1986,
zitiert: Bearbeiter, in: Staudinger, BGB

Steinberg, Wilhelm, Die steuerrechtlichen Vorschriften des Gesetzes über Kapitalanlagegesellschaften, Der Betrieb 1957, Seite 196,
zitiert: Steinberg, DB 1957, 196

Steinberg, Wilhelm, Die Besteuerung der Inhaber von Anteilen an Kapitalanlagevermögen, Betriebs-Berater, 1957, Seite 356,
zitiert: Steinberg, BB 1957, 356

Streck, Michael, Körperschaftsteuergesetz, 5. Auflage, C.H. Beck, München 1997,
zitiert: Streck, KStG

Sch

Schäcker, Hanns-Erhard, Entwicklung und System des Investmentsparens, Fritz Knapp Verlag, Frankfurt / Main, 1961,
zitiert: Schäcker, Investmentsparen

Schäfer, Franz A., Anlegerschutz und die Sorgfalt eines ordentlichen Kaufmanns bei der Anlage der Sondervermögen durch Kapitalanlagegesellschaften, Studien zum Bank- und Börsenrecht, Band 17, Nomos Verlagsgesellschaft, Baden-Baden, 1987,
zitiert: Schäfer, Anlegerschutz

Schauhof, Stefan, Nationalbericht Deutschland zum IFA-Kongreß 1999 in Eilat, Cahiers der droit fiscal international, Volume 84a, Swets & Zeitlinger N.V., Amsterdam 1999,
zitiert: Schauhof, Nationalbericht Deutschland IFA Kongreß 1999

Schaumburg, Harald, Internationales Steuerrecht, 2.Auflage, Verlag Dr. Otto Schmidt, Köln 1999,
zitiert: Schaumburg, Internationales Steuerrecht

Scherer, Martin / Burgy, Patrick, Nationalbericht Schweiz zum 51. IFA-Kongreß in New Delhi, 1997, Cahiers de Droit Fiscal International, Volume LXXXIIb, Seite 795,
zitiert: Scherer / Burger, Nationalbericht Schweiz IFA-Kongreß 1997

Scheuerle, Florian, Unstimmigkeiten im Besteuerungssystem des Investmentrechts - illustriert an der Besteuerung des Zwischengewinns, DStZ 1995, Seiten 646 ff.,
zitiert: Scheuerle, DStZ 1995, 646

Scheuerle, Florian, Mißbrauchsbekämpfungs- und Steuerbereinigungsgesetz, Teil II, DB 1994, Seite 502,
zitiert: Scheuerle, DB 1994, 502

Schidrich, Herbert, Prüfung der Kapitalanlagegesellschaften, in: Coenenberg, Adolf. G. / v. Wysocki, Klaus / Handwörterbuch der Revision, 2. Auflage C. E. Poeschel Verlag, Stuttgart 1992,
zitiert: Schidrich, Prüfung der Kapitalanlagesellschaften

Schmidt, Ludwig, EStG Kommentar, 19. Auflage, C.H. Beck, München 2000,
zitiert: Bearbeiter, in: Schmidt, EStG

Schmidt, Christian / Dendorfer, Wilhelm, Beteiligung an US-amerikanischen Immobilienfonds, Internationales Steuerrecht 2000, Seite 46, *zitiert: Schmidt / Dendorfer, IStR 2000, 46*

Scholtz, Rolf - Dieter, "Beteiligungs-Sondervermögen" in: Festschrift für Georg Döllerer, Handelsrecht und Steuerrecht, Knobbe-Keuk, Brigitte / Klein, Franz / Moxter, Adolf, IDW-Verlag, Düsseödorf 1988,
zitiert: Scholtz, FS Döllerer

Scholtz, Rolf-Detlev, Geldmarkt-Sondervermögen: die steuerliche Behandlung des Sondervermögens und der Anteilscheininhaber, Verlag Erich Schmidt, Berlin 1996,
zitiert: Scholtz, Geldmarkt-Sondervermögen

Scholtz, Rolf-Detlev, Besteuerung der Investmenterträge, Finanz-Rundschau 1989, Seite 192,
zitiert: Scholtz, FR 1989, 192

Scholtz, Rolf-Detlev, Werden die Erträge aus Zerobonds richtig besteuert, Finanz-Rundschau 1988, Seite 289,
zitiert: Scholtz, FR 1988, 289

Scholtz, Rolf-Detlev, Kapitalanlagegesellschaften und Sondervermögen, Finanz-Rundschau, 1991, Seite 198,
zitiert: Scholtz, FR 1991, 198

Schön, Wolfgang, Gestaltungsmißbrauch im europäischen Steuerrecht, IStR 1996, Seite 609,
zitiert: Schön, IStR 1996, 609

Schuler, Kapitalanlagegesellschaften, ihre Sondervermögen und Anteilsscheine, NJW 1957, Seite 1057,
zitiert: NJW 1957, 1057

Schwintowski, Hans-Peter / Schäfer, Frank, Bankrecht, Carl Heymanns Verlag KG, Köln 1997,
zitiert: Schwintowski / Schäfer, Bankrecht

T

Täske, Jochen, Nationalbericht Deutschland zum 51. IFA-Kongreß in Neu Delhi 1997, Cahiers de Droit Fiscal International, Volume LXXXIIb, Seite 453,
zitiert: Täske, Nationalbericht Deutschland IFA-Kongreß 1997

Täske, Jochen, Zu einigen Steuerfragen im Umfeld der Investmentfonds, in: Unternehmen, Steuern, Festschrift für Hans Flick zum 70. Geburtstag, Verlag Dr. Otto Schmidt, Köln 1996, Seite 587 ff.,
zitiert: Täske, FS Flick

Thiele, Clemens, Einführung in das US-amerikanische Steuerrecht, ORAC Verlag, Wien 1998,
zitiert: Thiele, US-amerikanisches Steuerrecht

Thömmes, Otmar, Identitätswahrende Sitzverlagerung von Gesellschaften in Europa, Der Betrieb 1993, Seite 1021,
zitiert: Thömmes, DB 1993, 1021

Thömmes, Otmar / Eicker, Klaus, Limitation of Benefits: The German View, European Taxation 1999, Seite 9,
zitiert: Thömmes / Eicker, ET 1999, 9

von Thülen Rhoades, Rufus / Langer, Marshall J., Income Taxation of Foreign Related Transactions, Matthew Bender, New York 1991,
zitiert: von Thülen / Langer, Income Taxation of Foreign Related Transactions

Tillinghast, David R., Ruling on Beneficial Ownership and Tax Residence Threatens U.S. Investment in India, Tax Notes International, 1996, Seite 79,
zitiert: Tillinghast, TNI 1996, Seite 79

Tipke, Klaus, Die Steuerrechtsordnung, Band I, Verlag Otto Schmidt, Köln, 1993,
zitiert: Tipke, Steuerechtsordnung

Tipke, Klaus / Kruse, Wilhelm, Abgabenordnung Finanzgerichtsordnung, Kommentar zur AO und FGO, 16. Auflage, Verlag Dr. Otto Schmidt, Köln, 1996 (1999),
zitiert: Tipke / Kruse, AO

Toifl, Gerald, Die EU-Grundfreiheiten und die Diskriminierungsverbote der Doppelbesteuerungsabkommen, in: Gassner, Wolfgang / Lang, Michael / Lechner, Eduard, Doppelbesteuerungsabkommen und EU - Recht, Linde Verlag, Wien 1996, Seite 139 ff.,
zitiert: Toifl, Die EU-Grundfreiheiten und die Diskriminierungsverbote der Doppelbesteuerungsabkommen

du Toit, Charl P., Beneficial Ownership of Royalties in Bilateral Tax Treaties, IBFD Publications BV, Amsterdam 1999,
zitiert: du Toit, Beneficial Ownership

Tomsett, Eric, Treaty Shopping and Debt / Equity Ratios in the Uited Kingdom, Bulletin of International Fiscal Documentation, 1990, Seite 107,
zitiert: Tomsett, BIFD 1990, 107

U

Uckmar, Victor / Giuliani, Federico Maria, Interposition in Italian Taxation on Income and International Transactions, Intertax 1994, Seite 441,
zitiert: Uckmar / Giuliani, Intertax 1994, 441

U.S. Master Tax Guide, 1998 Guide, CCH Incorporated, Chicago 1997,
zitiert: U.S. Master Tax Guide

V

Valente, Piergiorgio / Magenta, Marco, Analysis of Certain Anti-Abuse Clauses in the Tax Treaties Concluded by Italy, Bulletin of International Fiscal Documentation, 2000, Seite 41,
Valente / Magenta, BIFD 2000, 41

Verdross, Alfred, Völkerrecht, 5. Auflage, Springer Verlag, Wien, 1964,
zitiert: Verdross, Völkerrecht

Viersen, Arnoud, Status as a resident of a treaty country, in: International Tax Problems of Charities and other private institutions with similar tax treatment, International Fiscal Associations, Kluwer law and taxation publishers, Deventer, 1985,
zitiert: Viersen, Status as a resident of a treaty country

Vogel, Hans-Jochen, Bodenrecht und Stadtentwicklung, Neue Juristische Wochenschrift 1972, Seite 1544,
zitiert: Vogel, Hans-Jochen, NJW 1972, Seite 1544

Vogel, Klaus, Doppelbesteuerungsabkommen, Kommentar, C.H. Beck, München, 1996,
zitiert: Vogel, DBA

Vogel, Klaus / Shannon III, Harry A., Doernberg, Richard L., United States Income Tax Treaties, Kluwer Law International, The Haque, 1995,
zitiert: Vogel / Shannon / Doernberg, DBA
Vogel, Klaus, Steuerumgehung nach innerstaatlichem Recht und nach Abkommensrecht, StuW 1985, Seite 365 ff.,

zitiert: Vogel, StuW 1985, 365

Vogel, Klaus, Grundfragen des internationalen Steuerrechts, Deutsche Steuerjuristische Gesellschaft, Verlag Dr. Otto Schmidt, Köln 1985,
zitiert: Vogel, Grundfragen

W

Wagner, Siegfried, Global Trading, Die steuerliche Betriebsprüfung 1991, Seite 154 ff.,
zitiert: Wagner, StBp 1991, 154

Wall, Pat, in: International Bureau of Fiscal Documentation, Investment Funds, Guide to the the taxation and regulation of Mutual Invesment Funds and their investors, Irland, IBFD Publications BV, Amsterdam 1998, Seite 49,
zitiert: Wall, Taxation of Mutual Investment Funds

Ward, David A., Abuse of Tax Treaties, Intertax 1995, Seite 176 ff.,
zitiert: Ward, Intertax 1995, 176

Wassermeyer, Franz, Kann eine ausländische Kapitalgesellschaft im Inland unbeschränkt steuerpflichtig sein ?, Der Betrieb 1990, Seite 244 ff. (244),
zitiert: Wassermeyer, DB 1990, 244

Wassermeyer, Franz, Merkwürdigkeiten bei der Auslegung von DBA durch die Finanzverwaltung, Internationales Steuerrecht 1995, Seite 49 ff.,
zitiert: Wassermeyer, IStR 1995, 49

Wassermeyer, Franz, Die Beurteilung der Abkommensberechtigung ausländischer Personengesellschaften durch Deutschland als dem Nichtansässigkeitsstaat der Personengesellschaft, IStR 1998, Seite 489,
zitiert: Wassermeyer, IStR 1998, 489

Weber, Klaus, An- und Verkauf von Wertpapieren sowie die Vornahme von Termingeschäften durch Privatpersonen als Gewerbebetrieb ?, Deutsche Steuer-Zeitung 1991, Seite 353,
zitiert: Weber, DStZ 1991, 353

Wenserski, Markus, Betriebsstättenproblematik ausländischer Fondsgesellschaften bei Investitionen in der Bundesrepublik Deutschland, in: Haarmann, Hemmelrath & Partner, Gestaltung und Analyse in der Rechts-, Wirtschafts-, und Steuerberatung von Unternehmen, Verlag Dr. Otto Schmidt, Köln 1998,
zitiert: Wenserski, Betriebsstättenproblematik ausländischer Fondsgesellschaften

Wheeler, Charles W., in: Ernst & Young, International Bank Taxation, Euromoney Publications, London 1993, Seite 519,
zitiert: Wheeler, International Bank Taxation

Widmer, Stefan / Slama, Karolina, Die Ausnahmebestimmungen zum Mißbrauchsbeschluss im Kreisschreiben, Steuer Revue 1999, Seite 438,
zitiert: Widmer / Slama, Steuer Revue 1999, 438

Wiesenbart, Thomas, in: International Bureau of Fiscal Documentation, Investment Funds, International Guide to the Taxation and Regulation of Mutual Investment Funds and their Investors, Germany, IBFD Publications BV, 1996,
zitiert: Wiesenbart, Taxation of Mutual Investment Funds

Wingert, Karl-Dieter / Krause, Michael, Handkommentar der wichtigsten Doppelbesteuerungsabkommen, Verlag Neue Wirtschafts-Briefe, Herne / Berlin, 1993,
zitiert: Wingert / Krause, DBA

Wikborg, Martin, Nationalbericht Norwegen zum 51. IFA - Kongress in Neu Delhi 1997, Cahiers des Droit Fiscal International, Volume LXXXIIb, Seite 683 ff,
zitiert: Wikborg, Nationalbericht Norwegen IFA - Kongress 1997

The World Bank and International Finance Corporation, Investment Funds in Emerging Markets, Washington D.C., 1996,
zitiert: World Bank, Investment Funds in Emerging Markets

Wurm, Felix J., Treaty Shopping in the 1992 OECD Model Convention, Intertax 1992, Seite 658,
zitiert: Wurm, Intertax 1992, 658

Z

Ziegenhain, Hans-Jörg, Vereinfachtes Verfahren zur steuerlichen Klassifizierung von Personen- und Kapitalgesellschaften in den USA, Recht der internationalen Wirtschaft 1995, Seite 671 ff.,
zitiert: Ziegehain, RIW 1995, 671

Zimmermann, Silvia, Kreisschreiben vom 17. 12. 1998 zum Mißbrauchsbeschluss, Steuer Revue 1999, Seite 154,
zitiert: Zimmermann, Steuer Revue 1999, 154

Zöchling, Hans, Zum Mißbrauch von Doppelbesteuerungsabkommen, SWI 1991, Seite 268
zitiert: Zöchling, SWI 1991, 268,

2. Dokumente der Legislative und Gesetzesvorhaben

Bericht des Abgeordneten Neuburger, Bundestags - Drucksache 2 / 1585 (2973 neu), zitiert nach Beckmann / Scholtz, Investmenthandbuch, Materialien A, BT-Drucksache II / 2973 (neu),
zitiert: Bericht des Abgeordneten Neuburger

Bundesregierung, Entwurf eines Gesetzes über den Vertrieb ausländischer Investmentanteile, über die Besteuerung ihrer Erträge sowie zur Änderung und Ergänzung des Gesetzes über Kapitalanlagegesellschaften, Bundestags - Drucksache V/3494, Verhandlungen des deutschen Bundestages, 5. Wahlperiode, 1968, Anlagen, Band 124,
zitiert: Bundesregierung, Entwurf eines Gesetzes über den Vertrieb ausländischer Investmentanteile

Bundesregierung, Entwurf eines Gesetzes zur Änderung des Einkommensteuergesetzes, des Körperschaftssteuergesetzes und anderer Gesetze, Bundestags - Drucksache 8/ 3648, Verhandlungen des deutschen Bundestages, 8. Wahlperiode, 1980, Anlagen, Band 260,
zitiert: Bundesregierung, Entwurf eines Gestzes zur Änderung des EStG und des KStG

Finanzausschuß, Dritter Bericht zu Gesetzentwurf 14 / 23, Entwurf eines Steuerentlastungsgsetzes 1999 / 2000 / 2002, BT-Drucksache 14 / 443,
zitiert: Finanzausschuß des Bundestages, Dritter Bericht zum Gesetzentwurf 14 / 23, Entwurf eines Steuerentlastungsgesetzes 1999 / 2000 / 2002

Fraktionen der SPD und Bündnis 90 / Die Grünen, Entwurf eines Gesetzes zur Bereinigung von steuerlichen Vorschriften (Steuerbereinigungsgesetz 1999), BT-Drucksache 14 / 1514,
zitiert: Fraktionen SPD / Bündnis 90 / Die Grünen, Steuerbereinigungsgetz, BT-Drucksache 14 / 1514

Bundesregierung, Entwurf eines Gesetzes zur Senkung der Steuersätze und zur Reform der Unternehmensbesteuerung (Steuersenkungsgesetz - StSenkG),
zitiert: Bundesregierung, Entwurf zum Steuersenkungsgesetz

3. Rechtsprechung (sortiert nach Gericht)

3.1. EUGH (sortiert nach dem Datum der Entscheidung)

Urteil vom 28. 01. 1986, Rechtssache 270 / 83, "avoir fiscal", Sammlung der Rechtsprechung der Gerichtshofes 1986, Band 1, Seite 285 ff.,
zitiert: "avoir fiscal Entscheidung" des EUGH, Slg 1986 / 1, Seiten 285 ff.,

Urteil vom 11. 03. 1986, Rechtssache 121 / 85, "Conegate", Sammlung der Rechtsprechung der Gerichtshofes 1986, Band 2, Seite 1007,
zitiert: "Conegate - Entscheidung" des EUGH, Slg. 1986 / II, Seite 1007

Urteil vom 22. 09. 1988, Rechtssache 286 / 86, "Deserbais", Sammlung der Rechtsprechung der Gerichtshofes 1986, Band 5, Seite 4907,
zitiert: "Deserbais - Entscheidung" des EUGH, Slg. 1988 V, Seite 4907

Urteil vom 13. 07. 1993, Rechtssache C-330 / 91, "Commerzbank", Sammlung der Rechtsprechung der Gerichtshofes 1993, Band 7, Seite 4017,
zitiert: "Commerzbank - Entscheidung" des EUGH, Slg 1993, 7, Seite 4017

Urteil vom 09. 03. 1999, Rechtssache C-212/ 97, "Centros", Der Betrieb 1999, Seite 625,
zitiert: "Centros - Entscheidung" des EUGH, DB 1999, 625

3.2. Deutschland (sortiert nach dem Datum der Entscheidung)

3.2.1. Reichsfinanzhof

Urteil vom 12. 02. 1930, VI A 899 / 27, Reichssteuerblatt 1930, Seite 444, "Venezuela -Entscheidung",
zitiert: RFH, RStBl. 1930, Seite 444

Urteil vom 21. 03. 1944, I 216 / 43, Reichssteuerblatt 1944 / 45, Seite 396,
zitiert: RFH, RStBl. 44, Seite 396

3.2.2. Bundesfinanzhof

Urteil vom 06. 12. 1955, I 1955 / 54 U, Bundessteuerblatt Teil III, 1956, Seite 95 (rechts unten),
zitiert: BFH, BStBl. III 56, Seite 95

Urteil vom 01. 07. 1964, I 329 / 61, Höchstrichterliche Finanzrechtsprechung, 1965, Seite 29,
zitiert: BFH, HFR 1965, Seite 29

Urteil vom 11. 07. 1968, IV 139 / 63, Bundessteuerblatt Teil II 1968, Seite 775 ff.,
zitiert: BFH, BStBl. II 1968, 775

Urteil vom 15. 01. 1971, III R 125 / 69, Bundessteuerblatt Teil II, 1971, Seite 379,
zitiert: BFH, BStBl. II 1971, Seite 379

Urteil vom 21. 05. 1971, III R 125 - 127 / 70, Bundessteuerblatt Teil II, 1971, Seite 721,
zitiert: BFH, BStBl. II 1971, Seite 721

Urteil vom 19. 02. 1975, I R 26 / 73, Bundessteuerblatt Teil II, 1975, Seite 584,
zitiert: BFH BStBl. II 1975, Seite 584

Urteil vom 30. 04. 1975, I R 152 / 73, Bundessteuerblatt Teil II, 1975, Seite 626,
zitiert: BFH, BStBl. II 1975, Seite 626

Urteil vom 21. 01. 1976, I R 234 / 73, Bundessteuerblatt Teil II 1976, Seite 513,
zitiert: BFH, BStBl. II 1976, Seite 513

Urteil vom 14. 12. 1976, VIII, R 146 / 73, Sammlung der Entscheidungen des Bundesfinanzhofes, 121. Band, Seite 53,
zitiert: BFHE 121, Seite 53

Urteil vom 04. 03. 1980, VIII R 48 / 76, Bundessteuerblatt Teil II 1980, Seite 453,
zitiert: BFH, BStBl. II, 1980, Seite 453

Urteil vom 29. 10. 1981, I R 89 / 80, Bundessteuerblatt Teil II 1982, Seite 150, "Monaco-Entscheidung",
zitiert: BFH, BStBl. II 1982, Seite 150 ("Monaco-Entscheidung")

Urteil vom 28. 04. 1982, I R 151 / 78, Bundessteuerblatt Teil II, 1982, Seite 566,
zitiert: BFH, BStBl. II 1982, Seite 566

Urteil vom 14. 12. 1989, III B 39 / 89, Bundessteuerblatt Teil II, 1990, Seite 394 / 395,
zitiert: BFH, BStBl II 1990, Seite 395

Urteil vom 22. 08. 1990, I R 69 / 89, Sammlung der Entscheidungen des Bundesfinanzhofes, 162. Band, Seite 263,
zitiert: BFHE 162, Seite 263

Beschluß vom 13. 11. 1991, I B 72 / 91, Bundessteuerblatt Teil II, 1992, Seite 263 ff,
zitiert: BFH, BStBl. II 1992, 263

Urteil vom 07. 04. 1992, VIII R 79 / 88, Bundessteuerblatt Teil II 1992, Seite 786 / 787,
zitiert: BFH, BStBl. II 1992, Seite 786

Urteil vom 23. 06. 1992, IX R 182 / 87, Bundessteuerblatt Teil II 1992, Seite 972,
zitiert: BFH, BStBl. II 1992, Seite 972

Urteil vom 05. 11. 1992, I R 39 / 92, Bundessteuerblatt Teil II 1993, Seite 388,
zitiert: BFH, BStBl. II 1993, Seite 388

Urteil vom 18. 05. 1994, I R 59 / 93, Bundessteuerblatt Teil II, 1995, Seite 54,
zitiert: BFH, BStBl. II 1995, Seite 54

Urteil vom 29. 10. 1997, I R 35 / 96, Finanz-Rundschau 1998, Seite 572,
zitiert: BFH, FR 1998, Seite 572 (573)

Urteil vom 20. 01. 1999, I R 69 / 97, Deutsches Steuerrecht 1999, Seite 973,
zitiert: BFH, DStR 1999, Seite 973 (975)

3.2.3. Finanzgerichte

Finanzgericht Köln, Urteil vom 24. 6. 1987, 6 K 648 / 80, Recht der Internationalen Wirtschaft 1987, Seite 640 (rechts unten),
zitiert: FG Köln, RIW 1987, 640

3.3. Großbritannien (sortiert nach Anfangsbuchstaben)

Ayest v. C & K Construction Limited, Simon Tax Cases 1975, Seite 345 (349)

J Sainsbury plc v. O'Connor, High Court of Justice, Chancery Division, Simon's Tax Cases, 1990, Seite 516 ff.
Wood Preservation Ltd. v. Prior, High Court of Justice, Chancery Division, Tax Cases, Band 45, Seite 112 ff.

3.4. U.S.A. (sortiert nach Anfangsbuchstaben)

3.4.1. Supreme Court

Hecht v. Malley, 265 US Reporter, Seite 144 = 44 Supreme Court Reporter, Seite 462

Montana Catholic Missions v. Missoula County, 200 US Reporter, 1906, Seite 118

Morrisssey v. Commissioner of Internal Revenue, 56 Supreme Court Reporter, Seite 289 (1935)

3.4.2. U.S. Court of Appeals und Circuit Court of Appeals

Bettendorf v. Commissioner, Court of Appeal, 8th. Circuit, 49 Federal Reporter Second Series, Seite 173 ff.

Brooklyn Trust Co. v. Commissioner of Internal Revenue, Circuit Court of Appeals, Second Circuit, 1936, 80 Federal Reporter Second Series, Seite 865

Burgwin v. Commissioner of Internal Revenue, 1960, United States Court of Appeals, 1960, 277 Federal Reporter Second Series, Seite 395

Chase Nat. Bank of City of New York v. Commissioner of Internal Revenue, Circuit Court of Appeals, Second Circuit, 1941, 122 Federal Reporter Second Series, Seite 540 mit dissenting opinion August N. Hand, Circuit Judge

Dovey v. United States of America, United States Court of Appeals, 1958, 254 Federal Reporter Second Series, Seite 538

Ellis v. United States of America, United States Court of Appeals, 1969, 416 Federal Reporter Second Series, Seite 894;

Gibbs - Preyer Trusts v. Commissioner of Internal Revenue, Circuit Court of Appeals, Sixth Circuit, 117 Federal Reporter Second, Seite 619

Grey v. Commissioner of Internal Revenue, Circuit Court of Appeals, 1941, 118 Federal Reporter Second Series, Seite 153
Hamilton Depositors Corporation v. Nicholas, Collector of Internal Revenue, Circuit Court of Appeals (1940), 111 Federal Reporter Second, Seite 385 (386)

Johnston v. Helvering, Commissioner of Internal Revenue, Circuit Court of Appeals, 1944, 141 Federal Reporter Second Series, Seite 208

Main-Hammond Land Trust v. Commissioner of Internal Revenue, United States Court of Appeals, Sixth Circuit, 1952, 200 Federal Reporter Second Series, Seite 308

Mc Cullough v. Commissioner of Internal Revenue, Circuit Court of Appeals, 1946, 153 Federal Reporter Second Series, Seite 345

North American Bond Trust v. Commissioner of Internal Revenue, Circuit Court of Appeals, Second Circuit, 1941, 122 Federal Reporter Second Series, Seite 545 mit dissenting opinion Chase, Circuit Judge

Samann v. Commissioner, U.S. Court of Appeals, 313 Federal Reporter Second Series, Seite 461

3.4.3. District Courts

Continental Bank & Trust Co. of New York v. United States, District Court New York, 1937, 19 Federal Supplement, Seite 15

Dovey v. United States of America, United States District Court, 1957, 152 Federal Supplement, Seite 810;

Equitable Trust Co. v. Magruder, Collector of Internal Revenue, District Court of Maryland, 37 Federal Supplement, Seite 711

3.4.4. Tax Court

Aiken Industries Inc. v. Commissioner of the Internal Revenue, Tax Court, 56 United States Tax Court Reports, Seite 925ff.;

Garland v. Commissioner, Tax Court, 1943, 2 Tax Court Memorandum Decisions, Seite 419

Harden v. Commissioner of Internal Revenue, Tax Court of the United States, 1954, 21 Tax Court of the U.S. Reports, Seite 781

Hemingway v. Commissioner of Internal Revenue, Tax Court of the United States, Tax Court Reports, Band 44, Seite 96

Ragghianti v. Commissioner of Internal Revenue, Tax Court of the United States, 71 U.S. Tax Court Reports, Seite 346

Stewart v. Commissioner of Internal Revenue, Tax Court of the United States, 1947, 9 Tax Court of the U.S. Reports, Seite 195

Yelencsics v. Commissioner of Internal Revenue, U.S. Tax Court, 1980, 74 United States Tax Court Reports, Seite 1513 ff.

4. Verwaltung

4.1. U.S.A.

Revenue Ruling 61-174, Mertens, The Law of Federal Income Taxation, 1961 - 1965 Rulings, Callaghan & Company, Mundelein, Illinois, 1966, Seite 153, *zitiert: Revenue Ruling 61-174*

Revenue Ruling 64-220, Mertens, The Law of Federal Income Taxation, 1961 - 1965 Rulings, Callaghan & Company, Mundelein, Illinois, 1966, Seite 733, *zitiert: Revenue Ruling 64-220*

Revenue Ruling 81-238, Mertens, The Law of Federal Income Taxation, 1981 - 1982 Rulings, Callaghan & Company, Wilmette, Illinois, 1983, Seite 351, *zitiert: Revenue Ruling 81-238*

Revenue Ruling 84-152, Mertens, The Law of Federal Income Taxation, 1983 - 1984 Rulings, Callaghan & Company, Wilmette, Illinois, 1985, Seite 235, *zitiert: Revenue Ruling 84-152*

Revenue Ruling 84-153, Mertens, The Law of Federal Income Taxation, 1983 - 1984 Rulings, Callaghan & Company, Wilmette, Illinois, 1985, Seite 238, *zitiert: Revenue Ruling 84-153*

Revenue Ruling 86-92 , Mertens, The Law of Federal Income Taxation, 1985 - 1986 Rulings, Callaghan & Company, Wilmette, Illinois, 1987, Seite 119, *zitiert: Revenue Ruling 86-92*

Revenue Ruling 89-110, Mertens, The Law of Federal Income Taxation, 1989 - 1990 Rulings, Callaghan & Company, Wilmette, Illinois, 1991, Seite 203, *zitiert: Revenue Ruling 89-110*

Revenue Ruling 89-124, Mertens, The Law of Federal Income Taxation, 1989 - 1990 Rulings, Callaghan & Company, Deerfield, Illinois, 1991, Seite 228,
zitiert: Revenue Ruling 89-124

Revenue Ruling 95-56, siehe Anhang H

4.2. Schweiz

Bundesratsbeschluß betreffend Maßnahmen gegen die ungerechtfertigte Inanspruchnahme von Doppelbesteuerungsabkommen des Bundes, Beschluss 672.202, Archiv für Schweizerisches Abgabenrecht 1962, 1622

Kreisschreiben der Eidgenössischen Steuerverwaltung vom 31. 12. 1962 betr. Massnahmen gegen die ungerechtfertigte Inanspruchnahme von Doppelbesteuerungsabkommen des Bundes, Archiv für Schweizerisches Abgabenrecht, Band 31, 1962 / 1963, Seite 247

Kreisschreiben der Eidgenössischen Steuerverwaltung vom 17. Dezember 1998, Archiv für Schweizerisches Abgabenrecht, Band 67, 1998 / 99, Seite 702

4.3. *Österreich*

Österreichisches Finanzministerium vom 22.06.93, Steuer und Wirtschaft International 1993, Seite 238
zitiert: Österreichisches Finanzministerium, SWI 1993, 238

FSC
www.fsc.org
MIX
Papier | Fördert gute Waldnutzung
FSC® C083411

Kolibri 360 GmbH
Ferdinand-Jühlke-Straße 7
99095 Erfurt, Deutschland
produktsicherheit@kolibri360.de

Druck:
CPI Druckdienstleistungen GmbH
im Auftrag der
Kolibri 360 GmbH
Ferdinand-Jühlke-Str. 7
99095 Erfurt